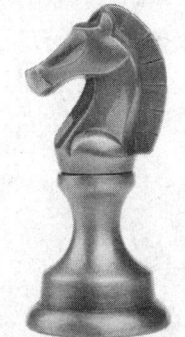

你一定要读的
50部
管理学经典

50 Management Classics You Must Read

鲁克德◎编著

立信会计出版社

LIXIN ACCOUNTING PUBLISHING HOUSE

图书在版编目（CIP）数据

你一定要读的50部管理学经典/鲁克德编著.--上
海：立信会计出版社，2016.3
　　（去梯言）
　　ISBN 978-7-5429-4910-3

Ⅰ.①你… Ⅱ.①鲁… Ⅲ.①管理学 Ⅳ.①C93

中国版本图书馆CIP数据核字(2016)第018675号

策划编辑　蔡伟莉
责任编辑　蔡伟莉
封面设计　久品轩

你一定要读的50部管理学经典

出版发行	立信会计出版社		
地　　址	上海市中山西路2230号	邮政编码	200235
电　　话	（021）64411389	传　　真	（021）64411325
网　　址	www.lixinaph.com	电子邮箱	lxaph@sh163.net
网上书店	www.shlx.net	电　　话	（021）64411071
经　　销	各地新华书店		

印　　刷	固安县保利达印务有限公司		
开　　本	720毫米×1000毫米	1/16	
印　　张	25.75	插　　页	1
字　　数	421千字		
版　　次	2016年3月第1版		
印　　次	2018年1月第3次		
书　　号	ISBN 978-7-5429-4910-3/C		
定　　价	42.00元		

　　名著具有不朽的本质。在人类的奋斗中，唯有名著最能经受岁月的磨蚀。庙宇与雕像在风雨中颓毁坍塌，而经典之籍则与世长存。即使是千百年前的真知灼见，时至今日仍新颖如故、熠熠生辉，令人感铭于心、爱不释手，成为与我们相随的伴侣与慰藉。

　　美国著名的成功学大师皮鲁克曾经说过："名著是绝大多数人的思想摇篮，又是绝大多数人迈动双脚的动力。"名著的影响潜移默化，可以沉淀在个人的行为举止中，成为一个人思想中最深沉的基质。管理学名著所表述的是思想传承谱系中的精华，是管理知识的典范之作。通过阅读名著，可以拓宽我们的知识面，加深对相关理论的了解，提高我们对管理知识的学习兴趣，提升管理素养。

　　当今时代"不是大鱼吃小鱼，而是快鱼吃慢鱼"，如何快速地学习管理学的精髓是大家关注的焦点话题，因此，对名著的速读逐渐成为一种世界性潮流。速读使你能够花费较少的时间与精力掌握尽可能多的信息。通过对管理学名著的速读，可以让我们快速地学习管理大师的思想精华，达到事半功倍的效果。本书各篇文章设置了"经典速读""内容解读"和"拓展阅读"三个小栏目，让读者以最快的速度一窥名著的精华，引导读者深入阅读作品，多角度感受作品的魅力所在。

●假如你想了解一部名著的内容概况及其在管理学界的影响，你可以阅读相关篇目的"经典速读"部分。

●假如你想了解一部名著的要点精华所在，你可以阅读相关篇目的"内容解读"部分。

●假如你想了解作者的情况以及作者在写作过程中的逸闻趣事，你可以阅读相关篇目的"拓展阅读"部分。

系统的管理学理论源于西方，本书介绍了使管理学成为一门真正意义上的科学的 50 部西方管理学经典名著，涵盖内容全面，兼顾了全方位的管理学知识。从时间上看，成书的时间主要集中在 20 世纪；从国别上看，则主要集中了欧美国家管理大师的著作。

本书寓教于乐，通过阅读，你可以轻松地达到学习的目的，这也是本书编写的目的。

Classic
OF
A Stock Operator

目 录

1 《科学管理原理》

弗雷德里克·泰勒

经典速读

《科学管理原理》出版于 1911 年，标志着管理理论的诞生。该书使西方 19 世纪末 20 世纪初的早期工厂管理实践向科学管理迈进了一大步，开创了一个管理的新时代。迄今为止，欧美、日本的管理仍延续并发展着科学管理的理念。该书的作者泰勒是美国古典管理学家、科学管理理论的主要倡导者，被后人尊称为"科学管理之父"，也有人称他为"理性效率的大师"。正是从科学管理开始，管理学沿着伽利略、牛顿创立的实验科学道路，告别了单纯的经验总结和智慧技巧，由"治术"发展为一门科学，迄今仍不失其光彩。

美国南北战争以后，资本主义经济得到了快速的发展，但是，由于管理落后，美国经济的发展以及企业中劳动生产率的提高，远远落后于当时的科学技术成就以及国内外经济条件所提供的可能性。在这种情况下，许多管理人员纷纷进行各种实验，希望能将当时的科学技术用于提高企业的劳动生产率，从而形成一套科学管理的理论和方法。《科学管理原理》就是在这种背景下应运而生的，同时也是其中最突出的代表。

科学管理中的"科学"是指提高生产率而又不增加雇主和工人的劳动量，从而使双方都可从中受益。泰勒的伟大之处在于，他在一片混沌中，用科学的手段去分析管理，提升管理效率，以便达到雇主和雇员的双赢。科学管理由多种要素组合而成，这些要素包括以下几方面：

（1）科学，不是单凭经验的方法。

（2）协调，不是不合。

（3）合作，不是个人主义。

（4）最高的产量，取代有限的产量。

（5）发挥每个人最高的效率，实现最大的富裕。

全书主要分为两大部分，分别是科学管理的基础和科学管理的原理。在书中，泰勒通过一系列的例证，指出导致全美国遭受到巨大损失的重要原因就是日常行为的效率低下。同时，他通过例证试图说明根治效率低下的良药在于系统化、科学化的管理，而不在于收罗某些独特的或不同寻常的人物。在此基础上，他说明科学管理的理论基础是明确定义的规律、准则和原则，并进一步表明科学管理不仅适用于最简单的个人行为，而且适用于那些需要紧密合作的大型公司的活动。简而言之，《科学管理原理》一书通过一系列实例，让读者相信，无论何时，只要正确地运用科学管理的原理，就能取得立竿见影的成效。

《科学管理原理》是管理史上最重要的一座丰碑，是每一位管理者必读的不朽之作。

彼得·德鲁克曾经对该书作以下评价："《科学管理原理》的理论无论在哪里都很适用：生产力因之成倍地增长，工人的实际收入急剧上升，工作时间减少，工人的体力、精神压力减小，同时，销售收入和利润提高，而产品价格降低了。"

林德尔·厄威克也曾对泰勒和他所倡导的科学管理推崇有加："泰勒所做的工作并不是发明某种全新的东西，而是把整个19世纪在英美两国产生、发展起来的东西加以综合而形成一整套思想。他使一系列无条理的首创事物和实验有了一个哲学体系，并称之为科学管理。"

《财富》杂志曾经这样评价："泰勒的影响无处不在：他的思想决定了麦当劳餐厅对厨师翻烤汉堡包数量的期望，决定了电话公司希望接线员能接通多少个电话。"

内容解读

1. 劳资双方的双赢博弈——实施科学管理的核心

博弈不仅存在"零和博弈",同样存在双赢博弈。劳资双方的博弈即是如此。管理的主要目的是使雇主实现最大限度的富裕,同时也使每个雇员实现最大限度的富裕,换句话说就是实现劳资双方的双赢。实现劳资双方的双赢是实施科学管理的核心问题。

对于雇主来说,"最大限度的富裕"不仅意味着公司或老板取得巨额的利润,而且还意味着引领各行各业的经营走向最佳状态,这样才能使财富得以永存。

对于雇员说,"最大限度的富裕"不仅意味着他能比同级的其他人取得更高的工资,更重要的是,还意味着能使每个人充分发挥其最佳能力。

雇主和雇员共同富裕应该是管理的最主要目的,但是,并不是所有的人都相信双方的相互关系可以协调从而达到利益均沾的地步。大部分的人都认为雇主和雇员的根本利益必然是对立的,但是,科学管理则恰恰相反。

科学管理不仅仅将科学化、标准化引入了管理,更重要的是提出了实施科学管理的核心问题——精神革命。精神革命基于科学管理,认为雇主和雇员双方的利益是一致的。因为对于雇主而言,其所追求的不仅是利润,更重要的是事业的发展。而事业的发展不仅会给雇员带来较丰厚的工资,更意味着充分发挥其个人潜质,满足自我实现的需要。正是如此,当双方友好合作时,就能通过双方共同的努力提高工作效率,生产出比过去更大的利润来,从而可使雇主的利润得到增加,企业规模得到扩大。相应地,也可使雇员工资提高,满意度增加。

泰勒认为,通过"稳定工资支付率"和"标准作业量",可以消除劳资对立,从而实现劳资双方的双赢局面。这在理论上是很完美的,但在实践上却是行不通的。劳资双赢,在当今社会仍然是一大难题。按照现代组织理论,正确解决劳资矛盾的办法是,依靠使命愿景和战略目标来统一组织成员的价值立场,依靠源于价值立场的制度性规范来统一各自对立的利益关系。也只有在这个框架内,才能更大限度地发挥组织内的协同效应,进入更广阔的价值创造空间。

2.提高劳动生产率——管理的本质问题

科学管理中的"科学"是指提高生产率而又不增加雇主和工人的劳动量，从而使双方都可从中受益。泰勒曾经指出："没人会否认，在单个人工作的情况下，只有其劳动生产率达到最高，亦即只有在其实现了日产出最大时，才可实现其财富最大化。"如何在有限的时间里获取最大程度的产出，也就是如何使生产率最大化，是泰勒奋斗一生所要探索的问题，同时也是管理的本质所在。

这一点不仅限于个人，对于多个人的状况同样适用，假设有一个生产衣服的手工作坊，作坊中的几个员工工作技能熟练到每天可制作三套衣服，而它的竞争者以及竞争者的合作伙伴每天却只能生产两套衣服。显而易见，与每天只能生产两套衣服的竞争对手相比，在卖掉三套衣服以后，员工可以得到更多的工资，而且也可以比竞争对手赢得更多的利润。

在更复杂的制造企业中，事实也非常清楚，除非与你的竞争对手相比，你的员工和机器比其他企业的工人和机器制造出更多的产品，否则，你便不能向你的员工支付更多的工资。总之，财富最大化只能是生产率最大化的结果。

提高劳动生产率应该遵循以下的原则。

1）科学划分工作元素

该原则就是要求对员工操作的每一个动作进行科学研究，用标准化的操作替代过去单凭经验进行的劳动操作。这项工作应该由计划部门来完成，关键在于以一种科学方法替代员工的经验判断，包括每个动作的严格规则，以及所有工具和操作条件的标准化。

要形成科学的方法，必须在大量调查的基础上，进行充分的研究和实验。这为以后的操作方法和工具制定奠定了科学依据，为提高劳动生产率打下了坚实的基础。

2）科学地挑选员工，并进行培训和教育

科学地挑选员工，并进行培训和教育，使员工成为能采用新方法的人，而不是任由员工按照自己的方式去进行操作。这样做的最终目的就是使他们能以最快的速度干活，从而提高劳动生产率，创造更多的盈余。

3）与员工亲密合作

在科学管理出现以前，老的管理制度是按每个员工自认为最佳的办法去工作，管理人员则很少对之协助和过问。由于员工的孤军奋战，使得在这种体制中干活的员工在绝大多数情况下不可能按一种科学的规律去工作。精心制定一套组织制度对影响员工日常工作的动机进行科学研究，进而使员工能按已形成的科学规律工作，比起老把员工监管在大班组里的做法更好，这就需要管理人员的诚恳合作。资方和员工的紧密、组织和个人之间的合作，是现代科学或责任管理的精髓。

4）管理者与员工应有平等的工作和责任范围

管理人员和员工在工作和职责上要有分工，各自承担最适合的工作，以代替将所有的工作和大部分责任都推卸给员工的方法。正是员工们的组合以及资方采取的新型的工作方法，才使科学管理相对于老的管理制度的优势凸显出来。

对于提高劳动生产率来说，最好的手段就是分工。但是，做好了划分工作元素的工作还不够，还需要对于承担分工的员工进行选择、培训和开发，这是第二条。泰勒第一次把员工摆在最为重要的位置，也是第一次告诉大家劳动效率取决于员工的素质和训练的结果，所以管理者必须和员工进行有效的沟通，必须明确两者之间有着清晰的分工和相应的职责，保持了这四条原则，劳动生产率就可以实现最大化。

3.科学管理的主要内容

1）工作定额原理

在科学管理出现以前，美国的企业中普遍实行经验管理，由此造成一个突出的矛盾，就是资本家不知道员工一天到底能干多少活，但总嫌员工干活少、拿工资多，于是就往往通过延长劳动时间、增加劳动强度来加重对员工的剥削。而员工，也不确切知道自己一天到底能干多少活，但总认为自己干活多、拿工资少。当资本家加重对员工的剥削，员工就用"磨洋工"消极对抗，这样企业的劳动生产率当然不会高。

为了改善这种状况，提高劳动生产率，泰勒认为，企业应该设立一个专门制定定额的部门或机构，这样的机构不但在管理上是必要的，而且在经济上也是合算的。该部门的主要任务是制定出有科学依据的员工的"合理日工作量"，为此，部门工作人员就必须通过各种实验和测量，进行劳动动作研究和工作研究。

制定"合理日工作量"的方法就是：选择合适且技术熟练的工员工人；

研究这些人在工作中使用的基本操作或动作的精确序列，以及每个人所使用的工具；用秒表记录每一基本动作所需时间，加上必要的休息时间和延误时间，找出做每一步工作的最快方法；消除所有错误动作、缓慢动作和无效动作；将最快最好的动作和最佳工具组合在一起，成为一个序列，从而确定员工"合理的日工作量"，即劳动定额。

与此同时，根据定额完成情况，实行差别计件工资制，使员工的贡献大小与工资高低紧密挂钩。

2）科学地选人、用人

科学管理的一个重要原则就是科学地挑选员工，并进行培训和教育。健全的人事管理的基本原则是使员工的能力同工作相适应，企业管理当局的责任在于为员工找到最合适的工作，培训他们成为第一流的工人，激励他们尽最大的力量来工作。为了挖掘人的最大潜力，还必须做到人尽其才。

因为每个人都具有不同的才能，不是每个人都适合于做任何一项工作的，这和人的性格特点、个人特长有着密切的关系。为了最大限度地提高生产率，对某一项工作，必须找出最适宜干这项工作的人，同时还要最大限度地挖掘最适宜这项工作的人的最大潜力，才有可能达到最高效率。

因此，对任何一项工作必须要挑选出"第一流的工人"，即头等工人。然后再对第一流的人利用作业原理和时间原理进行动作优化，以使其达到最高工作效率。

"第一流的工人"，就是指那些最适合又最愿意干某种工作的人。所谓挑选第一流的工人，就是指在企业人事管理中，要把合适的人安排到合适的岗位上。只有做到这一点，才能充分发挥人的潜能，才能促进劳动生产率的提高。例如，重活、体力活，让力气大的人干，而精细的活找细心的人来做。

3）标准化原理

在科学管理的情况下，要想用科学知识代替个人经验，一个很重要的措施就是实行工具标准化、操作标准化、劳动动作标准化、劳动环境标准化等标准化管理。这是因为，只有实行标准化，才能使员工使用更有效的工具，采用更有效的工作方法，从而达到提高劳动生产率的目的；只有实现标准化，才能使员工在标准设备、标准条件下工作，才能对其工作成绩进行公正合理的衡量。

要让每个人都用正确的方法作业，须对员工操作的每一个动作进行科学研究，用以代替传统的经验方法。为此，应把每次操作分解成许多动作，继而把动作细分为动素，即动作是由哪几个动作要素所组成的，然后再研究每项动作的必要性和合理性，去掉那些不合理的动作要素，并对保留下来的必要成分，依据经济合理的原则，加以改进和合并，以形成标准的作业方法。在动作分解与作业分析的基础上，进一步观察和分析员工完成每项动作所需要的时间，考虑到满足一些生理需要的时间和不可避免的情况而耽误的时间，为标准作业的方法制定标准的作业时间，以便确定员工的劳动定额，即一天合理的工作量。

标准化对劳资双方都是有利的，不仅每个员工的产量大大增加，工作质量大为提高，从而得到更高的工资，而且使员工建立一种科学的工作方法，使公司获得更多的利润。

4）差别计件工资制

1895 年，泰勒提出了一种具有很大刺激性的报酬制度——"差别工资制"方案。其主要内容是：

①设立专门的制定定额部门。这个部门的主要任务是通过计件和工时的研究，进行科学的测量和计算，制定出一个标准制度，以确定合理的劳动定额和恰当的工资率，从而改变过去那种以估计和经验为依据的方法。

②制定差别工资率。即按照工人是否完成定额而采用不同的工资率。如果工人能够保质保量地完成定额，就按高的工资率付酬，以资鼓励；如果工人的生产没有达到定额就将全部工作量按低的工资率付酬，并给以警告，如不改进，就要被解雇。例如，某项工作定额是 10 件，每件完成给 0.1 元。又规定该项工作完成定额工资率为 125%，未完成定额工资率为 80%，那么，如果完成定额，就可得工资为 $10 \times 0.1 \times 125\% = 1.25$（元）；如未完成定额，例如哪怕完成了 9 件，也只能得工资为 $9 \times 0.1 \times 80\% = 0.72$（元）。

③工资支付的对象是工人，而不是根据职位和工种，也就是说，每个人的工资尽可能地按工人的技能和工作所付出的劳动来计算，而不是按工人的职位来计算。其目的是克服工人"磨洋工"现象，同时也是为了调动工人的积极性。要对每个人在准时上班、出勤率、诚实、快捷、技能及准确程度方面作出系统和细微的记录，然后根据这些记录不断调整工人的工资。

差别工资制有利于充分发挥个人积极性，有利于提高劳动生产率，能够真正实现"高工资和低劳动成本"。同时，由于制定计件工资制与日工资率是经过正确观察和科学测定的，又能真正做到多劳多得，因此这种制度就能更加公平地对待工人。实行差别计件工资制最大的优点就是它能够迅速地清除所有低能的工人，吸收适合的工人来工作。因为只有真正好的工人，才能做到又快又准确，可以取得高工资率。

5）建立专门计划层

在旧体制下，所有工作程序都由工人凭他个人或师傅传授的经验去做，工作效率由工人自己决定。由于这与工人的熟练程度和个人的心态有关，即使工人能十分适应科学数据的使用，但要他同时在机器和写字台上工作，实际是不可能的。因此，必须用科学的方法来改变这一状况。

为此，泰勒主张："由资方按科学规律去办事，要均分资方和工人之间的工作和职责"，要把计划职能与执行职能分开并在企业设立专门的计划机构。泰勒所谓把计划职能与执行职能分开，实际是把管理职能与执行职能分开；所谓设置专门的计划部门，实际是设置专门的管理部门；所谓均分资方和工人之间的工作和职责，实际是说让资方承担管理职责，让工人承担执行职责。这也就进一步明确了资方与工人之间、管理者与被管理者之间的关系。

计划的职能和执行的职能分开，改变了凭经验工作的方法，而代之以科学的工作方法，即找出标准，制定标准，然后按标准办事。

计划部门的主要任务是：

①进行调查研究并以此作为确定定额和操作方法的依据；

②制定有科学依据的定额和标准化的操作方法和工具；

③拟订计划并发布指令和命令；

④把标准和实际情况进行比较，以便进行有效的控制等工作。

在现场，工人或工头从事执行的职能，按照计划部门制定的操作方法的指示，使用规定的标准工具，从事实际操作，不能自作主张、自行其是。这种管理方法使得管理思想的发展向前迈出了一大步，将分工理论进一步拓展到管理领域。

6）例外原则

规模较大的企业不能只依据职能原则来组织和管理，而必须应用例外原则。所谓例外原则，就是指企业的高级管理人员把一般日常事务授权给下属管理人员，而自己保留对例外事项一般也是重要事项的决策权和控制权，这种例外的原则至今仍然是管理中极为重要的原则之一。

拓展阅读

现在，泰勒所倡导的科学管理理论及措施虽然已成为管理常识，但在当时却给世人以极大的震惊，引起了人们的极力反对。

泰勒出生于美国中产阶级家庭，由于身体缘故，很早就辍学了。退学后的泰勒到费城的一个水压工厂当了整整4年的学徒。由于表现出众，泰勒很快由工人一步步升为总工程师。这段经历给他进行管理改革提供了广阔的空间。他曾满怀信心地推广他的科学方法，以求提高产量和效率，但是却遇到了工人的对抗。工人们对任何企图让他们增加产量的做法都表现出高度的不信任。面对工人的不合作，泰勒曾经使用过罚款手段，但他很快从实践中认识到，罚款无济于事，不管你进行管理改革的初衷是多么诱人，都必须得到工人的理解和支持。

后来，泰勒到伯利恒担任管理顾问。就是在这里，泰勒的科学管理思想逐步得以实现。但是，泰勒在这里遇到了另一种考验。伯利恒的居民担心像泰勒这样提高劳动生产率，会导致市民就业机会的减少。公司的管理部门充斥着大量毫无技术的拿摩温式管理人员，他们由于泰勒引进了成本会计法而无法继续滥竽充数地蒙混下去，因此把泰勒看作是对他们饭碗的威胁。尤其是旧式工头的反对，使泰勒在伯利恒的日子并不好过。1901年，泰勒不得不离开这个公司。具有讽刺意味的是，泰勒离开后，伯利恒由于停止推行科学管理而导致生产下降，基层管理人员又悄悄地采用了泰勒的方法来恢复生产，只是向上级汇报时不承认而已。

离开伯利恒以后，一些工厂主动采用泰勒所倡导的管理方法，支持泰勒的学者也越来越多。在这种情况下，泰勒开始到处旅行、到处讲演、宣传和推广科学管理。

1910年的东部铁路运费案，使泰勒的管理方法名声大振。当时，铁路公司要求提高运费，客户当然反对运费涨价，州际贸易委员会为此举行听证会。波士顿的律师布兰代斯，是个非常热心的公益代理人，他为泰勒的管理方法取名"科学管理"。听证会上，主张推行"泰勒制"的埃默森甚至算了一笔细账，认为实行科学管理后铁路公司每天可节省100万美元，所以完全不必提高运费，真正要做的事情是改革管理。从此开始，科学管理迅速广泛传播开来，泰勒也于 1911 年出版了他最重要的专著《科学管理原理》。

但是，科学管理在推广过程中也遇到了强有力的抵制，最大的麻烦来自工会。泰勒根据他多年的经验认为，工会存在的必要性是建立在劳资对抗的基础上的。1911 年，泰勒受聘担任陆军军械部的顾问，在兵工厂推广科学管理方法。他的助手梅里克在沃特顿兵工厂进行工时研究时，一个铸工拒绝配合，兵工厂的领导人惠尔上校同这个工人谈话后，该工人依然不合作。于是，工厂以"不服从命令"为由解雇了这个工人，由此引发了工人的罢工，要求国会调查此事。众议院组织了一个特别委员会开始调查听证。在听证中，泰勒从正面阐述了科学管理的实质和意义，使他的证词成为有关科学管理的重要文献之一。

泰勒是科学管理的先锋，其追随和同行者也对科学管理做出了重要的贡献：

亨利·甘特用图表进行计划和控制的做法是当时管理思想的一次革命。从一张事先准备的图表上，管理部门可以看到计划执行的进展情况，并可以采取一切必要行动使计划能按时或在预期的许可范围内完成。甘特根据这个思想设计的甘特图现在还常用于编制进度计划。

亨利·福特在泰勒的单工序动作研究基础之上，进一步对如何提高整个生产过程的效率进行了研究。他充分考虑了大量生产的优点，规定了各个工序的标准时间定额，使整个生产过程在时间上协调起来，创建了第一条流水生产线——福特汽车流水生产线，使成本明显降低。同时，福特进行了多方面的标准化工作，包括产品系列化、零件规格化、工厂专业化、机器和工具专业化、作业专门化等等。

2 《公司的概念》

彼得·德鲁克

经典速读

德鲁克 1942 年接受通用汽车公司的邀请，在通用进行了 18 个月的详细调研，并在此基础上，于 1945 年出版了著名的《公司的概念》一书。出版之后，《公司的概念》很快成为法国国家管理学院以及诸多大公司的管理学院指定的管理学教材。这是一本关于大型企业的著作，是一本绝不限于大型企业管理和经营的著作，是每个命运与大型企业发展息息相关的人、每个关注大型企业发展的人都绝不能错过的经典之作！其思考的广度与深度涵盖了所有正在成长为大公司和已经成为大公司的企业。

通过《公司的概念》，德鲁克构建了"企业（组织）、管理、工业社会"之间的内在联系。书中建议，企业应该培养"有管理能力"的、有"责任感"的工人和一个"自我管理的工厂社区"。该书首次尝试揭示一个组织实际上是如何运行的，它所面临的挑战、问题和遵循的基本原理。全书从三个方面对企业进行社会和政治分析：将公司作为独立的主体分析其运行；分析大企业能否实现它所处社会的信仰和承诺；分析公司目标和社会功能的关系。同时，书中提出了公司生存与发展必须处理好三个问题：持续产生有才能的领导；具有满足长期利益的基本政策；在实施各项政策时，具备不受人为因素影响的客观判断标准。

 **内容解读**

1. 在寻求自身利益最大化的过程中自发地履行社会义务——对企业进行社会和政治分析

大型企业单位不仅是现代工业技术的产物，而且是现代工业社会的核心。不论某一特定国家采取任何社会组织形式，大企业总是普遍存在于现代工业社会。大企业的政治、社会和经济组织问题不是某一个国家特有的，而是整个世界共同面临的问题。

对于任何机构的社会和政治分析必须从以下 3 个层次展开：

1）把机构看作独立的主体。它受自身规律和生存愿望的制约，可以用它自己的目标来评价它的行为。

2）大企业能否实现它所处社会的信仰和承诺。作为美国社会代表性机构的公司，它必须坚守承诺，充分满足美国人民的愿望，实现他们的信仰。它必须让个人享有一定的社会地位、行为权利和公平均等的机会。在现代工业社会表现为，公民必须成为工厂的一员，并保证每一个员工享有均等的升职机会，他们才能赢得社会地位，获得自我满足。

3）公司的目标和社会功能的关系。作为社会的一员，公司分析自身利益时必须考虑社会功能对它的要求。

以上 3 个方面相辅相成，只要一个层面的问题得不到解决，那么，无论其他层面上取得的成就多么辉煌，整个机构也必然会走向崩溃。只针对社会生活的某一领域，事实上是回避了政治问题，建立各个领域间的政治和谐成为政治行为的一个基本目标。因此，公司的组织形式必须能够使它在寻求自身利益最大化的过程中自发地履行社会义务。

2. 公司生存与发展必须处理好三个问题

公司是一种机构，是组织人们为共同目标而奋斗的一种手段。这个目标是共同目标，而不是个人目标的简单相加。公司的实质是一种社会组织，现代生产的基础是社会组织。公司的正常运作取决于它能否处理好以下 3 个互相依存的问题：领导问题、基本政策问题以及运行和决策的标准问题。

1）领导问题

领导问题是这三个问题中最具有决定意义的问题，对公司而言更是如此。第一，公司的组织形式必须使它能够在普通人的领导下持续运作；一个人管理的机构不可能长久，要靠天才或超人管理的机构根本无法生存。第二，激发机构成员的忠诚感，培养成员的团队精神，提高成员的知识素养和道德品质。第三，机构的组织形式必须有利于它挖掘内部人才，开发组织潜力。第四，机构的生存和正常运作要求它能够在最高领导之下培养一批能够独当一面的领导者，建立一套制度，根据个人表现选择合适的继任者。最后，领导机构要求组织能够在正手和副手、核心领导和外层执行人员之间均衡地分派权力和职责。领导问题对公司比对其他机构重要得多，现代的工业和技术水平大大提高了对领导者的要求。现代工业企业比一般机构需要更多优秀的领导者，与此同时，它不可能自动产生足够的经验丰富而且称职的领导者。

相对大企业而言，小企业能够给予领导者足够的表现空间，同时把他的权限控制在一个很小的范围内，即使他失败了也不会对社会产生危害。因而小企业更有可能培养优秀的领导者。对大企业来说，存在 4 个内在的问题：个人独裁倾向抑制创新；培养服从的倾向；缺少通用的评价员工表现和成绩的客观标准；无法自动达到专才和通才之间的平衡。

2）政策问题

公司是一个机构，所以它必须拥有基本政策，即公司必须制定一套原则和行为准则来指导和约束个人行为，使个人目标和决定服从公司的利益和生存需要。在坚持政策和适应变化之间寻求平衡，遵守会计制度和组织原则的同时避免官僚主义作风，只有依靠政策和政策制定者才能解决上述问题。由此引发了政策和生产的关系问题、政策制定者和管理者的关系问题等等，公司需要一个政策的最高机构解决这些问题。

3）标准问题

公司的目标是谋取经济利益，因此它必须有一个不受任何人感情和意愿影响的衡量绩效的标准。

3. 分权

分权不仅是一种管理手段，更是对社会秩序的概括，分权制度的运用和进一步延伸可以解决现代工业社会的大部分问题。

对于管理人员尤其是那些职位较低的管理人员来说，分权的优点主要有以下几个方面：提高决策速度；避免分部和公司之间的利益冲突；公平对待管理人员；管理民主，消除少数特权分子，保证足够的资深管理者；避免管理人员依靠其他分部的成功蒙混度日；集思广益。

分权制度的初衷在于把核心管理层和分部管理层融为一体。核心管理层的两项职能为：为分部经理服务，帮助他们更有效、更成功地实现自主管理；同时，作为公司的管理者，核心管理层又必须把数百名积极进取、富有个性和独立自主的高级分部经理结成一个整体。核心管理层的运作方式必须完成以上两项看似矛盾的职能。为了解决这个问题，人们采取了多种方法：

（1）核心管理层有权为每一个分部和整个公司制定目标。

（2）核心管理层有权决定分部经理的权限以及他们的任用和解聘。

（3）核心管理层必须始终关注各个分部面临的问题和取得的进步。

（4）分部经理不必担心纯粹的生产和销售以外的问题。

（5）核心管理层的服务性工作班子将随时向分部经理提供建议和帮助。

而对分部经理来说，他们能在核心管理层制定的政策框架内独立自主地领导其下属开展工作；他们全权控制了生产和销售；他们可以聘用、提拔和解雇员工；他们能自行决定员工的数量、必须具备的素质以及工资幅度。

分权政策目标的实现不能依赖于命令的盲从，必须建立在核心管理层与分部经理对各自的问题政策和处事方法的相互理解之上。

通用汽车公司采用了联邦制组织形式，把分权制度视为建立秩序的一个普遍适用的基本方法。每个分部都像一个独立的公司，只有松散的财务控制。通用汽车公司并没有把分权制度局限于最高领导层，而是把它视作处理一切管理关系的基本原则。在分权体制下核心管理层是分部经理的服务者，同时又把数百个分部高级经理结成一个积极进取、富有个性和独立自主的团队。在分权体制的管理下，分部经理负责各分部的具体事务，核心管理层负责公司的主要政策。在两者之间存在着很多的职能工作组。它们的职责是构建核心管理层和分部，以及分部和分部之间的沟通桥梁，负责为各分部提供建议和意见，同时也为公司制定未来政策提供建议。这样的分权体制得益于两套评价标准：

①能客观衡量公司与各个分部作为生产商的运作效率的基础价格；

②能自动、直接地反映公司作为销售商的运作效率的市场竞争地位。基础价格的成本分析法提供了衡量生产效率的客观标准，即无论在繁荣时期还是在萧条的年代，分部经理的表现都会受到客观的评价。在自由企业的经济

体制中，高效率生产只是成功的一个因素，一个成功的企业还必须善于在市场中销售产品，所以对市场及其产品的竞争地位的客观分析被作为通用公司的第二套评价标准。由于分权制度的正确实施，使得通用公司成功地由和平时期向战时生产转换，接着又成功地向和平时期过渡。分权体制成功地解决了后备领导力量的问题，成功地为通用公司提供了高质量的管理人才。

总体而言，在自由企业制度下的分权管理成功地解决了企业内部人员的关系问题和企业与外部环境的关系问题。

4. 企业的社会责任

公司作为社会性的组织，必须保证实现社会的信仰和承诺。美国的政治哲学建立在崇尚个性的基督教的基础之上。由此，它承诺保证每个人享受公平的机会；它也承诺个人的自我实现，鼓励人们对"美好生活"的向往，保障个人的社会地位和行为权力。人们普遍认为公司不能提供大量的均等机会，归根结底是因为公司没有为他们提供展现潜能的机会。因此，公司必须为机会的提供机制制定合理的依据和客观的标准。作为自由主义和商业社会的产物，现代公司赖以生存的信条的最大弱点就是看不到个人对社会地位和社会职责的要求。因此，现代公司最重要的任务也许是在公平和尊严之间达到平衡，在机会均等和社会地位、职责之间达到平衡。"单调"的生产线并不意味着工作本身的单调，是取决于公司能否解决工人的公民意识。只有让工人了解到他工作的作用和价值，才能完全解决工人觉得工作单调的心理。解决"个人的自我实现"问题要处理好工头在自由企业体制下的社会地位和行为权力。由于在最高领导层与工头之间新增了多级管理者和各种职能团队，使得工头的社会地位和行为权力受到削弱，甚至完全丧失。由于工头处于管理的第一线，任何事情只要能够提高他们的实力，增加他们对工作的满足感，加强他们的责任感，就能同时巩固管理层的力量，与此同时也为公司未来主管储存后备力量。因此，公司必须充分利用这一人才储备，为工头创造最大化的机会。规模庞大意味着公司能够很好地为工业社会解决公民的就业问题，同时又能充分利用社会资源进行大规模的生产。无论持有何种社会信仰，大型企业都是现代工业社会的基本单位。任何有利于经济单位的稳定、生存和效率的因素，都将直接提高社会的稳定和效率。大型企业能够兼顾长期和短期的发展，能够将其短期收益从属于长期政策。然而，"庞大"并不意味着垄断，它只是利用规模效应进行低成本且高效率的生产。每个企业都会为自身的发展把利润作为经济行为和成果的衡量尺度。无论企业的长期目标是什么，都脱离不了利润。作为合理的经济价值概念，价格是以承认经济行为的最终目标是满足个人的经济需求为基础的。人的经济需求是经济生产的最终判断标准。通过从利润中划拨出部分基金建立就业基金，从而解决了萧条时期的就业问题和繁荣时期的扩张问题。

作为社会的代表性机构，公司要合理利用分权管理在自由企业制度下进行生产，要坚持对社会的基本承诺和信仰的实现。

 ## 拓展阅读

1909 年 11 月 19 日，彼得·德鲁克出生于奥匈帝国统治下的维也纳。Drucker 在荷兰语中的意思是印刷者，其家族在 17 世纪时就从事书籍出版工作。他的父亲是该国负责文化事务的官员，曾创办萨尔斯堡音乐节；母亲是该国率先学习医科的妇女之一。可以说，德鲁克从小生长在富于文化的环境之中。

德鲁克对管理事业的发展有着卓越贡献及深远影响，他先后出版了 30 余部建立于他广泛实践基础之上的著作，这些著作奠定了德鲁克现代管理学开创者的地位。他被誉为"现代管理学之父"和"大师中的大师"。在《公司的概念》出版以后，德鲁克和通用汽车的矛盾开始暴露无遗。德鲁克回忆，《公司的概念》在很多方面质疑了当时如日中天的通用汽车，"实际上，对通用公司的经理来说，这本书就是禁读书，因为书中对通用汽车的一些政策——如劳资关系、总部员工的使用和作用以及经销商关系——是否过时提出了质疑。对通用汽车的主管们来说，这种质疑犯了大忌，而且我从未得到真正的宽恕。"耗尽心力，对通用汽车的建议、方法得不到通用汽车的认同，德鲁克认为，这是他在美国最大的耻辱。

1964 年，通用汽车和德鲁克的矛盾进一步激化。当年，通用汽车 CEO 艾尔弗雷德·斯隆出版比《公司的概念》厚一倍的《我在通用汽车的岁月》，全面回顾了通用汽车 45 年的管理历程，堪称另一部管理学著作。但该书出版的另一个动机，旨在全面驳斥德鲁克的观点。时隔多年后，这段历史恩怨才

得以盖棺定论。站在公司的外部，德鲁克鸟瞰了公司的特征、社会的影响；而斯隆的《我在通用汽车的岁月》则置身公司内部，总结公司的运营、成长和适应环境的举措。

　　尽管相当长一段时间内，通用汽车仍然快速增长。即使在石油危机引发的1973—1975年大萧条期间，通用汽车仍未受重大影响。而当时，福特汽车花了8年才恢复过来。这似乎显得德鲁克的观点确实没有在分歧中获胜。事实上，这主要是因为，当时造就大通用企业甚至大汽车工业时代的外部土壤仍然存在。在需求仍然旺盛的情况下，凭借过去几十年前的技术优势，通用汽车仅依靠吃老本就能过上丰衣足食的日子。到了2009年6月，百岁高龄的通用汽车无力回天，不得不宣告进入破产保护程序。时间终于证明德鲁克是正确的，偏离了企业发展本源的繁荣是不可持续的。

3 《管理的实践》

彼得·德鲁克

 经典速读

彼得·德鲁克被尊为"大师中的大师"和"现代管理学之父"，对世人有卓越贡献及深远影响。《管理的实践》一书是德鲁克在 1954 年写成的一本具有经典意义的管理学著作。该书提出了一个具有划时代意义的概念——目标管理，从此将管理学开创成为一门学科，在此之前，只有论述管理工作中各个单一功能的书籍。德鲁克是将管理的所有功能有机整合起来的第一人。正如《追求卓越》的作者汤姆·彼得斯所说："在德鲁克之前，并无真正的管理学存在。"

《管理的实践》是首部把管理涉及的各个领域进行系统性论述的书。该书提出了一系列极具前瞻性的管理见解，又从实践出发阐明了应用的途径，从而构筑了管理学科的架构。人们完全可以把这本书"既视为传递知识的工具，也看成一个行动指南"。现代大部分流行的管理思想和实践，例如，目标管理、参与管理、知识员工管理、客户导向的营销、业绩考核、职业生涯管理、事业部制分权管理、企业文化、自我管理团队等都可以从这本书中找到根源，甚至连非常流行的平衡记分卡，也可以在该书对企业目标的论述中找到溯源。

《管理的实践》一书是有关管理性质、原则和企业管理理论的框架性著作，它的根本目的在于通过对管理原则、责任和实践的研究，探索如何建立一个有效的管理机制和制度。在 19 世纪 50 年代以前，西方的管理学界已经拥有了进行成功的管理实践所需的知识和经验。但是领导者的知识和实践与普通人的知识和实践之间始终存在巨大的差异。《管理的实践》一书的出发点就是缩小能做的事和正在做的事之间的差距，缩小管理部门的领导与普通人之间的差距。

《管理的实践》一书是根据德鲁克与许多大型企业、跨国公司以及中小企业的管理人员多年共事的经历编写而成的。它不仅为企业中身居要职的管理者提供了考察他们自己的工作和业绩以及如何提升业绩和工作效率的指导，而且也为年轻的管理人员从知识、工作实践和行为准则方面提供了一个具体的指导。

全书以"管理企业、管理管理者、管理员工和工作"三项管理的任务贯穿整本书的主轴和精髓，并以八个关键成果领域、三个经典的问句以及组织的精神丰富其内涵。全书共分五个部分来总结管理实践。在第一部分，德鲁克先以一个企业的实例点出了"我们的事业是什么？我们的事业将是什么？我们的事业究竟应该是什么？"以及企业的目标、成果与生产的原则。在第二部分，德鲁克以福特汽车的故事，阐述了"目标管理与自我控制"的有效性管理，同时也呈现出组织精神的完整性。在第三部分，德鲁克则透过活动、决策与关系等三项分析，深入管理的结构、最终的检验标准及绩效，同时也说明了五种组织结构的优缺点，与适用的大、中、小型企业及其限制条件。在第四部分，德鲁克以其"绩效为核心的整体观"，主张雇用整个人而不是一双手，以 IBM 的故事描述了创新的实践价值，使员工有成就感与满足感，进而创造巅峰绩效的组织。第五部分德鲁克描述了管理者及其工作、决策及未来的管理者是什么，尤其一再主张"责任"的重要性与必要性。

内容解读

1. 目标管理——德鲁克的三大贡献之一

目标管理被公认为是德鲁克对管理实践的主要贡献之一。美国前总统布什在将 2002 年度的"总统自由勋章"授予彼得·德鲁克时，提到他的三大贡献之一就是目标管理。它已经在全世界为数众多的公司中得到了成功的应用。理查德·巴斯柯克指出，目标管理这一概念具有哥白尼"日心说"般的突破性效应："德鲁克注重管理行为的结果而不是对行为的监控，这是一个重大的贡献。因为它把管理的整个重点从工作努力——即输入，转移到生产率——即输出上来。"德鲁克对这一概念作了精辟的解释："所谓目标管理，就是管理目标，也是依据目标进行的管理。"目标管理就是将组织的整体目标转换为组织中每个单位和组织中每个成员的目标的有效方式。

从根本上讲，目标管理把经理人的工作由控制下属变成与下属一起设定客观标准和目标，让他们靠自己的积极性去完成目标。这些共同认可的衡量标准，促使被管理的经理人用目标和自我控制来管理，也就是说，自我评估，而不是由外人来评估和控制。

德鲁克认为，任何企业必须形成一个真正的整体。企业每个成员所作的贡献各不相同，但是，他们都必须为着一个共同的目标作贡献。他们的努力必须全都朝着同一方向，他们的贡献都必须融成一体，产生出一种整体的业绩——没有隔阂，没有冲突，没有不必要的重复劳动。

因此，企业的运作要求各项工作都必须以整个企业的目标为导向，尤其是每个管理人员必须注重企业整体的成果，他个人的成果是由他对企业成就所作出的贡献来衡量的。经理人必须知道企业要求和期望于他的是些什么贡献。否则，经理人可能会搞错方向、浪费精力。

目标管理的根本目的是把关系到企业每个人命运的企业发展任务分解为具体的目标，然后把这些目标细化到每个人、每个岗位、每项工作的每一年、每一月、每一天，同时运用企业的考评控制系统对每个人每天的目标完成情况进行检查与考核，员工在这些目标的规定下分工合作，通过完成这些细小的目标来实现公司大的发展目标。由此可见，目标管理作为一项特殊的管理工具，是一项系统和复杂的工程，需要很大的努力。这是因为，企业中的管理人员并不会自动地指向一个共同的目标。相反的，组织本身就包含着各种各样的人和不同的预期、心态，这些复杂的差异性都会影响到目标的一致性。德鲁克把影响目标一致性的情形分为以下4种，它们是把人指向错误方向的因素，需要目标管理过程中加以克服。

1）绝大多数管理人员的专业化工作

管理专业化是组织运作的基本要求，但是在管理实践过程中，不同的专业工作妨碍了组织目标的一致性，譬如不同部门之间的协调困难，生产部门生产的产品，销售部门却发现销售不畅。设计人员可能根本不考虑生产部门的难处或市场的需要而开发出一种全新的设备。

2）管理的等级制结构

组织内部的等级制结构造成上层管理者与部属之间的摩擦和误解，也是影响组织目标一致性的常见因素。

3）管理集团中不同等级在见识和工作上的差异以及由此形成的隔阂状态

管理的不同层级对企业要求的理解常常是不尽一致的。譬如管理层可能已经敏锐地意识到需要控制污染，但是技术人员并没有意识到这一点。同时，由于不同等级立场、考虑问题的重点不同，常常发生下属抱怨上级根本不想理解他们的问题，而上级对下属的漠然、无动于衷也颇有不满。

4）管理集团的工资报酬结构

企业必须具备统一的目标。企业只有具备了明确的目标，并且在组织内部形成紧密合作的团队才能取得成功。

实践证明，目标管理是一套极其有用的企业管理思想和方法，它把组织责任和个人责任推进到更广的视角。通过目标管理，公司可以把目标管理的任务定位在长远的发展目标上，也可以定位在操作层面的工作目标上，总之，目标管理让各个目标、每个人每天都知道应当完成什么任务、达到什么样的目标要求，并且通过检查可以知道自己目标的实现情况以及个人应该努力的方向，同时还可以明白目标实现可能带来的回报以及实现不了目标可能带来的惩罚等等。因此，目标管理避免了员工因工作方向不明确而导致的混乱和低水平重复现象。因为很多员工都想把工作做好，但是不知道应该做哪些工作，目标管理的引入给每个人都确定了明晰的奋斗目标和工作方向。

当然，目标管理的实践需要系统的设计和有计划实施。由于不少企业往往只看到目标管理可以有效地把员工的不同目标集中起来这点，忽略了它对系统设计和有计划实施的另外一点，结果机械地运用目标管理模式：由老板为下属设立目标，如果他完成了目标，就会获得奖赏；如果失败，就会被解雇。老板只看结果。人们在这种情况下工作，压力巨大，最后导致整个管理体系的崩溃。

为此，德鲁克强调，目标管理的核心是建立在共同的责任感基础上的自主管理和自我约束。它需要依靠团队合作，更需要就任务选配适合的人选，还要引导、帮助、鼓励和发展他的下属去理解和实施组织的目标。因此，需要克服一定的障碍，还需要在政策、结构和流程等方面有目的地进行目标管理才能取得成功。

首先，把目标管理当作企业的管理哲学。它适用于各种层次和职能的经理人，适用于大大小小的各种组织。它把客观的需要转化成为个人的目标，通过自我控制取得成就。这是真正的自由。

其次，由高层管理者负责制定企业主要的总体目标，然后将其转变为不同部门和活动的具体目标。举例来说，如果企业总体的销售目标是100万美元，销售总监和地区经理会讨论如何完成目标，同时设立不同区域的具体目标。目标是共同制定的。它们不是强加给下属的。目标管理如果得到充分实施的话，下属甚至会采取主动，提出他们自己认为合适的目标，争取上级的批准。这样每个人，从管理层到一线员工，都将清楚需要去实现何种目标。

最后，明确各自的目标。德鲁克认为，主要目标不宜过多，也许就一个，但是无论目标有多少个，它必须按照企业的使命和目的来定义。如美国贝尔电话公司的前总裁西奥多·韦尔称，"我们的企业就是服务"。这样的主要目标一旦明确后，企业的其他不同领域（比如营销、产品开发）的目标就按部就班来确定了。在目标管理体系中，每个人都可以通过比较实际结果和目标来评估自己的绩效，以便作进一步改善——这就是自我控制的原则。绩效还可以由老板和下属定期共同评估，有利于采取必要的行动。上下级间的沟通关系因此也会得到改善，双方的困难和期待也会更清晰。目标管理可以培育团队精神和改进团队合作。

目标管理和传统的管理相去甚远，主要区别在于：

（1）传统管理只有一个主要目标，利润最大化。而在目标管理中，利润需求只是目标之一。利润是实现一系列目标后的间接结果。利润最大化是一项误导性目标，单纯追求这一目标的公司会忽视非常重要的领域，比如研究、培训和福利等。只要它的竞争对手在这些领域倾注全力，就能轻易将它击败。

（2）传统管理通常是驱动型管理。这种驱动现在可能在生产力方面，也可能在存货或质量控制方面。所有这些活动不久就会因为没有真正地改善而渐趋消失。在目标管理中，会在生产力和质量方面设立具体目标，整个组织会有规律地朝这些目标努力。只有当注意力都集中在预先设定的目标上，并通过持续努力来达到，才能创造出结果。

（3）企业情况随着技术和科技的进步以及社会、政治和经济的发展而迅速变迁。与传统管理不同，目标管理会不断重新审视已确立的目标。

（4）传统管理是受管理的过程控制，强调规则、程序和制度，目标被放在了一边。目标管理一直都很强调目标，过程也很重要，它能导向目标。

（5）传统管理依赖外部控制和指引，它通过惩罚性的方法来鞭策员工，在这种环境下，员工机械地工作，逃避责任，没有主动性。而在目标管理中，人们可以按照自己的意愿愉快地工作，他们自我约束，并注重自我发展，在目标管理之下他们的潜力会得到更充分地发挥。在目标管理中，重点是关注什么是对的，而不是谁是对的。这可以避免个人主导和人际冲突，团队合作受到了鼓励，协调程度也得到了加强。

目标管理是一种开明和民主的管理方式。不断对目标提出质疑，从根本上说是试图把握不断变化的社会需求。目标管理不像安装机器一样是一个机械的过程，而是一个有机的过程，类似于培育和浇灌树木。它的运行原则是导向具体目标的自我控制。通过个人的发展最终求得组织的平衡发展。就像个人和组织之间的愉快的婚姻一样，个人保留了自己的尊严和自由，但同时要向组织履行职责。所有这些最终将有助于创造一个自由的社会。

2. 管理的性质

管理是每个企业中的推动因素。管理人员是每个企业中富有活力的赋予企业生机的因素。在一种竞争的经济中，管理人员的素质和工作状况决定着企业的成败，甚至决定着企业的生存。因为管理人员的素质和工作能力是一个企业在一个竞争的经济中唯一能够拥有的有效的优势。

管理不仅是由现代工业体系的性质所决定的，而且是由现代工商企业的需要所决定的。现代工业体系必须将生产力资源——人和物——交托给现代工商企业。管理还体现了现代西方社会的基本信念。它体现了通过系统地组织经济资源有可能控制人的生活的信念，体现了经济的变革能够成为争取人类进步和社会正义的强大推动力的信念。而管理层则是专门复制赋予资源以生产力的社会机构，也是负责有组织地发展经济的机构，体现着现代社会的基本精神，所以它是必不可少的。

3. 企业是什么

企业是人们创造和管理的，它不是由某些"外在力量"管理的。不能以利润来界定和解释企业。盈利能力不是企业和企业经营活动的目的，而是企业的约束因素。利润不是企业行为和企业决策的理由和根本原因，而是对它们活动的一种检验。任何一个企业的问题不是利润最大化，而是获取足够的利润以抵偿经济活动中随时可能发生的风险，依此来规避损失。

企业的目的是造就顾客。顾客是企业的基础，并使其得以生存。只有顾客才能创造就业机会。正是为了向顾客提供商品，社会才将创造财富的资源委托给企业。

由于企业的目的是造就顾客，任何企业都有着两种职能：营销和创新。营销是企业与众不同的独一无二的职能。营销涉及整个企业。从营销的最终结果的观点来看，即从顾客的观点来看，营销是经营的全部，但是仅营销一项并不构成整个企业。企业只能存在于一个发展的经济中，或者至少存在于认为变革是自然而必需的经济中。企业是增长、发展和变革的特定机构。所以，企业的第二个职能是创新，即提供更多更好的服务。创新可以采用低价的形式，也可以采用新的更好的产品（产品的价格甚至可以更高）、一种新的便利或者创造出一种新的需求，同时，它还可以是发现旧产品的新用途。创新贯穿于经营的每一个阶段，有可能在设计上创新，在产品上创新，在销售技术上创新。创新也涉及各种类型的企业。

根据企业活动是通过营销和创新来造就顾客这样的一种分析，企业管理必须永远以企业经营为特征，它绝不能是一种官僚的、行政的，或者甚至是一种制定策略的工作。所以企业管理必须是一项创造性的而不是适应性的工作。

 拓展阅读

彼得·德鲁克诞生于维也纳一个有着深厚知识传统的家庭，由于家庭条件优越，彼得·德鲁克很小的时候就有机会与当时欧洲最著名的知识分子弗洛伊德、熊彼特、波兰尼等人交往，深受传统欧洲的人文主义思想和奥地利经济学派的影响。由于德鲁克成长的前半生，正处于服从、控制、独裁、统一、一致成为主流价值观的时代，因而他非常珍视人的价值、创新、多元和独特。

虽然德鲁克的大部分著作是有关企业管理方面的，但在其中我们也可以看到他的自由、成长、创新、多样化、多元化的思想是贯彻始终的。如果你不了解这些，恐怕就很难理解德鲁克的著作，也就很难理解《管理的实践》这本书。德鲁克在《旁观者》一书的序言中说："未来是'有机体'的时代，由任务、目的、策略、社会和外在环境所主导，这就是我在40年前写《管理的实践》一书所倡导的。"很多人喜欢德鲁克提出的概念，但是德鲁克却说："人比任何概念都来得有趣多了"。"人"可以说是《管理的实践》这本书的中心。

该书问世后，不仅在美国一炮而红，而且在全球各地也都获得了成功，尤其在日本更是备受重视。日本人认为，本书的观念奠定了他们经济成功与工业发展的基石。

4 《管理：任务、责任和实践》

彼得·德鲁克

经典速读

　　1973 年，德鲁克将自己几十年的知识经验与思考浓缩到一本书中。这本共达 839 页的浩瀚巨著以其简洁而浓缩的书名道出了管理学的真谛——《管理：任务、责任和实践》。据此，我们可以把管理诠释为管理任务、承担责任和勇于实践三个方面。

　　该书出版时即以英、德、日三种文字同时发行，以后又被译成多种文字，受到各国管理界人士的普遍重视。在德鲁克的全部管理学著作中，这本书无论从篇幅上还是从内容上都最为丰厚，不仅被认为是德鲁克著作中最重要的著作，而且也被人们誉为管理学的"圣经"和"百科全书"。

　　《管理：任务、责任和实践》既有完整的理论体系，又具有极强的可操作性，管理学界评价该书"是一本给企业经营者的系统化管理手册，为学习管理学的学生提供的系统化教科书"。该书全面地阐述了他的管理哲学和他对管理的任务、责任和实践等方面的看法。

　　诚如德鲁克书序所言，本书的写作是为了回答这样一个问题：管理人员为了圆满地实现其任务，必须知道些什么，或至少了解些什么？鉴于此，"本书从管理的任务出发，首先从外部来考察管理并研究管理任务的范围，及其各方面的必要条件（第一部分）；其次才在第二部中转而讨论组织的工作和管理的技巧；最后在第三部中讨论高层管理、任务、结构及战略。"本书不但包含了他前期著作的许多重要内容，而且富有逻辑地、系统地阐述了管理的任务，围绕管理任务阐述了经营管理者和高层管理者的责任和实践要求——这三项内容分别组成了本书的三个构成部分，这三个构成部分共展开为九篇、六十一章，外加序言、导论和结论。本书围绕管理的任务、如何承担责任以及如何勇于实践这一主线，从管理的任务、管理的职责、高层管理者的作用和职责、经营管理者的作用和职责以及服务经济与管理五个方面进行评介。

 内容解读

1. 管理的任务即管理的目标

德鲁克的管理任务与我们俗话中的管理任务不同，并非指企业管理的具体任务，而是指通过管理所要达成的结果状态。从这个意义讲，他的管理任务实质应当做管理目标解。不同机构其管理任务千差万别，但是管理的目标是一致的。那么，管理的目标应该如何确定呢？依据德鲁克的观点，"一个企业必须从它所规定的使命和宗旨出发，在一些关键领域中确定其各种目标。"可见，管理目标因组织机构的性质而异，但是在确立管理目标的一般性原则上是一致的，即"组织的目标，是对个人和社会作出某种贡献。"为此，德鲁克从如下 3 个方面阐述管理的目标。

1）实现特定组织的目的和使命

根据德鲁克的观点，组织的使命和目标是组织各项活动的基本依据，它是组织存在的原因和目的。它主要关心的是为什么组织要做其所做的事情，通过设定组织的使命、目标，制定工作计划等方式来实现。其中，使命的陈述规定了组织把什么结果看作是有意义的（价值观），指明了该组织认为它对整个经济、社会应作出的贡献。它使得组织不至于在激流世界中迷失方向。

2）使工作富有成效，员工具有成就感

这是管理的第二项主要任务，也是实现组织的特定目的、使命的基本要求。德鲁克认为"管理阶层，其工作和功能就是使人力资源具有生产性，以使每个人的技能、期望和信念，都能在共同的劳动中得以发挥和实现。实质上，这就是一个组织管理的全部目的和根本"，这也是管理的成效，"离开了管理成效的各个方面以及对管理成效的各种需要，就不可能说明或理解管理"。只有使组织内成员的工作富有成效，并使其成员具有成就感，才能保证组织富有实力与竞争力，以实现其使命和目标。当所有有关人员了解了组织的使命和目标，了解到为达到使命、目标他们所必须作出的贡献时，他们就能开始协调他们的活动，互相合作，组成团队。

3）正确处理企业对社会的影响与承担社会责任

作为社会的一分子，企业摆脱不了有关社会责任的决策。无论是一家企业、医院或者一所学校，它对社会所要承担的责任都会在如下两个领域中发生：其一是机构对社会的影响，其二是社会本身的问题。这两个领域中所产生的问题都与管理有直接关系，但这两个领域的问题是不同的。现代组织之所以存在，是因为它们向社会提供了某种特定的服务，所以它必须存在于社会之中，存在于一个社区之中，与其他机构为邻，在一定的社会环境中工作。

为了工作，机构还必须雇用人员为它工作，因此，机构不可避免地对社会环境产生影响。由管理所面临的任务可知，管理是为了达成机构的使命而有效实施的一种综合艺术，管理的根本目的是实现企业使命。由上可见，德鲁克理解的管理任务并非时下很多人所理解的那么简单，更不是企业组织所面临的各项管理工作，而是各项管理工作所要达到的目标。

2. 管理的责任

按照德鲁克的观点，管理的责任实质是为了实现管理目标而实施的管理活动。纵览全书，我们可以把德鲁克的管理诠释为：以管理目标为中心、以卓有成效的管理为要求、以管理者承担责任为途径的实践活动——这是理解德鲁克的《管理：任务、责任和实践》一书的主要线索，也是理解德鲁克整个管理思想体系的基本要点。

1）什么是管理的责任

德鲁克虽然没有对管理责任给出专门的定义，但是，从相关的论述可以看出。他指出："权力和职权是两回事，管理当局并没有权力，只有责任。它需要而且必须拥有职权来完成其责任——但除此之外，绝不能再多要一点。"德鲁克从管理的角度理解的责任有自己的独到之处：

第一，责任是对管理者的基本要求，即"做一个管理人员就意味着需要分担企业成就的责任"，一个没有被期望承担这种责任的人，就不是一个管理人员。作为对管理者的要求，"承担企业成就的责任"至少应该包括：能胜任工作，认真地对待自己的工作，对企业和自己的任务、成绩负起责任来。

第二，承担责任需要起码的职权限度。责任与职权是让管理者承担责任的两个不可或缺要素。管理者如何正确行使他的职权呢？德鲁克主张，应该在职权基础上建立一定的权威，通过工作过程中获得的权威（authority）来进行管理，而不是靠"权力"（power）进行管理。所以他建议："为了建立可达成的组织，你必须用责任取代权力。"同时，权威是管理者在进行工作时才具有权威，离开工作环境就不存在权威的问题。因此，"在确定一个组织中负有管理责任的人时，较为恰当的是强调指出其首要标志不是对人员的指挥，而是对贡献的责任。"这就更加明确了，在管理过程中使用的是职权而不是权力，职权对于贡献所承担的责任要比权力更加重要，即"组织的原则应该是职能而不是权力"。

第三，责任是管理者的目标与整个团体目标一致的保证。责任对于管理者来说是对自己与他人关系的一种规范。如果只对别人提出要求而并不对自己提出要求，那是不负责任的。如果员工不能肯定自己对公司是认真的、负责的、有能力的，他们就不会为自己的工作、团队和所在单位的事务承担起责任来。要使员工承担起责任和有所成就，必须使追求工作目标的人员与他们的上级共同为每一项工作制定目标。同时，管理者必须使工作富有活力，以便员工能通过工作使自己有所成就。而员工则需要有他们承担责任而引起的要求、纪律和激励。在管理集团中，有些人的职能是传统意义上的管理职能，对其他人的工作负有责任。

2）管理责任的基础

德鲁克专门研究了管理责任的基础问题，即对企业进行责任管理所需要的条件。在《管理：任务、责任和实践》一书中，德鲁克列举了管理责任的五大基础：

第一，设定责任目标。主要包括，决定管理责任的目标应该是什么，决定在实现责任目标的过程和阶段应该是什么，决定要实现责任目标所需要完成的工作。

第二，管理团队。为了有效管理团队的责任问题，德鲁克分析了活动、决策和相关的需求。德鲁克对工作进行了分类，他把工作分为易于管理的活动和难以管理的活动，并进一步对各种活动的管理任务进行分类，他还阐述了如何把单位与任务进行有组织的结构安排，这些都给管理者有效管理团队责任明确了任务。此外，德鲁克还主张，大型机构还应该挑选和委派专门人员去对这些单位和要做的工作进行责任管理。

第三，激励和交流。德鲁克认为，为了使管理责任能够具体落实到每一位管理者身上，还需要通过薪酬激励、工作安排和提升等"人力资源杠杆"来进行责任激励。这样做可以使得管理者有强烈的责任动机，可以有效避免责任成为管理者一厢情愿的问题。除了有效的激励之外，德鲁克还强调，管理者还通过经常性地与他的下属、上司和同僚进行交流沟通来不断明确各自的责任，及时修正责任人和责任范围。这样做可以避免责任不清问题。

第四，有效的责任考评。德鲁克在强调自我管理的同时强调制度化考评对于管理的积极作用，认为考评是管理者工作中的基本要素。通过考评，为管理者建立责任评判标准，规定最低的责任要求，为责任问题提供一个赏罚的依据。所有这些对于激励有责任者和鞭策责任缺乏者都是重要的。

第五，开发和培养人才。德鲁克明确地把责任当作管理者人才的基本要求，因此，需要从人力资源管理的各个环节进行责任管理，这是有效责任管理的一个条件。但是，德鲁克的人才开发和培养不仅仅是对下属，而是包括开发管理者本人。"将管理者和其他人区分开的最重要的职能就是他的教育作用，"他写道，"只有管理者才被人们要求帮助其他人获得远见和能力，使这些人的表现能达到高水平。按照最彻底的分析，只有这种远见和道德责任才真正定义了管理者。"

3. 高层管理者的任务和管理

对待高层管理者，德鲁克主要是强调高层管理的任务与其他管理集团的任务有根本差别，如他们的工作是多方面的，而不是单一的，而且对高层管理者个性和气质也有不同的乃至是互相冲突的要求。因此，对高层管理职位的管理是，使之既能完成客观的任务，又照顾到担当该职务者的个性，还要向高层管理提供完成其特殊任务所必需的激励和信息。

1）高层管理者的任务

德鲁克认为，高层管理的主要任务可以归纳为以下 6 项：

第一，构思企业的使命。作为高层管理者，他们必须花相当多的时间思考"我们的企业是什么以及应该是什么"的问题。在此基础上确定机构的目标，制订战略和计划，为了取得未来的成果而在目前作出决策。显然，只有企业的高层管理者能够纵览整个企业，能作出影响整个企业的决策，能把目前的和未来的目标和需要加以平衡，并能把人力、资本、资金等资源分配到能取得关键成果的项目上。

第二，确定标准，树立榜样，建立企业的文化管理机制。运行一个机构需要很多机制，如制度、规章机制，但是这些事务性的工作都可以通过具体的部门来完成，充其量也就是相关部门的最高负责人（如主管、总监等）所要担当的工作。但是，长期性、战略性的管理机制则是企业高层管理者的任务。所以高层管理者在思考长远发展问题的同时，还要关注机构未来发展的目标，关注这些目标对当前工作的要求，通过调研发现未来目标与当前的差距。在此基础上培养相应的价值观、行为规范，制定相关的标准，达到软硬两手抓、长远目标与当前工作相结合的效果。

第三，建立和维持组织。维持组织的工作很多，从高层管理者角度看，除了要考虑组织结构和组织设计外，还要着眼于为未来、特别是未来的高层管理培养人力资源。这是因为，一个组织的精神是由处于高层的人们创立的，他们的行为准则、价值观、信念，为整个组织树立了榜样。

第四，建立和维持重要的关系。企业的许多对外关系，只有处于一个企业的高层位置才能建立和维持，这些我们称之为重要的关系。包括与顾客、主要供应商的关系，与工业行业的关系，与银行家和金融界的关系，还有与政府或其他外部机构的关系。这些关系对企业取得成就的能力有着极为重要的影响，它只能由代表整个企业、为整个企业说话、为整个企业承担义务的人建立和维持。从这些关系可以产生一系列的高层管理政策和行动，譬如有关环境和企业对社会的影响的行动、有关员工政策、对社会参政议政的态度等等。

第五，参与社交活动。这包括各种"礼节性的"活动——宴会、社交活动等。尽管这些活动实际上是费时间的，但又是不可避免的。因为这些活动往往可以是许多重大决策的前期准备工作，所以尽管有些大公司高层有几十位副总，但是第一把手往往还是要亲自出席的。

第六，为应对危机准备临时决策机构。高层管理者必须准备一个为重大危机而"备用"的机构，以便在事情危急时有人接管处理高层管理者的事务，这也是一位负责任的高层管理者的分内工作。临时决策机构的人必须在法律上应负责任，同时还要有承担高层责任的相关知识和能力。

2）对高层管理者的管理

为了确保高层管理者有效完成上述任务，有条件承担他们在组织中应当承担的责任，应该对高层管理者进行有效管理。德鲁克认为，对高层管理者进行有效管理的最好办法是形成合理的结构。

首先，数量结构要合理。高层管理的工作应由一个班子而不是由一个人来担当。因为，这项职务所要求的各种不同的气质一般一个人不可能同时具备。此外，对高层管理的任务分析表明，他们的工作量也不是一个人所能完成的。除非是很小的企业，高层管理职权的任务至少需要有一个人全力投入，另外还要有一两个人是大部分时间投入。其次，人员构成合理。一个高层管理要有效地进行工作就必须满足一些严格的条件，包括高层管理构成不是一种简单的组合，不能简单因为其成员之间互相喜欢对方就可以组合在一起进行工作。因为，其成员之间互相喜欢或不喜欢对方，与工作能否顺利无关。所以，一个高层管理，无论其成员之间的个人关系如何，都必须能发挥高层管理的作用。最后，确立有效的高层管理原则。德鲁克为此设计了 6 条高层管理原则，包括"谁在某一领域中负主要的责任，就应实际上有最后决定权""任何成员不应该对不是由他主要负责的事务作出决定""高层管理班子的成员不一定要互相喜欢，甚至不一定要互相尊重，但他们决不应该互相干扰""一个高层管理班子不是一个委员会，而是一个班子。一个班子需要一个班长。班长不是'老板'，而是领导者""高层管理的一个成员在其负责的领域中，应该作出决定"以及"高层管理的任务要求在班子的各个成员中进行系统而密切的信息交流"。

除了要形成合理的结构之外，德鲁克主张发挥董事会作用也是高层管理者取得成效的有效办法。董事会是企业高层管理者的特殊集团之一，需要特殊的管理。董事会在不同的国家有不同的称谓，如董事会、监督委员会等；对于董事会成员的资格，各国也是各不相同的。但是，在作用和职责方面是比较一致的：对于监督高层管理、向它提供咨询、检查其决定并指定其成员的机构。董事会作用应该包括：

①作为企业内部的自治机构，它需要一批有经验的、正直而有品德的、有工作能力和工作意愿且经过考验的人来对高层管理提供咨询、建议并一起商讨问题。

②作为企业的最高权力机构，可以有效发挥董事会作用来撤换未能取得成就的高层管理。

③作为企业的"公众和社区关系"机构，它需要容易、直接地接触其各种"公众"和"选民们"。很显然，问题不是要不要董事会而是要什么董事会，对此，德鲁克提出，要保证董事会有效发挥作用，必须确保董事会是一个执行董事会，而不是空头的董事会，它是一个向高层管理提供谈话的人，是一个提供自制的机构，是一个精神支柱，是一个咨询者和顾问。当然，所有这一切都要求董事会是了解情况的，而且在发生"权力危机"时候，即公司的高层管理发生危机或需要为目前的高层管理寻找接班人等重大事情上可以成为接管事务的"备用机构"。此外，董事会还是公众和社区关系的董事会。它使得一个公司、特别是大公司能接触其各种公众。从德鲁克对有效的董事会论述反观我们现有的企业董事会，中小企业尚且撇开不说，就是上市公司，也是有较大差距的，这就需要对董事会进行有效的管理。尤其是在理顺高层管理者与董事会的关系方面，如何履行各自的责任和义务是有待强化的重点。

4. 经理人的作用和职责

在德鲁克看来，高层管理以外的每一个管理单位都是为一项特殊的主要任务而设计的——不论这组织是职能制组织、任务小组、分权制组织或者系统结构。组织的每一构成部分都是由一种特殊贡献来规定的。因此，经理人的任务和职责与高层管理不同，需要对之进行特殊的定位和管理。

经理人的职责主要包括以下几个方面：

1）对机构负责。经理人在一个机构中的地位和作用是极其关键的。没有经理人，企业便无法运作。经理人对机构的作用如此重大，那么他应该如何对机构负责呢？第一，对机构负责必须体现在管理的各个环节中。第二，经理人必须明确自己是为机构负责，而不仅是上司本人负责。第三，经理人的目标应该反映企业的客观需要，只有这样才能切实地承担起对企业目标的责任。第四，有效进行经理人之间的思想交流。在每一机构的管理集团中，必须有一种部门之间经理人的思想交流。要做到这点，每个经理人就必须仔细考虑本单位的目标是什么，并积极而负责地参与制定目标的工作。第五，适当吸纳下属参与经理人的目标制定。只有下一级的经理人通过共同制定目标的方式参与，上一级的经理人才有可能知道应该对他们提出什么要求。第六，自觉接受机构对自己的控制。为了达到向机构负责目的，经理人必须自觉接受更严格的、要求更高的、更有效的内部控制。如果一个大机构的负责人因为自己身处领导地位就无意接受这种内部控制，那么，他实际上已经忽略了对他所负责的机构进行负责，严重者会形成官僚作风并使其衰落下去——这就不是一个负责任的经理人。

2）进行目标管理进行自我控制是每一个经理人的责任。

3）确保经理人与企业的一致性。

4）经理人必须对自己的目标结果负责。

围绕经理人的职责，德鲁克指出了经理人的任务，主要包括：通过企业目标来进行管理；有效制定战略实施的方案；建立和整合执行管理任务的团队，明确每一位成员的任务，而且这些任务都能够根据共同的目标管理来考量自己的表现和成绩；快速、清楚地对上、下进行信息交流；要将企业视为一个整体，将自己的职能与其进行整合。

1）经理人不仅仅是接受所有者授权而工作

如同经理人是对机构负责而不是对上司负责一样，经理人是接受机构授权而不是所有者授权。经理人代表的是一定管理部门，从法律意义上讲，管理部门需要接受所有者的授权。但是，德鲁克认为不然，他认为应该是高层管理者接受所有者授权，而不是管理部门接受所有者的授权，因此，管理部门应该优先于所有者甚至是高于所有者，尤其是在大企业中。即使对大企业拥有全部所有权的所有者也需要服从于管理部门本身。这是因为，管理部门实质是接受高层管理者的授权，为高层管理负责，而不是对所有者负责。

2）有效制定战略实施方案

高层管理者制定公司的战略方案，包括使命定位、任务要求和目标要求，在此基础上，经理人需要按照公司的战略任务和目标要求，制定本部门的实施方案，同时围绕这些方案的实施组织有关的资源，履行组织上规定的相关汇报、请示、负责职能，此外还要接受公司战略实施过程中的相应反馈和监督。

3）建立和整合执行团队

管理部门之所以需要存在，不仅由于工作量太大，任何一个人都不可能单独完成，而且由于管理一个企业同管理一个人自己的财产是根本不同的两回事。企业的目标能否达到，取决于经理人管理的好坏，也取决于如何管理经理人。为了有效实施公司的战略目标，经理人需要有效开展有关的组织工作，包括分析所需的各项活动、决定和关系。在此基础上对工作进行分类，把工作划分成各项可以管理的活动，又进一步把这些活动划分成各项可以管理的作业。

4）对这些单位和作业组合成为一个组织结构

按照组织结构的运作规律来选派人员管理这些单位、执行这些作业。企业员工的工作成效，正是管理层的组织能力与结构的一面镜子。员工的工作是否有成效，在很大程度上取决于他被管理的方式。围绕员工的有效管理，经理人需要从事激励和信息交流工作，包括把担任各项不同职务的人组织成为一个团队并进行有效的团队管理，如通过日常的工作实践，通过员工关系，通过有关报酬、安置和提升的"人事决定"，通过同其下级、上级和同级之间经常的相互信息交流等。由于许多团队工作涉及不同的部门，需要避免传统的一个管理者只了解一个或几个职能问题，积极进行横向沟通和联络，与其他部门相互协作。

5）经理人的"育人"与"用人"任务

如同高层管理者需要面对"育人"与"用人"任务一样，经理人一样要面对这些任务。德鲁克认为，经理人是对人"进行工作"，这就意味着要很好地培养他。这种培养具有双重含义：既要当作人来培养，又要当作一种资源来培养——使员工变得更富活力而不是失去活力；让员工更有生产力而不是更加低效率；让员工更加负责任而不是更加没有责任。这一点不仅适用于被管理的人，而且适用于经理人自身。经理人是否按正确的方向来培养其下属，是否帮助他们成长并成为更高大和更丰富的人，将直接决定着他本人是否得到发展。为了培养人，经理人还需要有一种基本的品质，而这是不能依靠传授技巧或强调这项任务的重要性就能创造出来的，这就是要求经理人有正直的品格。可见，经理人的"育人"与"用人"任务与高层不完全一样。

5. 员工的工作与成就

在员工管理方面，德鲁克认为，"管理任务的第三个主要方面是使工作富于活力和使员工有成就"，而且，两者不是并列的关系而是先后的次序关系，员工成就是目的，使工作富于生产性是基础，即"使员工有成就的第一步就是使工作富于生产性。"德鲁克通过重新阐释工作来阐述现代管理中的员工管理问题，这方面，德鲁克的主要观点是要使员工工作有活力、有成就感以及把员工当作最重要的资源。

 **拓展阅读**

德鲁克在《管理：任务、责任和实践》一书中用独特的类比阐述道："管理是一门学科，这首先就意味着，管理人员付诸实践的是管理学而不是经济学，不是计量方法，不是行为科学。无论是经济学、计量方法还是行为科学，都只是管理人员的工具。但是，管理人员付诸实践的并不是经济学，正好像一个医生付诸实践的并不是验血那样；管理人员付诸实践的并不是行为科学，正好像一位生物学家付诸实践的并不是显微镜那样；管理人员付诸实践的并不是计量方法，正好像一位律师付诸实践的并不是判案那样。管理人员付诸实践的是管理学。"

德鲁克指出，"本书的出发点和原则是阐明管理人员所必备的全部工作"，要全面把握这些工作最好的办法是从工作的任务开始——这样也符合德鲁克的思想。早在 1954 年出版的《管理的实践》一书中，德鲁克就明确指出管理的本质是一种功能，它的任务是通过达成管理的目标进而实现组织的特定目的和使命，使工作富有成效。20 年后，德鲁克仍然把管理的任务作为一个重要问题在《管理：任务、责任和实践》中系统论述，这是有深刻的历史根源的。70 年代的西方世界流行着一股反工业化的思潮，主张个人自由和人性解放，在企业管理领域也流行着"打倒组织"的观点。客观地讲，这一思潮符合人本主义发展的大趋势，但是具体到企业组织则需要客观看待了。德鲁克认为，"使各种机构有所成就的是管理者和管理。负责的管理是代替专制的唯一选择和保护我们免受专制的唯一途径。"可见，德鲁克所坚持的责任和管理已经成为一种政治哲学了。

5 《谁动了我的奶酪？》

斯宾塞·约翰逊

 经典速读

斯宾塞·约翰逊，医学博士。他是享誉全球、深孚众望的思想先锋、演说家和作家。从表面看，《谁动了我的奶酪？》（2001）和其他众多装帧精美的书没多大区别，只是薄了些，约4万字，每页都配有主人翁滑稽可爱、个性鲜明的漫画形象。可就是这本不起眼的小书，在欧美创造了出版业的奇迹：自1998年9月由美国普特南出版公司出版后，两年中销售2 000万册，雄踞亚马逊网上书店第一名约80周，同时迅速跃居《纽约时报》《华尔街日报》和《商业周刊》最畅销图书排行榜第一名。

《谁动了我的奶酪？》是个简单的寓言故事，内容充满了人生中有关变化寓意深长的真理。这是个有趣且能启蒙智慧的故事，内容是描绘4个住在"迷宫"里的人物竭尽所能地在寻找能滋养他们身心、使他们快乐的"奶酪"的过程。

这4个小人物中，有两只是名叫嗅嗅和匆匆的老鼠；其他两位则是身体大小和老鼠差不多的小人，名叫唧唧和哼哼，而且这两个小人的外形与行为和现今的人类差不多。这里所谓的"奶酪"是一种比喻，它可以被当成我们生命中最想得到的东西。它可能是一份工作、人际关系、金钱、财产、健康、心灵的宁静。书中所谓的"迷宫"，代表的是一个你花费时间与精力追寻你所欲求的东西的地方，它可以是你所服务的机构或你所居住的社区。在故事里，这些人物面临突如其来的变化。最后，他们之中有一个成功地对这些变化做出适当的应变，并在迷宫的墙上写下他改变自己的心路历程及从中所得到的经验。当你看到那些墙上的标语时，你就能自己找出处理变化的方法，了解了这些方法，你就不会感到太多压力，并且能够在生活中或工作中得到更多的成就感（不管你怎么定义这些成就感和压力）。

全书包括3个部分。第一部分，"同学聚会"——讲述一群过去的同窗在一次聚会上讨论如何应对生活中的种种变化。第二部分是全书的核心——"谁动了我的奶酪"的故事。在故事里，你会发现，当面对变化时两个老鼠做得比两个小矮人要好，因为他们总是把事情简单化；而两个小矮人具有复杂的脑筋和人类的情感，却总是把事情变得复杂化。这并不是说老鼠比人更聪明，我们都知道人类更具智慧。但换个角度想，人类那些过于复杂的智慧和情感有时又何尝不是前进道路上的阻碍呢？——当你观察故事中4个角色的行为时，你会发现，其实老鼠和小矮人代表我们自身的不同方面——简单的一面和复杂的一面。当事物发生变化时，或许简单行事会给我们带来许多的便利和益处。第三部分，"讨论"——是那些同窗好友们围绕这个故事展开的讨论，他们讨论这个故事的意味，以及如何把这个故事带给人们的启迪运用到生活与工作中去。这本书适合任何的年龄层，其中独特的真知灼见却能对你产生一辈子的影响和帮助。

 ## 内容解读

小故事大道理——"谁动了我的奶酪"故事情节

寓言中共出现了4个主角——小老鼠嗅嗅和匆匆，小矮人哼哼和唧唧。故事情节把他们的活动场所限制在一个迷宫里，这个迷宫里面有太多的未知空间和太多的风险，同时也有很多的奶酪。为了解决温饱问题，他们整天忙着找奶酪，为了找到足够多的奶酪，他们付出相应的代价。

嗅嗅和匆匆头脑简单，没有太多复杂的想法，但是他们的直觉很准，所以总是能快速地采取行动来应对生活的变化。另外，嗅嗅的嗅觉很灵敏，经常可以预见到事情的变化，并找到适合新变化的方向；而匆匆则行动敏捷，勇于尝试新鲜的事物。在寻找奶酪的过程中，他俩往往运用简单低效的方法：当他们跑进一条走廊里，发现房间是空的时候，就从原路折回，再找其他的走廊，从一个房间找到另外一个房间。然而，由于迷宫的复杂性，他们经常会迷路，甚至撞墙。

哼哼和唧唧与嗅嗅和匆匆不同，他们像人一样，喜欢用复杂的思维，在采取行动前，总会不断思考。他们运用复杂的方法，想出了一套寻找奶酪的复杂方法。这个方法比那两只小老鼠的方法高效得多，他们碰壁的机会也相应少了许多。为此，他们还自以为是，甚至看不起相对愚笨的老鼠朋友。然而，也正是因为他们的复杂头脑，有时使他看问题的眼光变得暗淡起来，这也使得他们在迷宫中的生活更加的复杂化，也更加的有挑战性。

但是不管怎样，这 4 个家伙都能以各自不同的方式锲而不舍地追寻着自己希望中的奶酪。经过一段时间的努力后，他们得到了应有的回报——到达了奶酪 C 站。这里有无数各种各样的奶酪，散发出十分诱人的香味。他们都疯狂地扎进了奶酪堆中，尽情享受起来。从那以后，4 个家伙每天都会光顾奶酪 C 站，并且，不久他们都建立了自己熟悉的路线，养成了各自的生活习惯。嗅嗅和匆匆头脑简单，他们只知道整天享受着美味的奶酪，并没有为将来作太多的打算。只是，老鼠的本能也使他们做好了随时离开的准备。

虽然刚开始时，哼哼和唧唧也挺有戒备心的，但是，慢慢地，他们复杂的头脑使他们改变了常规。两个小矮人已经习惯了眼前的生活方式，他们从来没有想过奶酪是从哪里来的，是谁把它们放在那里的，他们只是理所当然地认为，奶酪总是会在那里的，奶酪总是属于他们的，任何人都不会夺走奶酪，奶酪也不会消失。奶酪 C 站成了哼哼和唧唧的家，他们变得越来越懒散，每天懒洋洋地走进奶酪 C 站，舒舒服服地待在那里，并且在周围一带开展了他们的社交活动。他们偶尔会把朋友带到奶酪 C 站，指着成堆的奶酪自豪地说："多么美味可口的奶酪呀，不是吗？"有时，他们还会与这些朋友一起分享奶酪。总之，他们的头脑中充满了幸福和成功的喜悦，觉得从此以后生活就将是无忧无虑的了，丝毫没有发觉生活是会改变的。

这样的境况维持了相当长的一段时间。渐渐地，哼哼和唧唧的自信心开始膨胀起来。面对成功，他们开始变得妄自尊大。在这种舒适的环境中，他们一点儿也没有察觉到正在发生的变化。终于有一天，当这 4 个家伙来到奶酪 C 站时，发现这里的奶酪全不见了。嗅嗅和匆匆并不感到吃惊，因为他们早已察觉到，奶酪是一直在变少的，并且已经对这种不可避免的情况早有了心理准备，而且直觉地知道该怎么做。两只小老鼠并没有作什么全面细致的分析，事实上，他们也没有足够的脑细胞支持这么复杂的思维。对于老鼠来说，问题和答案一样的简单。奶酪C站的情况发生了变化，他们也决定随之而改变。相互对望了一眼之后，嗅嗅和匆匆就毫不犹豫地在迷宫里开始了新的追寻。

相反，由于哼哼和唧唧一直没有发现这里发生的细小变化，他们对失去奶酪根本没有准备。面对新情况，他们表现出相当得不知所措。哼哼只是在那里声嘶力竭地呐喊着："谁动了我的奶酪？""这不公平！"……唧唧则站在那里一个劲地摇头，不相信这里发生的变化。他也本以为照旧可以找到奶酪的。但是他不喜欢像哼哼那样疯狂地叫喊，而只是长时间呆呆地站着，拼命告诉自己，这只是个噩梦，他只想回避这一切。

虽然我们从旁观者的角度感觉到他们行为的可笑，但是，一般的人遇到这种改变的情况，所表现出来的也基本上是这样——毫无准备，不知所措，逃避现实。

要知道找到奶酪并不是一件容易的事情。更何况，对这两个小矮人来说，奶酪也不仅仅是解决温饱的食物了，它意味着小矮人悠闲的生活，意味着他们的荣誉，意味着他们的社交关系，意味着他们的社会地位，还有其他很多重要的方面。对他们而言，只有找到奶酪，他们才能找回这失去的一切。

然而，正因为奶酪对他们太重要了，他们花了很长的时间决定该怎么办。但他们所能想到的，只是在奶酪C站的周围寻找，看看奶酪是不是真的不见了。

当嗅嗅和匆匆已经在迅速行动的时候，哼哼和唧唧还在那里不停地哼哼唧唧，犹豫不决。很多宝贵的时间就这样被浪费掉了。两个小矮人只是成天叫嚷着世界对他们的不公平，诅咒着那个搬走了他们奶酪的人。他们压根儿就没有想过，他们本来就是一无所有的，奶酪也是他们从别处得来的。既然以前可以锲而不舍地追寻自己的奶酪，为什么现在就不可以静下心来，重新找寻存在于其他地方的奶酪呢？可能他们这样做也是可以理解的，因为他们确实已习惯了有奶酪的日子，奶酪已成了生活的一个组成部分，对于他们而言，拥有奶酪是天然的权利。

接下来的一天，哼哼和唧唧又回到了奶酪C站。他们总抱着一丝的希望，他们总不断地欺骗自己说，也许以前找不到奶酪是走错了地方，也许那个搬走奶酪的人又会把奶酪送回来的。然而结局也是不言而喻的，奶酪确确实实已不复存在。唧唧紧紧闭上眼睛，紧紧捂住耳朵，他不愿相信这一切都是真的，他不愿相信奶酪是逐渐变得越来越少的，他宁愿相信奶酪是突然之间被全部拿走的。哼哼则把现在的情况分析来分析去，他用自己复杂的大脑把他所有的信条都翻了个遍。

但是他是得不出什么有用的结论的，因为他自己已经陷入了自己编造好的圈套，他不能摆脱"奶酪是自己的，别人不能抢走"这样的错误念头。因此，他想到的只是"他们为什么这么做？""别人怎么有权利抢走我的奶酪？"之类的问题。

慢慢地，唧唧首先清醒了下来，他开始反思他们两人的做法，毕竟，光发牢骚是于事无补的，寻找奶酪来填饱肚子才是现实的选择，于是他开始有了尝试改变的念头。但是，他这时的想法是一闪而过的，当他把自己的想法告诉哼哼时，却被泼了一盆凉水。哼哼始终认为他们有拥有奶酪的权利，失去奶酪是一些别有用心的人制造的局面，他们本身并没有什么过错，因此，他认为他们并不需要做出任何改变，相反，因为失去奶酪，他们理应得到补偿。虽然唧唧进行了反驳，认为这样的分析是不能解决问题的，但是还是不能说服哼哼。两个小矮人长时间地争执着该怎么办。

嗅嗅和匆匆已没有什么思想负担了，他们已经走过了迷宫中的好多地方，进入到了迷宫的深处。除了倾尽全力地寻找新的奶酪，他们并不考虑任何别的事情。功夫不负有心人，他们最终到达了迷宫中的奶酪 N 站。那里是他们所见过的最大的奶酪仓库。而哼哼和唧唧仍然待在奶酪 C 站，对他们目前的处境进行揣摩。他们正在忍受着失去了奶酪的痛苦，挫折感、饥饿感和由此而来的愤怒紧紧围绕着他们，折磨着他们，他们甚至为陷入眼前的困境而互相指责。

两个小矮人变得越来越虚弱，变得越来越烦躁。唧唧经常会萌生到迷宫中去寻找奶酪的念头。在迷宫中探险，找到奶酪并尽情享用，这一切该是多么的美好呀！但是，每一次他把想法告诉哼哼时，哼哼的反应是："我喜欢这里。我只熟悉这里，这里很舒服。再说，离开这里到外面去是很危险的。""我觉得自己有些老了，不能再做这种跑来跑去到处冒险的事了。而且，我也不想像个傻瓜似的，时常迷路，你觉得呢？""也许，我们只需坐在这里，看看到底会发生什么事情。迟早他们会把奶酪送回来的。"在最需要鼓励的时候，哼哼给唧唧的却是打击，于是，失败的恐惧感又笼罩了唧唧。

奶酪始终没有再出现过。唧唧已经开始厌倦了等待——完全被动地等着状况自己变好。终于有一天，他嘲笑起自己来了："唧唧呀唧唧，看看你自己吧！你居然等到每天重复同样的错误，还总是奇怪、怀疑为什么情况还没有得到改善，还有什么比你这种做法更可笑的呢？这如果不是荒谬，就是滑稽。"他又试图说服哼哼陪他一起去冒险，毕竟两个人不会感觉寂寞。但是，哼哼再一次拒绝了他。唧唧现在已不再迁就，他作出了独自一人出去探险的决定。

当唧唧准备出发的时候，他觉得自己整个人都变得充满了活力，充满了激情。他对自己大声宣布："这是一个迷宫的时代。"他也对哼哼提出了忠告："如果你不改变，你就会被淘汰。"

当走出奶酪C站走向迷宫深处时，唧唧忍不住回头看看这个长时间待过的地方，那一瞬间他几乎无法控制自己，又想回到那个熟悉的地方，又想躲进那个虽已没有奶酪但很安全的地方。他提醒自己说："如果你无所畏惧，你会怎么去做呢？"

唧唧最终冲出了自己的思想束缚，他感觉到在迷宫中探险也并没有想象中的那么可怕，并开始慢慢反思以前自己的做法。"我为什么没有早点行动起来，跟着奶酪移动呢？"由于身体虚弱，他现在行动将比以前更加吃力，花的时间将更长。他打定主意，一旦再有机会，他一定要尽早走出舒适的环境去适应事情的变化，立即采取措施会使事情变得容易。既然情况已是如此，迟做总比不做好。

他又想到，原来的奶酪是逐渐变少的，并非一夜消失的。只是他们被成功冲昏了头脑，没有能够察觉到这些变化。否则，也就不用太吃惊了。他打定主意，从现在起，他要时刻保持警惕，期待着变化而且去追寻变化。经常闻一闻奶酪的味道，才会知道它什么时候开始变质。

前进的道路不会总是一帆风顺的，有很长一段时间，唧唧一直没有发现奶酪，他的体力正在慢慢消失，恐惧老在他的脑中萦绕，他越来越害怕，害怕得甚至无法对自己承认。他也不明白自己到底害怕什么，只是知道一个人独自前行特别孤单。他勉励自己："朝新的方向前进，是会发现新的奶酪的。"

迷宫显得又深又黑、前面有没有奶酪？或者，是不是潜伏着危险？恐惧一阵一阵向他袭来。他开始想象各种可能降临到他头上的可怕的事情。他越想越怕，快把自己吓死了。突然，他又想起了那个问题——如果你无所畏惧，你会怎么做呢？

他感觉自己真是可笑，恐惧只会使事情变得更糟，于是他大胆地朝一个新的方向跑去。当跑完这条新的通道时，他觉得自己的灵魂得到了丰富。他正在放开自己，对前景充满了信心，尽管他并不能确切地知道前面究竟是些什么。超越了自己的恐惧，他感到非常的轻松自在。而这样的感觉他已经很久没有了。

为了使事情进行得更顺利，他为自己描绘了一幅美好的图景。在这幅图景中，他坐在各种各样喜欢的奶酪中，随心所欲地享受着，没有人来打搅。这种享受新奶酪的情景，他看得越清楚，他就越相信这会变成现实，就越有激情去寻找奶酪。

心情舒畅总能使人行动敏捷，不久，唧唧就发现了一个新的奶酪站。在入口处他发现了一些从未见过的奶酪，味道真好！当他兴奋地走进奶酪站时，却惊讶地发现里面是空的。原来有人已经先来一步了。他认识到，如果能早一点采取行动，他就很有可能早已在这里发现大量的奶酪了。于是他提醒自己：越早放弃旧的奶酪，你就会越早发现新的奶酪。机会不等人啊。

唧唧感觉有必要把他的朋友一起拉出来，于是他又折回了奶酪 C 站。哼哼很感激朋友的心意，但是他说："我不喜欢新奶酪，这不是我习惯吃的那一种。我只要我自己的奶酪回来。除非可以得到我想要的东西，否则我是不会改变主意的。"虽然唧唧很舍不得他的朋友，但是相对而言，他更喜欢寻找奶酪的探险活动。他很清楚，探险不仅能使他得到充足的奶酪，而且探险过程本身就能给他带来很大的快乐。于是，他毅然离开了自己的朋友。

现在，唧唧感觉找到自己想要的东西只是一个时间问题，他不会再让恐惧感困扰自己了。于是他在墙上写道：在迷宫中搜寻比停留在没有奶酪的地方更安全。他还认识到，他所害怕的东西根本没有想象中的那样糟糕，在你心里形成的恐惧比你的实际处境要更坏。他曾经是如此害怕找不到新的奶酪，以至于他根本不想开始去寻找。但是，一旦开了个头，他就发现迷宫里有足够的奶酪让他一直寻找下去。现在，他期待着更多的奶酪，他还因为自己的期待而兴奋不已。过去他总是觉得会把事情做错，而不是考虑把事情做好。过去他总是习惯于认为，奶酪不会被拿走，变化总是不必要的。现在呢，他知道，变化会不断发生，不管你是否希望如此。只有当你不希望变化，也不想追寻改变的时候，变化才会让你感到吃惊。而面对变化，正确的做法就是采取行动，去适应变化。唧唧发现自己的信念终于发生了改变，不再害怕变化了，他又在墙上写道：不要让陈旧的观念束缚了你，因为，陈旧的信念不会帮助你找到新的奶酪。

唧唧还没有找到奶酪，但是他现在的心态已经完全不同了，他不再害怕，他的行动充满了激情，他相信找到奶酪是迟早的事情。他知道，当你改变了自己的信念，你也就改变了自己的行为。

你可以相信，变化对你有害，你可以拒绝它；或者，你会相信寻找奶酪对你有好处，你会拥抱这种变化。这些都取决于你相信什么。唧唧知道，如果他能够早一些离开奶酪 C 站，早一点应对这些变化，他现在的境况会更好，身体会更壮，精神会更坚强，会更好地去迎接挑战。事实上，如果他不是浪费时间，否认明显发生的变化，也许他已经找到奶酪了。为了提醒自己，也希望哼哼追来的时候能够看到，他又在墙上写道：尽早注意细小的变化，这将有助于你适应即将到来的更大的变化。

头脑中充满了对美味奶酪的幻想，唧唧现在寻找得更敏捷更开心了。没有什么负担，过去的早已被抛之脑后。当他感觉一直这样在迷宫中寻找下去也无所谓的时候，其实，他的旅程——至少是现阶段的旅程——即将结束了。在走廊的尽头，奶酪 N 站已经隐隐可见。当他走进去的时候，眼前的景象使他目瞪口呆：一堆堆新鲜的奶酪轰立在眼前，好多种类是他从来没有见过的，而且数量上也远远超过了原来的奶酪 C 站。更令他惊奇的是，他遇见了他的两位老鼠朋友——嗅嗅和匆匆。他们已经在这里很长时间了。

唧唧一边享受着新奶酪，一边在反思自己学到了什么。他认识到，当他害怕变化的时候，他一直受困于对那已不复存在的旧奶酪的幻想而无法自拔。那么，又是什么让他决定做出改变的呢？可能是恐惧吧，害怕饿死的恐惧。唧唧突然发现自己学会了自嘲，而当人们学会自嘲，能够嘲笑自己的愚蠢及所做过的错事时，他就开始改变了。他甚至觉得，改变自己的最快捷的方式，就是坦然嘲笑自己的愚昧。也许这样，你就能对过往云烟轻松释然，迅速行动起来，直面变化。同时，从嗅嗅和匆匆身上，唧唧也学到了有益的东西——做事果断，不畏惧改变，勇往直前。老鼠的思维是简单的，根本没法跟人的思维相比。但是，对于有些事情，人反而会为复杂的思维所累。当形势发生改变时，两只小老鼠迅速随之改变，循着奶酪的移动方向而移动。唧唧相信拥有了这些体会后，凭着自己聪慧的头脑，再遇到任何变化时他一定能比他的老鼠朋友们做得更好。

认真总结了自己的经验教训后，唧唧明白，只要善于反思自己所做过的事情，每个人都是可以坦然应对变化的。

（1）要清醒地认识到，生活是无时无刻不在变化的，不要害怕变化，因为害怕变化只能是逃避现实。善于观察生活中出现的细小变化，那样才能够为即将到来的大变化作好准备。也就是说，经常闻一闻你的奶酪，以便知道他们什么时候开始变质。当变化出现时，有时需要简单地看待问题，以及敏捷地采取行动。把问题复杂化有时会坐失时机。越早放弃旧的奶酪，你就会越早享用到新的奶酪。如果不能及时调整自己，也可能永远找不到属于自己的奶酪了。

（2）必须认识到，阻止你发生改变的最大因素是你自己。只有自己发生了改变，事情才会开始好转。陈旧的观念只会使你裹足不前。

最重要的是要认识到，新奶酪始终总是存在于某个地方，不管你是否已经意识到了它的存在。只有当你勇于克服自己的恐惧念头，并且勇于走出自己的习惯方式，去享受冒险带来的喜悦时，你才会得到新奶酪带给你的报偿和奖赏。

唧唧本来打算回去带哼哼一起来，并把自己学到的东西告诉他，帮助他摆脱困境。但他又想到了以前试图改变哼哼时的失败经历。他知道，有些事是需要自己去经历的，哼哼也必须寻找适合自己的路，可能没有人可以代替他走完这一步，或者告诉他应该怎么去做。他必须迈出第一步，否则他永远不会看到改变自己所带来的好处。为了避免遇到同样的尴尬，在还有大量的奶酪储备时，唧唧就开始为新的变化作准备了。他开始走出奶酪 N 站，到外面的迷宫去探索新的领地，以便使自己与周围发生的变化随时保持联系。

 拓展阅读

斯宾塞·约翰逊先后在南加州大学、皇家医学院学习，并分别获得心理学学士和医学博士。他是心脏起搏器的发明人，还是"跨学科研究机构"——一个思想库中的医学研究人员，以及加州大学医学院人格研究中心的顾问。

他的许多观点，让成千上万的人发现了生活中的简单真理，使人们的生活更健康、更成功、更轻松。面对复杂的问题提出简单有效的解决办法，在这方面，他被认为是最好的专家。

他是许多畅销书的著作者或合著者。他所著的《谁动了我的奶酪？》一书中提供了应对变化的极好方法。他与传奇式管理咨询专家肯尼斯·布兰查德博士合著的《一分钟经理人》，在《纽约时报》畅销书排行榜上名列第一，是经典的商业图书，曾持续出现在许多著名的畅销书排行榜上。

斯宾塞·约翰逊还写过许多其他的畅销书，如《礼物》、《是或否》、《道德故事》等；"一分钟系列"里还有5本书：《一分钟推销人》、《一分钟母亲》《一分钟父亲》、《一分钟教师》和《一分钟的你自己》。他的书成为许多媒体特别介绍的对象，例如，CNN、《时代》、《商业周刊》、《纽约时报》和《华尔街日报》等。

约翰逊的书已经被译成26种语言，在世界范围广泛传播，并深受欢迎。

6 《从优秀到卓越》

詹姆斯·柯林斯

 经典速读

2001 年，詹姆斯·柯林斯又出版了一本名为《从优秀到卓越》的著作，这本书可说是《基业长青》的姊妹篇，它描绘了优秀公司实现向卓越公司跨越的宏伟蓝图。《哈佛商业评论》《商业周刊》和亚马逊网上书店都将这本书列入 2001 年度最佳商业类图书。柯林斯花了 5 年时间用于调研和撰写本书，他在前言中称即使有"上亿美元"也不能令他放弃这个项目。

全书架构清晰，行文流畅，案例充分，图文并茂，故事和分析相得益彰，是一本优秀的管理论著，读后感觉受益匪浅。柯林斯首先介绍了探索的过程，勾勒出所用的研究方法，其次介绍了直接从数据中的得出的经验性推论，也就是具体的理念，最后将本书与《基业长青》联系起来，指出本书不是《基业长青》的续篇，而应该是它的前篇。本书讲的是如何将一个优秀的企业，转变为一个能够持续创造非凡业绩的卓越企业；而《基业长青》讲的则是如何管理一个卓越企业并使其具有非凡的气质并长盛不衰。完成这一最终的转变需要核心价值观和一个超越盈利的目的，再加上一个保持核心或激励进步的关键动力。

 **内容解读**

1. 从优秀到卓越的内在机制和决定性因素

优秀是卓越的大敌。这就是为什么鲜有优秀者实现卓越的主要原因。绝大多数公司始终未能成为卓越的公司，全是因为它们绝大多数都是优秀的公司——而这正是它们的主要问题。优秀是卓越的大敌，这一现象并非仅仅是一个经济问题，它也是人类普遍面临的问题。

为了得出从优秀到卓越的永恒规律，柯林斯和他的21人的研究小组，对1965—1995年30年间出现在《财富》500强排行榜上的1 435家企业进行了逐一分析，找出这样11家企业，它们实现了从优秀业绩到卓越业绩的跨越，并保持15年以上。在长达5年的时间里，经过仔细分析28家公司的整个历史，包括数以吨计的全部资料和几万页的采访记录，他们终于发现了从优秀到卓越的内在机制和决定性因素。

柯林斯在翔实调研的基础上，指出了企业从优秀走向卓越的7个方面的重要内容，分别是：第5级经理人、先人后事、直面残酷的现实、刺猬理念、训练有素的文化、技术加速器、飞轮和厄运之轮。

1）第5级经理人

柯林斯将公司经理人分为5级，分别是能力突出的个人、乐于奉献的团队成员，富有实力的经理人、坚强有力的领导者和第5级经理人。第5级经理人是指具有谦逊品质和坚定意志的企业领导人，他们个个具有雄心壮志，永远把企业的利益放在第一位，很少计较个人的得失，他们把对社会有所建树、有所创造、有所贡献作为人生的最大价值。

第5级经理人抛开自我的需要，投身到建立卓越公司的宏伟目标中。第5级经理人不是没有自我或自身利益，实际上他们个个胸怀大志——但是他们的雄心壮志都是将公司的利益放在第一位，而不是首先考虑自己的利益。

第5级经理人并不是只有谦逊和平和。他同样需要有无所畏惧的决心，一种为了使公司走向卓越而甘愿做任何事情的决心。实现跨越公司的领导并不等同于"无私的经理人"以及"公仆式的领导"。他们都被创造可持续业绩的内在需求所驱动和感染。为了使公司走向卓越，他们有决心做任何事，不管这些决定有多么重要，多么困难。第 5 级经理人这种平静而又顽强的性格还体现在一种纯粹工人式的勤劳作风中——比起表演的马，他们更像拉犁的马。

第 5 级经理人朝窗外看，把成功归于别的因素，而非他们自己。当业绩不佳时，他们看着镜子里，责备自己，承担所有的责任。

2）先人后事

先人后事，即卓越公司的领导不是先决定做什么，而是设法得到合适的人才，强调人力不是最重要的财富，合适的人才才是。任何一家卓越的企业，其具有决定性意义的成功不是市场，不是技术，不是竞争，也不是产品，而是寻找并留住优秀的人才，就是所谓的"让合适的人上车"，一定要把握合适的标准，宁缺毋滥。

实现跨越公司的领导者首先是设法得到合适的人才（不合适的下车），然后才决定将汽车开向何方。第一，如果你是从"选人"而不是"做事"开始的话，就更加容易适应这个变化莫测的世界。第二，如果你有合适的人在车上的话，那么如何激励和管理他们就不再是问题。合适的人是不需要严加管理或勉励的，他们会因为内在的驱动而自我调整，以期取得最大的成功，并成为创造卓越业绩的一部分。第三，如果车上坐的是不合适的人，不论你是否找到正确的方向都无关紧要，因为你还是不能拥有最卓越的公司。光有远见卓识，而没有了不起的人，那也无济于事。

衡量某人是否是"合适人选"，主要看内在的性格特征和天赋能力，而不是专门知识、背景或技能差异。人们可以学会技能，获得知识，但绝不能学着去具备某种基本的性格特征，以满足公司的要求。

实施跨越公司的领导者，在人员决定上严厉但不冷酷无情。作者为此总结出三条非常实用的原则：

原则之一：若无法确定，则宁缺毋滥，保持观望态度。

管理之道中有一条"帕卡德定律"：没有哪家公司能在收入增长持续超出能找到足够合适的人员来实现这种增长所需的能力的情况下，仍然能成为卓越公司。任何卓越公司的最终飞跃，靠的不是市场，不是技术，不是竞争，也不是产品。有一件事比其他任何事都举足轻重：那就是招聘并留住好的员工。

原则之二：一旦发觉换人之举势在必行，就当机立断。

如果你发觉某人非要严加看管不可，那你一定是用错人了，因为好的部下是不需要管理的。虽说指导、教导以及领导都是必要的，但严格的看管却是万万行不通的。实现跨越的公司靠的不是频繁替换，而是高质量的替换来达到目的。

实现跨越的公司的领导人不会追求这样一个领导模式："先普遍撒网，后重点培养。"而是走这样的一条路线："我们会事先花上大力气进行严格的人员挑选。一旦找对了人，就会想方设法把他们留在自己身边。如果不合适了，我们也会诚实地去面对，这样我们可以继续我们的工作，他们也可以继续他们的生活。"

原则之三：将杰出人才用于抓住天赐良机，以图发展，而不是解决你的最大难题。实现跨越的公司有着这样的习惯，把人才用于有最佳发展机会的事业上，而不是用于解决各种麻烦。而对照公司的行事风格恰恰相反，他们并没有认识到这样一个事实：解决现成的问题，只会使公司变好，而只有抓住机遇图发展，才能使公司卓越。

3）直面残酷的现实——只要精神不滑坡，办法总比困难多

几乎所有的卓越公司都通过"面对残酷现实"为起点，但他们无一例外地勇于面对，保持坚定信念，从而走向成功之路。面对现实的关键首先要诚实，领导层要多倾听员工的意见，创造一个让事实说话的氛围；其次是保持坚定的信念，并积极地采取行动。

个人魅力可能是一种财富，也可能是一种累赘。一旦人们向你隐瞒事实，你的这种个性就会是这一系列问题的罪魁祸首。过于强硬的领导个性，会阻碍一个人直面残酷的现实。领导不是始于远见卓识，而是始于让人面对残酷的现实，并积极地采取行动。因为花大力气激励人，基本上是在浪费时间。如果你有合适的人在车上，他们会有一种内在的自我驱动力。那真正亟待解决的问题就成了：你该怎样恰当地经营，才不至于使你的部下失望。

将公司从优秀领向卓越的首要任务，是创造这样一个文化氛围：在那里，人们有无数的机会被倾听，这样，事实也最终可以被听到。

创造一个让事实说话的大气候，有四个基本注意点：

第一，多提出些问题，少要求些答案；

第二要对话、要争执，但不要强制；

第三，作彻底的事后分析，不要相互指责；

第四，建立"红旗"机制，把信息转化成无法忽视的信息。

走向成功的一个关键的心理秘诀是斯托克代尔悖论：坚持你一定会成功的信念，不论有多大困难；同时，要面对现实中最残忍的事实，无论它们是什么。

4）做"刺猬"不做"狐狸"

"狐狸"借指头绪繁多，总是想着应该做哪些事，但变化无常的人或企业；"刺猬"借指总是聚焦于自己最擅长的事的人或企业，他们具有一个简单而清晰的理念。柯林斯发现，卓越企业都是刺猬型的。

刺猬理念是一个简单、明确的概念，它来自于以下三个部分：

第一，你能够在什么方面成为世界上最优秀的。同样重要的是，你不能在什么方面成为世界上最优秀的。这个富有洞察力的标准远远超越了核心竞争力。仅仅拥有一项核心竞争力，绝不意味着你能成为世界上最好的。相反，你能做到最好的，可能不是你现在从事的。

第二，是什么驱动你的经济引擎。所有实现跨越的公司都拥有穿透性的洞察力，对如何最有效地创造持久、强劲的现金流和利润率了如指掌。

第三，你对什么充满热情。实现跨越的公司对引发它们的热情的活动全力以赴。这里的问题不是刺激热情，而是发现什么使你热情洋溢。

为了得到一个发展成熟的刺猬理念，你需要全部的三个部分。

刺猬理念并不是一个要成为最优秀的目标、一种要成为最优秀的策略、一种要成为最优秀的意图或者一个要成为最优秀的计划。它是对你能够在哪方面成为最优秀的一种理解。

刺猬理念要求一套关于卓越的严格标准。不仅仅是发展实力和竞争力，而且是要明白你的组织在哪方面真正有潜能成为最优秀的，并且要持之以恒。实现跨越要求超越竞争力的束缚，要求员工牢记："仅仅因为我们擅长它——仅仅因为依靠它我们能赚钱，而且还能促进增长——不一定意味着我们能成为最优秀的。"实现跨越的公司懂得，做你擅长的只是使你变得不错；一心专注于你有潜能比其他公司做得更好的事，才是通向卓越的唯一途径。

5）训练有素的文化

持续辉煌的业绩需要一种文化，使自律的人们采取规范的行为，并严格遵循三环理论。这可以概括为以下几点：①建立一种在框架下实现自由和责任的文化；②这种文化中的人们的自律性高，愿意全力担负责任。他们将"去掉所有疲疲沓沓的毛病"；③不要将训练有素的文化和暴虐的纪律维护人混为一谈；④坚决遵守刺猬理念，近乎坚守宗教信仰式地关注三环理论的中间环节。另外，建立"戒律"和系统地清除任何无关事项也同等重要。

官僚主义文化源于补偿员工能力和训练有素的文化的缺乏，而能力和训练有素的文化的缺乏源于用人不当。如果你用人得当，淘汰不合格者，就无须官僚主义。如果能将训练有素的文化和企业家精神结合起来，公司就获得了成功的法宝。

6）技术加速器

技术是发展动力的加速器，而不是创造者。合理地使用技术，技术就会成为动力的加速器而非创造者。实现跨越的公司从来不在转变初期开拓新技术，原因很简单——只有当你知道自己需要什么样的技术时，你才能更好地应用技术。技术很重要，但技术本身永远不是公司卓越或是衰落的主要原因。

对于任何技术，最关键的问题是这种技术是否直接服务于你的刺猬理论。如果答案是肯定的，那么你需要率先使用这种技术；如果答案是否定的，你可以把相似的技术加以比较或者干脆忽略它。

7）飞轮和厄运之轮

柯林斯的研究成果表明，从优秀到卓越公司的转变是一个积累的过程，是一个循序渐进的过程，从优秀到卓越的飞跃绝对不是一蹴而就的。卓越的公司不是靠一次决定性的行动、一个伟大的计划、一个好运气或灵光一闪而造就。相反，转变的过程好像无休无止地推着巨轮朝一个方向前进，累积的动能愈来愈大，终于在转折点有所突破，一跃而过。

这时，如果有人问你："那个推动飞轮快速旋转的东西到底是什么？是第1下推动力？是第10下的推动力？还是第100下的推动力？都不是，它是作用在同一方向上的作用力的总和。无论最后的结果多么富有戏剧性，这种转变绝不是一个突然的运动，它是从量变到质变的过程。这中间没有单一的起决定作用的行动，没有重大的方案，没有一了百了的创新，没有纯粹幸运的突变，也没有剧烈的革命。从优秀公司向卓越公司的转变是一个累积的过程——循序渐进的过程，一个行动接着一个行动，一个决策接着一个决策，飞轮一圈接着一圈地转动——它们的总和就产生了持续而又壮观的效果。

从这里我们也清晰我们要想改革我们的事业也不是一蹴而就、急于求成的，要不断坚持的努力，不断推动那个巨轮。

2.从《从优秀到卓越》到《基业长青》

柯林斯总结了《从优秀到卓越》与《基业长青》的联系：

（1）在《基业长青》中持久卓越的公司早期的领导者正是遵循了从优秀到卓越的框架。唯一的区别在于他们当时是试图实现公司起飞的早期小企业主，而不是努力带领已建成公司从优秀走向卓越的首席执行官。

（2）具有讽刺意味的是，柯林斯认为，《从优秀到卓越》并不是《基业长青》的续篇，而是它的前篇。刚起步或已建成的公司可以运用这本书中的发现去创造持续的卓越业绩，然后再运用《基业长青》中的发现从了不起的成就走向持久卓越的企业。已有或新创公司＋从优秀到卓越理念→持久卓越业绩＋基业长青理念→持久卓越。

（3）从一家拥有持续卓越业绩的公司转变成为偶像级的持久卓越公司，就要运用《基业长青》的中心理念：即发现高于金钱的核心价值及目标（核心理念），并将它与发扬核心、促进发展的动态趋势结合起来。

（4）这两项研究有着明显的相通之处，因此产生了共鸣：彼此的观点都丰富了对方的内容，并且赋予对方以活力。特别是《从优秀到卓越》回答了一个在《基业长青》中提出却并未得答的最基本的问题：一个大胆创新的宏伟目标和一个鲁莽的宏伟目标有哪些区别？危险鲁莽的宏伟目标来源于虚张声势，而大胆创新的宏伟目标是理解的结果。

拓展阅读

《从优秀到卓越》揭示了公司保持卓越的秘诀，但书中提到的公司自始至终都出类拔萃。对于那些业绩平平的公司，如何才能实现从优秀到卓越的跨越呢？是不是卓越的企业都有所谓的特殊"卓越气质"？发展的瓶颈是不是真的难以突破？

针对这一问题，柯林斯和他的研究小组历时5年，阅读并系统整理了

6000 篇文章，记录了 2000 多页的专访内容，创建了 3.84 亿字节的电脑数据，收集了 28 家公司过去 50 年、甚至更早的所有文章，进行了大范围的定性和定量分析，得出了如何使公司从优秀到卓越的令人惊异而振奋的答案。

柯林斯发现，公司从优秀到卓越，跟从事的行业是否在潮流之中没有关系，事实上，即使是一个从事传统行业的企业，即使它最初默默无闻，它也可能卓越。柯林斯提出了一整套观点："只要采纳并认真贯彻，几乎所有的公司都能极大改善自己的经营状况，甚至可能成为卓越公司。"

7 《第五项修炼》

彼得·圣吉

经典速读

彼得·圣吉是美国"学习型组织理论"的创始人，当代最杰出的新管理大师，1990年在美国出版其代表作《第五项修炼——学习型组织的艺术与实务》。该书被誉为21世纪的管理学"圣经"、20世纪屈指可数的几本管理经典、世界上影响最深远的管理学书籍之一。1992年，该书荣获世界企业学会最高荣誉的"开拓者"奖，圣吉本人也于同年被美国《商业周刊》推崇为当代的最杰出的新管理大师之一。

《第五项修炼》是一本探讨个人及组织生命的书，它让我们看到个人及组织中几种潜藏的巨大力量。一旦掌握了这些力量，个人的生命空间就会变得很大，就能成为一个全神贯注于自己想做的事、又兼顾生命中最重要事情的"学习者"；组织也因此脱胎换骨成为"学习型组织"——在其中，人们得以不断拓展创造未来的能量，培养全新的、前瞻开阔的思考方式，全力实现共同的愿望，并持续学习如何共同学习。

《第五项修炼》帮助人们重建一种新的看问题的方式，从习惯看世界、看环境、看别人，改变到向里看、看自己、看自己的内心；从看局部，到看全局、看系统。从而人们能看到存在与内在的滞障，寻求到克服它们的可能。《第五项修炼》的成功和杰出之处不仅在于它的理论，而且在于它的可操作性和对实践的有效指导性。它能帮助你在弄清为什么的前提下，懂得如何提升自己的能力：自我开发、自我超越的能力；改善心智、提高认知的能力；团队学习和团队建设的能力；系统思考、掌握未来的能力。

《第五项修炼》被《哈佛商业评论》评为过去 75 年最具影响力的管理类图书之一。

《波士顿环球报》也曾经这样评价它：彼得·圣吉的这本著作已经是一本不折不扣的管理学经典。

全面质量管理运动（TQM）的先驱爱德华兹·戴明博士也对该书推崇有加："流行的管理体系很摧残人……教育界、工商界和政府机构的管理层的任务，应该是使系统最优化……彼得·圣吉的著作《第五项修炼》是帮助开始这项工作的好书，它让我学到了许多东西。"

 ## 内容解读

1. 学习型组织

学习型组织理论认为，在新的经济背景下，企业要持续发展，必须增强企业的整体能力，提高整体素质；也就是说，企业的发展不能再只靠像福特、斯隆、沃森那样伟大的领导者一夫当关、运筹帷幄、指挥全局，未来真正出色的企业将是能够设法使各阶层人员全新投入并有能力不断学习的组织——学习型组织。

如果给学习型组织简单地下一个定义，所谓学习型组织，是指通过培养弥漫于整个组织的学习气氛、充分发挥员工的创造性思维能力而建立起来的一种有机的、高度柔性的、扁平的、符合人性的、能持续发展的组织。这种组织具有持续学习的能力，具有高于个人绩效总和的综合绩效。学习型组织具有下面的几个特征。

1）组织成员拥有一个共同的愿景

组织的共同愿景，来源于员工个人的愿景而又高于个人的愿景。它是组织中所有员工愿景的景象，是他们的共同理想。它能使不同个性的人凝聚在一起，朝着组织共同的目标前进。

2）组织由多个创造性个体组成

在学习型组织中，团体是最基本的学习单位，团体本身应理解为彼此需要他人配合的一群人。组织的所有目标都是直接或间接地通过团体的努力来达到的。

3）善于不断学习

善于不断学习是学习型组织的本质特征，主要有以下 4 点含义：

一是强调终身学习，即组织中的成员均应养成终身学习的习惯，这样才能形成组织良好的学习气氛，促使其成员在工作中不断学习。二是强调全员学习，即企业组织的决策层、管理层、操作层都要全心投入学习，尤其是经营管理决策层，他们是决定企业发展方向和命运的重要阶层，因而更需要学习。三是强调全过程学习，即学习必须贯彻于组织系统运行的整个过程之中。约翰·瑞定提出了一种被称为"第四种模型"的学习型组织理论。他认为，任何企业的运行都包括准备、计划、推行三个阶段，而学习型企业不应该是先学习然后进行准备、计划、推行，不要把学习和工作分割开，应强调边学习边准备、边学习边计划、边学习边推行。四是强调团体学习，即不但重视个人学习和个人智力的开发，更强调组织成员的合作学习和群体智力（组织智力）的开发。

学习型组织通过保持学习的能力，及时铲除发展道路上的障碍，不断突破组织成长的极限，从而保持持续发展的态度。

4）"地方为主"的扁平式结构

传统的企业组织通常是金字塔式的，学习型组织结构是扁平的，即从最上面的决策层到最下面的操作层，中间相隔层次极少。它尽最大可能将决策权向组织结构的下层移动，让最下层单位拥有充分的自主权，并对产生的结果负责，从而形成以"地方为主"的扁平化组织结构。例如，美国通用电器公司目前的管理层次已由 9 层减少为 4 层，只有这样的体制，才能保证上下级的不断沟通，下层才能直接体会到上层的决策思想和智慧光辉，上层也能亲自了解到下层的动态，吸取第一线的营养。只有这样，企业内部才能形成互相理解、互相学习、整体互动思考、协调合作的群体，才能产生巨大的、持久的创造力。

5）自主管理

学习型组织理论认为，自主管理是使组织成员能边工作边学习、使工作和学习紧密结合的方法。通过自主管理，可由组织成员自己发现工作中的问题，自己选择伙伴组成团队，自己选定改革进取的目标，自己进行现状调查，自己分析原因，自己制定对策，自己组织实施，自己检查效果，自己评定总结。团队成员在自主管理的过程中，能形成共同愿景，能以开放求实的心态互相切磋，不断学习新知识，不断进行创新，从而增加组织快速应变、创造未来的能量。

6）组织的边界将被重新界定

学习型组织的边界的界定，建立在组织要素与外部环境互动关系的基础上，超越了传统的根据职能或部门划分的"法定"边界。例如，把销售商的反馈信息作为市场营销决策的固定组成部分，而不是像以前那样只是作为参考。

7）员工家庭与事业平衡

学习型组织努力使员工丰富的家庭生活与充实的工作生活相得益彰。学习型组织对员工承诺支持每位员工充分的自我发展，而员工也以承诺对组织的发展尽心作为回报。这样，个人与组织的界限将变得模糊，工作与家庭之间的界限也将逐渐消失，两者之间的冲突也必将大为减少，从而提高员工家庭生活的质量（满意的家庭关系、良好的子女教育和健全的天伦之乐），达到家庭与事业之间的平衡。

8）领导者的新角色

在学习型组织中，领导者是设计师、仆人和教师。领导者的设计工作是一个对组织要素进行整合的过程，他不只是设计组织的结构和组织政策、策略，更重要的是设计组织发展的基本理念；领导者的仆人角色表现在他对实现愿景的使命感，他自觉地接受愿景的召唤；领导者作为教师的首要任务是界定真实情况，协助人们对真实情况进行正确、深刻的把握，提高他们对组织系统的了解能力，促进每个人的学习。

学习型组织有着它不同凡响的作用和意义。它的真谛在于：一方面学习是为了保证企业的生存，使企业组织具备不断改进的能力，提高企业组织的竞争力；另一方面学习更是为了实现个人与工作的真正融合，使人们在工作中活出生命的意义。

尽管学习型组织的前景十分迷人，但如果把它视为一帖万灵药则是危险的。事实上，学习型组织的缔造不应是最终目的，重要的是通过迈向学习型组织的种种努力，引导一种不断创新、不断进步的新观念，从而使组织日新月异，不断创造未来。

学习型组织的基本理念，不仅有助于企业的改革和发展，而且它对其他组织的创新与发展也有启示。人们可以运用学习型组织的基本理念，去开发各自所置身的组织创造未来的潜能，反省当前存在于整个社会的种种学习障碍，思考如何使整个社会早日向学习型社会迈进。或许，这才是学习型组织所产生的更深远的影响。

2. 学习型组织的 5 项修炼

彼得·圣吉认为：在学习型组织里，有 5 项新技术正逐渐汇集起来，使学习型组织演变为一种创新。它们的发展虽然是分开的，但是都紧密相关，对学习型组织的建立都是不可或缺的。

1）第一项修炼：自我超越

"自我超越"的修炼是深刻了解自我的真正愿望，并客观地观察现实，对客观现实正确地判断。通过学习型组织不断学习激发实现自己内心深处最想实现的愿望，并全心投入工作、实现创造和超越。此项修炼兼容并蓄了东方和西方的精神传统，修炼时需要培养耐心、集中精力，对于学习如同对待自己的生命一般全身心地投入学习型组织。它是学习型组织的精神基础。

自我超越的修炼方法包括以下几点：

（1）建立个人愿景。愿景是上层目标（价值观）的具体体现。愿景不是竞争性的，是内在的而不是相对的。负面的愿景只是不断地去摆脱困扰的事情，并不会促进成长。把焦点放在真心追求的终极目标，把次要的目的看作手段，这样的能力是"自我超越"的基石。

（2）保持创造性张力。愿景与现况的差距是一种力量，将你朝愿景推动，我们称之为"创造性张力"。创造性张力的负面是情绪张力，就是差距带来的负面情绪产生的。两者同时存在，大小相等，方向相反。消除情绪张力并不难，所付出的唯一代价，是放弃真正想要的愿景。只要不坚持愿景，把它降低一点，创造性张力松些，就能够解除情绪张力。常因对情绪张力的容忍不够，而让目标受到侵蚀。英国作家毛姆说："只有平庸的人才总是处于自己最满意的状态。"真正有创造力的人，使用愿景与现况之间的差距来产生创造的能量。

（3）看清结构性冲突。实际上，大部分人都有一个牢不可破的信念，认为我们没有能力实现自己想要的。这种限制创造力的负面力量与创造性张力之间的矛盾系统，被称为"结构性冲突"。

（4）诚实地面对真相。根除看清真实状况的障碍，加深我们对事件背后结构的理解以及警觉，看清自己行为背后的结构性冲突，不断对于自己心中隐含的假设加以挑战。当我们发现自己为了某个问题在责怪某件事或某个人时，便要意识到自己可能正处于结构性的冲突中。

（5）运用潜意识。越是发自内心深处的良知和价值观，越容易与潜意识深深契合，或甚至有时就是潜意识的一部分。认清你潜意识中的真正"愿景"，追求对一个人真正重要的事情，可以产生巨大的力量。

2）第二项修炼：改善心智模式

心智模式是根深蒂固于心中，影响我们对这个世界了解，做出如何采取行动的许多假设，对事物做出价值评价，以及沉积在自我心灵深处的印象等；我们通常不易察觉。

心智模式影响自我表现出来的行为；通常在刹那间决定什么可以做或什么不可以做，这就是心智模式在发挥着作用。我们把自己的工作组织看成学习的场所，把自己的工作组织看作是转向自己的镜子，这是心智模式修炼的起步，我们学习发掘内心世界的潜在能力，使这些能力浮在表面，并严加审视。它还包括进行一种有学习效果的、兼顾质疑与表达的交谈能力——有效地表达自己的想法，并以开放的心灵容纳别人的想法。

培养组织运用心智模式的能力，必须学习新的技巧和推动组织方面的革新，以利这些技巧能够经常练习与应用。

首先，他们必须把隐藏在企业重要问题背后的假设找出来。其次，要发展面对面的学习技能。这一训练最大的好处是增加企业生产力和解决人际问题，用反思和探询的技巧去处理人际问题，变适应性的学习为创造性的学习。管理者必须运用反思和探询的技术，使组织内每个层次的人，在外部情况逼迫他们重新思考之前，挑战自己的心智模式。

3）第三项修炼：建立共同愿景

共同愿景指的是一个组织中各个成员发自内心的共同目标，在一个团体内整合共同愿景，并有衷心渴望实现的目标的内在的动力，将自己与全体共有的目标、价值观与使命的组织联系在一起，主动而真诚地奉献和投入。组织都在设法以共同的愿景把大家凝聚在一起，作为个人要建立善于将领导的理念融入自己心里，在组织中为实现共同的愿望而努力，通过努力学习，产生追求卓越的想法，转化为能够鼓舞组织的共同愿景。激发自己追求更高目标的热情，并在组织中获得鼓舞，使组织拥有一种能够凝聚，并坚持实现共同的愿望的能力。

4）第四项修炼：团队学习

团体的集体智慧高于个人智慧，团体拥有整体搭配的行动能力。当团体真正在学习的时候，不仅团体整体产生出色的成果，个别成员成长的速度也比其他的学习方式更快。

团体学习的修炼从深度会谈开始。深度会谈是一个团体的所有成员，道出心中的假设，而进入真正一起思考的能力，让想法自由交流，以发现远较个人深入的见解。以有创造性的方式察觉别人的智慧，并使其浮现，学习的速度便能大增。在现代组织中，学习的基本单位是团体而不是个人，这显得非常重要。

5）第五项修炼：系统思考

企业和人类的其他活动一样，也是一种系统，也都受细微且息息相关的行动所牵连，彼此影响着，因此必须进行系统思考修炼。系统思考的修炼是建立学习型组织最重要的修炼。彼得·圣吉认为系统思考也需要有"自我超越""改善心智模式""建立共同愿景"与"团队学习"四项修炼来发挥其潜力。彼得·圣吉十分重视第五项修炼，并认为它高于其他四项修炼。少了系统思考，就无法探究各项修炼之间如何互动。系统思考强化其他每一项修炼，并不断地提醒我们，融合整体能得到大于各部分总和的效力。

《第五项修炼》的核心是强调以系统思考代替机械思考和静止思考，并通过了解动态复杂性等问题，找出解决问题的高"杠杆解"。《第五项修炼》涉及个人和组织心智模式的转变，它深入到哲学的方法论层次，强调以企业全员学习与创新精神为目标，在共同愿景下进行长期而终身的团队学习。

拓展阅读

美国麻省理工学院教授彼得·圣吉，1947 年出生于芝加哥，1970 年在斯坦福大学获航空及太空工程学士学位，之后进入麻省理工学院斯隆管理学院攻读博士学位。1978 年获得博士学位后,圣吉留在斯隆管理学院,继续致力于将系统动力学与组织学习、创造原理、认知科学、群体深度对话与模拟演练游戏融合,从而发展出"学习型组织"理论。

彼得·圣吉在研究中发现,1970 年名列美国《财富》杂志"500 强"排行榜的大公司,到了 20 世纪 80 年代已有 1/3 销声匿迹。这些不寻常的现象引起了彼得·圣吉的思考。

通过深入研究,他发现,是组织的智障妨碍了组织的学习和成长,并最终导致组织的衰败。

组织智障,顾名思义,指的是组织或团体在学习及思维方面存在的障碍。这种障碍最明显地表现在:组织缺乏一种系统思考的能力。在思维中,人类总是习惯于将问题加以分解,把世界拆成片断来理解,但是无形中,我们付出了巨大的代价——全然失掉对整体的归属感。

这个障碍对组织来说是致命的,许许多多的企业因此走向衰落。彼得·圣吉认为,要使企业茁壮成长,必须建立学习型组织,即将企业变成一种学习型的组织,以此来克服组织智障。时至今日,彼得·圣吉博士和麻省理工学院的一群工作伙伴及企业界人士孜孜不倦地致力于将系统动力学与组织学习、创造原理、认知科学、群体深度对话与模拟演练游戏融合,发展出一种人类梦寐以求的组织蓝图,在其中,人们得以从工作中得出生命的意义、实现共同愿望的学习型组织。

8 《基业长青》

詹姆斯·柯林斯　杰里·波勒斯

 经典速读

詹姆斯·柯林斯曾获斯坦福大学商学院杰出教学奖，先后任职于麦肯锡公司和惠普公司。1994年，柯林斯与杰里·波勒斯合著的《基业长青》一书刚出版，就登上了美国经管类畅销书榜，并且迅速成为国际畅销书，引起了全球企业家、经理人、投资者、新闻记者和商学院师生的广泛兴趣。《今日美国》称其为"继《追求卓越》之后最引人瞩目的企业研究力作"。

"这不是一本描写能力卓越、高瞻远瞩的领导人的书，也与高瞻远瞩的产品概念、高瞻远瞩的产品或高瞻远瞩的市场分析无关。也不谈拥有某种公司展望。本书所谈的问题更为重要、长久和真实。这是一本有关高瞻远瞩公司的书。"詹姆斯·柯林斯和杰里·波勒斯在这本富于创造性的书中这样写道。它打破了旧有神话，提供了新颖的见解，并为那些有志于建立经得起时间考验的伟大公司的人提供了实际指导。

全书有数百个具体的例子，并被组织成了紧密的实用概念框架，能够适用于各个层次上的经理人与创业者。《基业长青》为建立在21世纪长期繁荣的组织提供了一个宏伟蓝图。

 ## 内容解读

基业长青公司的特征

那些基业长青的公司，之所以能够在长期的竞争中处于遥遥领先的地位，是因为它们普遍具有下面一些特点。

1）造钟，而不是报时

高瞻远瞩公司的创办人通常都是制造时钟的人，而不是报时的人，他们主要致力于建立一个组织，而不只是推出一种盈利的产品。高瞻远瞩公司在公司创立时往往并没有一个伟大的产品构想，创办的公司并不是基于一个完善的产品战略，但是从产品角度看，反而处于不利和弱势地位。但是，它们在公司初创时就构造了一个杰出的组织的基本程序和根本动能。和常规认识相反的还包括，魅力型的伟大领袖反而不利于一个高瞻远瞩公司的创建，至少是不占优势的。

必须明白造钟和报时的巨大差异，从把公司视为产品的桥梁转为把产品视为公司的桥梁。高瞻远瞩的公司能够持续不断提供优越的产品和服务，原因在于它们是杰出的组织，而不是因为生产优越的产品和服务才成为伟大的组织。

2）利润之上的追求

高瞻远瞩的公司能够奋勇前进，根本因素在于指引、激励公司上下的核心理念，亦即核心价值和超越利润的目的感。这些公司区别于其他公司的最显著的差异之一是前者为理念而驱动，而不纯粹为利润目标所驱动。

它们都有指引、激励公司上下的核心理念，即核心价值和超越利润的目的感，在这样的公司里，利润变成了生存的必要条件和达成更重要目的的手段，但是，利润不是作为最终目的而存在，它们用理念指引公司，具有利润之上的崇高追求。

理念的真实性和公司连续一贯复合理念的程度要比理念的内容重要。关键的问题在于是否有一种核心理念指引和激励公司的人，而不在于公司是否有"正确"理念，或者是否有"让人喜欢"的理念。

3）保存核心，刺激进步

长期的发展过程中，高瞻远瞩公司在保存公司一贯的核心理念的基础上，激发内部追求进步的驱动力，从而展现出自信和自我批评的强力组合。自信使高瞻远瞩公司可以设定大胆的目标，做出勇敢果断的行动，有时候勇敢反抗业界的凡俗之见和策略性的谨慎，自我批评使得在外在世界还没有要求改变和改善前，就会促使公司自我诱导出改变和改善。

在高瞻远瞩公司，核心理念和一心一意追求进步的驱动力携手并进，驱动所有不属于核心理念的东西变化和进步。高瞻远瞩的公司根据兼容并蓄的精神，不寻求核心和进步之间的平衡，而是寻求同时具有崇高的理想和进步。核心理念和追求进步的驱动力就像中国的阴阳八卦一样，在高瞻远瞩公司中和平共存，彼此互相协助、补足和强化。主要表现在两个方面：①核心理念提供一贯的基础，使高瞻远瞩公司可以据以演进、誓言和改变，而获得进步，因为明确了解什么是核心，公司更容易在不属于核心的所有事情上追求变化和行动；②追求进步的驱动力强化核心理念，因为如果没有持续不断的变化和前进，坚持这种核心理念的公司在变化无常的世界上便会落伍，不再强大，甚至不能生存。

更重要的是，高瞻远瞩公司中的核心理念和追求进步的驱动力的起源不仅仅限制于特定的个人，而是把这种个人的核心理念制度化融入组织结构中。在高瞻远瞩公司里，追求进步和核心理念不会彼此摩擦，而是同步进步，彼此配合，以便保存核心和刺激进步。

4）胆大包天的目标

它们敢于在公司发展的关键时候制定既能加强本身核心理念、又能反映公司自我定位的胆大包天的目标，并激发整个公司的力量为之奋斗。

作者认为，胆大包天的目标可以运用于组织的任何一个层次，而且特别适合用于创业家和小公司。胆大包天的目标具有以下特点：

胆大包天的目标应该极为明确，需要的解释很少，或者根本不需要解释。

胆大包天的目标应该远远处于轻易可达的区域之外。

胆大包天的目标本身应该极为大胆和振奋人心，即使组织的领袖在目标实现前去世了，仍然能够继续进步。

胆大包天的目标具有潜在的危险，目标一旦达成后，组织可能就此停步，为防止这一点，组织应该用刺激进步的其他方法，来弥补胆大包天目标的不足之处。

最重要的一点，胆大包天的目标应该符合公司的核心理念。

5）教派般的文化

它们都拥有教派般的文化，它提供的不是温和和舒适的环境，而且在绩效和对公司理念的认同上，严格挑选和要求员工，给员工灌输信仰，并要求严格符合公司的理念，从而组成精英团队。

虽然，对于教派文化没有一致可接受的定义，但是在高瞻远瞩的公司，存在以下4个特点：热烈拥护的理念、灌输信仰、严密契合、精英主义。

作者指出，对于公司的建设来说，并不是说应该去创造一种以人为本的教派，而是要强化大家虔诚信仰一种长盛不衰的核心理念，这就犹如造钟。将这种理念转化成有形的机制，同时发出持续一贯、加强理念的信号，对员工灌输理念，规定必须严格契合公司，并且利用下列事项创造出一种身属特殊团体的意识。

6）择强汰弱的进化

它们在公司内部建立起了一个择强汰弱的机制，鼓励员工的创新，从而引导公司跟上时代发展的步伐，在固守公司核心理念的基础上，刺激进化式的进步。

作者总结了高瞻远瞩公司刺激进化式的5大经验，提供给CEO、经理人和创业家。该5大经验包括：①试一试，而且要快。无论如何不要呆坐着不动，而要勇往直前以创造多种变化；②接受必然会有的错误，视之为演进过程中不可或缺的一部分；③采取小步骤；④给员工所需的空间；⑤机制——建造滴答作响的时钟。

7）自家成长的经理人

它们有优越的内部人才培养机制，而且用内部晋升来保持公司核心理念的连续性。所以它们很少需要从外部来聘请经理人。

作者告诫CEO、经理人和创业家：想以聘请外贤担任最高经理人成为高瞻远瞩公司并保存这种地位，极为困难；同样重要的是，从内部提升和刺激重大的进步绝对没有冲突。对于构建高瞻远瞩公司来说，真正关键的问题是：公司在下一代、再下一代的表现有多好？这是一个重要的问题。

8）永不满足的机制

它们采用多种手段在公司内部形成一种永不满足的机制，驱策员工继续前进，消除自满，从而在外部世界发出要求之前，就刺激变革和改善。

9）追求保持一贯的协调一致

它们把核心理念和追求进步的精神，转化到组织的所有层面，化为目标、战略、战术、政策、程序、文化习性、管理行为、建设蓝图等等公司的一切行为和所有员工的心中，从而形成一个协调一致的整体。

拓展阅读

从 1988—1994 年，柯林斯与杰里·波勒斯一起带领总共有 21 位研究员参与的研究小组（通常有 4~6 人同时在小组中工作），花费 6 年，总共投入了 1.5 万个小时的时间，探讨企业从优秀到卓越的转变过程。他们一直坚持一种"漫长、费时、彻底而吃力的程序"，采用严格的标准，从《财富》杂志 500 强工业企业和服务类企业两种排行榜中选出 18 家最具有高瞻远瞩性质的公司，这些公司符合下列标准：

所在行业中第一流的机构；

广受企业人士尊崇；

对世界有着不可磨灭的影响；

已经经历很多代的 CEO；

已经历很多次产品（或服务）生命周期；

1950 年前创立。

这些公司中包括大家非常熟悉的 IBM、波音、通用电气、沃尔玛、索尼等行业领袖。研究人员将这些公司直接与它们的一个突出的竞争对手进行比较，并审视了公司由最初创建到今天的历史——创业、中等公司、大型公司；研究它们如何应对世界发生的急遽变化从而基业长青。

自始至终，作者都在问这个问题："是什么使那些真正卓越的公司与众不同？是什么使通用电气、3M、默克、沃尔玛、惠普、迪士尼和飞利浦公司不同于它们的竞争对手呢？宝洁创建之初远远落后于其竞争对手高露洁，后来是如何成为行业中的一流企业的？摩托罗拉是如何从一个默默无闻的电池修理企业进入集成电路和无线通信行业的？波音公司是如何取代麦道公司成为世界最佳商用客机公司的？"

通过回答这些问题，作者超越了连篇累牍的专业术语，拒绝追逐时尚，发现了使杰出公司出类拔萃的永恒品质，即"造钟，而不是报时；利润至上的追求；保存核心、刺激进步"。

9 《追求卓越》

汤姆·彼得斯　罗伯特·沃特曼

经典速读

　　汤姆·彼得斯，全球最著名的管理学大师之一，在美国乃至整个西方世界被称为"商界教皇"。他拥有斯坦福大学工商管理硕士和博士学位，曾任麦肯锡公司顾问，现任汤姆·彼得斯公司董事长。彼得斯自我描述为反叛王子、勇于失败的斗士、令人振奋的公司领导者、市场的拥趸。罗伯特·沃特曼曾在麦肯锡顾问公司任职 20 多年，发表了许多关于企业管理方面的文章，被斯坦福大学企业管理学院聘为兼职教授。二者合著的《追求卓越》出版于 1982 年，被称为"1982 年以来美国工商管理的圣经"以及"经典、畅销、里程碑式的工商管理书籍"，国内外许多大学管理专业和 MBA 也将其列为必读教材。本书自 1982 年在美国出版以来，在全球范围内畅销不衰，成为有史以来最畅销的管理类书籍，发行量高达 900 万册。

　　作者通过对美国 43 家优秀公司进行调研，掌握大量的一手数据，并根据多年的咨询经验分析美国企业管理失败的原因，着重批评了"理性模式"，这种模式过分强调分析、控制、决策技术、定量化、合理化，导致复杂化和见物不见人的倾向。同时，作者从研究人的特质入手，阐明管理问题的本质——从根本上说是人的问题。最后，作者提出了优秀企业经营管理的八项原则，八项原则是本书的核心内容，作者对其进行了充分阐述和论证。

　　《追求卓越》最为成功之处在于，在它之后，一系列关于企业文化研究的著作不断问世。企业文化成为目前管理理论研究和实践领域最为前沿和热门的话题。《追求卓越》的第二个特点是具有实用性。它不仅是适合信息化时代，适合全球化时代，适合知识经济时代的一种新的管理方式，而且具有很强的可操作性。《追求卓越》提出的理念不仅实现了管理理论上的创新，更在实践中得到了验证，完成了从实践到理论再到实践的整个辩证过程，真正将管理的科学性与艺术性密切地结合起来，成为轰动整个管理世界的经典法则。

 内容解读

1. 成功企业的八项原则——企业管理的八条"圣经"

作者先后访问了美国历史悠久且最优秀的 62 家公司，探讨它们成功的原因，最后从这 62 家公司中，以获利能力和成长的快速为准则，挑出了 43 家模范公司，又对其中的 21 家进行深入的调研，总结出了杰出企业的八项原则，也有人称这八项原则为企业管理的八条"圣经"。

1）崇尚行动

简单来说，就是"起而行"。由于组织结构具有流动性、灵活性、鼓励试验、允许犯错误、领导深入基层和权力下放的特点，所以组织行动迅速，能够快速适应环境变化。这个道理就跟科学实验一样，如果不进行实验，自然什么都无从发现。在企业里，如果不多尝试，勇于失败，然后再进行尝试，自然什么也学不到。诀窍在于达成共识，明白哪一种失败是可以接受的，哪一种会导致灾难性的后果，要达到这个地步并不容易。不过不要自欺欺人。分析作得再多（特别是市场研究），都无法激发出真正的创新。

2）贴近顾客

不是一般的面向用户，而是直接接触顾客，服务至上、质量至上，用不同的产品适应各种顾客，重视从扩大销售入手开源节流。不把降低成本或技术进步当作公司的首要目标。这可能是最难做到的一点，公司要注意的细节多如牛毛，实在很难对顾客多加关照，如果顾客还包括了经销商和极为不理性的一般使用者，那就更是难上加难。尽管如此，宝洁却成功地让公司里的

每一个人都和顾客保持密切联系，并且具备强大的创新能力，这样的技巧或许是他们基业长青的主要原因。

3）自主创新

过分集中和正规化会扼杀创造性，大企业丧失了革新精神就会走向僵化。要提倡创新、试验、进取、自主，打破常规和内部竞争，培养和支持革新迷。就算企业规模很大，还是要像个小公司般地运作。强生、3M、沃尔玛这些500强的大型公司组织内部都形成小型、独立的单位，并以共同的目标和文化规范进行整合。

4）以人为本

相信人，尊重人，尊重每个人的人格，承认每个人的贡献。让员工们控制自己的命运，表现和发展自己的才干，了解公司的经营情况，感到工作有意义，把公司当作大家庭。靠共同的信念激励大家，不靠行政命令搞管卡压。许多公司都会说到员工的重要性，可是却没有几家公司真正把员工视为不可或缺的资产。最佳案例就是达美航空倡导的"家的感觉"。1982年，该公司员工团结起来，自愿将薪资总额减少3 000万美元，使公司可以买下第一款波音767客机，充分展现出"达美精神"。

5）价值驱动

物资资源、结构形式和管理技能并非关键，最重要的是价值观所体现的精神力量。价值观的形成主要靠领导人物的真诚信念和身体力行。这个理念其实很简单。搞清楚公司究竟代表什么，哪些事情最能让员工感到自豪，接着积极朝着这样的价值体系发展。但要明确的一点是，获利对企业的重要性，犹如呼吸之于生命。卓越企业不光会赚钱，还会创造意义。

6）不离本行

多样化的经营是必要的，但必须紧紧围绕中心业务，这是优势所在。经营范围扩展过远，必然冲淡原来的经营哲学和价值准则，被迫在劣势下竞争。除了沃伦·巴菲特的投资控股公司伯克希尔·哈撒韦公司和杰克·韦尔奇的通用电气等极少数特例之外，多元化经营几乎都行不通。根据观察结果显示，大型合并案几乎都无法成功。而且，最容易让成功的企业从此一蹶不振的，就是过度快速扩张。

7）精兵简政

由于规模扩大、业务复杂而出现的矩阵组织，有百害而无一利。应当简政放权，保持基本结构的稳定且具有流动性、灵活性。未来的组织结构将是横向的、以产品事业部为主要形式。企业本身就相当复杂，所以不能以叠床架屋的组织框架让情况更加繁复。采取简单可行的结构，人们自然会清楚接下来该怎么做。员工人数尽量降到最低，把大部分工作外包处理，或是采取有时间限制、项目导向的工作小组。

8）宽严并济

优秀公司的文化观念、经营哲学和价值准则为员工所接受，所以能在公司内部达到高度集中统一。由于这一面很严格，才能最大限度地分权和发扬自主精神，创新精神，形成另一面的宽容。经营得有声有色的企业都不是集权或是分权，而是两者巧妙结合。不论是过去还是现在，卓越企业的大多数层面都是"宽松"的，让人员享有极大的自由，自主做事。与此同时，卓越企业的少数几个关键性层面却又是高度中央集权的：以核心价值观塑造公司文化一两个（优先考虑的或是更多的）战略，以及少数关键性的财务指标。

以上就是八项原则，不论是当时还是现在都适用。

2. 理性歧途——对"理性模式"的批判

在20世纪80年代流行的管理方式是所谓的"理性模式"，即定量的、理性思维的方法和模式。它寻求的是一种对于一切决策提供绝对妥当的、分析性的证明。但是这种理性模式不是万能灵药，作者认为"'理性模式'太过'正确与完美'，以致很可能发展为谬误，并且将管理引入歧途"。作者提出了许多"理性模式"不能解决的问题，它没有告诉世人优秀公司有哪些经验和教训，不教员工去热爱自己的顾客，不告诉领导其最基本的任务是使每个普通员工都成为英雄并不断取胜。它看不到如果员工有一点发言权的话，他们就会专心致志地献身于工作……不同于战略、商业和组织所宣扬的，人和组织其实并不"理性"。如果硬把过于简化、误导的理性主义套在管理方式上，会产生很大的风险。

作者其实并不是批判数量分析本身，实际上，通过作者的分析，发现所有的优秀公司都是擅长收集数字、分析数字和利用数字解决问题的能手。但是，优秀公司不是一味地追求最精确的数字分析，而是将有限量的理性分析与无限量的对于产品的热爱结合起来。学会细分市场、分析货币的时间价值、正确预测货币收支情况，都是企业生存下去的关键因素。但是，如果是无限量的理性分析，而只是一些对于产品的热爱，企业管理就会遇到麻烦。管理技术和工具可以帮助企业进行管理，可以成为极好的助手，但是如果喧宾夺主，就会适得其反。

3. "以人为本"的企业文化

用理性主义的观点进行管理工作碰到的中心难题，在于管理的对象——人——并不是非常理性的。作者认为，人类秉性和管理之间有一些固有的矛盾，优秀的公司之所以优秀，能够有效激发起成千上万甚至几十万普通员工的责任感和革新精神，在于他们成功对待和处理了这些矛盾。而方式主要集中于在企业内形成尊重人、"以人为本"的企业文化。

这些矛盾主要有，人类都以自我为中心，对于称赞的话特别容易接受，而且一般喜欢把自己想象成优胜者，调查结果恰恰证明了这点，人们很容易高估自己。但管理的事实是由于人的能力呈正态分布，最优秀者总是少数。对于这点，不同的公司态度不同。大部分公司喜欢定出非常高的目标，不断加重员工的任务，以期望能够提高员工的生产率。这种理性分析完全符合逻辑，但是忽略了员工的心理感受。而 IBM 为销售人员订立的销售标准能够保证 70% ~ 80% 的员工都能达到，员工达到了目标，心情愉快，乐于为企业奉献和工作。

另外，许多公司的管理是"批评"制度，希望通过负条件反射来强化他不再犯错的行为，这点从理性分析上非常正确，但是人类的特点是喜欢表扬。所以，优秀公司通过正面鼓励的方法，不但引导员工的行为，而且教会员工自知自觉。

正如本书的作者汤姆·彼得斯所说，大多数管理系统都把人视为"生产要素"，就如同工业机械里的小螺丝钉一样，这样的假设本身就很令人泄气。每个人都有独特之处，而且很复杂。领导者需要勇于放手让员工去做，而不是试图驾驭他们。这个世界充满了模糊地带，非常令人困惑。管理最大的挑战在于管理"软性的东西"，特别是文化。因此，公司内部要形成充分重视人、相信人的文化。

 拓展阅读

　　《追求卓越》出版于 1982 年，正值日本企业在世界上步步紧逼、美国企业节节败退的背景下。80 年代的美国企业管理正热衷于管理思想界占统治地位的"理性模式"和"企业战略范例"，职业经理人和 MBA 习惯于计划模型和精确的财务分析，高高在上，发号施令却普遍忽视管理学最基本的原则和品质，失去了对管理本质的把握。由于日本公司的成功，大量学者开始研究日本企业成功的秘诀，但是本书作者汤姆·彼得斯和罗伯特·沃特曼却把目光瞄准美国本土的优秀企业，他们通过大量调研，制定优秀成功企业的标准，并根据标准选出 43 家具有代表性的美国成功企业。43 家企业涵盖高级技术工业、消费品工业、服务业等六种类型的行业，具有相当强的代表性。直到今天，其中的一些企业——如 IBM、通用电气、惠普、3M、麦当劳、宝洁、沃尔玛、波音等——仍然是世界 500 强企业的领跑者并被人们所熟知。

　　在研究日本企业赶超美国企业的经验之后，研究美国公司，发现美国的优秀公司与日本企业有很多共同点，同样有优秀的企业文化，同样有很好的企业风气，有很好的人际关系，有很强的凝聚力，是什么造成这种惊人的相似呢？是共同的价值观和最高目标，正是它们把员工和企业紧密地联系在一起。

10 《Z 理论》

威廉·大内

经典速读

威廉·大内，Z 理论创始人，最早提出企业文化概念的人，日裔美籍管理学家，美国斯坦福大学的企业管理硕士，在芝加哥大学获企业管理博士学位。

威廉·大内从 1973 年开始专门研究日本企业管理，经过调查比较日美两国管理的经验，参照传统的 X 理论和 Y 理论，以日本企业文化为参照系，于 1981 年出版的《Z 理论》一书，全名为《Z 理论——美国企业界怎样迎接日本的挑战》。书中提出了著名的"Z 理论"，强调组织管理的文化因素，并认为组织在生产力上不仅需要考虑技术和利润等硬性指标，而且还应考虑软性因素，如信任、人与人之间的密切关系和微妙性等。X 理论和 Y 理论体现了西方的管理原则，而 Z 理论则强调在组织管理中加入东方的人性化因素，是东西方文化和管理哲学的碰撞与融合。

《Z 理论》研究的内容为人与企业、人与工作的关系，企业文化理论也是这种研究的一项重大成果。本书写作的原意是"如何把对于日本企业管理的理解运用到美国环境的实践中"，试图回答"日本的企业管理方法能否在美国获得成功"这个美国人十分关心的问题。

该书在出版后几乎立即风行美国，并且很快传播到全球管理学界，得到了广泛重视，成为 20 世纪 80 年代研究管理问题的名著之一。

内容解读

1. 向日本学习

威廉·大内首先提出美国为什么要向日本学习的问题。他认为，要想知道美国人可以向日本人学习什么，关键是要了解：美国人与日本人之间真正的区别是什么。根据他的分析，日本企业与美国企业在管理方式上的不同表现在以下方面。

1）雇佣制不同

日本企业采用终身雇佣制，而美国企业的雇用时间一般是短期的；日本对雇员的评价和晋级比较慢，它们并不着眼于短期见效的手法，而只根据雇员的长期不懈努力来做出对其相应的评价；日本企业在晋升雇员时，并非只让其从事一项专门的工作，而是更多地考虑派他们去熟悉各个部门的业务，这样当一个人成为公司高级管理人员时，他实际上已经成为一个多方面的专家。

2）决策不同

日本企业更多地强调集体决策，它主要是建立在相互信任和相互协调一致的基础之上，尽管这样的决策往往需要更多的时间，但在实行时有效迅速。日本企业对集体观念和集体责任感的重视，是西方人难以理解的。所有这些特征，构成了日本企业的基本管理模式。

2. Z 理论

大内选择了日、美两国的一些典型企业进行研究。这些企业都在本国及对方国家中设有子公司或工厂，采取不同类型的管理方式。大内的研究表明，日本的经营管理方式一般较美国的效率更高，这与 20 世纪 80 年代后期起日本经济咄咄逼人的气势是吻合的。作者因此提出，美国的企业应该结合本国的特点，向日本企业管理方式学习，形成自己的管理方式。他把这种管理方式归结为 Z 理论型管理方式，并对这种方式进行了理论上的概括，称为"Z理论"。

Z 理论认为，一切企业的成功都离不开信任、敏感与亲密，因此主张以坦白、开放、沟通作为基本原则来实行"民主管理"。

大内把他所研究的企业管理方式分为 3 类，并分别用不同的字母加以区别：用 A 型管理方式代表传统的美国企业管理方式；J 型管理方式代表日本企业的管理方式；Z 型管理方式代表在美国自然发展起来的，但与日本的企业具有许多相似特点的美国企业管理方式，并分别把这 3 类采用不同管理方式的组织称为 A 型组织、J 型组织、Z 型组织。

A 型组织的特点为：①短期雇用；②迅速的评价和升级，即绩效考核期短，员工得到回报快；③专业化的经历道路，造成员工过分局限于自己的专业，但对整个企业并不十分了解；④明确的控制；⑤个人决策过程不利于诱发员工的聪明才智和创造精神；⑥个人负责，任何事情都有明确的负责人；⑦局部关系。

相反，他认为日本企业具有不同的特点：①实行长期或终身雇佣制度，使员工与企业同甘共苦；②对员工实行长期考核和逐步提升制度；③非专业化的经历道路，培养适合各种工作环境的多专多能人才；④管理过程既要运用统计报表、数字信息等清晰鲜明的控制手段，又注重对人的经验和潜能进行细致而积极的启发诱导；⑤采取集体研究的决策过程；⑥对一件工作集体负责；⑦人们树立牢固的集体观念，员工之间平等相待，每个人对事物均可做出判断，并能独立工作，以自我指挥代替等级指挥。他把这种组织称为 J 型组织。

大内不仅指出了 A 型和 J 型组织的各种特点，而且还分析了美国和日本各自不同的文化传统，以致使其典型组织分别为 A 型和 J 型，这样，就明确了日本的管理经验不能简单地照搬到美国去。为此，他提出了 Z 型组织的观念，认为美国公司借鉴日本经验就要向 Z 型组织转化，Z 型组织既符合美国文化，又能学习日本管理方式的长处，比如"在 Z 型公司里，决策可能是集体做出来的，但是最终要由一个人对这个决定负责"。而这与典型的日本公司（即 J 型组织）做法是不同的，"在日本没有一个单独的个人对某种特殊事情担负责任，而是一组雇员对应其任务负有共同责任"。他认为："与市场和官僚机构相比，Z 型组织与氏族更为相似"，并详细介绍了 Z 型组织的特点：

（1）终身雇佣制。实行长期或终身雇佣制度，使员工与企业同甘共苦。即使在经济恐慌或营业不佳时，企业一般也不采取解雇员工的方法，而是通过减少职工工时、消减奖金津贴等办法来度过困难时期。这样，职工由于职业有保障，就会积极关心企业的利益和成长。

（2）缓慢的评价和晋升机制。

（3）分散与集中决策。

（4）含蓄的控制，但检测手段明确正规。

（5）融洽管理人员与职工的关系。

（6）让职工得到多方面的锻炼。

考虑到由 A 型组织到 Z 型组织转化的困难，大内给出了明确的 13 个步骤，认为这个变革过程一般应如此进行。

第一步：理解 Z 型组织和个人的作用。用于熟悉 Z 理论的基本思想，掌握 Z 型组织的思想实质。

第二步：检查你的公司的宗旨。用于使人了解你工作和生活的价值观、宗旨，还可以了解企业战略同管理宗旨之间的联系。

第三步：解释所期望的管理宗旨并使企业领导支持管理宗旨，用于得到组织中最高领导人的直接支持，保证变革的成功。

第四步：通过创立结构和刺激来贯彻宗旨。用于建立一定的结构来引导组织趋向协作和前进，并帮助组织建立长期的观点。

第五步：发展人际关系的技能。人际关系技能在 Z 型组织中处于中心的地位，发展人际关系技能，用以与委托人、顾客打交道；适应同僚和同事，正确地进行领导。

第六步：对你自己和系统进行测验。为了确保组织革新的成功，进行某些试验来表明是否达到了预期的目的。

第七步：把工会包含在计划之内。Z 型组织的成功在很大程度上取决于权力的平等分配，要加强公司经理同工会高级职员之间的联系和交流。

第八步：使雇佣稳定化。管理人员应明确，雇佣的稳定部分是公司政策的直接后果。

第九步：确定一种缓慢的评价和提升的制度。要放慢评价和提升的速度，必须向雇员强调他们长期工作成绩的重要性，使他们忘记短期利益做那些对短期或长期都有根本意义的事。

第十步：扩大职业发展的道路。考虑到中年的、中等级别的专业人员或经理进一步提升的前程有限，必须发展非专业化的职业道路，鼓励雇员平级调动到其他的可以学到新东西的有关职务上去，使其能保持热情、效率和满足的程度。

第十一步：为基层的实施作准备。Z 型组织的变革是从高层开始的，成功的 Z 型公司不是通过在基层实行参与管理而匆忙改正老的错误，而是首先在上层花费时间去取得了解和真正地承担责任。

第十二步：找出实行参与的领域。要充分做好组织和协调工作，经理们要为协调不好承担责任。

第十三步：使整体关系得到发展。整体关系是团结性、凝聚力的表现，而凝聚力是在共同工作并共享其归属感情的雇员团体中涌现出来的，它是组织一体化的结果，而不是其原因。

大内认为，这个过程要经常重复，而且需要相当长的时间，比如 10~15 年。

拓展阅读

威廉·大内是一位神龙见首不见尾的管理学家。他的"首"，是因为他提出的 Z 理论，在管理学界广为人知；他的"尾"，则是因为人们对他的经历、生活知之甚少，颇有几分神秘。但是，不论怎样说，单单凭借 Z 理论，就足以使他在管理领域名扬四海。

大内是日裔美国人，这一点毫无疑问。仅仅凭他独具特色的姓氏，就可以确定这一点。许多文章强调他的日裔身份，试图有意无意地告诉人们他同日本的联系是多么密切，但却忽视了另一点，大内生在美国长在美国。当然，他不是出生在美国本土，而是出生在夏威夷的檀香山。但是，他同日本的关系远远没有同美国的关系那么亲近。了解这一点，对于掌握大内的理论内涵相当重要。至于大内的祖上是什么时候移民檀香山的，在各种资料中都查不出端倪，但毋庸置疑他不是第一代移民。

20 世纪 80 年代初，日本经济持续多年的高速增长引起了全世界的瞩目，而支撑经济增长的关键是企业的竞争力。因此，在日本经济高速增长时期，日本企业的国际竞争力迅速提高。索尼、松下、三井、三菱，众多日本企业在全世界"大肆扩张"，抢占市场，给美国造成了不小的压力。与此同时，"二战"后日本生产力的增速一度是美国的 400%，而当时的美国生产力增幅却落后于任何一个欧洲国家，强烈的反差和出口贸易节节败退，使得美国前所未有地感到来自日本的威胁。就像现在美国看待中国崛起一样。在当时，美国可是把日本视为最大的竞争对手（也是学习榜样），纷纷惊呼"狼来了"。

于是，伴随着美国人民普遍提出"日本威胁论"，作为管理学家的大内便紧跟时代地撰写了《Z理论》。他要做的是，从组织的角度研究日本企业及其成功模式，希望从拥有不同文化背景的日本企业身上找到美国企业可以借鉴的东西，希望以此来化威胁为美国企业发展的动力。

一荣俱荣，一损俱损。由于当时的日本正处于发展的鼎盛时期，就连美国都不得不调整心态想拜师学艺，所以以现在的眼光来看不可思议的事情就能在那个时候发生。一向傲慢、霸道、自以为是的美国开始竟然思考起日本式的管理方式能否在本土适用？以及如何适用？此时，大内的《Z理论》出版，恰好赶上这个时机，可谓应运而生、横空出世。

在Z理论的研究过程中，大内选择了日、美两国的一些典型企业进行研究。这些企业都在本国及对方国家中设有子公司或工厂，采取不同类型的管理方式。大内的研究表明，日本的经营管理方式一般较美国的效率更高，作者因此提出，美国的企业应该结合本国的特点，向日本企业的管理方式学习，形成自己的管理方式。他把这种管理方式归结为Z理论型管理方式，并对这种方式进行了理论上的概括，称为"Z理论"。

11 《定位》

阿尔·里斯 杰克·特劳特

经典速读

20 世纪 80 年代初，美国《广告时代》杂志约请年轻的营销专家里斯和特劳特撰写一系列有关营销和广告新思维的文章，总标题就是"定位的时代"。系列文章刊载之后，引起全行业的轰动，定位成了营销界人人谈论的热闹话题，经作者之手送出的文章就达 12 万份之多，由此开创了营销理论全面创新的时代。几十年过去了，这本讲述"定位"概念的书早已成为管理战略的"圣经"，并成为有史以来最富影响力的营销学与广告学著作，在美国乃至全世界都深入人心。2001 年，美国营销学会评选有史以来对美国营销影响最大的观念，结果既不是广告学大师大卫·奥格威的品牌形象，也不是营销学之父菲利普·科特勒所架构的营销管理，或战略管理大师迈克尔·波特的竞争价值链理论，而是 20 年前两位年轻的广告人提出的定位理论。定位理论是美国营销学会评选出有史以来对美国营销影响最大的观念，它的思想引领了品牌树立和广告方法的革命。

《定位》推出诸如"心理占位""第一说法""区格化"等极为重要的营销传播理论，指出任何一个品牌（产品、服务或企业），都必须在目标受众的心中，占据一个特定的位置，提供有别于竞争者的利益，并维持好自己的经营焦点，从而宣告了一个营销新时代——定位时代的来到。

定位的基本方法不是创造出新的、不同的东西，而是把那些早已存在的联系重新连接到一起。定位成为整个营销专业知识中最富有价值的战略思想之一。不仅如此，本书的意义已超出营销专业范畴，上升为广义的成功之道。定位技巧甚至可应用于"政治、战争、商业，乃至追求异性"。

《定位》全书共有 22 章，作者以案例分析的方式对定位思想加以新的诠释，包括：领导者的定位、跟随者的定位、给竞争对手重新定位等。同时又通过 7 个案例针对定位主体的不同（国家、公司、产品等）详细阐述了定位中的一些陷阱和规则。这些章节分开讲述时自成体系，合起来又理成一条完整而精致的线索，每逢要点之处均有评析，这种全方位多视角的讲解方式，让读者很容易理解定位理论的精妙之处，并着手实施。难得的是，本书的文字非常浅显易懂，这也符合了本书的市场定位：让"定位"深入每一位读者的大脑。

内容解读

1. 什么是定位

所谓定位，就是把产品定位在你未来潜在的顾客心中，或者说是用广告为产品在消费者的心中找出一个位置。这个位置一旦确立起来，就会使消费者在需要解决某一特定消费问题时，首先考虑某一品牌的产品。定位并不改变产品本身，而是要在顾客心中占领一个有利的地位。

定位要从一个产品开始。该产品可能是一种商品、一项服务、一个机构甚至是一个人，也许就是你自己。但是，定位不是你对产品要做的事。定位是你对预期客户要做的事，即，你要在预期客户的头脑里给产品定位。定位并不是不包含变化在内，它也要变。不过，那只是名称上的变化，产品的价格和包装事实上都丝毫未变。变化基本上是表面的，旨在确保产品在预期客户头脑里占据一个真正有价值的地位。定位的基本方法不是翻造出新的、不同的东西，而是改变人们头脑里早已存在的东西，把那些早已存在的联系重新联结到一起。

人们的头脑是阻隔当今过度传播的屏障，把其中的大部分内容拒之门外。通常来说，大脑只接受与先有知识或经验相适应的东西。普通人的大脑已经是一块满得滴水的海绵，只有挤掉已有的内容才能吸收新的信息。然而，我们却还在往那块过分饱和的海绵里灌输更多的信息，并且为无法使人接受我们的信息而感到失望。那么应该怎么办呢？阻碍你的信息发生作用的敌人是传播量。只有在认识到这个问题的本质之后，你才明白如何去解决它。你必须把你的信息削尖了，好让它钻进人们的大脑。你必须消除歧义、简化信息，如果想延长它给人留下的印象，还得再简化。

既然用什么办法都不能使别人接受你的信息，那就别去管传播这一头了，去把注意力放在接受方身上。不要在产品里、甚至不要在你自己的脑子里寻找解决问题的方法。要在预期客户的头脑里寻找解决问题的方法，要"从局外向内看"。要做到"从局外向内看"，需要掌握两个要点：①改变一下方法，把注意力放在预期客户身上，简化你的选择过程。还要学会那些有助于你大幅提高传播效率的原则和概念；②重构观念，接受"传播者是错的、受众是对的"这一前提。

定位思维的精髓在于，把观念当作现实来接受，然后重构这些观念，以达到你所希望的境地。这种方法被称为"兜底式（outside-in）"思维。

在传播过程中，越多反而越少。我们由于过分地运用传播来解决大量的商业和社会问题，结果堵塞了传播渠道，真正被接收到的只是全部信息当中的极小一部分，而且还不是最重要那部分信息。

大脑面临着媒体爆炸、产品爆炸和广告爆炸。日复一日，成千上万的广告信息争着在预期客户的头脑里抢占一席之地。人们的头脑成了战场，就在这方圆仅6英寸的大脑灰质层里打响了广告战。这是一场残酷的战争，不择手段，不讲宽恕。定位就是帮助在人们的大脑中找到窗口的一个有组织的体系，它的基本概念是，传播只有在合适的环境中和合适的时间里才能实现。

2. 定位策略

定位行动的最终目的应当是在某个产品类别里取得领导地位。一旦有了这种领先地位，公司就可以在今后的许多年里放心地享用领先带来的果实了。

1）跟随者的定位

跟随者必须在人们头脑里找到一个没有被别人占领的空子，如果没有空子可钻，你就得通过给竞争对手重新定位来创造一个空子。

一个市场已有"领导者"，就使后来（也许它的产品比领导者更早研制，仅因为它进入消费者头脑晚了一步，比如广告宣传的错误或晚了）的企业处在"跟进者"地位。跟进者的产品一般被认为（在消费者心目中）是模仿的，即使这种产品也许"更好"。所以跟进者如想在市场上站住脚，一般应重新寻找位置。只要某一个位置不是纯主观臆造，那么就可能获得成功。

甲壳虫车是个典型例子。当所有汽车制造厂都在追求把汽车设计得更长、更低、更好看的时候，甲壳虫车显得又小又丑陋。若用传统方法推销，就会尽量缩小缺点去夸大优点。如把车拍得更漂亮去宣传甲壳虫车特有的质量优点或其他。但甲壳虫车却做了一个非常著名、非常成功的广告："往小里想（Think Small）。"这一标题产生了两方面的作用：一是对所谓"要想更好则应更大"的看法表示不以为然；二是说明了甲壳虫车的位置。在甲壳虫车之前已有很多小型车，但甲壳虫车却跃居"领导者"的位置。只要谈到小型车，人们首先想到的是甲壳虫车。

实际上，同一市场上总会有一定的"空隙"，这个"空隙"虽不能与处于中心地位的领导者相比，但它能保住"第二"或"第三"的位置。甲壳虫车就是如此，它的销售与市场占有率远赶不上在小汽车市场上占重要位置的产品，但它却获得了一个比较稳定的位置。这些空隙至少还包括以下选择：

①高价位空隙。对于像手表、香水之类奢侈品，高价位空隙往往很有效。如"只有一种快乐（JOY）——世界上最贵的香水"；"你为什么不买一只皮亚杰（Piaget）——世界上最贵的手表"。这些都是成功的高价空隙广告。但要注意的是，高价是逼走顾客的做法，所以高价空隙只在一些特别的商品类别中才有。而且这个位置只是在广告中，而不是在商店里，广告应把品牌明确地定位在某个价格档次里，使人感到很自然。②低价空隙。人们在购买低价商品时首先想到的商品就是占领了低价空隙的商品。如在美国，人们一谈速溶咖啡，首先想到的是雀巢，但一谈低价速溶咖啡，首先会想到力神，虽然低价国产咖啡很多，但是，力神占领了低价空隙。在高保真音响"发烧"领域，英美产品赫赫有名，而日本产品如"天龙""第一音响""马兰士"却占领了低价空隙。当然有的"领导者"高中低价位"通吃"。在这种市场条件下，价格是不存在空隙的。③性别空隙。万宝路在美国是第一个占领男性位置的香烟，销售名列第一。1973 年，洛里拉德公司试图推出它的男性化品牌，起名叫"卢克（Luke）"，其广告为"从坎卡基到科克莫，卢克自由自在、缓缓而来"。但最终仍以失败告终，很难有代替原有领导地位的产品。卢克比万宝路晚了 20 年。同样，美国香烟中弗吉尼亚窈窕牌香烟在女性市场

上开拓出最大占有率，而另一个后来的牌子夏娃（Eve）却失败了，因为来得太迟。④年龄空隙。针对不同年龄段对产品定位，有时也有"空"可钻。空隙还可能有很多，但应注意的是，某种空隙确实存在，这种存在不是从商品或企业角度而论，而是从消费心理上看确实存在。在如今，无论是在产品领域还是在政界里，让人人满意是根本做不到的。取胜的途径就是，你必须走出去结交朋友，在市场上开辟出一个特殊的地位，有所为也要有所不为。

2）给竞争对手重新定位

给你自己和你的职业定位，你可以通过定位战略来推动事业发展并从中受益。在市场经济发达的地区或国家，市场上每种产品都有成百上千，要去寻找一个"虚"位空隙是很不容易的。在比较稳定的市场上这种空隙是很少的，在发展中的市场上这种空隙出现的机会会多一些。一个企业要在市场上站住脚，在很多情况下必须要把竞争者们已在人们心理上占据的位置重新定位，创造一个新秩序。

要想创造一个新秩序，必须先把旧的秩序搬出去才有可能。旧的秩序或观念一旦被推翻，建立一个新秩序或新观念就比较容易了。新观念或新秩序的建立是个冲突过程，冲突本身可能使一个企业一夜成名。

但值得注意的是：根据目前所看到的资料和案例，重新定位的一个前提条件是允许"比较广告"存在。在中国，目前是不允许产品之间相互比较的，也不允许进行比较广告。所以此类广告目前仅有借鉴作用，在操作中还存在很多问题。

应注意，并非那种"我的比竞争者好"就是重新定位，有时这种广告不会有效果，只要在市场中没有位置就是无效的。

3）名字的威力

过去管用的东西，现在或将来未必也能管用。在过去，产品种类少，信息传播量也小，名字不像现在那么重要。在定位时代，名字自身就有强大的威力，你能做的唯一重要的营销决策也正是给产品起什么名字。

名字是信息和人脑之间的第一个接触点，决定信息有效与否的，不是名字在审美意义上的好与坏，而是名字起得合适与否。用懒办法起的一个毫无意义的名字难以进入人们的头脑。你必须起一个能启动定位程序的名字，一个能告诉预期客户该产品主要特点的名字。起一个有分量、近似通用的描述性名字可以防止效仿你的对手挤进你的领地。好名字是长期成功的最好保障。

但是在产品命名的过程中，往往容易掉入陷阱之中。产品命名主要有以下三大陷阱。

1）"无名"陷阱

为了发音或书写上的便利，产生了用一组首字母简称代替原来一个词的方式。无论是对公司或者商界人士而言，这种现象都存在，如通用汽车公司（General Motors）简称GM。但是有一点非常重要：要想成功地使用简称，必须在成名以后。人们总是先熟悉全称，然后才能对其简称产生相同的反应。不幸的是，许多公司没有意识到这一点，甚至把因果倒置，试图推出一家稍有成功的公司的简称，然后指望它名利双收。作者认为，这无疑是一种自杀行为。

2）"搭便车"陷阱

迄今为止，现有的大公司都是靠两种不同的战略——内部开发和外部并购——发展起来的，两种不同的"命名战略也由此发展起来。"公司自身的利益决定了它所采取的战略。公司在内部开发出一种产品之后，通常会把公司名称作为产品的名称。例如，"通用电气"牌计算机。公司通过外部并购而获得一种产品之后，通常会保留其原有的名称。公司想搭便车的原因在于它们认为"原来妇孺皆知的名字已经深入人心。我们的顾客和潜在客户都知道我们和我们的公司，所以，如果用我们的名字命名新产品，他们更容易接受。"尽管如此，为一个新产品另起一个新的名字，比起在原有名字的基础上"搭便车"，仍然好处多多。这是因为，妇孺皆知的名字代表着某种事物，在预期客户的头脑里占据了一个位置。真正妇孺皆知的名字应该在一个等级分明的阶梯上独占鳌头，要想让新产品获得成功，就应给它立一个新梯子。"跷跷板原则"形象地说明了启用新名字的理由：一个名字不能用来代表两个彼此完全不同的产品；一个起来的时候，另一个就会下去。施乐代表着复印机，不是计算机，任何一台施乐生产的机器如果不能复印东西准会出麻烦。施乐公司结束其计算机业务时，付出了8 440万美元的代价。

3）"产品延伸"陷阱

所谓产品延伸，就是把一个现成产品的名字用在一项新产品上。产品延伸曾横扫了整个广告和营销行业，而其似乎有一些非常充分的理由。经济学家支持它，商家支持它，消费者也支持它，它能降低广告成本、增加收入、提高公司的形象。不幸的是，真理却不站在这边，这纯粹是由内而外思维的结果。由内而外的思维方式是通往成功的最大障碍。由外而内的思维方式则是最有裨益的。

3. 定位的规则

在定位项目开展前，应该思考以下 6 个问题，这可以帮助你思考如何通往成功。

1）你处在什么位置上

定位是一种逆向思维。它不是从你自己开始，而是从预期客户脑子里的观念开始。它不是自己怎么样，而是问你在预期客户心目中已有的位置。在确定预期客户头脑里的现状时，重要的是别让公司的私利妨碍你。你需要做的是，把你的产品服务或概念与你们头脑里现有的东西挂上钩，以此来设法打进去。

2）你想拥有什么样的位置

不要陷入"人人满意"的陷阱，如果想去适应所有的客户，到头来会什么也不是，还不如把自己的专长集中在某一点上，树立自己是某方面专家这个独一无二的地位，而不是一个样样都会的通家。

3）谁是你必须要超过的

假如你提出的定位会同一个营销上领先的企业直接对抗，那就别提它了。绕开一个障碍胜过克服它，退回来，再去找一个别人还没有牢牢占领的位置。在从自己的角度上审视形势要花多少时间，就必须也花同样的时间从对手的角度来考虑形势。

4）你有足够的资金吗

成功定位的一大障碍是，企图做可能做不到的事情。市场上的嘈杂声实在太大，争夺预期客户头脑的仿效产品和拾人牙慧的公司实在太多，想引起人注意越来越难了。如果你没有足够的钱去超出这些噪声，就等于听任世界各地和宝洁一样的公司从你手里夺走你想出的点子。对付噪声问题的一个办法是，缩小你面临的问题的地理范围，即一个市场一个市场地推出新产品或新概念，而不是一下子在全国或全球范围里铺开。

5）你能坚持下去吗

定位是一个累计的概念，是一种注重广告长期特性的思想。除了极少数的例外，企业应该几乎从不改变自己的基本定位战略，改变的只是战术，即那些用以实施长期战略的短期策略。这里面的窍门是：确定长期的基本战略并加以改进；寻找新的方法使它受人瞩目；设法去掉那些令人乏味的地方。

6）你与你自己的地位相称吗

有创新精神的人往往反对定位思维，因为他们认为它限制了创造能力。但创新精神本身毫无价值可言，它只有在为定位目标服务的时候才能发挥其效应。

如今，创意已经寿终正寝。麦迪逊大街上现在玩的游戏名字叫定位，有些人玩不好定位游戏，因为他们还没有理解游戏的规则。

规则一：必须理解字意。词语是触发器，它们能触发埋藏在人们头脑里的名字。从某种意义上说，每项产品或服务都是"带包装的商品"。如果它是装在盒子里出售的，它的名字也就变成了外面的盒子，所以你如果想给一项产品、一个人或一个国家重新定位，往往得首先换个容器。

规则二：必须理解人。精神不正常的人是那些企图使现实世界适应自己头脑里的想法的人。精神正常的人则不断分析现实世界，然后使自己头脑里的想法去适应现状。大多数人的精神不完全正常，也不完全失常，而是介乎两者之间。人们总是在头脑中使现实世界去适应名称。因此，当你在考虑定位时要善于操纵词语，选择了正确的词语，就能影响思维本身。

规则三：必须对变化持谨慎态度。如今唯一恒久不变的就是变化本身。变化已经成为许多公司的生存方式。可是，难道变化就是唯一能跟上变化的途径吗？事实好像恰恰相反。由那些坚持发挥自身最佳特点、不乱阵脚的公司发起的项目都获得了巨大的成功。

 **拓展阅读**

阿尔·里斯是享誉世界的美国营销大师，被《公共关系周刊》杂志评为20 世纪 100 个最有影响力的公关人物之一。目前是里斯和里斯咨询公司的主席，该公司主要业务是为众多知名企业提供战略选择服务，总部位于美国亚特兰大。阿尔·里斯现担任美国工业广告协会（现商业营销协会）会长以及纽约广告俱乐部主席，他还担任 Andy Awards 俱乐部的主席。1989 年，国际市场营销主管授予他"高等营销"奖。1999 年，《公关周刊》授予他"20 世

纪最有影响力的 100 位公关专家"的称号。

杰克·特劳特被摩根士丹利推崇为高于迈克尔·波特的营销战略家，也是美国特劳特咨询公司总裁。他是美国 20 世纪 60 年代以来最新营销观念的鼓动者和实践者，深深影响着美国营销业的发展。

1972 年，阿尔·里斯和杰克·特劳特在《广告时代》杂志上发表了"定位新纪元"一文，令"定位"一词开始进入人们的视野。1979 年，里斯将其公司更名为特劳特和里斯广告公司，自己担任公司主席。

1980 年，他们再度联手合作，出版了《定位：头脑争夺战》，再次引领市场营销学界的"定位"潮流，该书也成为广告学界经久不衰的畅销书。

此后，1985 年、1988 年、1990 年、1993 年，里斯和特劳特 4 次合作，著有《市场营销的战争》《自下而上的市场营销》《马的竞争》和《市场营销的 22 条法则》。其中，《定位》和《市场营销的战争》在多个国家被译成 17 种文字出版，而《市场营销的 22 条法则》则成为各国商务类图书的畅销书。

12 《工业管理与一般管理》

亨利·法约尔

 经典速读

泰勒的科学管理开创了古典管理理论的先河，在科学管理迅速传遍欧洲的时候，法国也诞生了一位杰出的管理学家——亨利·法约尔，他是古典组织理论的奠基人，被后人尊称为"一般管理理论之父"。1916 年发表的《工业管理与一般管理》是法约尔最主要的代表作，标志着一般管理理论的形成。这部划时代的光辉著作，思想丰富、深邃、完整，令人叹为观止。从管理哲学层面探讨，法约尔的这部著作给管理学带来了重要的贡献和启示。继泰勒的科学管理之后，法约尔的一般管理理论被誉为管理史上的第二座丰碑。

《工业管理与一般管理》一书主要体现了法约尔一般管理理论思想，此书共分为两个部分：第一部分论述了管理教育的必要性与可能性；第二部分论述了管理的原则与要素。在第一部分中，作者总结出了企业的 6 项活动，提出了管理的 5 大职能，论述了组成企业人员才能的各方面能力的相对重要性，倡导管理教育。在第二部分中，作者提出了一般管理的 14 项原则，分析论述了管理的 5 大元素。书中所提出的 14 项原则与 5 大要素在管理过程中普遍存在着，正因为他将共性的东西告诉给所有的人，才使得他的理论成为管理史上的一个重要里程碑。

现在看来，法约尔在《工业管理与一般管理》中的主张和术语并没有什么新奇的地方，即使是未曾系统学习过管理理论的人也会对一般管理理论产生"于我心有戚戚焉"的感觉。然而，正是由一般管理理论才淬炼出管理的普遍原则，使管理得以作为可以基准化的职能，在企业经营乃至社会生活的各方面发挥着重要作用。时至今日，法约尔的一般管理思想仍然闪耀着光芒，其管理原则仍然可以作为我们管理实践的指南。

内容解读

1. 经营与管理的区别——管理学走进大学讲堂的前提

法约尔的杰出贡献之一就是将管理活动从企业经营活动中提炼了出来，区分了经营和管理的不同。通过对企业全部活动进行分析，他将管理活动从经营职能（包括技术、商业、业务、安全和会计等 5 大职能）中提炼出来，成为经营的第 6 项职能，进一步得出了普遍意义上的管理定义，即"管理是普遍的一种单独活动，有自己的一套知识体系，由各种职能构成，管理者通过完成各种职能来实现目标的一个过程。"正因如此，管理学才能作为一门专门的学科走进大学讲堂。

另外，对于处于不同管理层次的管理者，对其各种能力的相对要求也有所不同。随着企业由小到大、职位由低到高，管理能力在管理者必要能力中的相对重要性不断增加，而其他诸如技术、商业、财务、安全、会计等能力的重要性则会相对下降。

2. 倡导管理教育——对"经验至上主义"的反驳

与泰勒否认专业管理训练对培养管理人员的作用，即认为管理人才是"天生"的观点明显不同，法约尔强调管理教育的必要性与可能性。法约尔认为，管理能力可以通过教育来获得，"缺少管理教育"的主要原因是"没有管理理论"，每一个管理者都按照他自己的方法、原则和个人的经验行事，但是谁也不曾设法使那些被人们接受的规则和经验变成普遍的管理理论。

尽管法约尔早就提出了"管理能力可以通过教育来获得"的思想，但是，到目前为止，企业界的许多领导人仍然信奉"经验至上主义"，认为"实践和经验是取得管理资格的唯一途径"。在企业运营中，他们推崇经验管理，墨守管理陈规，轻视管理培训，最终导致在企业快速成长阶段，管理能力不足和管理人才匮乏的并存局面。

管理教育，可以迅速提升管理层的管理能力，也可以迅速造就急需的管理人才，这是世界级大企业的公认准则。企业的所有管理人员均应该接受必要的管理培训，这也是企业得以良性发展的重要基准。

3. 管理的 5 大职能——管理的要素

法约尔将管理活动分为计划、组织、指挥、协调和控制等 5 大管理职能，并进行了相应的分析和讨论。管理的 5 大职能并不是企业管理者个人的责任，它同企业经营的其他 5 大活动一样，是一种分配于领导人与整个组织成员之间的工作。

尽管管理职能的划分众说纷纭，莫衷一是，但它们几乎都包括计划、组织、控制这 3 大职能。

从性质上来讲，计划职能属于决策性职能，组织、指挥、协调属于执行性职能，而控制职能则属于保证性职能。从地位上看，计划职能是管理职能中的首要职能，它作为一条主线，贯穿于管理的全过程。主管人员为了确保计划工作所确定的目标能得以实现，就要根据计划进行组织、指挥、协调、控制等工作。计划工作是在调研和预测的基础上，确定未来应达到的组织目标，并将组织目标具体化为行动方案。目标管理是进行计划工作的主要方法和手段。决策是管理的基础，是计划工作的核心，也是主管人员的首要工作。

所谓计划职能，是指对未来的活动进行规划和安排，在工作或行动之前，预先拟定出具体内容和步骤。包括确立短期和长期目标，以及选定实现目标的手段。计划职能的主要内容如下：①分析和预测单位未来的情况变化；②制定目标，包括确定任务、方针、政策等；③拟定实现计划目标的方案，作出决策，对各种方案进行可行性研究，选定可靠的满意方案；④编制综合计划和各专业活动的具体计划；⑤检查总结计划的执行情况。

组织职能是为了实现目标，对人们的活动进行合理的分工和协作，合理配备和使用资源，正确处理人际关系的管理活动。为了实现管理目标和计划，必须要有组织保证，必须对管理活动中的各种要素和人们在管理活动中的相互关系进行合理的组织。组织职能的内容主要有 6 个方面：

（1）按照目标要求建立合理的组织结构。

（2）按照业务性质分工、确定各部门的职责范围。

（3）给予各级管理人员相应的权力。

（4）明确上下级之间、个人之间的领导与协作关系，建立信息沟通渠道。

（5）配备、使用和培训工作人员。

（6）建立考核和奖惩制度，激励员工。

控制职能是对实现计划目标的各种活动进行检查、监督和调节。虽然在计划职能中要求尽可能全面、周密地反映客观情况，制订出切实可行的计划，但是在管理过程中，还会出现各种预料不到的情况，所以在执行计划的过程中，仍有可能产生不同程度的偏差。这就要求控制职能加以调节，以保证目标的实现。控制的基本程序是：制定控制标准，衡量计划执行情况，将实际成果同预定目标相比较以确定是否发生了偏差，采取纠正措施。有效的控制应该根据管理者和管理对象的不同情况，采取预先控制、现场控制和反馈控制等不同的控制方法，将控制职能贯穿于管理的全过程。

4. 14 项管理原则——原则就是灯塔

没有原则，人们就处于黑暗和混乱之中；没有经验与尺度，即使有最好的原则，人们仍然处于困惑不安之中。原则是灯塔，它能使人辨明方向，它能为那些通往自己目的地的人所利用。

在法约尔看来，"原则"一词不是一个固定不变的僵化的概念，因为他认为，在管理方面，没有什么死板和绝对的东西，只有尺度问题，因而原则是灵活的、可以适用于一切需要的。它要求使用它的人具有一定的智慧、经验、判断能力，从而有效地掌握尺度。法约尔提出的 14 项原则如下。

1）劳动分工原则

劳动分工属于自然规律。劳动分工不只适用于技术工作，而且也适用于管理工作。因此，应该通过分工来提高管理工作的效率。另外，法约尔又指出：劳动分工有一定的限度，经验与尺度感告诉我们不应超越这些限度。

2）权力与责任原则

权力，就是指挥和要求别人服从的能力。有权力的地方，就有责任。责任是权力的孪生物，是权力的当然结果和必要补充。一个好的领导者，应具有承担责任的勇气，并使他周围的人也随之具有这种勇气。制止一个重要领导人滥用权力的最有效的保证是个人的道德，特别是该领导人的高尚的精神道德，这种道德是选举和财产所不能取得的。

3）纪律原则

没有纪律，任何一个企业都不可能兴旺繁荣。纪律原则就是企业领导和其下属人员之间通过协定而达成一致性，这种一致性是以尊重而不是以恐惧为基础的。维护纪律不排除对违反纪律的行为进行惩罚，包括指责、警告、罚款、停职、降级或开除。领导和下属人员一样，必须接受纪律的约束。

纪律的状况则主要取决于其领导人的道德状况。制定和维持纪律最有效的办法是：①各级好的领导；②尽可能明确而又公平的协定；③被合理执行的惩罚。

4）统一指挥

统一指挥原则就是要求一个下级人员只能接受一个上级的命令。在任何情况下，都不会有适应双重指挥的社会组织。双重指挥经常是冲突的根源。

5）统一领导

统一领导原则就是指一个下级只能有一个直接上级。人类社会和动物机体一样，如果一个人的身体有两个脑袋，就是个怪物，就难以生存。因此，对于力求达到同一目的的全部活动，只能有一个领导人和一项计划。

6）个人利益服从整体利益

对一国的公民来说，国家的利益高于个人的利益，对一个企业来说也同样如此，企业的利益高于个人利益，个人应该服从整体。因此，必须同无知、贪婪、自私、懒惰、懦弱和一切把个人利益置于整体利益之上的行为进行持久的斗争。为了坚持这一原则，成功的方法有：①领导人表现坚定性且做好榜样；②尽可能签订公平的协定；③认真地监督。

7）人员报酬的原则

人员的报酬首先要考虑的是维持职工的最低生活消费和企业的基本经营状况，这是确定人员报酬的一个基本出发点。在此基础上，再考虑根据职工的劳动贡献来决定采用适当的报酬方式。工人的报酬方式有按劳动日付酬、按工作任务付酬和计件付酬三种，其方法还包括奖金、分红、实物补助和精神奖励。付酬的方式虽然取决于多种因素，但是，其目的只有一个，即改善所属人员的作用和命运，鼓励各级人员的劳动热情。因此，不管采用什么报酬方式，都应该能做到以下几点：①它能保证报酬公平；②它能奖励有益的努力和激发热情；③它不应导致超过合理限度的过多的报酬。

8）集中原则

集中也是一种必然规律的现象。集中化管理作为一种制度，本身无所谓好坏，也不为领导人的主观随意性所任意取舍。集中问题是一个简单的尺度问题，问题的关键就是找到适合于该企业的最佳程度。实行集中化的最终目的是尽可能地发挥所有人员的最佳才干。权力集中与分散的措施本身可以经常变化，所有提高下属作用的做法都是分散，降低这种作用的做法则是集中。

9）等级制度原则

等级制度就是从最高权力机构直到低层管理人员的领导系列，贯彻等级制度原则就是要在组织中建立这样一个不中断的等级链。等级制度显示出企业内信息传递的路线。法约尔认为，各级人员都应养成使用这种最短通路的习惯。后来人们称这种方式为"法约尔跳板"。

10）秩序原则

秩序原则就是要确定最适合每个人能力发挥的工作岗位，同时使每个人都在最能使自己的能力得到发挥的岗位上工作。这一条原则还应用于物品和场地方面。

11）公平原则

公平是由善意和公道产生的。公道是实现已订立的协定。但是在执行的过程中，可能会因为各种因素的变化使得原来制定的"公道"的协定变成"不公道"的协定。这样一来，即使严格地贯彻"公道"原则，也会使职工的努力得不到公平的体现，从而不能充分地调动职工的劳动积极性。因此，在管理中要贯彻"公平"原则。所谓"公平"原则，就是"公道"原则加上善意地对待职工。也就是说在贯彻"公道"原则的基础上，还要根据实际情况对职工的劳动表现进行"善意"的评价。当然，在贯彻"公平"原则时，还要求管理者不能"忽视任何原则，不忘掉总体利益"。

12）人员稳定原则

一个人要适应他的新职位，并做到能很好地完成他的工作，这需要时间，这就是"人员的稳定原则"。按照"人员的稳定原则"，要使一个人的能力得到充分的发挥，就要使他在一个工作岗位上相对稳定地工作一段时间，使他能有一段时间来熟悉自己的工作，了解自己的工作环境，并取得别人对自己的信任。但是，人员的稳定是相对的而不是绝对的，年老、疾病、退休、死亡等都会造成企业中人员的流动。因此，人员的稳定是相对的，而人员的流动是绝对的。对于企业来说，就要掌握人员的稳定和流动的合适的度，以利于企业中成员能力得到充分的发挥。"像其他所有的原则一样，稳定的原则也是一个尺度问题"。

不稳定往往是企业不景气的原因与结果，所以，要努力保持企业领导人和其他人员的相对稳定性，合理补充人力资源，掌握好人员稳定的尺度。

13）首创精神

这是人类活动最有力的刺激物之一。除了领导的首创性外，还包括全体员工的首创性，企业应该尽可能地鼓励和发展这种能力。一个能发挥下属人员首创精神的领导要比一个不能这样做的领导高明得多。

14）团队精神

全体人员的和谐与团结是一个企业的巨大的力量。为维护团结，法约尔特别强调了要注意的一个原则和须避免的两个危险。一个原则，即统一指挥的原则；两个危险，即：①对格言断章取义、各取所需；②滥用书面联系。

这 14 条管理原则可以适用于一切管理活动。在管理上没有什么死板的绝对的东西，运用时最主要的是尺度的把握。经验和智慧相结合，掌握尺度的能力是管理者的主要才能之一。

这 14 项原则即使是在今天也一点不显得落伍，因此时任华润集团董事局主席的宁高宁先生曾撰文《重读法约尔》，呼吁华润的管理者不要被当下的管理流行理论迷乱了双眼，而是要从管理的常识出发，而这些常识都蕴涵在法约尔的 14 条原则里。

 拓展阅读

在管理发展史上，处于同一时代的法约尔与泰勒两者并驾齐驱，都是古典管理理论创始人。有学者说过，泰勒和法约尔，是管理学创立时期的双子星座。他们的管理理论都来自于管理实践而不是来自于学校教育，但是，由于经历的不同，两者也存在很大的差异。

泰勒最初是作为普通工人进入工厂的，他所从事的主要是工程技术工作。因此，他把工作的重点放在作业现场上，从工业等级制的底层——车床旁边的车工开始向上研究。但是，法约尔则从进入企业开始，就参加了企业的管理集团，之后又担任了大公司的最高领导，并在法国的多种机构从事过管理方面的调查和教学工作，他主要从办公桌旁边的经理人员开始向下研究。因

而，这就导致了一般管理论与科学管理理论存在明显不同的特色。

正如日本学者占部都美所说："泰勒是以工厂管理合理化这一具体目标为出发点的。因此，他的科学管理法是非常富有实践性的，但缺乏一般科学性。而法约尔是从实施管理教育的目的出发的，因此，他的管理理论是概括性的，也非常富有原则性。"法约尔的管理理论从一开始就是以大企业的整体为研究对象的，而且不仅适用于公私企业，也适用于军政机关和宗教组织。法约尔认为，科学管理理论与一般管理理论是相互补充的，其目的是为了改进管理，只不过采取的分析途径不同。

虽然两者都功勋卓著，但是泰勒所受到的礼遇是法约尔所不及的。在科学管理兴起的时候，泰勒光芒四射，遮住了法约尔的亮点。虽然法约尔在1908年就曾发表演讲了，比泰勒的《科学管理原理》的发表早了3年，但是第一次世界大战的爆发影响了其理论的总结。另外，泰勒所处的美国在新技术革命中逐步占据上风，并成为新思想、新理论的策源地，这对泰勒制的推广应用和宣传是极为有利的。甚至在法约尔的母国，由于"一战"时期法国总理克列孟梭的推崇，泰勒制的影响远远超过法约尔。《工业管理与一般管理》一直没有出版英译本，直到1937年才被收录到厄威克和古利克编纂的《管理科学论文集》中。

但随着时代的推移，人们对更为宏观、更为体系化的管理知识的需要，使法约尔这颗星的亮度逐渐加大，又把泰勒的色彩融合进来。两人管理思想上的相互渗透和在社会影响上的各自消长，正好反映了管理学发展的客观进程。

13 《经理人员的职能》

切斯特·巴纳德

经典速读

  《经理人员的职能》一书，开创了一个管理学的新时代，给它的作者切斯特·巴纳德赢得了巨大的声誉，使他成为社会系统学派的开山祖师和首任掌门。作为现代管理理论中社会系统学派的创始人，巴纳德关于组织理论的探讨至今几乎没有人能超越。该书被誉为管理思想的丰碑，在它出版后的半个多世纪里重印了 18 次，其影响和发行量不断地增加，所有论及组织方面的问题都绕不开这座丰碑。

  《经理人员的职能》是一本不易读懂但却非常引人入胜的书。这本书成为巴纳德的成名之作绝非偶然，因为这实际上是他毕生从事企业管理工作的经验总结。书中，巴纳德颠覆了在此之前对于组织研究的缺乏，将社会学概念用于分析经理人员的职能和工作过程，提出了一套组织的理论，建立了现代组织理论的基本框架。巴纳德认为，所有的组织都包含三个要素：合作的意愿、共同的目标和沟通。他从最简单的人类协作入手，揭示了组织的本质及其最普遍的规律。全书形式上分成四篇，但从某种意义上说，它由两部分组成。第一部分是协作和组织理论的阐述；第二部分研究正式组织中经理人员的职能和工作方法。

 ## 内容解读

1. 组织是一个协作的系统——对原有组织理论的颠覆

由于受古典经济学的影响，巴纳德以前的组织理论偏重于专业分工和结构效率，对组织中的人员没有足够的重视。后来，霍桑等人开始关注人的行为，并提出了"非正式组织"的概念，但是，霍桑等人关注的焦点是人与人之间的社会关系和心理感受，对正式组织则视而不见，这正是组织理论的缺陷所在，巴纳德从根本上改变了这一缺陷。

协作是整个社会得以正常运转的基本而又重要的前提条件。社会的各种组织，不管它是政治的、军事的、宗教的，还是企业的、学术的，都是一个协作系统。而且协作系统是一个动态的过程，它的运营环境以及组成要素都在不断地变化，因此协作系统也处于不断的发展变化之中。

一个协作系统是由许多个人组成的。但个人只有在一定的相互作用的社会关系之下，同其他人协作才能发挥作用。个人对于是否参加某一协作系统（即组织）可以作出选择。他们的这种选择是以个人的目标、愿望、推动力为依据的。而组织则通过其影响和控制的职能来协调和改变个人的行为和动机。但是，这种协调和改变并不总是能够获得成功，组织和个人的目标也不一定总是能够得到实现。

由于个人目标和组织目标的不一致，巴纳德提出了"效力"和"效率"这两条原则。他认为，每一个正式的组织都有一个既定的目标。当这个组织系统协作得很成功时，它的目标就能够实现。这时，这个协作系统是有"效力"的。反之，如果这个组织的目标没有实现，其协作系统一定存在毛病，行将崩溃或瓦解。所以，系统的"效力"是系统存在的首要条件。至于系统的"效率"，是指系统成员个人目标的满足程度。协作"效率"则是个人效率综合作用的结果。如果一个系统是无效率的，它就不可能是有效力的，因而也就不可能存在。这样，巴纳德就把正式组织的要求同个人的需要结合起来了。这个理论被西方管理学者誉为管理科学思想上的一个重大突破，至今仍为许多人所信奉。

2. 组织平衡理论——社会系统理论的核心

组织就是一个有意识地对人的活动或力量进行协调的体系。一个组织的成立需要具有 3 个条件：①能够互相进行信息交流的人们；②这些人们愿意作出贡献；③实现一个共同目的。这 3 个条件构成了组织的 3 大要素，即协作意愿、共同目的和信息交流。一个组织的生存和发展则依赖于组织的内部平衡与外部适应和谐地综合起来。巴纳德这种组织平衡理论具有独创性和远见卓识。

巴纳德指出："组织的存在取决于协作系统平衡的维持。这种平衡开始时是组织内部的，是各种要素之间的比例，但最终和基本的是协作系统同其整个外界环境的平衡。"组织内部平衡，就是指组织为人们提供的诱因与人们为组织作出的牺牲保持平衡。如果"诱因"和"牺牲"失去平衡就会影响到组织的发展。这种平衡实质上是在要求组织内部各构成要素——协作意愿、共同目标和信息交流之间的相互作用力量要彼此持平，这样方能保证整个协作系统的健康发展。组织要使自己能够长期存在，必须适时地给它的成员和可能的贡献者提供有效的诱因，以刺激或激励相关人员的协作意愿。巴纳德认为，自我保存和自我满足的利己动机是激发个人协作意愿的重要力量，组织要想存在并长期维持，必须满足个人的这些动机，除非它能够改变这些动机。而诱因正是满足这些动机的最基本要素，诱因不恰当会导致组织解体、目的异化或协作失败。因此，提供恰当的诱因便成为管理的一个重要任务。

巴纳德的组织平衡论的基本出发点是个人参加组织的动机问题。个人为组织作出了牺牲，而组织则为个人提供了诱因，组织与管理的全部活动，都围绕着牺牲与诱因之间的平衡而展开。组织中的一切运转机制和行为规则，来自于这种组织平衡。从组织平衡理论出发，巴纳德笔下的组织，才真正成为由人构成的组织。以前组织理论里面缺乏人的因素的韦伯式偏差，以及虽然重视了人但却看不到正式组织的梅奥式偏差，都被巴纳德从根本上纠正了。这是巴纳德理论的意义所在，正是这种组织平衡论，成为后来影响颇大的西蒙组织行为理论（决策理论）的出发点。

3. 经理人员的职能

在一个企业中，经理人员的作用就是在一个正式组织中充任系统运转的中心，并对组织成员的活动进行协调，指导组织的运转，实现组织的目标。巴纳德提出了经理人员须具备的三项基本职能，分别如下。

1）建立和维持信息交流系统

正式组织的复杂性使得有必要建立一个信息交流系统。因为组织中的各个部分和要素必须联结为一个整体，共同的目标必须有明确的规定，并且让组织的成员都接受，使活动的进展维持正常的顺序，这些要求离开信息交流系统是不能很好地实现的。即使有沟通渠道，也应该是方便和直接的。这样的信息系统也就是经理人员组织。经理人员组织的建立包含确定经理人员的职务，以及找到合适的人来担任这些职务，让他们充分发挥他们的才能。

这样的经理人员应该具备一定的素质，他们要善于领会组织的整体性和复杂性，使组织中的各个部分协调地工作，这是经理人员最重要的品质；他们还必须领会到与组织有关的整个形势和组织所承担的责任，他们要忠于组织，要有勇气、有判断力，受到过专门的学习和训练。由此可见，建立一个这样的信息系统是需要技巧的。

2）从组织成员那里获得必要的服务

这项职能主要指以下内容：招募和选拔能最好地作出贡献并协调地进行工作的人员，以及采用巴纳德称之为"维持"的各种手段，如"士气"的维持，诱因的维持，监督、控制、检查、教育、训练等因素的维持，以此来维护协作系统的生命力。

3）提出和制定组织的目标

组织目标是整个组织存在的灵魂，也是组织奋斗的方向。但是组织的共同目标不是一成不变的，它应当随着组织规模的变化、人员的变化、外界环境的变化和发展而随时调整。组织目标制定的好坏对组织目标能否实现的作用也非常大。

制定组织目标的职能由单个经理人员是不可能完成的，这样即使制定出来也是不会被成员所接受的，只有被接受的才能实现。

组织的整体目标要由各个部门的单独的具体的目标来整合，这其实就是把组织的权力交给各个部门，让所有的部门都接受组织的目标，相互联系起来协调地实现组织的目标。这其实是"目标管理"思想的萌芽。

在制定组织目标时，应具备综合性、总体性、清晰性、可分性和层次性等特点。确定组织目标时应遵循灵活性与一致性结合的原则，要有一定的可能性，同时也要有一定的挑战性。

经理人员的 3 项职能并不是孤立的，而是整个组织的组成要素。与其说这是一种科学，倒不如说这是一种艺术，他们不仅要决定各个部门采取的措施，还要从整体上来领会和平衡，来合理安排。在作一项决定时，要综合考虑对多个部门的影响，考虑到决定的好处，也要考虑到它的坏处。所以高层的经理们要有整体的系统的观念，要在各个部门的利益之间找到最佳的平衡。

除了上述 3 个要素以外，巴纳德把决策和授权的职能也包括了进来。授权是一种决策，这种决策包括所追求的目标和达到这个目标的手段两个方面。其结果是在协作系统内部对各种不同的权力和责任加以安排，以使组织的成员知道他们怎样为所追求的目标作出贡献。至于决策本身，则包括两个方面：分析和综合。分析是寻找能使组织目标得以实现的战略因素；而综合则是认识到组成一个完整系统的各个要素或部分之间的相互关系。

4. 经理人员的权威——权威来自于下属的接受

以往的权威概念是建立在某种等级序列或组织地位的基础之上的。巴纳德则强调权威由作为下级的个人来决定，给予了一种自下而上的解释。如果经理人员的指示得到执行，则执行人身上就体现了权威的建立，如果没有执行则说明他否定了这种权威。巴纳德提出了一个"无差别区"的概念来解释一个组织怎么才能够在这种独特的权威概念下进行工作。在这个无差别区中，每个人不允许提出有关权威的问题而必须接受命令。这个无差别区可大可小，这取决于组织对个人提供的诱因超过其负担或牺牲的程度。

"地位权威"指的是，命令之所以被接受就是因为上级具有权威，而不管上级的个人能力如何；在另一种情况下，命令之所以被接受是由于下级对某个人的个人能力的尊重和信任，而并不是因为他的级别或地位，巴纳德把这叫作"领袖权威"。当地位权威与领袖权威结合在一起时，无差别区就无比地宽广。

巴纳德反复强调使个人参加协作的重要性，认为只有在符合以下 4 项条件时个人才会认为上级的命令是有权威并可以接受的：个人能够并确实理解所传达的命令；他们认为这个命令与组织目标是一致的；他们认为从整体说来这个命令同他们的个人利益是一致的；他们在精神上和体力上能遵守这个命令。

生活中我们经常发现这样的现象：同样是领导，有的人在员工中的威信很高，他颁布的命令下属会很尽心地去完成；有的领导则不然，员工们虽然在表面上不敢说什么，但背后却不执行他的指令。

这样的差别就是由权威造成的。权威高的领导者使员工从内心佩服他，愿意为他工作，没有权威的领导者则使员工背离他，对他产生厌恶、反感的情绪。领导者要懂得建立权威的原则，很重要的一条就是不能发布无法执行或者不能执行的命令，这样做只会削弱权威，影响员工的士气。当有些命令难以执行却又必须发布时，领导人员要给予必要的教育和解释，采用一些积极的激励措施，确保命令得到执行。

巴纳德认为，领导者的领导行为包括三项内容：

（1）制定行动目标。即依据组织的宗旨或任务制定自己的行动目标。在制定目标以前，他应该集思广益，善于听取各个方面的意见。但是，一旦目标确定以后，就应该坚决实现。发挥组织领导能力。技术和专业知识固然重要，但更应该注意发挥组织领导和人际关系方面的能力。

（2）善于应用组织机构。领导者的重要职责是协调组织中的各项活动，而不是从事具体的技术工作或专业工作。

（3）积极发挥全体组织成员的积极性。领导者的成绩主要不是表现在他个人干了多少，而是表现在能否把全体成员的积极性调动起来。

当一个人被提升为管理者时，他的权力就具有了，但权威的建立，还是要靠他们自己。

他们要具有领导者的基本的品质，巴纳德认为主要有以下几点：

体力，特别是精神方面的活力和坚持力。这当然要有一定的身体健康为基础，但两者不能等同起来。主要还在于领导者精神和心理上的品质。领导者有了高度的活力和坚持力，才能承担繁重的领导工作，取得丰富的知识和经验，并表现出吸引群众的个人魅力。

决断力。作决策是领导者的主要职能，作决策必须看准时机，当机立断，不能犹豫不决，耽误时机，而且决策还要正确。

处理人际关系的能力。领导者的主要职能之一是同人打交道。这首先就需要了解人，理解对方的思想、心理和需求，这样才能做好说服工作，使人愿意参加组织并发挥积极性。他们要善于同各种不同的人打交道，善于上下沟通。

高度的责任心。领导者的权力很大，职责也很重，这些都要求领导者有高度的责任心，只有如此才能正确地使用权力，圆满地完成职责。

高度的智力。领导者要指引整个组织前进和处理各种重大的事务，所以，必须有高度的智力才能胜任。巴纳德把智力放在领导者基本品质的最后，这是他在《经理人员的职能》一书中反复强调的重视心理活动过程的必然表现。但放在最后，这并不意味着智力因素不重要，而是说首先要具备心理上的必要条件以后，再拥有高度的智力，才能做好领导。

 **拓展阅读**

　　1886年是管理学诞生的标志年。正是在这一年，切斯特·巴纳德出生于美国马萨诸塞州的一个普通工人家庭。巴纳德有一些遗传性身体缺陷，而且是高度近视。他的最大爱好就是看书，哲学式的抽象思辨使他着迷，这对他后来的职业生涯有着重大影响。他的消遣和业余爱好是音乐，这使他后来在钢琴上获得了非凡的造诣。15岁时巴纳德突然辍学，辍学后，他谋得一份钢琴调音师的工作，在这期间，他自学了希腊语。1906年，巴纳德考入哈佛大学，主修经济学。但由于他在预科阶段就放弃了自然科学和数学，所以无法参加学校要求的自然科学考试，拿不到规定学分使他最终和学士学位擦肩而过。

　　离开哈佛以后，他给在电话公司的一位叔叔写信寻求帮助，这位叔叔让他同美国电话电报公司（AT&T）的首席统计师吉福德联系，从此，巴纳德开始了自己独具一格的职业生涯。由于巴纳德出色的才干，第一次世界大战结束后，巴纳德得到AT&T的重用。1922年，他被提拔为宾夕法尼亚贝尔公司副总裁，很快又升任总裁。1927年，AT&T创办了子公司——新泽西贝尔公司，并任命巴纳德为总裁。在这里，巴纳德选择了一幢漂亮的20层大楼作为总部，大楼正面以希腊和罗马式的艺术雕刻作为外部装饰主题，内部风格则融合了古典式的雅致和现代式的光彩。在宁静庄重的办公室里，巴纳德几乎没有什么具体事务，有副手替他处理公司的各种工作。他有充裕的时间来思考问题。正因为如此，他才显得格外矜持和高高在上。在这个职位上的积累和思考，使他完成了管理学历史上的经典之作——《经理人员的职能》。正是这本书，奠定了巴纳德的大师地位。

　　后来，出于改善经营的需要，巴纳德最终离开了该公司。虽然巴纳德作为一个CEO是不大成功的，但是他作为一个理论家的贡献则是非凡的。20世纪30年代，巴纳德经常到大学演讲，最有名的就是在波士顿应哈佛校长洛维尔的邀请去作的 8 次演讲——《经理人员的职能》就是在这些演讲的基础上写出来的。根据资料来看，听巴纳德的演讲不太轻松。作为一个精通音乐的人，巴纳德的演讲却没有音乐式的优美和简洁，他往往用一些晦涩的语言、冗长的词句来"折磨听众"。你必须皱起眉头苦苦思索，才能品味出他演讲的真谛所在。有人甚至挖苦他，采用这样的语言，只是为了让人们感到讲演所涉及理论的神秘和玄妙。据他自己讲，听他演讲的人数，不过只有 50 人左右，而且有半数以上是熟人来捧场的。如果用武侠小说来比喻管理思想，巴纳德的理论，有点像枯燥无味的"易筋经"，而现实中的人们，多数还是喜欢能够立竿见影的"避邪剑法"。就是这么一位令人望而生畏的人物，就是这么一本不太好啃的书籍，却在管理学史上留下了不朽的英名。

尽管有来自不同方面的种种批评，但热衷于理论思维和人性讨论的专家们给予他极高的评价。哈佛大学的众多知名教授如亨德森、霍曼斯、梅奥以及克伯特等人，都对这本书以及巴纳德思想中的哲学内涵给予了极高的评价，并且邀请他参加了国家研究委员会工业协会论坛。德鲁克、孔茨、明茨伯格、西蒙、马奇、利克特等人都大大受益于巴纳德。对于一个希望将传统组织改造为现代组织的经理人来说，巴纳德的书不可不读。同时，巴纳德也是第一位将决策提升为管理核心的人，这一观点此后得到西蒙、马奇等人的发展，衍生出决策学派。由于巴纳德在组织理论方面的杰出贡献，他最终获得了 7 个荣誉博士学位，这或许能足以弥补他未能获得学士学位而受到的"心灵上的创伤"。

14 《伟大的组织者》

欧内斯特·戴尔

 经典速读

　　欧内斯特·戴尔是美国著名的管理学家，是经验主义学派的代表人物之一。1960年，戴尔出版了《伟大的组织者》。尽管已经过去了半个世纪，这本书的观点不仅没有过时，反而越发显示出它在管理思想上的价值。如今，该书已被公认为研究戴尔甚至整个经验学派管理思想的必读书。

　　《伟大的组织者》一书主张用比较的方法对大企业的管理经验进行研究，开创了比较管理的经验研究的先河，戴尔为人们探寻管理新知开辟了一条崭新的途径。该书除了序言以外共有6章，第一章阐述组织理论的一些基本原理；第二章到第五章分别介绍了杜邦公司、通用汽车公司、国民钢铁公司和威斯汀豪斯电气公司四家大公司的一些"伟大的组织者"成功的管理经验；第六章论述"经营管理者对谁负责"的问题，本书后两章的两个附录也非常重要。

　　在《伟大的组织者》一书中，戴尔断然反对存在着任何有关组织和管理的"普遍原则"，主张用比较的方法对大企业的管理经验进行研究。他在该书中主要研究了美国杜邦公司、通用汽车公司、国民钢铁公司和威斯汀豪斯电气公司等4家大公司的一些"伟大的组织者"成功的管理经验，这些"伟大的组织者"包括杜邦公司的皮埃尔·杜邦，通用公司的唐纳森·布朗、艾尔弗雷德·斯隆，威斯汀豪斯电气公司的罗伯逊等。全书通过介绍这些公司的成功经验，为企业管理人员提供了可能借鉴的参考。

 内容解读

1. 比较法及其应用条件

戴尔认为，迄今为止，还没有人能掌握企业管理上的"通用准则"，至多只能说出各种不同组织的"基本类似点"。要掌握成功企业和"伟大的组织者"的经验，就要用比较的方法研究组织，发现并描述各种不同组织的"基本类似点"，然后把这些基本类似点收集起来并予以分析，得出某些一般结论，再应用于其他类似或可比较的情况。但是，要使组织的比较研究有效，必须在研究中满足某些类似条件，这些必要条件包括如下内容：

1）建立一个要领的框架

即在"小心求证"之前要有相应的"大胆假设"。研究者必须选择在不同情景中要考察的各种变数，而这些变数可以有多种类型。例如，可以通过分析管理职能来对组织进行研究，组织为了取得成绩，需要完成什么职能，为完成这些职能需要有什么权力和责任。

2）注意事物的可比性

在对不同组织类似点进行描述和比较时，也必须考虑到它们之间的差异。因为其差异性可能很大，会导致比较效果毫无意义。戴尔曾经举了一个例子：有一家公司在进行一项劳资之间的集体合同谈判时，工会代表以其他公司为例，要求对怀孕的女工给予工资补贴，而资方代表不同意，谈判几乎破裂。但以后有人对本公司的职工队伍进行了分析，发现本公司一共只有 5 个女工，而且全部超过了 60 岁，所以根本不存在上述问题，这样的条件下是无法进行比较的。

3）明确表述目标

只有明确表述所研究的组织的目标和目的以后，才能对它们进行比较并评价其效果。这种目标可能是利润最大化、权力、士气、职工幸福，或以上各项的结合，一般来讲，目标明确的组织比目标不明确的组织更易于成功。

4）比较和结论必须恰当

对组织进行比较和得出的结论必须符合原来提出的假设和条件。如果得出的结论带有限制性或不能令人信服，那也不足为怪，因为有可能随着资料的增加和分析的深入，会得出更令人信服的结论和扩大适用的范围。

运用比较法，戴尔对杜邦公司、通用汽车公司、国民钢铁公司和威斯汀豪斯电气公司的主要领导人的管理实践进行了研究。虽然这4家公司分属于不同的行业，但都是美国甚至全球的著名企业。通过对这些公司的比较，戴尔总结出了大型企业的如下几条管理"准则"：

（1）通过责任会计制可以达到有赢利的控制。为了克服当时面临的控制成本、沟通不畅等困难，责任会计制是21世纪20年代在杜邦和通用两家公司中形成的、以事业部为基础的"分散权责，集中控制"的企业中层管理制度。后来被通用汽车公司借鉴，随着杜邦和通用汽车的成功逐渐普及到全美甚至全世界。

（2）使作业分权化，并在控制上进行协调，也许可能提供一种利用大企业和小企业两者长处的手段。分权既能充分发挥各事业部的优势和积极性，又能使总部的职能充分发挥，有效协调各事业部的工作，使之向着共同的目标迈进。

（3）由集团控制代替一人控制，在集团成员见解相同、能力不等、地位平等时能取得最好的效果。

（4）所有者与管理者的制衡，有助于发挥股东的"抗辩权"，作出更好的决策。公司所有权与管理权的互相制衡，有利于维护成员的自由，避免专断权力导致的决策失误。

（5）可以为企业制订一个"终身计划"，即制订一个长远的发展规划。长远规划有利于避免过于重视眼前利益而忽视长远利益。

2. 杜邦公司——系统化组织和管理的先驱者

在泰勒从事科学管理的主要工作之前及在此期间，杜邦公司完全独立于泰勒的学说之外而应用了许多独创性的管理方法和管理技术。在此期间，杜邦公司培养出了一批创建了世界上最大和最成功的化学公司的人。它还向通用汽车公司提供了使之得以从1921年的灾难中解救出来，并使它成为世界上最大的汽车公司的一些关键人物。在以后的25年中，杜邦公司和通用汽车公司提出的管理技巧被许多公司所采用。

杜邦公司早期的领导者亨利·杜邦采用一人控制的方式进行管理。他在几乎 40 年的时间内，在所有的重大问题和许多较小的问题上独自作出决策，甚至还处理杜邦家族中的财务、住房等问题。在他去世以后不久，杜邦家族中的 3 个堂兄弟——艾尔弗雷德·杜邦、科尔曼·杜邦和皮埃尔·杜邦着手进行改革，逐步建立起系统化的组织和管理，以后又经过其他一些人的发展，使得杜邦公司取得了巨大的成就。

杜邦公司取得成功的主要原因是建立了系统化的组织和管理。但是，如果仔细考察一下，就会发现，并不是集体工作本身使得杜邦公司取得成功；并不简单地是，由于有一个由人们按民主方式组成的集体，坚定地为某些理想目标而工作，并同其他人进行信息联系，使得那些同目标的实现有关的人有很大的参与权。虽然杜邦公司取得成功，而其"恺撒式"的个人主义管理也是杜邦公司获得长期成功的基础，但还有一些更为复杂微妙的条件。

杜邦公司高层委员会委员们的一个共同特征是高度的外向性——对事件、人物、事物的高度兴趣，受外界因素的激励，以及受外界环境影响的趋向。科尔曼·杜邦是这样描述的："他不喜欢任何安全的、熟悉的或早已确定的事物。不尊重习惯，当他追踪某种新事物时，常常对别人的感觉和信念无动于衷；每一件事物都要为未来而牺牲……他常常看起来像是一个鲁莽的冒险者，但事实上他有着以忠于他的直觉观点为依据的道德观。对他来说，如果不'抓住机会'简直就是怯懦或软弱……尽管如此，要他把一件事超越已取得成功之处，几乎是不可能的。"

在杜邦公司的其他高级经理人员中，"外向思考"型占统治地位，如皮埃尔·杜邦就是其中之一。"他所采取的绝大多数重要行动是以理智地或理性地形成的动机为依据的。他以客观事实或一般正当的观念来指导自己。这套原则或事实成为绝大多数行动的衡量标准"。

就这样，杜邦家族的人及其同事们从搞爆炸物集团开始，在 20 世纪开端的 20 年中对促进系统管理作出了巨大而独创性的贡献。他们的思想和计划是以一般原则和从经验得到的教训的结合为依据的。这些人受着家族传统和有高度诱惑力的个人报酬的激励，他们保持着老一辈企业家经营方法中许多优秀的东西，他们受一种使命感所指引，他们把自己的财富、思想传给年轻一代，建设成 20 世纪开端的 25 年中最大的一个工业帝国。

3. 艾尔弗雷德·斯隆和通用汽车公司对组织和经营管理的贡献

解决创业天才的继任者所碰到的问题的最好例子之一，就是通用汽车前总经理、后来又担任董事长的艾尔弗雷德·斯隆及其主要助手的工作。

在斯隆之前，1916—1920年间通用汽车公司的创建者是威廉·杜兰特。他凭其精明的理财和促销能力，将许多小公司结合成一个公司。但是，他不善于运用会计来提高公司绩效，缺乏库存控制，特别是不能虚心接受别人的建议，个人随意作决策，再加上经济不景气，导致通用汽车公司陷入困境，后来斯隆加以改组，取得了巨大的成就。

1920年，斯隆提出了一份关于改革通用汽车公司组织机构的建议书，该建议书依据的是以下两条原则。

第一，每一作业单位的主要经理人员的职责应该不受限制。由主要经理人员领导的每一个这种组织应具有完备的必要职能，使之能充分发挥主动性并得到合理的发展（作业单位的分权化）。

第二，某些中央组织职能对公司活动的合理发展和恰当协调是绝对必要的。

斯隆期望该建议书实现以下明确目标：

（1）明确规定构成公司活动的各个单位的职能，不仅从各个单位的相互关系来看，而且从它们同中央组织的关系来看（在专业化基础上明确分工）。

（2）规定中央组织的地位并协调中央组织的作业同整个公司的关系，以便它能必要而合理地发挥作用。

（3）把公司的全部经营职能集中于作为公司最高经营者的总经理身上。

（4）在实际可行的范围内尽可能限制直接向总经理报告的经理人员的人数，其目的是使得总经理无须过问那些能放心地由较为次要的经理人员去处理的事，而更好地在公司的大政方针方面进行指导。

在组织上划分为两大类：重大控制和经营控制。重大控制由两个委员会执行，即财务委员会和经营委员会。经营控制则由总经理在重大控制规定的范围内行使。总经理领导各个作业单位，他有一个由一些"助理"和一个拨款委员会组成的个人参谋部。拨款委员会就各个作业性事业部提出的资产改进和采购的可行性进行调查，此间，可以从综合顾问部获得技术资料和建议。

组织机构方面的工作要引入新的管理技能。斯隆曾生动地阐述其理由，

"经营任何一种企业都存在着两种方式:'预感'方式和科学方式。我由于气质和教育的缘故,总是采用后一方式,这使我获益匪浅,而且也使其他人获益匪浅。"

作为一种吸引和保持杰出的经理人员的手段,斯隆及其集团提出了一种所谓的"经营管理意识"。它实质上是一种对经营管理过程进行思考的方法。基本的思想是经营管理过程应该分权化,而考核或控制则应该集权化。斯隆的这种意识使得通用汽车公司得以保持最优秀的人员,因为他们有发挥才能的天地。

4. 欧内斯特·特纳·韦尔——反对传统管理观念的人

美国企业界的绝大多数伟大组织者都是大公司创立者的继承人,而非创立者本人。但是国民钢铁公司的创立者欧内斯特·特纳·韦尔却是个例外,他从一开始就对他的公司作出了完整的规划,而公司正是按照他的规划发展的。当他那有形厂房只是一个不像样的马口铁工厂时,他已构想出一个完整的钢铁公司——连矿石资源也能自给——并建立了一个组织核心。这个组织核心能随着公司的成长而发展,无须做重大的改组。

而且,这项组织计划效果很好。从规模上讲,国民钢铁公司在美国的钢铁公司中占第 5 位,但从利润率来讲,在很长一段时期的多次测试中,它都居第一。在大萧条的那段时期,当包括钢铁巨人"美国钢铁公司"在内的其他所有的钢铁公司都有亏损时,国民钢铁公司却有赢利。它之所以能够获得赢利,不仅由于它在销售方面非常稳定地持续增长,而且由于它在成本方面也严格配合销售而严加控制。在它极少数的销售下降年份,其成本也绝对地相应下降。

韦尔得以取得成功的方法可归纳为以下几点:

(1)一项终身计划。韦尔在决定离开美国钢铁公司时,明确地树立了建立美国最大的综合性钢铁公司之一的目标。克拉克斯堡的马口铁工厂是为了筹集必要资金的一种权宜措施。他有意识地把位置选在韦尔顿,以便建立一个综合性公司。

(2)灵活性。韦尔对他的基本目标虽然坚定不移,但在实现目标的途径上却常常很灵活。他并不墨守成规,为了有助于实现其目标,他会不断地调整其政策。如他在大萧条来到时急剧地改变其定价,而当汽车业处于严重不景气时,就从大量销售方式转为仅能糊口的摊贩销售方式。当经济条件改变时，他迅速地改变工资政策，为了防止全国性工会在他的工厂中获得立足点，他又会大幅度地提高工资。他的厂内组织是高度灵活的。它依靠高报酬来激励，强调适者生存，赋予下级管理人员以该行业中罕见的独立程度。

（3）在目标上同社会相一致，在实现目标的方式上同社会不一致。韦尔始终秉持他成长起来的那个社会的价值观。他的主要目标直截了当地就是积聚财富，再加上经营的自由和独立性。他不同于正统的地方只是他实现目标的方法，没有传统的方法可供他采用。

（4）亲自监督和辛勤工作。韦尔喜欢引用爱因斯坦的一句话："个人避免由于赞颂而腐败的唯一途径是去从事工作。一个人往往想停下工作去听别人的赞颂。唯一的办法就是不去听赞颂而继续去工作。没有别的方法。"

（5）平等的高层结构。韦尔深切地感到需要有一个小规模的寡头组织来自由讨论所有的事。他付给高层管理结构中的其他人的薪水，同自己的薪水一样多，认为他们对公司做出的贡献同自己的一样大。他宁愿要一批杰出的高层经理人员，而不要一些听命于人的小人。

另外，韦尔的个人素质中也有一些有助于他取得成功的条件。这些条件包括以下几点：①高度的逻辑性；②具有创新的性格和冒风险的精神；③有着取得成功的坚强意志并使目标简洁明了；④具有丰富的技术知识；⑤充沛的精力；⑥言行一致。

5. 集权化对分权化——威斯汀豪斯电气公司在 1935—1939 年期间的改组

同其他自己经营的公司的经营者们不同，威斯汀豪斯电气公司 20 世纪 30 年代的总裁罗伯逊面临着异常困难的形势：经营管理人员并不拥有本公司的大量股份，因而无法提供特别的激励；从乔治·威斯汀豪斯开始的集权控制从未放松过。在 20 世纪 30 年代已有明显的迹象表明，严密的集权化是造成困难的主要原因，罗伯逊既要把一个严密集权化的集团拆开来，又要保证其协调与控制。

对该公司管理结构的大幅改组从 1935 年开始，1936 年全力进行，但实际上直到 1939 年才完成。这次改组实质上就是把一个很大的经营单位分解成为一些小单位。

考虑到问题的复杂性以及没有前人的经验可以借鉴，威斯汀豪斯公司在制订和执行一项可行的改组计划方面遇害到了非常艰巨的任务。这一计划大致分为 3 个部分。

1）作业活动的分权化

在分权化过程中，许多不同作业的工厂按照产品的类似性归并为 6 个大的产品事业部、4 个大的产品公司和 1 个国际公司，各由一位经营副总经理领导。每一事业部和公司的经理有着更大的责权，可以部分地如同一个独立企业那样经营其单位，只受总部规定的政策和一般控制手段的制约。

2）总部"职能"参谋部门的建立

改组所产生的第二个重大变革是任命了一批经营管理基本职能部门的首脑。这批总部人员不再是对各个生产单位发号施令的直线指挥人员，而是一个行使"间接"权力而非"直接"权力的"参谋"集团。这样就实现了"统一指挥"，而每一个经理人员只有一个老板或上司。

3）中央控制系统的建立

改组使得相当多的职责和权力从高级管理层转移到了现场，但同时又使得总部必须扩展参谋职能部门。总裁必须了解授权下去的权力是怎样行使的，以便能对成就迅速给予报酬，并及时发现和改正失误。这意味着一些高技术专家必须加入到总部集团去设计和管理控制系统。

事实上，威斯汀豪斯公司是美国产业界最早采用所谓"弹性预算"控制系统的企业之一。按照这种控制方案，对所有的可控作业制定了变动成本标准，随着产量的变动而变动。这样，它就能对背离标准的任何一项重大变动负责。

威斯汀豪斯公司在 20 世纪 30 年代中期和后期的改组工作规模很大，并在经营管理上引起了重大的变革。它的设想很宏伟。从结果来看，该公司在改组以后，无论在即时影响、短期影响还是长期影响方面，都取得了很好的效果。

拓展阅读

欧内斯特·戴尔（Ernest Dale，1917—1996）是管理学界的重量级人物。他在管理学界独树一帜，因为他不是站在大多数管理学家一边，而是站在否定管理普遍性的少数派一边。在与管理过程学派的对抗赛中，戴尔是扛起经验学派大旗的领军者。

管理学发展到 20 世纪中叶，已经枝繁叶茂，各大高校纷纷设立商学院或管理学院，管理学理论也日益辉煌，这在一定程度上促进了现代管理学的系统化和理论化，但同时也导致了日益严重的理论自洽倾向，即研究者仅仅追求自己如何把管理现象解释得更为严密，更具有逻辑性，力图建立以抽象和推理为基础的"想象之知"，而不注重以直接经验为依据的"熟知之知"。戴尔认为，哪怕理论推理再严密，一旦不能解决管理中的实际问题，那么，这种理论就会被质疑。就像医生那样，尽管他可能掌握了最先进的医疗理论，但是治不好病人也是白搭。所以，戴尔推崇梅奥主持霍桑实验式的亲历方法，甚至提倡介入式研究，而对纯粹理论建构颇有微词。他不但从法约尔的管理原则开始清算，而且对现代管理学中众多名头极大的理论构建者都有所批评。他认为，对直接经验的观察和研究，才是推进管理学知识积累的不二法门。

针对备受管理过程学派推崇的"管理原则"，戴尔提出了不同意见。管理过程学派可以追溯到古典管理时期的法国工程师亨利·法约尔在《工业管理与一般管理》总结出的"十四条原则"，它是后来各种管理原则的典范，至今还在管理学教科书中占据重要位置。例如专业化原则、权责一致原则、统一指挥和统一命令原则、控制幅度原则等，都在各种文献中不断出现。到了戴尔的时代，这些原则被精细化和逻辑化，内涵已经比法约尔时期大大丰富和完整，然而法约尔式的洞见和灵活性也渐渐失去。于是，管理原则的僵化，就成为戴尔批判的靶子。需要指出的是，戴尔对管理原则的批判，实际上并不完全冲着法约尔，恰恰相反，戴尔的批判，同法约尔在提出管理原则时强调的"没有什么死板和绝对的东西"以及"原则是灵活的，它要求智慧、经验、判断和注意尺度"不谋而合。对于从经验中总结出来的原则，戴尔还是比较尊重的，不过他不主张把经验总结叫作原则而已。

以对管理过程学派的批判为基础，戴尔强调真正的管理知识来源于管理者的成功经验。要从不同管理者的个人经验中概括出具有一定限度的管理"准则"，只能运用比较法。戴尔认为："这种方法就是认识和描述不同组织结构中的基本相同点。对这些相同点的搜集和分析可以产生一些能够作为预测未来发展的工具而应用于其他类似或可比较情景的一般结论……比较方法并不打算像哥白尼或爱因斯坦那样囊括一切，用少数简要公式解释所有的组织，而至多只是在一些有限的组织问题上得出一些一般结论。"也就是说，戴尔旗帜鲜明地反对事先画出高楼大厦图纸的管理理论建构，仅仅强调一砖一瓦的知识积累。

15 《领袖论》

詹姆斯·麦格雷戈·伯恩斯

经典速读

詹姆斯·麦格雷戈·伯恩斯是美国著名的哲学社会科学家。《领袖论》是其代表作之一。

在《领袖论》中，伯恩斯运用丰富的资料，以开阔的视野，以新的方法，从新的角度，对世界东西方各国的领袖人物和领导行为进行了跨文化、跨时代的理论概括和实证描述。他运用了心理学、伦理学、社会学等知识，系统地研究了领袖品质、领袖地位、领袖才能以及领袖集团，提出了许多深刻、独到的见解，具有很强的理论性、启发性和新颖性。作为领袖领域研究中具有开拓性的重要著作，该书所采用的研究方法和所具有的学术价值，对我们有许多借鉴意义。

伯恩斯的《领袖论》为政治、工商两个不同的世界搭起了一道桥梁。他的研究一度掀起人们对领导这一命题的深层次的讨论。全书理论鲜明、结构严谨、论述充分，到目前为止，该书仍是我们研究领袖品格、领袖地位及领袖才能的典范。

 ## 内容解读

1. 领袖的权力

理清领袖与权力之间的关系，有助于进一步了解和领会领袖的实质——不是单纯玩弄权术，而是进行斗智斗勇的冒险行为。

权力的两个必备条件就是动机和资源，两者是相互联系的。缺少动机，资源的力量就会减少；缺少资源，动机就会成为空谈。

要想了解领袖的实质，需要了解权力的本质，因为领袖是一种特殊的权力形式。40年前，伯特兰·拉塞尔把权力称作社会科学的基本概念，就如同"能量是物理学中的基本概念"一样。马克斯·韦伯认为强权就是权力，权力就是"处在社会关系中的一个人不顾反对意见，去强行执行自己的意愿，也不顾这种意愿会带来什么样的后果"。在有关权力的概念中，目的具有重要的作用，一直以来，权力被定义为受目的影响的产物，但问题的关键在于确定目的（意图）的范围。

从心理学角度给出权力的概念，将有助于我们透彻理解这些复杂问题，并为进一步理解领袖与权力之间的关系奠定了基础。权力作用过程中存在三要素：权力行使者的动机和资源；权力承受者的动机和资源；它们之间的关系。权力行使者除了使用权力征服别人外，还拥有很多其他动机（如地位、知名度、威望、荣誉等）。权力控制原则是基于权力行使者的"权力基础"，它与位于另一路的权力承受者相关联。权力基础的组成由于文化的不同、条件的不同而不同。

权力并不仅仅表现为财产、实物或占有物，而是具有多种表现形式和存在方式。领袖是一些特殊的权力拥有者。与权力相似，领导是相关的、集体的、有目的的行为。领导与权力的共同之处在于它们主要的作用是实现目的。而领导与权力的区别在于，领导所涉及的范围相对权力更受限制。领袖不会全然不顾追随者的动机，虽然他们会激发追随者的一些动机而忽略其他动机。所有的领袖都拥有实际或潜在的权力，但并非所有拥有权力的人都是领袖。

不同学者对领导和权力的定义不尽相同。拉斯韦尔和卡普兰认为，权力必须同人们（权力行使者和权力承受者）所重视的事物发生联系。肯尼思·简

达对权力的定义是："使他人改变其行为以符合规定行为模式的能力。"安德鲁·麦克法延认为："如果领袖带来了他所期望的变革，那他就在行使权力。如果领袖带来的变革是他所不期望的，那他就是在施加影响，而不是行使权力……"罗德里克、贝尔及其他人认为，权力是一种关系而非实体。作者认为领袖是非常特殊、非常受约束，但可能是最有发言权的权力拥有者，其判断标准是所期待的"真正变革"最终完成的程度。在领导和权力的概念中，具有决定性的可变因素仍然是目的。

作者对领导的定义是：领袖劝导追随者为某些目标而奋斗，而这些目标体现了领袖以及追随者共同的价值观和动机、愿望和需求、抱负和理想。领袖的才能在于领袖看问题及行为方式以及其追随者的价值观和动机。

领袖与赤裸裸地行使权力者的不同之处在于，前者是与追随者的需求和目标紧密相连的。领袖与追随者的关系的实质，是具有不同动机和权力（包括技能）的人们之间进行相互影响以寻求一个共同的目标。这种相互影响的关系有两种根本不同的形式：交易型领导和变革型领导。

2. 领袖的起源

领袖的起源包含两个部分：心理根源和社会根源。

1）心理根源

领袖和追随者最初的源泉，在于人类多样化的需要以及将需要转化为需求、社会抱负、集体期望和政治要求的过程。人类的需要既包括生物层次的需要，如饮食、睡眠、呼吸、活动等，也包括社会学和心理学层次的需要，如安全、感情、社会归属、个人成就与尊重等。马斯洛等人对人类的各种"需要"分成等级加以排列：从生理需要到安全需要（包括免除恐惧、不安全及伤害的欲望），到感情需要和有所归属感（包括参与并被一群人接受的感觉），到对尊重的需要，到在金字塔或梯子上更高层的其他需要。

在讨论人类的各种需要时，有必要对"想要"和"需要"两个概念作出区别。需要通常指一种更社会化、更集体化、更客观的需求现象。而想要则是主观的、遗传学的、生物学的、器官的、自发的且逃避不了的需求现象。需要和想要的概念差别，对政治领袖的概念有深远的影响。在社会环境下，个人主观地、想要越来越多地让位于社会化的需要，而需要是人们行动的源泉。

对感情和归属的需要——马斯洛需求层次理论中的第三种需要——长期以来被认为是促进政治参与和成为领袖的一种刺激因素。这种对感情和归属感的强烈的需要，再加上社会影响和政治力量的作用，有助于产生各种不同形式的领袖。

在人类由想要到需要的转变过程中，首先产生了领导。因为"需要"是在广义上既受自然环境力量影响，又受社会力量影响而形成的，因此出现心理和社会需要是历史的必然。人们在生物需要的层次上激发出其他层次的需要，并由此形成领导现象，分化为领袖和追随者。

2）社会根源

由父母和子女组成的小家庭是一个很小的政治体系，而且是一般领导体系的根基，是领袖产生的主要社会根源。

在家庭内部形成的父母对子女的天然、绝对统治既不是封闭的，也不是一成不变的。无论父母的个性和示范作用有多大，孩子总会慢慢挣脱父母影响的束缚，走向自我保护和自作主张。随着年龄的增长，孩子学着以种族、等级、阶级、地域、职业和语言来区分人。孩子通过学习积累了越来越多的经验、知识和技能，这使得他们逐渐摆脱父母的束缚。

从婴儿、少年到青年，一个人要经历一系列社会制度，他们也许会卷入改变这种制度的行列中。在心理分析家、社会学家和人类学家眼里，由恋母情结促成的联合或冲突是社会发展的必然。要摆脱这些社会压力的严重束缚，青年时期就应积聚背叛和反抗精神，创造出一种立志做领袖的气概。极权主义或过分保护孩子的父母，显然对孩子青春期思想的形成具有特殊的影响力。同时，变化着的政治也为今后领袖层的出现和冲突提供了舞台。

孩子的政治观念形成始于家庭和乡村、城市等周围的环境，但是，在近几十年里，大多数国家的学校开始成为学生形成其政治观念和行为的中心。政治观念的形成很大程度上取决于孩子、学校、学校的方方面面以及所处的文化背景：学生成分的多阶级性和多等级性，学习的全部课程及学校的质量，学校作为一个教育机构在全国范围的权威性，学生生源的地域或阶层以及所遵循的宗教信条。

青春期政治观点的形成受外界的影响很大，主要表现在政治参与和政治领导两方面。特征则是忠实、反对或反抗、冷漠或投入。年轻人从参与爱国行动逐步形成自己的政治观点，并从对国家领导人的崇拜和了解中树立领袖的概念。

在通常情况下，人们在青春期所受的巨大影响有两种。在这两种影响力的作用下，有些人进入了未来领袖的行列，另一些人则被拒之门外。其一是需要始终不渝地保持自尊，它与洞察其他人对自己的敬重密切相关。其二是需要不断提高承担社会责任的能力。阿尔夫莱德·阿德勒在他的一个理论中联系以上两个心理原动力认为，个人追求权力的欲望以及社会能力的不断提高是影响一个人个性形成的两大因素。

所有人都有自尊的需要，这种需要分为两类：其一，"追求力量、成就、统治能力、在世人面前的信心、独立和自由"；其二，"追求名誉、威望（指他人对自己的尊敬或尊重）、形象、支配力、认可、注意力、重要性和赞赏"。自尊需要经历一个连续不断的自我挑战和自我强化的过程。能否实现自尊在很大程度上要看孩子对尊重需要的迫切程度。

"角色"是联系社会行为和政治领袖的中心环节。根据帕森斯的理论，家庭和学校是两个决定角色分工的强有力的机构。他们直接影响着角色关系的互惠形式，内容则包括愿望、愿望的实现以及回报等方面。自尊和缺乏自尊都会影响孩子们扮演或停止扮演社会角色。扮演的角色在性质上将因人和文化背景的不同而有很大差异。随着不断充当新的角色，一个人的个性也会不断发生变化。

研究表明，领袖的自信和自尊要比追随者高。其中的原因之一是目的明确地建立社会威信和自尊，以便增强日后的领导能力。

3. 领袖的分类

伯恩斯将领袖和领袖集团划分为各种类型，如道德型、政治型、知识型、改革型、革命型、英雄型、舆论型、群体型、政党型、立法型和行政型等。但所有上述类型又可概括为两种基本型：交易型和变革型。

伯恩斯最为关注的一类领袖，是道德型领袖。他认为，领导和道德之间有着本质的联系："追随者的根本需求、渴望和价值观是道德领导的发源地和最终归宿。"他使用道德型领袖这一概念，旨在说明以下内容：首先，领导者和被领导者之间并非只是权力关系，还有相互需求、相互渴望和相互评价的关系；其次，追随者对领导者的回应包括对可选择的领导人具有足够的了解，对可选择的施政措施有充分认识，并且拥有对这些选择对象进行选择的能力；最后，领导者担当起兑现承诺的责任，他们在获得领导权时实现变革。

政治型领袖素质的源泉可以深远地追溯到领导者的童年和少年，追溯到他那时的生理、心理和社会条件。在一个人的早年，父母的态度和行为、亲朋好友、学校以及对领导者和领导地位的幼年的向往，这些都是促使其成为领袖角色的密切因素。但仅仅靠这些因素并不足以把一个人推上领袖之路，早年的个人和社会条件必须与政治兴趣和政治活动联系起来，这种联系由运用于某一政治机会结构的一系列的政治动机所构成。

知识型领袖既处理分析的思想观念，也处理规范的思想观念，并且运用两者来影响他们的环境。然而，无论他们的理论和价值观怎样超然，知识型领袖并不脱离他们的社会环境；通常他们谋求改变这种环境。知识型领袖是变革型的领袖。知识型领袖是应社会对知识分子的普遍化需要而产生的，这些需要包括要求知识分子"阐明社会的过去经验；把社会的技艺和传统教给年轻人；推进和引导社会诸种成员的审美的和宗教的经验……"，而将这些普遍化的需要变为专门的知识型领袖的促进因素是冲突。

领导者利用权力资源的技能本身也是一种极为重要的权力资源。在需要特殊政治技能的所有领袖类型中，改革型领袖一定属于最艰难之列。相比之下，革命型领袖需要投入、坚定和勇气，或许还需要忘却甚至放弃自我；务实的、交易型的领袖要求具有把握时机的敏锐眼光，以及擅长交易、劝说和酬答的手段。改革型领袖固然需要这些品格，但是他需要的还要更多。由于改革的努力通常要求大量的盟友参加，而这些盟友有着自己各种各样的改革和不改革的目的，改革型领袖们还必须对付自己阵营中无止境的分歧。

革命型领袖可能比其他类型的领袖更具有集体性，同时在当今时代，甚至比改革型领袖更加需要依靠运动、政党和政治组织。

英雄型领袖在过渡性或发展中的社会中起着重要的作用。在那种社会中，即使最崇拜偶像式的英雄型领袖都能适应领导者和追随者的特殊需要。偶像崇拜式的英雄型领袖主要可作为由殖民统治的传统社会向政治上独立的现代社会的一个过渡。偶像化的英雄不是真正可信的领袖，因为在他们和追随者之间不存在真正的关系，即不存在深刻的动机、共同的目标、合乎情理的冲突以及对变革的持久影响。

1）交易型领袖

交易型领袖的思想基础是互惠主义：推动领导者和他们的追随者之间关系发展的动力来自互相报答对方的给予。领导需要定下具体的目标，沟通各方，并在追随者的配合下安排组织任务和工作步骤，以保证整个集体的目标在更大范围内实现。这种关系依靠等级制度，以交换方式为基础。在领导技术上它要求具备以下能力：出成果的能力、通过结构和步骤控制局面的能力、解决问题的能力及进行计划组织的能力。

2）变革型领袖

和交易型领袖相比，变革型领袖更胜一筹。领导者和追随者两者的动机和道德水平互相推进，他们的目标逐渐融为一体。变革型领袖者不断发掘追随者潜在的动机，试图满足更高的要求。变革型领袖的领导结果是确立一种相互激发和提升的关系。无论是领导者还是被领导者，他们的行为水平、伦理觉悟都得到提高和改造。变革型领袖通常具有能动性，领导者把自己融入下属中，下属为此而受到鼓舞，自发地变得积极向上。促使新的领导人脱颖而出。变革型领袖对于各方实现更高目标、获得更多满足、夺取更大成功大有裨益。其动力源于信任、关怀和帮助，而绝不是赤裸裸的支配、指使。在领导技巧上，它要求领导人做到：眼光远大；下放权力，自我管理；培养他人，使之进步；挑战传统，改变传统。

表面上看来，交易型领袖和变革型领袖相互排斥，卓有成效的领袖的秘诀在于综合利用交易型和变革型领袖方式，朝着共同的目标奋斗，最终达到满意的结果。

拓展阅读

伯恩斯毕业于威廉斯学院，曾赴华盛顿以国会助理的身份在全国战时劳工局工作，在第二次世界大战期间成了军事史学家。"二战"后回到哈佛大学学习，获得哲学博士学位。后来，他任威廉斯学院政治学教授，并获得过伍德罗·威尔逊基金会奖金。伯恩斯曾被选为美国政治学学会会长。

伯恩斯的人生经历十分丰富：教师、作家、学者、活动家。《领袖论》综合了他的经历，把他作为历史学家和政治学家所具有的洞察力融为一体，并且扩展了他的研究范围，首次对全世界的政治进程和权力进行了考察。

伯恩斯在《领袖论》中对交易型领袖和变革型领袖进行了研究。其研究根植于他为富兰克林·罗斯福立传的两本传记《罗斯福：狮子和狐狸》和《罗斯福：自由战士》，以及他研究最高领袖时所著的《总统政府：领袖的熔炉》

和他为两位肯尼迪立传的著作《约翰·肯尼迪：一位政治人物》《爱德华·肯尼迪和盛世传统》中。

在编写《领袖论》一书的过程中，他作了大量的实证研究。伯恩斯选取了英国、法国、德国、美国、俄国、中国、印度以及其他国家和地区的一些主要领导人物作为他的分析对象。这些人物包括《君主论》的作者马基雅维利，16 世纪德国宗教改革的旗手马丁·路德，法国民族英雄贞德，英国著名议会改革家格雷，19 世纪致力于废除农奴制度的俄国沙皇、法国革命中的领袖，美国宪法的制定者，无产阶级革命领袖列宁、毛泽东，印度独立运动之父甘地，现代法国的奠基者戴高乐，以及美国总统亚伯拉罕·林肯、伍德罗·威尔逊、西奥多·罗斯福、富兰克林·罗斯福、约翰·肯尼迪、林登·约翰逊和理查德·尼克松等。此外，作为对那些特殊的掌权者或行使权力者，如独裁者和暴君进行的分析，伯恩斯以相当的篇幅对希特勒的心理及他成为一代枭雄的过程进行了细致入微的解剖和描述。

16 《管理决策新论》

维克托·弗鲁姆

经典速读

维克托·弗鲁姆，美国著名的心理学家和行为学家，期望理论的奠基人。1998年他获得美国工业与组织心理学会卓越科学贡献奖，2004年获美国管理学会卓越科学贡献奖，是国际管理学界最具影响力的科学家之一。弗鲁姆著作颇丰，先后出版了多部著作。除了本文以外，还有著名的《工作与激励》和《领导与决策》等。

《管理决策新论》一文提出了关于领导理论的规范模型及其基本原理、法则和实际应用，是关于领导理论的经典论文之一。该文主要从领导行为的一个侧面——领导者与下属分享决策的程度——提出问题，研究在特定客观条件下如何选择适当的领导方式。

内容解读

1. 规范模型

规范模型是弗鲁姆和耶顿从20世纪60年代开始研究并于1973年提出的一种新的领导权变理论。该理论比其他的领导理论更加接近实际，更具有实用价值。

为了开发出一套能使管理者领导行为与环境要求相适应的选择程序，弗鲁姆与耶顿进行了规范模型理论的研究。他们从规范问题入手，试图解决在不同环境中，哪种领导风格或决策方式，亦即何种程度的职工参与决策更为有效。在建立模型的过程中，他们充分考虑和分析了各种不同程度职工参与决策的结果，并以这些实际资料作为模型的基础。所以该模型在任何决策环境中均能满足决策者的要求，具有满意的实用效果。

弗鲁姆的规范理论认为，领导可以通过改变下属参与决策的程度来体现自己的领导风格。其基本特点是，将领导方式即决策方式同职工参与决策联系起来。根据职工参与决策程度的不同，把领导风格（即决策方式或领导方式）划分为3类5种：独裁专制统一型2种，协商型2种，群体决策型1种。而有效的领导者应根据不同的环境来选择最为合适的领导风格，利用从专制独裁到高度参与的一系列领导方式。

选择决策方式时，要想确定一种最为合适的领导风格，需要以决策者有正确的经验为基础。经验根据越完整，正确选定领导风格或决策方式的把握越大，选择的有效性也就越高。

为了进一步理解规范模型的基本概念，有效地衡量决策的效果，弗鲁姆将决策最终的有效性用下述3条标准表示：决策本身的质量；下级对决策的接受程度；决策需要的时间。

采取高度参与程度的群体决策方式，较其他决策方式，需要花费更多的人力和时间。但是，较其他的决策方式，能获得更高的决策可接受性，而且决策也能够得到有效的实施。简单地认为群体型决策总是比独裁型决策更有效的论断未免过于天真；反过来，独裁专制型决策的相对效果分别取决于决策者对决策质量、决策可接受性以及决策时对这些因素的重视程度，同时，也取决于采用不同的决策方法所获得最终结果的差别程度，因此决策方法本身是不会随环境变化的。不存在对任何环境都适用的领导方式。各种不同的管理者在进行决策时，都应当把精力集中在对环境特征、性质的认识上，以便更好地针对环境要求选择领导方式和制定决策。因为在不同的环境，不同的领导方式和决策方法所获得的结果各不相同。对任何一种环境，绝不存在只有一种决策方法适用而另一种决策方法完全无效的现象。

为了进一步将构成规范模型的基本环境因素和问题的特征分清，使领导者能够正确地根据自己的条件认识环境特性，有效地使用规范模型选择决策方式，弗鲁姆用7个问题对决策环境的描述加以概括。其中一类问题与决策质量有关；另一类问题与决策者掌握的决策信息有关。决策者通过对这7个问题逐个做出"是"或"否"的回答，用"决策树"的方法，按照选择法则的逻辑程序，筛选出一个或若干个可行的决策方式。这实际上就是根据环境性质选择适宜的领导风格或决策方法。

在上述规范模型中，决策的质量和下属接受决策的程度是衡量决策有效性的依据，而正确的领导方式是保证有效决策的必要条件。为使管理者能够准确迅速地选定领导方式，保证决策的有效性，弗鲁姆提出了7项必须遵循的基本法则。前3项用来保证决策质量，后4项用来保证决策的可接受性。

（1）信息法则。如果决策的质量很重要，而决策者又没有足够的信息或单独解决问题的专门知识，那就不应采用第一种专制型决策方式。否则做出的决策很可能是低质量的。

（2）目标合适法则。如果决策的质量很重要，而下属又不将组织目标当作大家的共同目标，这时应排除采用第5种高度参与型决策方式的可能。

（3）非结构性工作问题法则。如果决策的质量是重要的，但决策者却缺乏足够的信息和专门知识独立地解决问题，而且工作问题又是非结构性的，那么排除用上述3种方式进行决策的可能。因为解决问题的方法须经下属讨论后方能得出，所以应更多地采用参与型决策的方式。

（4）接受性法则。如果下属对决策的接受是有效执行决策的关键，而由领导者单独做出的决策不一定能得到下属接受时，不宜采用专制型的决策方式。

（5）冲突法则。如果决策的可接受性是很重要的，而领导者个人做出的决策又一定被下属接受，下属对于何种方案更适合很可能抱有互相不一致的看法。这时不要采用上述3种方式进行决策。因为它们不包含相互交往的内容或只包含"一对一"式的交往，无法提供消除冲突的机会。

（6）公平合理法则。如果决策的质量并不重要，而决策的可接受性却是关键因素，专制型决策又未必能为下属接受，这种情况下最好采用高参与型决策的方式。

（7）可接受性优先法则。如果决策的可接受性是关键因素，专制型决策又保证不了可接受性，而如果下属是值得信赖的，这时应采用高参与型决策的方式。

对某一特定的工作问题，如果应用了上述 7 项法则进行选择，决策者可以得到一组可行的决策方式。当可供选择的决策方式不止一种时，优先选择的标准是：在决策过程中所耗用的人力和时间为最少。

2. 短期与长期模型

由于规范模型将注意力集中在决策者面临的当前环境上，只考虑环境对决策及其实施的影响，而丝毫不涉及任何与长期有关的问题，所以弗鲁姆称其为短期模型。

领导者在进行决策时，若考虑到决策的时间效果，其行为方式很可能与不考虑决策时间效果时有所不同。因此，弗鲁姆认为，适合短期的领导方法很可能与适合长期的领导方法有区别。例如，某领导者一贯实行专制独裁式的领导方式，虽然他的下属都忠实地服从并执行决策，但是，从长远来看，这些唯唯诺诺的人难以实现组织目标，因为领导者从来没有费工夫向自己的下属解释过组织的目标到底是什么，所以组织成员也无从分享共同和一致的组织目标。另外，大多数使用参与决策方式的领导者却能够及时地改变处理问题的方式，从而建立起一个更有效地解决问题的系统。

弗鲁姆认为，为了建立长期模型，一种有前途的方法是：从可行的多种决策方法中挑选出最佳决策方式，不要过多地考虑人力与时间的消耗。因为过多地考虑决策过程中人力与时间的消耗，会有碍于领导者建立适合于长期的领导方式。弗鲁姆还强调，由规范模型提供的最少人力与时间消耗的决策方式，对每一环境来说并不一定是最好的方案。在进行决策方式的选择时，领导者应充分考虑各方面的情况，对所有可行方案进行利弊分析，经过综合平衡再作选择，因为可能所选择的方案应当是人力与时间消耗多的方案。

3. 描述性模型

为了使研究更切合实际，弗鲁姆在大量调查研究和分析的基础上，建立了"领导行为描述模型"。该模型的基本特点是，先要求领导者回答一套标准问题，并将领导者对工作问题的处理方式与规范模型行为（对问题的处理方式）进行比较，由此来判断领导者的行为特征和领导风格。

在为建立描述性模型而进行的大量调查研究中，弗鲁姆应用了两种研究方法，分别被称为"回忆问题法"和"标准问题法"。回忆问题法要求被调查对象通过回忆，以书面形式描述一个他最近亲身经历并且已获解决的工作问题，指出他在解决问题时使用的是哪些决策方式，并按照规范模型的要求，逐项回答 7 个层次问题；标准问题法则是应用一套由弗鲁姆通过实验设计出的标准案例，要求被调查者设想自己是案例中的经理人，决定自己应采取何种方式解决工作问题和进行决策，从而提出影响经理人员与下属分享决策权的各种因素。

通过对领导者行为的研究，弗鲁姆得到一个极其重要的发现：有人说，每个管理者都具有不同程度的参与性管理倾向，这并不完全正确。可以肯定的是，管理者将参与式管理作为专制式管理的对立面来使用的倾向性各不相同。

标准问题法研究表明，这类行为差异约占决策方式行为差异总量的10%。然而，不同管理者之间的行为差异较之同一管理者自身的行为差异（即每个人在不同环境下表现出不同的行为方式）要小。正如标准问题法研究所表明的那样，没有一个管理者在对各种工作问题的处理中会永远采取同一种决策方式，大多数管理者都使用过几乎所有决策方式来解决问题。

弗鲁姆认为，同一个管理者之所以产生不同的行为方式，是由于人们对不同的环境有不同的看法而引起的。每一个管理者进行决策时要受到多方面因素的影响，管理者能否正确选择决策方式，关键之一在于其能否对环境作出正确的评估。弗鲁姆认为，在以下几种场合下，管理者应采取几乎不向下属提供任何参与机会的决策方式：①决策者掌握决策所必需的所有信息；②决策者所遇到的问题结构性高；③下属对决策的可接受性不影响决策的执行效果或专制独裁式决策也具有相当高的可接受性；④下属的个体目标与组织目标不一致。

以上都是大家在处理组织问题时广泛采用的、带有共同特点的方法。但是调查结果还显示，每个经理人员的行为方式都有自己个人的特点。在理论上，可以认为这是因为领导者在实行参与管理方面采用的选择规则各不相同。在统计上，则表现为环境因素与管理者个性特点之间的相互作用。例如，在用标准问题法进行调查时，有两位经理就 30 个相同的案例表明了自己的看法，他们都使用了上述 5 种决策方式，而且频率分布完全相同，这在某种意义上说明两人主张参与式管理的程度是一样的。然而细致分析后便可发现，两者的行为方式仍有区别。如鼓励下属参与决策，两位经理允许或提供参与式管理的具体场合可能完全不同。一位经理可能只允许下属参与没有质量要求的决策，例如，墙壁应当刷成什么颜色，或公司野餐会应当何时举行之类。另一位经理则可能要求下属参与有质量要求的决策，共同决定那些影响公司成功和关系到实现公司长远目标的重要事项。

弗鲁姆认为，规范模型行为与管理者实际行为之间的一个重要差别在于，规范模型的行为随环境的变化而发生明显的变化，管理者行为对环境的反应却受到主观因素的影响，其结果是当环境发生变化时，管理者行为可能不变或者变化不大。不过，如果管理者能自愿地以规范模型作为挑选决策方式的基础，那么，他将变得更加专断又更加具有参与性。因为他在决策对下级无影响的情况下会更为频繁地采取专制决策方式；而在下级的支持对于执行决策至关重要或十分需要下级的专长和信息帮助的情况下，会更为经常地采取参与决策方式。

在对决策方式进行研究的过程中，弗鲁姆认识到，他们收集资料的方法经过修改和补充后可以用于领导者的培训工作中。这可以说是一个十分重要的副产品——以规范性模型和描述性研究的实验方法为基础的领导人员培训方法。此种新方法遵循两条基本原则：作为领导者对环境条件的要求，以及根据每个具体工作问题的性质来选择恰当的决策方式。这两者是密切相关的，后者也可以视作前者的一个方面或一种表现。

弗鲁姆认为，每个管理者如果将自己过去和将来的决策行为与规范模型的行为相比较，并且弄清在决策活动中他违反了哪些规则，就可以使自己的能力得到不同程度的提高。因为通过这样的比较，规范模型可为管理者提供一种分析工具分析自己所处的环境，分析哪种决策方式可供选择。

拓展阅读

弗鲁姆早年于加拿大麦吉尔大学先后获得学士及硕士学位，后于美国密歇根大学获博士学位。他曾在宾夕法尼亚大学和卡内基－梅隆大学执教，并长期担任耶鲁大学管理学院"约翰塞尔"讲座教授兼心理学教授。他曾任美国管理学会（AOM）主席，美国工业与组织心理学会（STOP）会长，也曾为众多数全球500强公司做过管理咨询，其中包括通用集团、联邦快递、贝尔实验室和微软等跨国巨头。

弗鲁姆先后出版多部著作，发表大量论文。其中，最重要的就是他 1964 年出版的《工作与激励》以及 1973 年与耶顿合著的《领导与决策》。《工作与激励》是论述期望理论的一部代表作，《领导与决策》则全面深入地阐述了弗鲁姆与耶顿共同提出的关于领导理论的规范模型及其基本原理、法则和实际应用。弗鲁姆在《领导与决策》公开发行前为《组织动力》杂志 1973 年春季号撰文简要介绍了"弗鲁姆—耶顿规范模型"等研究成果，大体上反映出《领导与决策》一书的基本内容。这篇文章的题目就是《管理决策新论》。

弗鲁姆对管理思想发展的贡献主要在两个方面：一是深入研究组织中个人的激励和动机，率先提出了形态比较完备的期望理论模式。弗鲁姆认为，人之所以能够从事某项工作并达成组织目标，是因为这些工作和组织目标会帮助他们达成自己的目标，满足自己某方面的需要。某一活动对某人的激励力量取决于他所能得到结果的全部预期价值乘以他认为达成该结果的期望概率。其主要的概念包括：期望（expectancy）、价值（valence）、结果（outcome）、工具（instrumentality）以及选择（choice）。二是从分析领导者与下属分享决策权的角度出发，将决策方式或领导风格划分为 3 类 5 种，设计出了根据主客观条件特别是环境因素，按照一系列基本法则，经过 7 个层次来确定应当采用何种决策方式的树状结构判断选择模型（领导规范模型）。弗鲁姆认为，领导可以通过改变下属参与决策的程度来体现自己的领导风格。根据员工参与决策程度的不同，把领导风格分为不同的种类，根据不同的环境来选择最为合适的领导风格。各种类型决策最终的有效性取决于决策者对决策质量、决策的可接受性以及决策耗时等因素的重视程度，同时也取决于采用不同的决策方法所获得最终结果的差别程度，不存在对任何环境都适用的领导方式。管理者在进行决策时，都应当将精力集中在对环境特征性质的认识上，以便更好地针对环境要求选择领导方式和制定决策。

17 《让工作适合管理者》

弗雷德·菲德勒

 经典速读

弗雷德·菲德勒是美国当代著名心理学家和管理专家，他所提出的"权变领导理论"开创了西方领导学理论的一个新阶段，使以往盛行的领导形态学理论研究转向了领导动态学研究的新轨道。他本人被西方管理学界称为"权变管理的创始人"。《让工作适合管理者》（1965）是第一部系统阐述权变理论的著作，这一理论开创了西方领导学理论的新发展阶段，被管理学家称为"不可忽视的领导学理论"著作。

在《让工作适合管理者》中，菲德勒首先从领导风格入手，他认为，没有什么固定的最优领导方式，任何领导形态均可能有效，关键是要与环境情景相适应，即应当根据领导者的个性及其面临的组织环境的不同，采取不同的领导方式。菲德勒指出，适用于任何环境的"独一无二"的最佳领导风格是不存在的，某种领导风格只能在一定的环境中才能获得最好的效果。任何领导形态均可能有效，其有效性完全取决于所处的环境是否适合。菲德勒为领导学理论的研究拓展了一个新的领域，由此开始，出现了超越传统的领导方式及领导技能培训方案。同时，这篇著作中关于领导方式取决于环境条件的著名论断，对其后的领导学和管理学的发展则产生了极为重要的影响。

 内容解读

1. 领导风格的定义

菲德勒定义的领导是指一种人际关系，是指某一个人指挥、协调和监督其他人完成一项共同的任务。特别是在所谓的"交互影响的工作群体"中，这一点尤其重要，因为在这种组织里大家必须相互合作共事才能达到组织的目标。领导者管理下属的方式可以简单地分为以下两种：

（1）明确指令下属做什么和怎样去做。

（2）与组织的成员共同分担领导工作和责任，吸收他们一起来规划并实现组织目标。

尽管这两种极端的典型领导风格都存在缺点，但是他们都达到了激励组织成员并使之配合协调行动的目的，采用两种不同的手段：一个挥舞起权力的大棒驱使人们去工作，是传统的以工作任务为中心的专制独裁的领导风格；另一个以友善的态度用胡萝卜诱使人们与之合作，是人情味十足的以群体为中心的领导风格。

上述两种领导风格分别适用于不同的环境条件。为了使领导者风格与工作环境的需要吻合，管理人员有以下两种办法可循：

（1）传统的人员招聘和培训方式。这种方法是先确定某具体工作环境中哪种风格的领导者工作起来更有效，然后选择具有这种风格的管理者担任领导工作，或通过培训使其具备工作环境要求的风格。人们对此种方式已经进行过大量的研究和论证。

（2）自然培养的领导风格。先确定某管理人员采用什么样的领导风格最为自然，然后改变他的工作环境，使新环境适合领导者自己的风格。这种方式正在实验阶段，可能在现实管理中难以实现。

2. 相关环境下的领导风格

1951年，菲德勒曾在海军研究部的资助下主持领导效率的问题的研究。为了弄清领导效率和群体的关系，他们调查分析了1 200多个群体，对象中包括大学的篮球队、平炉炼钢车间、勘探队、军事小分队以及公司董事会等。

在分析领导者的领导风格时，菲德勒首创 LPC 问卷方法，让每个群体的领导者对他"最不能合作共事"的同事按照一系列"正反两极"式的项目进行评分。这些同事不一定是当时在一起工作的，也可以是以前的同事。根据评分可以测定这个领导者对同事的态度。假若一个领导人对自己所最不喜欢的同事仍能给予较高的评价，那就说明他关心人，是宽容型领导，有民主式的领导风格，他的 LPC 分数较高；那些对自己最不喜欢的同事给分较低的领导者，则是以工作任务为中心的领导者，领导风格是专制型的，其 LPC 分值较低。

菲德勒研究结果表明，专制型的领导在篮球队、勘探队、平炉车间以及企业管理人员的群体中工作得很出色。在各种创造性的工作群体中，要求领导者能和下属维持好关系，则民主型的领导更容易做出成绩。

1）确定领导风格的关键因素

适用于任何环境的"独一无二"的最佳领导风格是不存在的，某种领导风格只是在一定的环境中才可能获得最好的效果。一位在某种环境中能取得成效的领导者（或一种领导风格），在另一种环境中就不那么有效。因此，必须研究各种环境的特点，而组织环境分类又取决于多种环境因素，长期研究的结果表明，以下 3 类主要的环境因素条件决定了几乎所有特定环境所适用的领导风格。

第一，上级与下级的关系。上级与下级的关系是最重要的环境因素，它将直接影响领导者对下属的影响力和吸引力，同时还反映了下属对领导者的信任、喜爱、忠诚和愿意追随的程度。受欢迎的领导在工作过程中，会用自己的个人魅力来左右员工的行为，下级也愿意追随他并执行他的命令，他不会炫耀自己的权力和地位，因为他不需要通过这种方式来提高自己在下属中的影响力。第二，工作任务的结构。工作任务的结构是第二个重要的环境因素。它实际上是指下属工作程序化、明确化的程度。如果工作的目标、方法、步骤都很清楚，那么，领导者就可以下达具体的指令，下属所要做的也只是执行具体的任务。相反，则无论领导者还是下属，都不清楚应该做什么，到底怎样做。结构清楚、明确的工作任务，非常适合于实行专制型的领导，因为这种领导可以很容易地下达程序化的工作指令，并可以按步骤分别检查各阶段每个人的工作成绩。相反，如果工作任务含混，领导者的控制力势必就会很弱，而这恰好为群体提供了良好的表现机会，有利于创造力的发挥。在一般情况下，领导群体完成一个结构化的任务比完成一个非结构化的任务要容易得多。第三，领导者的职位权力。在这本书中，菲德勒将领导者所处地位（职位）的固有权力作为最后一个环境因素。职位权力是指与领导职位相关的正式权力，即领导人从上级和整个组织各个方面取得的支持的程度。比如，他是否有雇用和解雇职工的权力，是否有提升下属的权力。领导者职位权力不是来自领导者个人（如，自身具有的能力，拥有的知识的水平等）的权力。职位权力较强的领导者，指挥起来会更加得心应手。

2）环境分析模型

领导的行为受环境的影响比较大。因为环境不同，领导的影响力也就不一样。那些拥有强大权力、受职工爱戴的领导者，在带领下属完成结构性很高的工作任务时，将处于最有利的工作环境之中，因此，任务完成得也就比较容易。相反，在另一种环境下，工作目标和任务模糊不清，领导者又没有多大的权力，并且得不到下属的支持，在这种情况下，领导者要想完成任务，就会显得很吃力。

这点就说明了一个问题，环境分析模型当中，最重要的决定因素不是领导的职位权力，而是上级与下级的关系。比如在一个结构化的工作群体中，一个低职位的人可以顺利地领导那些比他职位高的人，就像一个低级军官可以指挥刚入伍的高级军医接受一些基本军事训练一样。相反，一个资深而不受欢迎的经理主持政策讨论会往往很吃力。

3）不同环境条件要求不同的领导风格

菲德勒经过大量调查研究后指出，在不同的环境条件下应当采取不同的领导方式，如方法得当便可取得良好效果。一般来说，采取以人际关系为中心的民主型领导方式效果较好。但是，不同的领导风格会在一定的环境条件下表现出各自较好的适用性。

环境不是一成不变的，当环境因素发生变化时，与之相适应的领导风格也会发生变化。因此，即使一个管理者的领导方式与环境的要求一致，也不意味着他就永远适合于做这个工作，除非他的风格也随环境的要求而变化。比如在一个工作程度很清楚明确的企业，领导者受职工信赖并精明强干，以往工作成绩显著，突然企业面临危机，于是经理便会把顾问们请来商量对策。过去在顺利时经理只需要下达命令就行了，是专制型的领导，而他和顾问们一起开会时便需要和谐气氛，必须当民主型的领导。

4）领导风格的实际验证

菲德勒的理论得到了大量实际经验和实验结果的验证。以领导者与下属的关系为例，他分析了若干 B29 轰炸机组、30 个防空分队以及 32 个小型农场用品供应公司的情况。这 3 项研究所得的结论很相似：当领导者受下属信赖或下属与领导者关系恶劣时，领导者应当采用专制型的工作方式，即可以使用大棒的手段，而在不那么极端的中间情况下，一般来说民主型的领导更容易做出成果，采用胡萝卜的手段更加能得人心。

按照环境对领导者的有利程度将工作环境分类，最有利的工作环境是：成员间没有语言障碍，由受下属尊重的专业人员领导，任务则为寻求最短路径；最不利的环境是：由新手领导的语言不通的小组，工作任务又是拟定征兵信函。

那些由不同语系的人员组成的小组，通常只有在专制型的领导者控制下才能有效地进行工作。这恰好和那些跨国公司的经理们反映的情况一样。

菲德勒认为，依靠招聘和培训管理人员来适合工作环境的要求不是好办法。现在各企业都在设法吸引那些经过良好培训而且有丰富经验的人充当领导，这些人绝大多数都是些专家而且年事已高，他们的才智已经很难与日俱增和有所发展，企业今后是不能依靠这些技术专家的。

最高领导人应当学会分析和识别工作环境，然后便可以将部门经理和下层经理分配到适合其风格的环境里去工作。环境对领导者的有利程度是由若干环境因素决定的，包括领导者和职工的关系，群体成员的经历是否类似，工作任务是否明确，领导对下属是否了解，等等。而每种具体环境需要什么样的领导风格又取决于环境对领导者的有利程度，两者相互联系、相互影响，成为一个不可分割的有机体。

 拓展阅读

菲德勒生于 1912 年，早年就读于芝加哥大学，获博士学位，毕业后留校任教。1951 年，他移居伊利诺伊州，并担任伊利诺伊大学心理学教授和群体效能研究实验室主任，直至 1969 年前往华盛顿。

20 世纪五六十年代是管理学理论发展的一个重要时期，在这一时期，出现了许多引人注目的新学说。菲德勒从 1951 年起由管理心理学和实证环境分析两方面研究领导学，提出了"权变领导理论"，他的研究开创了西方领导学理论的一个新阶段，使以往盛行的领导形态学理论研究转向了领导动态学研究的新轨道。菲德勒的理论对随后的领导学和管理学的发展产生了重要影响。

菲德勒的理论研究成果反映在他的 100 多篇论文和 4 部学术著作中。其中比较重要的论文除了《让工作适合管理者》之外，还包括《权变模型——领导效用的新方向》和《领导游戏：人与环境的匹配》等。主要的著作包括《一种领导效能理论》和他与马丁·切·斯合著的《领导方式与有效的管理》。

费德勒的权变领导理论超越了传统的选拔和培训领导人的观念。它所强调的是，使管理层的领导潜能得以更充分地利用和发挥，组织变革（即改变组织环境）可能成为一种非常有效的方法。

当人们的研究还停留在领导发生学和领导形态学的范畴时，当人们的注意力还集中在企业领导采取哪种领导风格更为有效时，菲德勒已经把自己的研究方向转移到更重要的问题上：民主和专制这两种领导风格分别适用于什么样的环境？菲德勒认为，一个组织的成功与失败在很大程度上取决于它的管理人员的素质，即取决于领导。如何寻求最佳的管理人员即领导者是一个十分重要的问题，但更现实、更重要的是如何更好地发挥现有管理人员的才能。

为了得到好的经理人员，传统办法是依靠招聘、选拔和培训。菲德勒指出，依靠培训使领导者的个性适合管理工作的需求，这种做法从来没有取得过真正的成功。相比之下，改变组织环境即领导者所处的工作环境中的各种因素，要比改变人的性格特征和作风容易得多。我们应当尝试着变换工作环境，使之适合人的风格，而不是硬让人的个性去适合工作的要求。

企业中的领导职务要求人们具有极强的适应性，而合格的、胜任的企业领导人员变得越来越难找了。过去有一个时期，似乎到处都能发现所谓"天生的领导者"，他们素质极佳，前程远大，而且人数众多，可以信手拈来，可惜这种惬意的事情已经一去不复返了。企业界必须抓住现有的领导人才，像使用厂房、设备那样尽可能有效地发挥他们的作用。比如说，企业界的财务专家、高级科研开发人员以及管理生产的天才，这些人很可能是不可或缺而又不可替代的。他们承担着领导责任，不可能一夜之间找到或训练出代替他们的人选，而且他们也不甘愿充当二把手的角色。如果这些人的领导风格与工作环境的要求不相符，恐怕只能改变工作环境去适合他们的领导方式。

18 《组织与管理：系统方法与权变方法》

弗里蒙特·卡斯特　詹姆斯·罗森茨韦克

 经典速读

　　弗里蒙特·卡斯特是美国管理学家，西方管理学中权变理论学派的代表人物。卡斯特的著作《组织与管理：系统方法与权变方法》是权变理论学派的代表作之一，该书建立了系统管理理论的基本框架，同时也奠定了他们在系统管理学派中的地位。该书是卡斯特与詹姆斯·罗森茨韦克合著的作品，初版于 1970 年，受到了管理学界的广泛重视，其后不断再版，产生了很大的影响。该书详细地阐述了系统的各种重要观点，书中写道：本书的重点在于理解组织、组织特征与职能以及有助于实现组织目标的力量，还涉及这些组织管理者的活动和风格。

　　《组织与管理：系统方法与权变方法》一书中提出了权变观点，该书试图运用"权变理论"来满足管理者制订计划的需要。权变理论学派是从系统观点来看问题，权变的意思就是权宜应变。他们认为，在企业管理中要根据企业所处的内外条件随机应变，没有什么一成不变、普遍适用、"最好"的管理理论和方法。全书共分 8 篇 24 章，并在修订版中将适合于管理的新材料充实进去，全面反映了系统和权变观念的发展，使该著作的可读性更强。8篇分别介绍概念基础；组织与管理理论的发展；环境、界线与目标；工艺技术与结构；社会心理系统；管理系统；比较分析与权变观；组织的变革与未来。

　　《组织与管理：系统方法与权变方法》一书虽是权变理论学派的代表作，

但其分析的问题亦是从长期角度看待企业如何适应环境，认为在企业管理中要根据企业所处的内外条件随机应变，组织应在稳定性、持续性、适应性、革新性之间保持动态的平衡。当系统与权变的字样随处可见的时候，我们再看一看这部权变理论的代表著作，一定获得更加丰富的启示与感受。

 ## 内容解读

1. 组织与管理理论的发展

组织与管理思想发展过程可以分为 3 个时期：传统的组织与管理理论；行为科学与管理科学的革命；现代系统理论与权变理论的发展。

1）传统的组织与管理理论

有关组织与管理的系统知识产生得比较晚。它与产业革命和大型企业的兴起有着密切的关系，产生于 19 世纪后期和 20 世纪早期。其主要内容包括以下一些：

泰勒等人的科学管理运动。其重点在于计划、标准化和提高人的工作效率。它认为，管理是科学的而不是一种以经验法则为依据的个人处理问题的方法。

法约尔的一般管理理论。它提出了金字塔式形式、等级原则、统一指挥、例外原则、职权的委派、控制幅度、部门化等概念。其后发展成为管理过程理论。

韦伯的行政组织理论。对于复杂的组织来说，行政组织是最有效的形式。其中包括：明确规定的职权等级结构；基于职能专业化的劳动分工；规章制度；个人间关系的非人格化；工作程序系统；以技术才能为依据的人事安排等。

公司微观经济理论。它是以宏观经济理论为依据的规范性理论，旨在说明在一定的简单设想条件下，企业人员为了获得最大利润该怎么办，但并不说明如何实际地经营。它的基本论点是，企业管理者在竞争的经济中的作用主要是适应市场力量。

公共行政管理理论。它强调通过实际管理工作来提高政府工作的效能和效率。近来，它日益重视非正式组织、特殊利益群体、职权与权力、冲突、决策过程以及沟通等因素。传统管理理论主张的是诸如有理性的经济人等这样一些观点。他们认为，组织就是由合法的管理权威进行计划和控制的机械性系统。他们的着重点是通过对企业人员的安排和管理来提高工作效率。

人们批评古典管理理论，认为它们把不符合现实的封闭系统的设想应用于企业组织，未能考虑到很多来自环境和内部的影响，对人的行为作了各种不切实际的设想。

尽管有这些批评，古典管理理论仍代表了组织理论的一个重要组成部分，并可用作发展现代组织理论和管理实践的基础。

2）行为科学与管理科学的革命

影响组织理论与管理实践发展的学科有多种。它们形成了两大基本门类：①行为科学。它强调社会心理系统和管理工作的人性方面。它用的是开放系统的方法，研究许多为传统模型所排斥的变量。行为科学学派主要是由心理学家、社会学家和人类学家发展建立起来的。他们热衷于以实际经验为基础的调查研究，以此来验证他们的观点。他们具有一种人道主义的倾向。这是它与传统管理学派和管理科学学派的不同之处。②管理科学。它强调数量化、数学模型和计算机技术的应用。它基本上可以说是科学管理的带有某些修正的发展。管理科学要关心的是作为经济—技术系统的组织。

崭新的学派利用了来自各学科的知识，从而为组织理论与管理实践提供了新的资料。行为科学家和管理科学家常常都是组织的改革家。他们提出了与传统管理的做法有所不同的各种管理方法。但是，冲突和"信息沟通上的鸿沟"常常出现在行为科学家、管理科学家和管理者之间。

管理学的扩展与混杂性可以从管理学院所研究问题的多样性看出来。管理学院产生于 20 世纪 30 年代末，其目标是促进管理学方面的研究、学习、教学与实践的发展，并鼓励扩展和统一管理学知识。在其早期，它是作为整个管理学界的一个总体机构而组织起来的。近年来，它已重新组成了具有下列重要专业部门的组织：管理历史；管理的教育与发展；组织行为；企业的方针和计划；管理咨询；生产—业务管理；组织与管理理论；人员—人力资源；管理的社会问题；国际管理；组织发展；组织沟通；卫生保健管理；公共部门等。

称为组织与管理理论的完全统一的知识体尚未出现。每个管理学派各自强调组织的某一方面。对各学派这些看法上的多样性，我们不应认为是不好的事情。其实这正表明了积极从事于管理研究的学者对组织及其管理问题的积极兴趣。组织是由心理、社会、技术和经济等要素构成的复杂系统，每个要素都要求人们对其作广泛的调查研究。作为现代管理理论基础的新出现的观点，其注意力集中于系统观念与权变观念。

3）现代系统理论与权变理论的发展

系统观念为现代组织理论和管理实践提供了完整的基础。一般系统理论包括物理科学、生物科学和社会科学的完整的知识观念。传统理论采用了封闭系统的思想。现代理论则转向把组织作为与环境相互作用的开放系统来研究。

组织系统有几个主要特征。它们不像物理系统和生物系统那样是自然存在的，而是由人为设计产生的。它们具有区分开组织与其环境的界线。开放系统显示了通过内部复杂变化而发展的情况。各种开放系统往往向更大的差异化和更高级的组织活动渗透。最后，开放系统具有的特征是同等结果，即目标可以通过不同的投入和不同的方法来实现。

组织可以被看作是一个开放系统，它与其环境相互作用。它由 5 个主要部分组成：目标与价值子系统、技术子系统、结构子系统、社会心理子系统、管理子系统。

在复杂组织的管理系统中，有 3 个分层系统或层次：作业子系统、协调子系统、战略子系统。作业子系统负责实际工作任务的完成。战略子系统将组织的活动与组织的环境联系起来。协调子系统负责垂直的（战略与作业）和水平的（在同级的不同职能之间）联合协调活动。组织是一个社会技术系统的观点，为管理者规定了一个不同的任务。管理者必须把各个子系统以及它们在具体环境中的活动结合起来，加以平衡。

系统观念为了解组织提供了广泛的基础。权变观念则往往更具体，重点研究各子系统中的具体特征和相互关系模式。权变观念的基本设想是，在组织与其环境之间，以及各个子系统之间，都应有一致性。管理的主要任务是寻求最大的一致性。组织与其环境以及内部设计之间的和谐将能提高效能、效率和参与者的满足感。

权变观认为，不同类型的组织都有适当的关系模式，而且能够加深对这些有关变量相互作用情况的认识。例如，当出现下列情况采用稳定—机械式组织为宜：环境相对稳定而确定；目标明确而持久；技术相对统一而稳定；按常规活动而生产率是主要目标；决策可以程序化，从而协调和控制过程倾向于采用严密结构等级系统。当出现下列情况采用适应—有机组织形式为宜：环境相对不稳定和不确定；目标多样化并不断变化；技术复杂和易变；有许多非常规活动，在这些活动中，创造性和革新性很重要；使用探索式决策过程，而协调与控制常出现相互调整，系统的等级层次较少，具有较大的灵活性。

系统观念和权变观念都有助于更有效地诊断复杂的形势和提高正确进行管理活动的可能性。

2. 组织的变革与未来

1）组织的变革

组织必须在稳定性、持续性和适应性、革新性之间保持一个动态平衡。环境超系统通过技术的、经济的、法律的、政治的、人口的、生态的和文化的因素对组织产生明显的影响。组织的变革同样也来源于组织内部各分系统的因素。管理系统正处于外部事务和内部事务的定型的旋涡之中心，并且负有管理变革过程和制定战略选择的职责。

有计划的变革的努力（具体的变革和改进了的变革过程）集中注意的是效益、效率和成员满意感问题。为了改进组织而进行的有计划的变革的焦点可以是作业分析、个人、群体（班组建设和群体间关系）和有关整个组织的问题。

尽管人们在正常情况下总是希望寻求新的不同的经验，而组织中阻止变革的力量却来源于一些抵消性力量。这些力量包括诸如投入费用（金钱、时间、精力）以及对有计划变革的目的、机制和后果（不确定性）的错误的理解。

要有能力实施有计划的变革，就得具有明确的克服阻止变革的阻力的步骤。一般来说，一个承认诊断与行动的相互作用和平衡地解决问题的方法是很重要的。技术，诸如能够确定驱动力和制约力的力场分析，将有助于了解存在的问题和确定适宜的行动步骤。参与，特别是那些负责实施人员的参与，在有计划的变革过程中每一步中都是重要的。

组织对变革的倾向性是受组织对待差异的方式影响的：①不允许和覆盖（遮没）；②接受和容忍；③理解和尊重。另一个重要的因素就是所使用的一般的解决冲突的方法。

2）未来的组织与管理

环境在急速变化之中。未来的、基本的、长期的、多重性的趋向是：越来越具有感情的文化；各种富于才华的杰出人物；科学与技术知识的积累；

技术性变革的制度化，特别是研究、发展、革新和扩散；世界范围的工业化和现代化；大量毁灭的能力越来越大；越来越富有和悠闲；人口增长；城市化；大范围的环境问题；基本职业和第二、第三职业的重要性降低；学识和教育不断增长；未来型的思考、讨论与计划；革新性的和巧妙的理性的日益广泛的应用；变革的步伐将加速。

在未来，组织活动将扩展，将从一国公司向多国公司发展，从而改变组织经营环境的格局。多国公司大大地改变了其活动的范围及其环境的多样性。它必须在新的社会文化系统中进行经营，并保持动态的灵活性。

组织活动范围界线的扩展，在社会的公有部分也是不可避免的。社会面临的很多问题——都市的再发展问题、污染控制问题、运输系统问题——都要求新的不同的组织方法。以往，这些问题都是在分散的基础上由很多具有单一职能的政府机构来解决的。现在则必须在整体系统的基础上来解决，并由社会的私有部分给予合作。组织界线的扩展，与环境单位的交界面增多了，组织必须具备更大的反应性能。界线的扩展还增大了内部的复杂性且带来了控制上的问题，并将日益强调与组织交界面有关的问题——组织间分析。

在未来，技术（其中包括与完成任务有关的知识）仍将继续是影响组织及其管理的最重要的力量之一。现代社会的很多问题，如教育、城市衰退和贫困，可以通过技术或社会工程来给予解决。

未来将发展民主—人道的系统，关心于工作生活质量等方面。组织将趋于动态和灵活，研究和实验仍将有着重要的意义。归根到底，组织理论应成为更有效的管理实践的基础。

拓展阅读

卡斯特于 1926 年出生在加利福尼亚，1944 年加入美国海军，1946 年获得圣何塞州立大学学士学位，1949 年获斯坦福大学工商管理硕士学位并于同年任纽约州希腊龟兹大学讲师，1956 年获华盛顿大学博士学位，1957 年任华盛顿大学副教授，1961 年任该校教授，1979 年任该校研究生院副院长。

第二次世界大战后，各资本主义国家的经济经历了从萧条到复兴又到发达的过程，高科技的进入给经济发展注入了强有力的动力。发达国家在经济发展的同时也面临着许多困难，特别是在管理方面，由于各种繁杂的变化速度加快，使管理计划的制订很难把握住组织的发展变化，从而容易导致失策和损失。因而急需一种新的管理理论来指导，"权变理论"应运而生。

1963 年，卡斯特与理查德·约翰逊、罗森茨韦克合著《系统理论与管理》一书，这本书借助风靡当时的系统论，比较全面地阐述了系统管理的观点，成为他创立系统管理理论的奠基之作。

1970 年，卡斯特与罗森茨韦克合著《组织与管理：系统方法与权变方法》一书，由此建立了系统管理理论的基本框架，同时也奠定了他们在系统管理学派中的地位。此后，系统管理理论曾经一度风靡管理学界。

19 《总经理》

约翰·科特

经典速读

约翰·科特，美国哈佛商学院著名教授，世界知名的管理行为学和领导科学权威。他曾两度荣获颇具声誉的麦肯锡基金会"哈佛商学院最佳文章"奖。1982年出版的《总经理》是迄今为止为数不多的专门研究总经理这一特殊职位的著作，也是科特的成名之作。该书出版后便被列入了美国各大学公认硕士学生的必读参考书。

该书共6章，主要探讨了"总经理的工作性质""何种类型的人可以成为总经理""总经理们在哪些方面存在着相似性和差异性"以及"企业组织优化、人事安排"等问题。在书中，科特教授着重阐述了他自己的3个独特观点：①无论在信息收集——经营决策，还是在人事安排——合同履行上，总经理任职者的作用都有着令人难以置信的复杂性。许多人认为他们肯定有相当的独立性和自信。而实际上，总经理们不断地遇到不确立的信息，几乎处理每一件工作，他们都不得不依靠他人的帮助。②总经理在某种程度上是管理专家而并非样样通的全才。他们尽量只经营一家公司或一种实业，避免涉及陌生的领域。③总经理并非"生而知之"或在某一事件中一蹴而就"造就"出来的，他们的成功与成就常常非常复杂。

本书对于指导人们担当总经理这一职位，取得事业的成功，达到职业的顶峰，以及甄选、培养、安置这方面的人才，具有实践和学术的价值。《时代》杂志前董事长和首席执行总裁安德·海斯克尔评价该书时说："非常精彩！科特描写的是现实世界中真实的总经理，而不是理论上描述的、与世界脱节的总经理。所有商学院的学生都应该读《总经理》这本书。"通用电气公司的前总裁卡罗尔·施赖伯则说："科特对现实世界中总经理所作的开创性的研究和描写，为我们深入地了解管理行为提供了新的角度。"《总经理》值得所有有抱负的企业主和有志成为领导者的广大人士一读。

 ## 内容解读

1. 总经理职业：挑战与困惑

1）职业、职责与要求

要了解总经理，理解其个性和行为，就必须了解其职位要求。就总经理的职责而言，世界企业界持续变革的趋势已经在知识才智和人际关系方面使总经理的工作职责标准、要求条件更为苛刻，更为困难，也更为负责。

总经理面临的职责挑战主要包括以下几点：①在企业经营的各种不稳定因素中进行目标规划、发展方针和经营策略的决策；②在纷繁复杂的职能部门和经营管理部门的需求中寻求对稀有资源的合理配置；③占领各种各样生产经营活动行为的制高点，能够辨认分析各种经营失控造成的问题并及时快捷地加以解决。

另外，在人际关系方面面临的挑战主要体现在：①从上司老板处得到必要的支持、合作和信息资料，做好管理经营工作。对上司要求既严格照办又不能让他感到过分和难堪；②与企业内部其他部门或同事以及企业外重要机构在没有上下级制约的条件下相互密切协作，排除各种阻力和繁文缛节，通过这些人来完成自己的经营管理目标；③控制并激励雇员和下属，处罚他们的不良行为，解决部门间的矛盾冲突等。

以上 6 点挑战使总经理的工作变得异常困难，也使这项工作成为了一项总体的、综合性的管理工作。

2）职位条件要求差异

总经理可以分为以下几类：①在职能完整的公司里的业务主管职位。这是"传统观念"的总经理，其上有董事长，下有部门经理。②在各部门公司里的法人业务主管职位。这类总经理不负责考虑各部门短期经营计划。③企业集团型总经理职位。这类总经理要向上对一位总经理汇报并负责，而其下又有数位业务专员向他汇报并负责。④分公司总经理职位。与传统的总经理相似，但向上是向总经理汇报并负责，而不是向董事长或董事汇报。⑤子公司总经理职位。与上一类型相同，但它的企业内下属雇主较少，因而多是向上汇报。⑥产品营销型总经理职位。主要负责产品营销工作，不负担有关长期策略机制。⑦经营型总经理职位。主要负责短期生产经营活动，最典型的是一家或数家工厂的经理。

在以上7种类型中，职能性业务主管、分公司总经理、经营型总经理是最普遍的，而多部门型业务主管、企业集团型总经理则是最不常见的。有的主张只有前四类总经理职位属于真正的总经理。有的主张只有第一、第四类才是真正的总经理。

一般说，大企业的总经理比小企业的总经理要求要高得多、严格得多，而且，由于企业规模不一样，总经理的工作条件也不一样。但大企业中官僚主义存在的可能性要大得多。经营历史较长的企业，信息收集和决策的环境更正常、更规范，而且人际关系也更为传统。对于盈利的企业，一旦步入正轨，总经理们一般不冒险寻求新的发展方向，而出现经营不善的企业，新上任的总经理显然都会改弦易辙，开拓新的发展方向，而且在这类企业中，决策的速度要快得多。

2. 总经理：个人特性与环境特性

人们通常认为，一个真正有心的、胜任的"职业型"总经理几乎没有不能管理好的事。包括许多总经理自己也这样认为。实际上，这种看法根本上就是错误的。

总经理的基本个人特征包括：

（1）基本个性特征。抱负较高、情绪稳定、乐观开朗、有较强分析能力、风度翩翩、善于与他人交流、直觉很强、智商高于平均智力。

（2）知识结构与其他人际关系。在自己所从事的产业中知识丰富，在企业内外，他们与其他人保持着异常广泛的联系。

（3）与工作职位相关的共性原因。总经理工作职位的主要条件要求和个人特征见表1和表2。

表 1　总经理工作职位的主要条件要求

责任与人际关系	客观条件要求
是否负责特点为类型多、数量大、情况复杂的经营间相互依赖的活动。	在经营稳定性差、种类繁多、信息量大的特定环境中，安排应做的事情（决策行为）。
是否有对上司、各种各样的下级属员以及超出自己管辖权限的其他人的工作依赖性。	通过各种层次的人（老板、下属或其他人）——尽管他们中多数不受自己的制约，圆满完成工作任务。

表 2　总经理的个人特征

信息资料的积累和人际关系的发展	基本的个性
对企业经营和企业组织结构知识丰富。	一般智力以上、善分析、直觉强、性情乐观、有成就感。
在企业中（产业中）有着广泛的人际交往联系。	待人和蔼、有权力欲、善于开拓人际交往关系、情绪稳定、有与各种不同类型经营专家相互交往的特殊才能。 雄心勃勃。

除此之外，总经理任职者还具备相当数量的以下共同环境特征。

1）童年家庭环境

大多数总经理的父母亲都进取心强，思想较活跃，属于社会的中上层人士。所有的总经理在成长过程中均与父母一起生活，且关系密切。他们的父母亲至少有一位具有大学文凭。

从调查来看，大多数总经理的父亲都有从事经济领域相关经营管理的工作经历，总经理本人一般不是独生子。

2）受教育程度和职业环境

从调查看，总经理本人至少受过大学本科教育，而且无一例外都曾任过学生领袖，他们对经济或管理知识掌握得相当多。

这些人在毕业后大部分选择了与自己志趣和价值观紧密联系的外部环境来发展自己，他们很少跳槽，提升较快。他们所获得的地位、收入都远远超过了他们的父辈。

3）环境特征共通性的原因

在上述的家庭背景下，总经理会受到极大影响，并培养起强烈的进取精神，得到良好的教育和工作，抱负也比较远大，人际交往上豁达大方，志趣爱好易趋于经营管理。强烈的进取心使他们在中学时代会成为佼佼者，并顺利进入大学，大学毕业后，由于其良好的知识素养、豁达的性格等因素，使他的早期工作极有成效，较早地登上总经理管理工作的台阶。

由于找到了自己的位置，当他在这家公司待到 50 岁左右时，就会在事业上大获成功，进一步获得新的升职机会。

总经理职位共同的环境因素特征见表 3。

表 3　总经理职位共同的环境因素特征

孩提时家庭环境	接受教育的经历	早期的就业情况
·进取、活泼的父母亲 ·生长期与生身父母相处一室 ·与父母亲或任何一方关系密切 ·父母亲至少一方接受过大学（4 年）或大专（2 年）的教育 ·父亲从事产业经营工作或从事经理类的非营业性管理工作 ·兄弟姊妹（不是独生子）	·本科（或本科以下）的教育或研究生（硕士）教育 ·经济类经营管理知识的掌握程度 ·在中学或大学是学生领袖人士（或一直是）	·参加（或开办）一家与个人志趣、价值观相适应的公司（或实业） ·将大部分就业精力投入某一产业领域 ·将大部分时间精力用于与现在的老板相处 ·从一种职能部门（最多两个）得到升迁 ·得到较快的职位提升 ·较早升至总经理管理职位（年龄在 34 岁至 40 岁之间）

无数事实证明，许多卓有成效的总经理在个性特征及其经理的环境特征方面存在很大的差异：①年龄上的差异。总经理们个人性格差异部分似乎与他们出生时间和成长经历有着密切联系。年轻的总经理家庭教育更良好，大多数与第一个夫人离异，愿意让妻子外出工作，坚信企业工作与家庭生活必须分别对待。这些差异实际上也反映了社会的变迁。②个性差异的职业相关缘由。不同类型的工作条件要求必然与不同类型的人相联系。

不同人的知识结构与个性特征往往与有限行业的有限职位相适应，所以经营管理人员从某种意义上说是个通才，但这不意味着他可以在任何一个经理职位上如鱼得水，轻松自如。由于经历工作的复杂性，任何经理的成功都不可能用简单的"生而成就"或"造而成就"来明释。

3. 经营过程中的总经理

总经理们具有十分惹人注目的相同性，他们在职位上采用的基本方法、甚至每天的时间安排都是有基本相同的模式。

总经理们安排工作的方式大致相同，开始着重于拟定日程安排，并力图顺利实施，建立起所需要的相应的工作关系网络。当这两方面工作就绪时，总经理们则全力以赴地使工作日程通过工作关系网络而贯彻落实。

总经理任职者建立的日常工作议程安排如下：

（1）以明显的或隐含的经营策略为基础、联系松散的目的和计划。

（2）与总经理职责中长期规划、中期计划和短期安排要求相适应。

（3）包含了范围广泛的经营内容（产品生产、财政计划、市场营销、人事安排等）。

（4）包括各种确定的或不确定的目标和计划，含他们自己的和其他相关机构的目标计划。

（5）绝大多数的目标和计划是不成文的。

（6）既与书面规划相吻合，又有别于书面规划。

总经理们通过以下途径拟定工作日程安排：

（1）积极收集各种信息资料（通常是通过他们已经有联系交往的人进行）。

（2）不断地向他们提出各种各样的问题（但大都不在正式的计划会议上）。

（3）运用掌握的企业经营知识和组织管理能力（综合管理能力），引导提问。

（4）通过有意识分析过程和下意识直觉了解过程（特别是后者）来进行决策。

（5）寻找特定的项目、规划和行为活动并加以实施，完成针对性的多种目标。

（6）在总经理职位上的头 6 个月或 2 年时间时，持续不断地进行上述活动。

总经理们所创建的工作合作关系网络包含：

（1）成百上千的个人。

（2）下级经理人员、雇员、老板或上司、同事等企业内部人员以及顾主、供应商、新闻界、银行业等企业外部相关人士。

（3）在结构上与常规上下级关系不同。

（4）多种多样的不同人际关系类型，其紧密程度也不相同。

（5）通常使下级经理人员及其相互之间产生较强的制约力。

总经理们创建工作合作关系是通过：

（1）高度重视他们认为在完成自己的工作日程安排所依赖、所需要的那些人才。

（2）使人们感到对他们有情理上的义务和责任。

（3）促使人们对他们尊严的认可。

（4）在人们生活中树立威信和声誉。

（5）让人们对他们产生依附感。

（6）调换和撤销不称职的下级负责人。

（7）调整与供应商、银行家等企业外人员的联系。

（8）通过常规管理手段（即计划过程、组织结构、控制体系等）和非常规措施，塑造一种"氛围"，以培养团队精神，减少策略的改变等等，特别强调下级经理人员之间这种"氛围"的建立。

总经理们运用时间的12种典型行为模式：

（1）他们大部分时间用于与人交往。总经理们个人单独工作的时间仅占整个工作时间的24%。这部分时间通常是他们在家里、飞机上或外出乘车的时间。调查中，总经理中仅有两人（弗兰克和波林）与别人交往的时间不超过其工作时间总量的70%。绝大多数总经理都将工作日中的绝大部分时间用于与别人交谈或倾听别人的谈话，有的总经理用于这方面的时间甚至于超过自己工作日时间的90%。

（2）他们耗费时日交往的人不仅有公司老板、直接的下级部门经理人员，也包括许多其他人。你可以毫不费力地发现，总经理同上司的上司、下级的下级，或一位顾客、供应商以及与公司并无直接联系的外来者相交谈。总经理们总是经常在自己系统的各个工作环节部门巡视，也经常会见那些似乎没有什么意义的外来人士。

（3）谈话话题范围宽广。总经理们从不将话题简单地局限于计划安排、经营策略、人事安排以及其他一些属于公司领导们考虑的问题。在不同的时间、不同的地点，他们就各种不同的话题进行交谈，甚至交谈与经营管理、组织人事安排风马牛不相及的其他话题。

（4）交谈中，总经理们都提出了许许多多的问题。有时，一些总经理会在半个小时的交谈中提出上百个问题。

（5）交谈中，总经理们很少做出任何"重大"决定。我的学生们在他们的模拟讨论中一天"作出"的重大决定比大多数总经理们一个月所作出的重大决定还要多得多。

（6）这些交谈还包含了相当数量的玩笑、打趣和其他与工作无关的事情。幽默打趣可涉及企业或行业中的其他人。与工作无关的其他话题则涉及员工的家庭、爱好及其他娱乐性内容（如打高尔夫球的记分等等）。

（7）邂逅谈话这一类型事例数量较大。其话题常常与企业和经营无关紧要。也就是说，总经理们经常从事一些自己都认为可能是浪费时间的活动。

（8）在这些交谈中，总经理们从不作出任何传统意义上的"命令"或"指示"。就是说，此时此景，他们从不"告诫"别人应该做些什么。

（9）然而，总经理们总是希望通过交谈影响谈话对象。总经理们虽没有"告诫"别人应该怎么做，但他们提问题、说要求、运用小恩小惠笼络人心、讲要害说服对方、甚至以威胁恐吓对方来影响交谈中的对象。

（10）总经理们在安排与别人交谈的时间上，他们经常显得被动，以"反应型"的方式进行。总经理工作日的大部分时间是不可能预先安排妥当的，即便在事前已经安排了许多事项的会议上，总经理任职者也经常得安排大量时间与别人讨论那些正式议事程序中未列的题目。

（11）总经理们与别人交谈的时间总是花费在一些简短且不连贯的谈话中的。一次集中于一个问题或一桩事件的交谈，其持续时间很少会超过10分钟。在短短的5分钟中，涉及10个毫无联系的话题，应该是十分常见的情形。

（12）总经理们工作时间均较长。总经理人均工作时间每周近60个小时；调查的15位总经理中，仅有3位每周工作时间少于55小时（艾伦、辛普森、帕玻利斯）。虽然他们部分工作是在家里、在上班的路途中或出差的旅途中完成的，但他们大多数时间仍是在自己的经理工作室里度过的（总经理人均每月出差4.5天；15位总经理中仅2位——盖恩斯、马丁每月出差多于6天）。

4. 企业的人才培养

现在招聘总经理职位的越来越多，但从研究中发现，从企业外招聘总经理，其风险是很大的。一个外来者尽管很有才华，有着杰出的管理经历，但他可能缺乏某些经营管理成功所必需的素质，如详尽的知识、与企业内人员的良好工作关系等。当然，也有个别才华横溢的外来者可以很快地开拓这种知识和这些工作关系，把工作做好，但这毕竟是少数。当然，这并不是说不能从企业外招聘总经理，但应当限制在下列情形中：

（1）相关的工作关系和知识可以得到迅速地掌握和开发。

（2）许多关键性工作关系和知识可以跨企业使用。

（3）当处于困境时不得不冒此种风险。

在总经理的任职生涯中，调动过频或过缓都不好。对于那些极有天赋的人才，调动过频使他们既学不到任何必要的企业管理知识，也未能建立起他们需要的工作人际关系；而调动过缓会影响任职者从事其他不同形式的工作。但何为过频、何为过缓则很难到位，针对不同的人也不一样。主要应看任职者在人际交往技巧和知识技能技巧的成长。

人才与工作职位的合理有效配置并不仅仅是选择某一个适应这个工作职位条件要求的人，它还要求设计适当的工作职位以适应现有的应聘者的个人素质特征。

企业总经理的管理者应当是一位教练，他要帮助新任总经理很快进入角色，也就是说要帮助他们建立自己的工作日程安排，协助他们创立和发展自己的工作关系网络。同时还要注意防止总经理产生"我什么都行"的思想情绪。

 **拓展阅读**

孟子云："劳心者治人，劳力者治于人。"千百年来，"劳心""劳力"似乎已由天定，无须世人评论什么。但现代管理科学自其诞生之日起就致力于打破人的神化，科学管理之父泰勒曾经说人才是培养出来的。但是，人才，尤其是高级人才，诸如经理人员，往往难以识别。正因为如此，对于经理的揣测始终存在。不少人为了揭开这一迷雾而不懈地努力着，但是高水平的著作不多。在美国，20世纪40年代苏尼·卡尔森出版了《总经理的行为方式》。20世纪60年代亨利·明茨伯格出版了《经济管理工作的性质》。这些著作虽然对于我们认识经理们有着很大的帮助，但正如明茨伯格在20世纪80年代所说，自己的著作"不过揭示了这整个传奇浮冰的1/100"。为了取得进一

步的成果，约翰·科特于 1982 年出版了《总经理》一书。

为了撰写《总经理》一书，科特于 1976—1981 年间，对来自全美 9 个不同企业集团的 15 位总经理进行了深入的观察。科特用他严谨的科学态度和求实精神进行了细致的调查与深入的研究，并以自己第一手资料完成了这部意义深远的著作。书中许多观点言之有据、有理，语气委婉，以讨论的方式说明了企业发展中的企业家应该具备的基本素质，语言中充分体现了研究者本人客观、求实的思想。该书一问世，就受到了普遍的欢迎。

20 《企业生命周期》

伊查克·爱迪思

经典速读

　　伊查克·爱迪思，美国加州洛杉矶专业教育服务机构爱迪思研究院的创始人和院长，该研究院是专门教授组织变革和转型的。爱迪思的《企业生命周期》是企业管理领域内的一部最全面的著作。他以系统的方法巧妙地把企业的发展视为一个像生物那样的有机体。他的模型在微观的人际关系领域和宏观的政府层面都是适用的。他的著作是对整个人类的一种贡献。该书包含着丰富内容的爱迪思方法也许可以拯救无数的企业。

　　全书除导言以外，共由4部分组成：第一部分描述了企业各个阶段的行为特征，以便能够确认一个企业所处的生命周期阶段；第二部分为分析企业在成长期的行为变化提供了一系列方法，这套方法便于理解改变企业生命周期定位的管理理论；第三部分将这些分析方法用于预测企业文化的变化；第四部分介绍了改变企业行为和企业文化及表现的具体方法。

内容解读

1.企业生命周期描述

世界上任何事物的发展都存在着生命周期，企业也不例外。企业生命周期如同一双无形的巨手，始终左右着企业发展的轨迹。伊查克·爱迪思曾用 20 多年的时间研究企业如何发展、老化和衰亡的企业生命周期理论。在《企业生命周期》一书中，他把企业生命周期分为以下 3 个阶段。

1）成长阶段——孕育期、婴儿期、学步期

（1）孕育期。企业生命周期的第一个阶段是孕育期，此时企业尚未诞生，强调创业的意图以及未来能否实现的可能性。此时，成功的关键是高水平地确立起所要承担的义务。企业一旦诞生，有无这种义务就成了决定企业生死存亡的关键。如果所要承担的义务不实际，企业往往在艰难时刻初现端倪时就分崩离析了。创业者的动机一定要超出一般的思维，必须要超越那种获得眼前利益的狭隘意识。在孕育期，创业者的动机应该是满足某种市场需求，创造附加价值。真正的企业家创办企业是因为存在尚未满足或者根本还没有体现出来的需求，他必定是以产品为导向而不是以市场为导向的。最后，有人承担风险表明企业的诞生。

在孕育期，许多创业者忽视市场营销战略和不关心现实的现象属于常规问题。正常的孕育期所承担的义务要在经过反映现实的"模拟检验"之后存在下去，否则将陷入创业空想。孕育期是正常还是病态取决于它是否经得起这样一种现实的检验。

（2）婴儿期。一旦有人承担风险，企业的本质就发生了根本性的变化，进入婴儿期。在企业的婴儿期，资本不足的问题和创业者所承担的义务是最关键的因素。

此时，比较普遍的现象是低估对现金和经营资金的需要，这源于孕育期创业者典型的热情心态，而且企业的销量越大，出现资本不足问题的可能性就越大。只要创业者在孕育期认真考虑好未来的企业要做什么、怎么做以及由谁去做，婴儿期资本不足所带来的痛苦是可以避免的，此时创业者应该重视企业的现金流量、贷款结构和成本会计。

婴儿期企业面临着很大的矛盾。面对的风险越大，就越需要百倍的信心承担义务以确保获得成功。一旦企业诞生了，由于风险很大，企业需要的是一心一意勤奋工作、一切以结果为导向的不是梦想家的创业者。企业要在婴儿期取得成功，企业的创业者就必须非常热忱、积极向上，甚至得有一种忌讳任何人染指他所创造的事业的妒忌心。婴儿期行动导向缺乏计划和制度，企业不可能提出长远的计划和目标，此时的企业在产品和市场两方面都缺乏制定比较现实的长远目标、规划和策略所需的经验，它所拥有的只是愿景、梦想或打算，但却不是计划或可衡量的目标。在婴儿期，创业者辛勤工作、不予授权并注重短期效果是企业得以生存的关键。管理人员必须随着企业的成长而成长，成长是一种变革，是一种质变而不仅仅是量变。

在企业资金的流动性不可弥补地丧失时，创业者感到身心厌倦，对自己所创的事业产生疏远感或对企业丧失控制时，企业可能陷入夭折。而当现金收入和经营活动达到某种稳定程度时，企业就脱离婴儿期进入了下一个生命阶段。

（3）学步期。企业步入学步期以后，创业的构想开始真正体现出价值，企业不但已经克服了现金入不敷出的困难局面，而且销售节节上升，日渐繁荣。

在这个生命阶段，企业常出现以下3种情况：机会优先、销售导向、缺乏重点和连续性。企业越是成功，创业者越是感到志得意满，结果导致学步期的企业常常会因同时涉足太多的事业而陷入窘境。这个阶段企业已从婴儿期所看重的产品转向市场。由于婴儿期的企业不得不靠销售来生存，"更多即更好"的销售导向成了企业的一种习性。企业只是对环境做出反应，而不是根据需要规划环境。这种销售导向可能产生不正常的结果，不加控制的扩张会使得成本会计失去作用。成功与自满，被动的销售导向，权责不明，这会导致学步期的企业专注于一项事业的时间很短，缺乏重点和连续性。

在学步期的企业中，人们所承担的责任和任务是重叠交叉的。企业因人设事，围绕人来组织，而不是围绕工作本身进行组织。企业是按照缺乏规划的方式来成长，它只是对各种机会做出反应，而不是有计划、有组织、定位明确地去开发利用自己所创造的未来的机会。通过试错式的学习过程，企业最终可能意识到需要完善规章制度。如果没有出现这种强调管理制度的情况，企业就陷入了被称为"创业者陷阱"或"家族陷阱"的病态发展之中。创业者陷阱即创业者的自信和固执导致事必躬亲，阻碍企业发展。家族陷阱即家族成员的无原则参与和控制，企业的经营权未能与所有权分离。如果这场危机使创业者从盲目自满中警醒过来，这也正是企业青春期的开始。

2）再生与成熟阶段——青春期、盛年期

（1）青春期。企业在生命周期的这一阶段得以再生，这种再生不同于婴儿期，这是一种情感意义上的诞生。青春期企业最为显著的行为特征是矛盾与缺乏连续性。要从学步期向青春期转化，必须解决3个关键问题，即：授权、转变领导风格、转换目标。

企业向青春期阶段的发展，要求进行授权，而不是分权，因为有效的分权必须要有一套相应的控制制度与之配合。关键在于授权的同时不能失控。缺乏授权所造成的恰恰是阻碍进一步授权的环境。领导风格必须由学步期的直觉型的感性管理转变为职业化的管理，使管理制度化。引入职业管理人员会改变企业的领导风格。在这里，领导风格的含义是指企业文化转变的过程，即把企业由一个生命阶段引入下一个生命阶段的开始。其实质是把企业由面临这一系列问题的状态引入面临另一系列问题的状态。在这一阶段，需要强调的内容转向了制度、政策以及行政管理，这一领域所要求的是全然不同的技巧。青春期阶段所需要的领导风格与前面的各个阶段都不相同，青春期是一个关键的转折点。企业需要的是职业管理人员，这种人的管理风格会与创业者产生冲突，但却能够弥补创业者的不足。企业还必须转换目标，从"更多即更好"变为"更好即更多"，也即由以量取胜变为以质取胜，要从苦干转变到巧干。企业必须让销售上急速迈进的步伐慢下来，才能有精力实现企业的组织化。

上述3个因素——职权的授予、领导风格的改变和目标的转换，最终导致的结果是冲突。这3个方面出现问题是正常现象，但如果冲突导致了企业中对决策过程有直接和间接影响的人之间丧失相互信任和尊重之类至关重要的问题时，那就是病态现象了。带着许多好的构想与机会的职员出走，会产生一种病态现象：企业未老先衰，企业开始像生命周期老化阶段的贵族期一样行事。如果管理制度化的过程获得成功，领导职能也制度化了，企业便迈向下一个发展阶段，进入了盛年期。

（2）盛年期。盛年期是企业生命曲线中最为理想的点，在这一点上企业的自控力和灵活性达到了平衡。盛年期的企业很清楚自己在做什么，将向什么方向发展，如何发展。企业的预算富于进取性，实际情况与预算之间的差距也是能够让人接受的。

盛年期的企业具有学步期企业的远见和进取精神，同时又具备在青春期阶段所获得的对实施过程的控制力与预见力。但企业会像其他成长阶段的企业一样存在比较典型的问题。爱迪思总结的成长中企业的不同发展阶段的典型病症见表4：

表 4　企业不同发展阶段的典型病症

发展阶段	典型病症	
	正常	异常
婴儿期	没有授权	异常
学步期	重点太多	自大，权力过于集中
青春期	会议太多	窝里斗太多
盛年期	训练有素的员工	自满

只要能够确定典型问题的类型，就能明确企业在生命曲线上所处的位置。在企业健康成长的情况下，对于企业至关重要的问题应该是那些与企业目前所处的生命周期阶段相关的问题。在重要性上居于第二位的问题则取决于企业在生命周期的某一特定阶段发展到了什么程度。在病态情况下，企业的某些体系已向前迈进了，而另一些体系却发育不全，裹足不前，阻碍着整个企业的发展，因此必须尽快解决这些问题。

在生命周期的钟形曲线上，盛年期并不处在曲线的最高点，这是一个过程，并非终点。生命曲线所描述的是企业的活力，是在近期和远期企业能够取得效益的能力。即便企业脱离了盛年期，这种活力也会增长，活力的增长源自于企业的发展势头。盛年期企业面临的挑战在于持续维持这种状态。

3）老化中的企业阶段——稳定期、贵族期、官僚化早期、官僚期与死亡期

（1）稳定期。盛年期以后，企业生命周期的运动已是一个衰退的过程。稳定期是企业生命周期中的第一个衰老阶段，此时企业依然强健，但开始丧失其灵活性。这是增长停止、衰退开始的转折点。整个企业开始丧失创造力、创新精神以及鼓励变革的氛围，但恰恰是这些因素在过去造就了盛年期的企业。稳定期的企业丧失灵活性、管理态度消极、财务管理地位提高、注重短期盈利目标、人际关系十分重要、创新精神下降。如果企业的创新精神下降，就会影响到满足顾客需要的能力，此时企业会进入贵族期。

（2）贵族期。贵族期的企业在面对长期机会时反应不够积极，对短期需求做出反应的能力也随之降低。从员工的衣着、开会的地点、利用空间的方式、相互之间的称呼、彼此沟通的方式以及处理冲突的方式来看，企业中形式主义盛行、循规蹈矩、浪费和奢侈。贵族期的企业一般都是靠增加收入而不是压缩开支来增加利润，手段是提高价格。通常希望通过"花钱买成长"的方式即兼并来推进企业的增长，但通常难以轻易实现。实际上，从稳定期开始，企业的控制焦点（即影响企业改变现状能力的有关因素）就已经开始

逐步转向外部了。随着市场占有率的持续下降以及收益和利润的急速下滑，企业进入了官僚化早期阶段。

（3）官僚化早期。在官僚化早期阶段，企业最为典型的行为特征包括以下几个方面：找不到人负责；做事者往往成为替罪羊；不管外部发展；只顾内部斗争。区别贵族期和官僚化早期的企业的最为重要的变量即是否存在管理偏执。官僚化早期的管理偏执，使得做事者往往成为替罪羊。企业接受补贴或被收归国有是其生命的延续，因此生命曲线上又出现一段"Z"形曲线。

（4）官僚期与死亡期。在官僚化阶段，制度繁多、墨守成规、关节重重、办事困难。官僚化企业最显著的特征之一是对书面东西的崇拜，制度繁多却行之无效；企业努力把自己跟环境隔离开来；同时关节重重，丧失了可控感；并且，迂回的系统使得办事困难。一旦没有人对企业承担义务的时候，企业也就此死亡了。

2. 管理质量预测

管理质量取决于决策质量及实施质量。

1）决策质量预测

制定高质量的决策，必须能够兼顾企业长期和短期的效益与效率。爱迪思认为，要使企业兼顾此二者，需要4大角色（PAEI）付诸实现。P代表实现企业的目标；A是行政，代表系统化、常规化、规划好企业的各项活动，以便在适当的时机以适当的强度完成适当的工作；E即创新精神，主动地而非被动地为环境变化做好准备，创造力与承担风险的精神是其中两个必不可少的因素；I代表整合，为形成相互依赖而又亲近的文化，以滋养独一无二的企业"信念"，这需要将企业意识由机械型转化为有机型来实现。企业的生产能力取决于如何管理这4大角色。

PAEI这4大角色相互依赖。P注重要做什么，E则注重为什么要做这件事，从某种角度上来说，长期的P就是E，而短期的E就是P。贯彻执行P会影响到E，反之亦然，E也会影响贯彻执行P。A和I也是相互依赖的，A所关注的是怎么办，而I强调的则是谁跟谁来完成这件工作。两者都是以方法为导向的，A采取的是机械式的方法，而I是一种有机式的方式。而E和I这两个角色是不相容的。

2）实施质量预测

实施质量取决于实施的效率和效果。

谈及实施效果，首先要考虑的是决策界定明确。一项决策包含以下 4 个方面的内容：做什么（P）、怎么做（A）、何时做（E）、谁来做（I）。其中，时机因素（E）还包含了为什么要这样做。制定一项好的决策，其程序必须反映着 4 个方面的内容。这 4 个方面的内容是相互作用的。正确的决策制定程序应该从讨论和确定原因开始。一旦原因定下来，这 4 个方面的内容就能完成。

决策必须有界线，明确什么该做、什么不该做。一项好的决策的制定要求不断地进行来来回回地沟通以纠正理解上的偏差。企业要做的不是按既定方针办事，而是检查、纠正，再检查，直到不需要纠正为止。

PAEI 这 4 大角色可以保证决策的效果，但解决不了效率的问题，必须要有人来执行决策并保证其实施效率。

要执行决策，管理者需要一定的能量，能量的来源就是职权、权力及影响。

爱迪思把职权定义为制定决策的权力，也就是说"行"和"不行"的权力（A）；把权力定义为奖惩能力（P），只有在基层才能找到真正的、纯粹的权力；把影响定义为一个人所具备的不靠职权或权力就能让人去做事的能力（I）。这些角色组合包括：授予的权力、间接权力、有影响力的职权以及 CAPI（职权、权力与影响的组合）。这 4 个角色的相互交织的所有可能组合为权威，CAPI 都能够与权威重合时，实施效率最高。单独的个体不可能具有超过责任范围的所有 CAPI，但一群人加起来就具备了所要求的 CAPI。为能把 CAPI 结合起来，管理者必须为组成 CAPI 的各种利益团体创造一种"大家都是赢家"的环境。

3. 企业文化预测

1）孕育期

在孕育期，要承担一种最终能催生一个可运作的企业的义务，要确认一种新的需求，而且必须建立起对这一需求做出反应的承诺。因此，创新精神（E）是最为重要的角色。执行功能（P）、行政功能（A）、整合功能（I）3 大角色对创新功能（E）是一种现实的考验，因为它们与创新（E）是不相容的。孕育期正常还是病态，其差别就在于这 3 大角色是否出现。缺乏这 3 大角色的企业对其所承担的义务就不能进行现实的考验，这样只会得到"创业空想"。在孕育期，所有 4 大角色必须存在，至少是一种潜在的存在。

2）婴儿期

当所承担的义务经过了实际考验，风险也有人承担之后，企业就诞生了。这时最重要的角色就变成了执行功能（P）。行政功能（A）和整合功能（I）

还像在孕育期一样是第二位的角色。但是，执行（P）的增加却会削减创新功能（E）。推动创业者的是他对企业所承担的义务，执行（P）角色因此增强。而创新（E）与执行（P）之间存在着相互依赖的关系，可以说E是P的长期目标，所以P的增加会削减E。

3）学步期

当角色P开始稳定下来时，也就是客户已经开始重复向企业订货，从而使企业的货源充足而稳定、资金周转顺利时，P就发育完全了。这为创新功能（E）的增加提供了条件。当执行功能（P）和创新精神（E）都处于高水平时，学步阶段就开始了。行政功能（A）的重要性比较低，如果这一角色不能发育，就会出现病态的学步期。企业陷入创业者陷阱或家族陷阱，原因在于在发挥P和E的作用时，缺乏行政（A）或整合（I）的配合。没有A这一角色，企业就不能作为一个系统发挥作用。

4）青春期

把企业由学步期推进到青春期阶段的，是要求对行政功能（A）引起注意的危机。行政（A）作为一个重要功能，它的出现是以已经发展成熟的执行（P）或创新（E）为代价的。新的角色的发展需要"能量"，但这种能量必须从其他地方获得。如果能量是以创新（E）为代价获得的，那就是病态的；如果能量是以执行（P）为代价获得的，则是正常的进化。如果整合功能（I）能够出现，A以P为代价的转变实现起来要容易得多。以E为代价的转变将会使企业"未老先衰"。避免这一病态现象的途径就是有意识地减少执行功能（P），以避免创新精神（E）的消失。

5）盛年期

如果企业在青春期成活下来了，就会进入盛年期，重新出现的是过去有意识地置于控制之下的执行功能（P）。当制度到位，行政功能（A）完善之后，企业就能把注意力再次转向为顾客服务，也就是转到执行功能（P）上来。企业会同时具备使利润和销售量双增长的P、A、E角色。当盛年期的企业开始丧失其创新精神时，企业就开始退出盛年期。

6）稳定期

在稳定期阶段，创新精神（E）下降了。由于E的下降，整合功能（I）增强了。企业功能减少的顺序是，首先是创新精神（E）减少，其次是执行功能（P）减少，然后是整合功能（I），最后当新的孕育期创新或企业文化完全发生变化时，行政功能（A）才会减少。而创新精神（E）是一项长期功能，它的减少会带来另一种长期功能（I）的增加。

7）贵族期

如果 E 长时间处于低水平，最终会导致 P 的减少，由此企业进入贵族期。执行功能（P）的减少意味着对功能的关注减少了，对形式的关注增加了。这也是贵族期的企业极端讲究仪式的原因。

8）官僚化早期

在官僚化早期，企业的执行功能（P）和整合功能（I）的水平下降，只有行政功能（A）处于主导地位。老化是由创新精神（E）减少和受排斥造成的，这种做法会加速企业的瓦解。当 E 消失时，企业的死期也就临近了。

9）死亡期

在机能有限或根本发挥不了机能的情况下，企业由于缺乏短期及长期的效能实际上已经死亡了。只要不再有外部支持而必须以其机能作为其生存的依据时，企业就会死亡。这时 A 成了产生不了任何功能的纯粹的形式，而新的 E——新的孕育期又将诞生了。要明确一个系统是否会死亡，应该先分析这一系统所处的环境以及这一系统是如何促进创新精神（E）的。

4. 企业诊疗的随机应变法

诊疗由要求企业去实施的一系列任务（诊疗阶段）构成。爱迪斯法共有11 个阶段，这都是为了使企业产生变革而专门设计的。要想得到满意的结果，诊疗过程必须按照一定的顺序、并以适当的轻重缓急来加以实施。

企业改革的 11 个阶段见表 5。

表 5　企业改革的 11 个阶段

概念基础	爱迪斯法的概念介绍
1. 协作诊治	组织诊断——对企业及管理过程进行系统的审查
2. 协作团队	建立能够有效解决问题的团队精神
3. POC 结构	实行、遵从并启动由下而上的交流渠道
4. Syerscope	界定企业使命
5. Synor Des	组织结构的部门化
6. SynRAS	有反应能力的责任体制
7. 分层实施	在一级单位中实行从 1 到 5 的过程
8. 顶尖表现	确认机会，追求卓越和延伸性
9. 分配资源	分配资金、人力和物质等宝贵资源
10. 平行结构	建立由上而下和由下而上的结构
11. 强化制度	设计利益分享机制

1）婴儿期企业的诊疗

婴儿期强调结果，不强调创造力，而且，还存在着创业者有可能丧失热情的危险。在婴儿期的企业中，爱迪思积极推荐建立内部董事会，而不是外部董事会，以便使创业者能得到感情上的支持。

诊疗者至少要发挥两方面的作用：首先，必须让企业产生现实感；其次，必须帮助企业获得现实情况出现时所需的资源。诊疗者需要引导企业去预测、分析和做出明细表。这些事情需让个人完成，最后完成时间也要有灵活性。

2）学步期企业的诊疗

学步期企业会制定出自己还不该去制定的决策，承担自己还不该承担的义务，卷入到自己一无所知或知之甚少的活动中去。学步期企业的管理人员必须准备把创新精神（E）和CAPI制度化。企业要开始发展团队协作和整合能力（I），以创造日后加强组织建设时不需要过多的规章去约束的环境。

对学步期企业的恰当诊疗即帮助他们认清什么事是不能做的，明确优先顺序。企业越早认识到自己必须确立优先顺序，就能越快地集中精力，并变得更有效率，然后需要建立详细的目标和指导原则。企业需要以创新精神以及CAPI的制度化来摆脱创业者陷阱或家族陷阱，并选择时机处理过早授权的问题。在学步期企业中，接受诊疗的团队最多只有2~3人，必须在短期内完成。

3）青春期企业的诊疗

青春期企业存在着复合性的困难。创新精神（E）和CAPI都处在转变当中。形式和机能展开竞争，形式取得了胜利。危险在于创业者有可能脱离企业。对企业的不利影响在于创新精神被排挤出去了，企业会未老先衰。对此，诊疗顺序非常重要。首先，在协作诊断之后，必须开始建立团队，把企业从创业人那里解脱出来。然后是界定企业使命。如果企业打算改变结构，则还需改变所负责任的结构、信息系统以及激励措施。诊疗者必须在灵活性和系统化之间保持非常微妙的平衡，利用良好的时机进行改变。诊疗的具体对象是一个相互训练的小组（来自生产、营销和销售部门），这样在行政（A）和创新（E）之间才能取得平衡。必须严格规定最后期限。

4）盛年期企业的诊疗

盛年期企业一般不会要求外部治疗，因为盛年期是下降的开始，在这一阶段，必须采取积极的预防措施，否则最终将需要采取被动措施。预先做比以后做代价要小得多。盛年期企业最大的担心是创新精神的丧失。形式和功能应该同等重要。企业可以通过授权、设立子公司、创造新的生命曲线来培养创新精神，体验持续性的再生，可以避免企业进入稳定期。盛年期是授权的恰当时机，授权通过激发创新精神以延缓老化。诊疗的具体对象是有希望成为利润中心领导人组成的小组，最后期限忌太严，也忌太宽松。

5）稳定期企业的诊疗

稳定期是企业走下坡路的开始。在稳定期，形式的成长已经强过了功能，创新精神开始下降，CAPI 也受到质问，但所有这些还处在表面，未被强烈地表现出来。

对于稳定期的企业，提高意识是最为关键的任务。企业需要预测未来，分析环境，预见危险和机会，当目标确定后要去奋斗。稳定期企业的成员一旦重新把握了未来的全景，下一步就是尽快授权，以便激发创新精神（E），并使之稳定下来。如果创新机能在不干扰整合机能（I）或影响行政机能（A）的条件下得以成长，那就会再次成为（PAEI）齐备的企业。从导致创新下降的因素来看：如果导致老化和创新丧失的是心智年龄，建议用心智比较年轻的人重新组成高层管理人员班子；如果原因是所感知的相对份额，则需对企业使命重新进行界定；如果企业结构的机能是个问题，必须重组企业结构；如果创新的下降是由于领导风格，企业会要求改变其领导风格。

6）贵族期企业的诊疗

帮助贵族期的企业，比帮助生命周期其他阶段的企业要困难一点。第一步进行协作参与诊断法，所有参与者共同面对关于企业所面临问题的信息。接着，使命界定是很重要的，因为它确认了新的视野。这种使命界定必须用团队程序来进行，注意力要集中在有分歧的思想上。然后，设计一个授权式的企业，是为了实施界定使命中所发现的战略。结构一旦完成，就需要重新设计支持责任授权的信息系统了。后面跟着的是资源分配和重新设计激励制度，以提高盈利能力，回到以绩效为导向上去。

7）官僚化早期企业的诊疗

对于这一阶段背后中伤的特性要尽快采取外科手术治疗，必须辞退几个态度消极、毒化企业气氛或根本没有成效的人。管理人员应该卖掉不盈利的单位，以制止资金流失。应该对生存问题加以强调。要做到这一点，CAPI 必须凝聚起来，最好集中于一个人身上。要对企业施行与贵族期企业同样的治疗措施，只不过干预的频率要高得多。要强调减少过分关注工作方式、关注"怎么做"的做法，而更多地加强对工作内容、对"做什么"的关心。

8）官僚期和死亡期企业的诊疗

到了这一阶段，爱迪思法已经不适用了，因为对诊疗而言，时间非常重要，而到官僚化早期时已经没剩什么时间了。官僚期的企业可能需要施行外科手术和长期的整顿。所施行的可以是一种增加创新精神的迂回类型的外科手术。而这时创新极可能必须强加给企业，而企业则会与之发生激烈冲突。另外，为了让执行机能重新回到企业活动当中，必须进行整顿。因此，需要进行的，是从高层管理人员到车间多层次同时实施企业改革的全部阶段，并且随时监控这种治疗的整合性。至于要使已死亡的企业起死回生，是不可能的事。

 拓展阅读

经过数千年的发展，医学界早已形成了对生命体进行诊疗的手段。但在1988 年，对个人心理进行诊疗的历史并不是很长，对企业进行诊断和治疗更是新生事物。爱迪思 1988 年创作的《企业生命周期》就是对这一刚出现领域的一种尝试。他在给高层管理人员担任顾问的过程中意识到，生命周期的概念不只适用于生命体，对于企业这样的组织也同样适用。经过多年的努力，他创建的企业生命周期理论不但可以预测企业文化，解释产生变化的原因，而且提供了一套诊断理论。

在随后的几十年里，爱迪思在 35 个国家的 400 多个组织中运用过他的理论，这些组织的规模从 80 至 150 000 人不等。爱迪思方法的作用在于进行组织治疗，这套方法帮助包括美国、马来西亚、以色列、西班牙、墨西哥和挪威在内的许多国家的形形色色的组织赢得了成效，使它们在自己所处的行业领域居于领先地位。时至今日，在世界各地有超过 1 000 家公司一直在采用这套方法，有超过 200 名获得认证的爱迪思法的实践者在 10 多个国家的不同机构服务。

21 《跨边界管理》

克里斯托弗·巴特利特　苏曼特拉·高沙尔

经典速读

　　巴特利特是哈佛商学院工商管理系教授，也是哈佛商学院全球领导项目的主席。高沙尔被认为是对欧美管理思想体系最有影响的人物之一。两者均是管理学界的权威，两人共同撰写的管理学巨著《跨边界管理》被多家大型跨国企业奉为"宝书"。《跨边界管理》以其对国际公司管理的敏锐洞察而广受赞誉，被认为具有里程碑式的意义。

　　巴特利特和高沙尔通过描述新型的革命性的公司形式——跨国公司，揭示了激烈的竞争是如何导致了根本性的改变。《跨边界管理》揭示了公司应怎样赢得全球化的高效率，对不同国别市场的差异做出灵活反应，培养在全世界的学习能力，并由此确立了其在全球管理研究探索中的前沿地位。

　　《跨边界管理》为认识和应用独到的全球化战略任务提供了宝贵的资源。巴特利特和高沙尔描述了跨国组织的特征，并就如何发展这些组织特征给予了管理者们具体的指导。这些关于全球管理者的概况介绍极富洞察力，它们与现实生活中的案例研究一起，对开展跨国界的不断创新和赢得持久胜利所必需的结构、过程和文化变革进行了详尽的阐述。

 内容解读

1. 跨国组织：新型组织模式

国际级公司的管理者都意识到他们需要同时取得全球效率、地区差异性以及在全球范围内开发及运用知识的能力。但是有些管理者认为，这 3 个任务之间存在着不可调和的矛盾。跨国组织将是一种克服这些矛盾的组织。

跨国型公司从完全不同的角度来看待这些问题。它将效率作为获得全球竞争力的手段；将地方响应能力视为国际经营灵活性的工具；创新则被看作是公司每一成员进行组织学习过程中的产物。通过这种对问题的重新定义，跨国型公司的管理者就可以扩展自己的视野，而且决策时会出现截然不同的标准取向。

1）一体化网络结构

跨国组织的资源形成了一种资产与能力都经过细分和专业化的复杂结构，而且公司内部通过互相联系将分散的资源整合起来。跨国组织资产与资源的分配可以描述为一体化网络。除了实际结构的合理化，公司还必须整合其任务与观点。丰富多彩的交流联系，工作的相互依存，加上正式和非正式的系统才是跨国组织的真正特点。

2）差异化的组织角色与责任

跨国组织通过从多方面塑造自己多国的灵活性来发展响应能力，它使各市场的花样特色各有差异，基本部件与核心设计依旧保持标准化。最重要的是，跨国组织将权责的系统差异性灌输到了组织的各个部分，各子公司对全球经营的贡献不同。

3）多种组织方式的共同运用

很多行业中，结构调整将弱小的竞争者淘汰出局，剩下的公司之间的竞争就会转变为公司能否敏锐发现新的趋势，进行有创意的响应并将它们的创新在世界范围内扩散——即公司进行全球学习的能力。跨国组织会同时使用中央机构与各子公司的资源来为其分布在各地的机构提供解决方案，而不是仅运用一个中央的方案（像全球型和国际型组织）或是为不同的环境提供不同的方案（像多国型组织）。

跨国组织的特征是内部相容并且相互加强的。一体化网络结构，子公司角色与责任的差异化加上对多种创新方式的同时运用，共同构成了一个完整可行的组织系统。跨国组织的3个特征缠绕在一起构成了一个复杂的组织系统。正是这一复杂的组织系统，而非某个特定的结构或具体的"办事方法"，才是跨国组织的真正特色。

要将跨国组织建立并经营成一个有效的战略实体，管理层面临着许多挑战。首先，它必须平衡组织内的多种观点及能力，并确保没有任何一个管理群体凌驾于其他群体之上。其次，由于各组织单位的角色与责任存在差异性，管理层必须建立一套灵活的协调方法以保证每一个单位与任务都是用最合适的方式抵消这种组织所带来的强大离心力。所以跨国组织管理者最关键的任务就是在个体层面上鼓励观点共享以及员工对公司的投入，这样才能将组织整合起来。

2. 跨国组织的建立与管理

不断变化的环境压力和产业特征使公司不得不拓宽其国际战略重点，并意识到当今竞争生存能力同时取决于全球效率、跨国灵活性以及世界范围的学习。为此，公司必须纠正管理传统中遗留的经营偏差。

公司在纠正组织偏差时面临3大挑战：战略、组织和文化。

公司的管理理念和组织力量在数十年的经营中已形成了一种战略经营范式，想要消除其中的偏差并非易事。处理这个问题需要完成两项关键任务：第一项是在公司内部一种对拓展公司竞争力基础所需的共识；第二项是意识到组织发展并非一定是一个零和游戏。公司在建立新的管理理念和力量时，并不需要削弱或摧毁那些代表着公司现有技术和知识基础的员工和部门，这一点是可能的，而且事实上是势在必行的。

公司历史上的核心管理层有很大的领导职责，这一事实对平衡管理理念和能力的发展而言意味着难以逾越的障碍。而且，一个组织原有的体制一般是为了适应直线领导的需要而建立的。这使得新组建的管理团队很难获取足够的信息，以使他们能够进行适当的分析，也很难对整体规划和总部决策产生显著影响。

管理的主要任务在于挑战传统结构和改造传统体制。要挑战传统结构，就必须加强新建管理层的权力和影响力，这样能使其在面对传统领导权威的否决时不至于显得过于不堪一击。要改造传统体制，则不仅需要使崭露头角的管理理念和力量获得信息和沟通的渠道，同时也要使其在相关决策性会议上有合理的发言权。

公司最难以解决的问题就是文化壁垒。根深蒂固的管理思想和已形成的非正式关系也成为许多公司在确立新的组织管理理念和力量时所面临的主要障碍。在管理差异和组织多元化中克服人为和文化的壁垒牵扯到几方面的管理任务。首先就是修改那些组织不同的合理观点发展的规范。最高管理层的态度对实现这些变革是至关重要的，由于变革对领导权的挑战是巨大的，所以在推行这些理念时，勇气和耐力是必不可少的。在某些情况下，为了实现公司所承诺的变革，不得不引进新的管理层，特别是公司的最高管理层。

在建立新型管理理念和能力的同时，还要保护现有的知识基础和能力，这是建立组织多元性中所面临的一大挑战。同时，在经营、地区以及职能管理能力三者间实现平衡对跨国公司来说也是一项长期的挑战。

高层管理者的职责并不仅仅是批准建立一个新的部门或修改公司形式上的体系。他们必须运用更为巧妙的管理手段，如员工的晋升、扩展职责、建立新的信息渠道、创建短期决策论坛以及关键资源控制权的转移等等。

通过给予多维组织内部的多元化机构以合法地位，管理层为组织建立了一个核心，使其可以灵活地应对环境变化，同时成为一个拥有多种战略能力的强有力的竞争者。下一步的任务就是要建立一个允许公司运用其多元性的协调机制。

1）对复杂性的管理：培育灵活的协调机制

跨国公司实行的是一种与传统公司完全不同的管理方式。在这样的组织中，总部和分支机构的管理者们都有明确的职责，同时联系着各分支机构的管理程序也变得较为复杂。

公司管理传统影响到其海外分支机构的协调方式。作者在研究中发现，有着相似背景的公司在基本管理模式上也惊人地相似。在日本、美国和欧洲公司中盛行着3种迥然不同的协调机制：①集权制：日本公司中的主导管理模式。大多数日本公司中的协调工作都是一种征求大多数意见的决策模式，而且，日本公司总是先将业务拓展到周边不是很发达的亚洲市场，这样可以方便母公司的管理者直接管理分支机构。由于这些原因，大多数日本公司是依赖于直接指挥和总部管理层干预的方式来发展其国际公司的协调模式的。这种简单的模式被称为"集权制"式的协调。集权制的模式有利于快速决策，同时还能最大限度地减少权力分散所带来的总部和分支之间的摩擦。但是，集权制需要昂贵的运营成本，而且，由于集权制模式反映并加强了海外分公司和总公司之间的依赖性，因此导致了组织内部的张力和不满。②正规化：美国公司所偏爱的协调机制。美国公司的管理传统使它们依赖于其他的协调措施和机制。大多数美国公司在国际化的过程中都会将细分部门作为主要的组织管理方法。允许公司管理者控制运营和有权指挥其他管理者对所指派的任务负责的管理体系得到发展，这使得更大的职责授权成为可能，同时一个"职业管理"的新时代随之到来。因此，美国公司的协调模式基本建立于正规的体系、政策和标准之上。我们称这种协调模式为"正规化模式"。正规化模式可以减少集权制带来的相对高昂的运营成本，通过规范决策带来的高效率是这种协调机制的一大特点。然而这种模式也有其代价，最明显的莫过于对现有体系、政策和规定调整所需的高额费用。实际上，这种政策和体系的实施冒着自我毁灭的危险。管理者们过多地将精力投注于体系的建立上，而忽视了对消费者需求和竞争威胁的洞察与应对。在一个被标准化和常规化驱使的内部环境中，管理者们发挥创新精神的主动性会受到压制。③社会化：欧洲公司中传统的协调体制。欧洲公司创立了具有独特个性的协调模式。由于他们的扩张是在一个信息交流缓慢而昂贵的时代进行的，因此，基本的协调过程要依靠对主要决策者仔细地挑选、培训，并使其适应公司的文化，这就是我们所说的"社会化"协调模式。和其他两种协调模式不同，社会化模式同时提高了总部和分支机构的影响力，因而促进了全球范围内的资源与能力的发展和融合，而且，因为它依赖于共同的价值观与目标，所以它所代表的是一种更具活力和灵活性的体制。通过具有共同目标的、有知识的群体协商后得到的决策，远比那些由上级指定的或是根据标准化政策制定的好得多。社会化协调模式的最大弊端是其高额的费用，它是迄今为止最昂贵的协调方式。

以上的区别和分类仅仅是基于程度上的差别，事实上，这三种基本模式经常交叉重叠。在很多更为普遍的协调机制中往往是三者的协同效应。研究中发现，公司常常将一种协调机制发挥到极致，而使其他手段和机制不能充分利用。管理者们必须了解多种协调模式，而非只沿袭某种传统的模式，只有这样他们才能敏锐地决定该如何发展、联系以及管理新的协调模式和手段，借此对原有的"公司方式"加以补充。

2）控制协调过程：综合运用多种手段

管理者们必须建立和采用那些未曾充分利用的协调机制。但是，组织结构重构与新的管理理念及能力的发展实非一件易事。

在发展新的协调模式，实施结构变化或使多种管理理念合法化之间存在着另一种重要的平行关系：关键任务是维持原有的模式，与此同时建立新的模式。新的手段和机制的引进必须是渐进的和技巧性的，这样才不会使原有的协调方式"短路"，甚至被彻底破坏；然而，它们的引进也必须有强大的支持力量，这样才能保证它们不会被原有的体系中和或同化。那些在提高自身协调能力上极为成功的公司，一般都采取两种形式来建立他们的手段和机制：自我约束和被管制。

与发展多种协调机制组合同样重要的是确定何种模式最适合哪种组织的需要。作者发现，集中考虑协调任务的两个方面对这一问题的解决很有帮助。第一方面与组织各部门之间流通环节的协调有关。在流通环节，有三类物质流决定着每个组织的活力，分别是商品流动、资源流动和信息流动。

第二方面与各部门战略地位和职能的协调有关。公司通过调整它们的协调模式来配合各个分支机构的职责，而在跨国公司内部这些分支机构的职责并不是单一的。

虽然经过改进的模式可能看起来很有价值，但我们不提倡一个组织机构仅仅运用一种单一的协调模式来管理。管理层应该根据任务的特性以及所需协调的机构的战略地位来决定协调模式，在权力的集中、体系的正规化和管理者的社会化中选取适当的组合。

3）树立信念：管理者思维模式的确立

确立管理者的思维模式主要有 3 项任务，分别是确立一个共享的发展蓝图、提高个人的理解和接受能力和整合管理力量。①确立一个共享的发展蓝图。发展成功的组织都具有 3 个重要的特征：目标的明确性，它使目标易于理解并有意义；追求目标的持续性；在组织所有单位中解释和贯彻目标的一致性。无论一个发展蓝图有多明确、持久和一致，仅仅规划和传达是远远不够的。一个代表各方面利益的发展蓝图能否贯彻于行动的关键在于每个组织成员对目标的理解和接受能力。这往往不是一个传达的问题，而是一个接受能力的问题。②提高个人的理解和接受能力。如果共享的蓝图是使管理者的直觉和行动服务于公司目标的话，那么，个人的理念和能力必须加以拓展。我们所研究的所有公司都有由于决策管理者个人能力的有限而造成的严重问题，因为负责这些决策的人不适应真正的全球观念，甚至对其怀有莫名的偏见。突破如此观念和意识的关键是发挥人力资源职能，它主要致力于拓宽理念、积累经验以及加强联系，有助于增加管理的灵活度并密切企业的内部联系。人力资源政策的 3 方面是极为重要的，它们是：招聘和选拔程序，培训和发展计划以及职业生涯的管理。③管理力量的整合：有约束力的信念。从理性上来说，大多数管理者能够理解公司的战略性发展蓝图，并且他们也许会通过培训树立一个全公司范围的宽广的参考框架，但是，由于他们过于注重当前的经营责任，以致当遇到全球性事务时他们常常会用狭隘的观念来思考和行动。很多公司认为，如果管理者们被赋予实现公司发展蓝图的直接责任和协调新建组织的关键角色，那他们就可以被整合到公司的跨国业务中去。参与的形式和程度是多种多样的，但是主要分为两类。应用最广泛的是创立一种结构，以吸引多方力量参与公司的关键性战略决策；另外，公司运用很多方法赋予管理者们在完成跨国组织核心任务方面的具体责任。

当公司在向一个一体化网络结构转变的时候，它可能要遇到这样的风险，即管理者们可能会全神贯注于必需的结构和体系的转变，以至于将一体化的任务看作是建立一个正规的全球化模式。这种结构导向的做法在过去失败了，因为他们没有意识到获得那些新兴的、相互往来的交叉性业务管理者的理解和认同的重要性。

 ## 拓展阅读

20 世纪 80 年代对全世界大多数大型公司来说是一个分水岭。"全球化"时代迫使很多管理者在各自的业务范围内相继感受到变革的力量，并让他们认识到应采取什么样的应对措施才是适宜的，最重要的是，让他们认识到现在该如何管理更复杂的战略和运营。这就是我们在本书中所提到的广义计划。作者花费了 5 年的时间，对 9 个世界最大公司进行研究，最终将研究成果在《跨边界管理》一书中发表，目的是为从事实际操作的管理者们提供具体的指导和建议，帮助他们为在 21 世纪即将面临的挑战做好准备。

书中的很多结论和发现源自 10 年前巴特利特为博士论文所作的研究，

并且与从那时开始的良好研究氛围息息相关。这些观点的萌芽和最初发展很大程度上吸收了哈佛商学院 20 世纪 70 年代以来的 3 股重要的研究流派——以 Kenneth Andrews 和 C. Roland Christensen 为先锋的强大的商业政策传统，Ray Vernon 领导的较重要的国际化商务研究，和 Paul Lawrence 与 Jay Lorsch 所作的深具影响的组织行为研究。事实上，这 3 大研究流派的逐渐交叉影响了 70 年代进行博士研究的大多数人，后来 John Stopford，C. K. Prahalad，Yves Doz 和许多其他人的论文和研究都证明了当年学习时的知识氛围是多么浓厚。

虽然作者所作研究的根源是在这片知识土壤中孕育的，真正的灵感却来自于从事实际工作的管理者们。在为一门关于多国企业管理的 MBA 课程准备案例教材时，作者意识到，世界各地不同行业的管理者们在应对国际商务环境的变化时遇到了巨大困难。但是在对 20 多家大型世界性公司——比如，科林玻璃公司（Corning Glass Works）、百代唱片公司（EMI）、自治领机器公司（Dominion Engineering Works）、Komatsu、Merloni 和肯德基（Kentucky）——作了进一步的深入研究后，作者有了意想不到的发现。多数管理者似乎对面对的战略任务有相当清晰的认识，其主要问题是建立和管理组织能力以执行新的、更为复杂的全球战略。

为了对这一问题作更系统的研究，作者决定对一组他们观察到的准备应对变革的公司进行临床研究。研究采用的方法着重于对三个截然不同的行业的几组不同的公司进行研究。在两年半的实地调查中，访问了 236 位管理者，他们来自开展全球运营的诸如品牌包装产品行业的宝洁（Procter & Gamble）、联合利华（Unilever）、花王（Kao）；消费电气行业的通用电气（General Electric）、飞利浦（Philips）和松下（Matsushita），电信转换器行业的国际电话电信公司（ITT），爱立信（Ericsson）和日本电气公司（NEC）。

作者的目标是对经营全球性业务的公司管理者们在经历环境变化时所面对的组织和管理任务拥有充分的了解，将他们面对的变革力量和战略挑战加以明确和概念化，并了解在新型环境中管理所必需的组织特征。作者希望为公司如何建立和控制这些特征提供一点指导。

22 《企业 X 再造》

詹姆斯·钱匹

经典速读

詹姆斯·钱匹是 Perot Systems 公司咨询业务的董事长，其管理方面的专栏文章饮誉全球。早在 1995 年，他就与管理学大师迈克尔·哈默合著引领"再造"风潮的经典管理书籍《企业再造》，该书曾一度登上《纽约时报》畅销书的排行榜，并引发了一场企业界的重大变革。斗转星移，当经理们将目光从"再造"移向以前从未跨越的组织界线之外，移向企业营运绩效的新境界时，钱匹的新书《企业 X 再造》于 2002 年诞生了，该书成为一本企业经理的必读之物。无论是学术界还是企业界都给予该书极高的评价。

哈佛商学院商业管理教授、组织行为系主任理查德·P.查普曼评价本书说："詹姆斯·钱匹再次出击了。《企业 X 再造》势必将掀起一场跨越组织界线的企业革命。在这场革命中，寻求全新的强有力的进一步提升企业绩效的方法将成为世人瞩目的焦点。"戴尔计算机集团的主席兼 CEO 迈克尔·戴尔认为："这是第一次讲述如何更好地应用信息技术去改变企业运营模式的书。它为期望进一步改善绩效的企业提供了绝佳的机会。"

《企业 X 再造》向读者展示了一个崭新的企业营运模式。作者为我们描绘了一张业务流程及身处其中的人们不断进行互动的网络。在这张网络里，从前保守商业秘密的做法已经过时了，到处充满了协作的气氛，人们拥有任何需要的信息并分享各自的观点，企业学会了创建协调机制，通过在运作方面与客户的进一步协调，在客户最需要的时候以较低的成本准确地供给产品；更加透明，向客户详尽地展示了其业务流程——这是一项在提高生产效率的同时保持竞争力的革新措施；理解客户的角色，通过与客户交谈以及倾听客户的建议，公司能比以往任何时候都更为出色地实现着客户"拉动"的价值并更为精确地发挥着业务流程的"拉动"效应；不断推进 X 再造的进程，当公司的每一个部分都将互联网的作用发挥得淋漓尽致时，客户和公司的效率都能获得成倍的增长。

《企业 X 再造》全书共 12 章，深入浅出地详述了有关 X 再造的概念，以及这一理念在实践中的具体应用。例如，商业环境巨变对企业通过 X 再造实施变革提出的新挑战，X 再造的含义，客户拉动怎样推动企业流程的改进，如何在企业与客户之间创建协调机制，怎样通过 X 再造实现价值创造，在哪里寻找 X 再造的机会，跨越组织界线的方式方法，如何建立 X 再造的全新理念以及 X 再造过程中的 10 个误区等。同时，书中还提供了一些实施 X 再造进程后取得巨大成功的企业案例，如美国旭电公司和 PNC 银行等。

本书对读者最重要的启迪，在于揭示了企业对电子信息技术的创造性应用可能带来的无穷潜力，为商业人士应对变化、赢得竞争优势提供了指导性解决方案。对于首次面临企业 X 再造的经营人员，推行 X 再造可能会面临危险，如同第一台工业织布机遭受英国纺织工人焚烧的厄运一样。但是，拒绝应用新技术带来的创造力的代价却是非常明显的：要么迎头赶上，要么，企业将从此落伍。本书对读者具有很大的鼓舞和启迪作用，其根本原因就在于揭示了对信息技术创造性的应用为企业带来的无穷潜力。

 内容解读

1. 企业 X 再造

X 再造并不是一个什么复杂的概念，简而言之，就是通过信息技术的广泛应用，重新规划跨越组织界线的业务流程，以实现营商绩效的突破性提升。

X 在这里是指跨越各种组织界线，如企业和供应商、企业和顾客、企业和竞争者等等。但是，X 再造进程不是一个简单的拼装过程，它将检验企业分析问题、展开联想以及实施解决方案等一系列的能力。

一旦完全理解了 X 再造的概念，企业便能够去理顺存在于组织之间的众多低效和冗余的工作环节，并且以此为契机创造出更多的商业机会，取得突破性的营商绩效，同时也将增强自身的竞争优势。

流程、策略和参与，构成了企业实施 X 再造进程的"百慕大三角"。

1）流程

全面了解业务流程对企业绩效的影响程度，以及它们与供应商、客户的业务流程的相关度是十分重要的。不同性质的业务流程处理的对象不同。操作性业务流程一般是以实物为处理对象进行递送的过程，例如，订单的履行过程；管理型业务流程，如绩效的审核，则是以信息为处理对象的；其他一些业务流程直接面向客户，例如，开辟市场和客户服务流程。为了更好地了解这些业务流程的相对重要性，作者将它们分为三组：企业可以独自完成的业务流程，这是企业能够借以获得竞争优势的唯一途径，其重要程度要求企业必须完全掌握其控制权，而不能交叉与其他组织去完成；企业可以与其他组织协同完成的业务流程，涉及企业、供应商、合作伙伴以及客户之间的信息、货物、资金的交换和流转；企业依靠其他组织来完成的业务流程，这些业务流程并非企业的营运核心，可以外判给其他组织，因为它们或许可以更好、更有效地完成它们。

X 再造要使业务流程做到开放和连续，消除重复。传统上，业务流程被认为是一种在竞争中可以用以获得竞争优势地位的专有技术而严加保护，像可口可乐的糖浆配方。但是 X 再造进程彻底改变了保守业务流程秘密的规则。新规则规定：首先，开放一切业务流程，除了那些极度专有的部分，比如前面所说的第一类企业独自完成的流程。没有业务流程的开放，企业就不可能与供应商、客户及合作伙伴的相关流程进行整合。其次，业务流程是连续互动的整个企业群或供应链的运作。一个企业的业务流程对于其他组织来说不再是分散和独立的，而是连续不断、相互依存、反应迅速的一个整体的一部分，有如生态系统一样。最后，企业再造消除了企业内部业务流程中重复的活动，但是从整个供应链的角度看，企业、客户、供应商以及合作伙伴之间存在难以置信的低效率，因为往往有太多相似的业务流程存在于业界，而其中的大多数并不能体现企业的卓越特性，也不可能提供更多的竞争优势。因此，只有尽量避免组织之间的重复建设，才能在实施基于业务流程的 X 再造进程中发现蕴藏的丰富商机。

2）策略

作者列举了 7 种有价值的、具有普遍意义的营商策略：定制、革新、定价、质量、服务、速度以及多样性。无论企业的营商策略是什么，决定其成败的唯一因素就是能否为客户创造出新的价值。

3）参与

企业在审视自身业务流程并最终决定采用何种营商策略的时候，还应当考虑在实施 X 再造进程时哪些组织将真正参与进来，也就是"百慕大三角"的第三"角"参与进来。此外，企业还必须慎重考虑：企业准备在多大程度上跨越与这些组织的界线，希望接纳怎样的参与者加入到业务流程的重新规划及营运之中。

2. 客户的拉动与流程的推动——通过 X 再造进程创造价值

尽管企业业务流程存在着许多不同的类型，但是 X 再造进程是有共性的。它包括了两方面的关键共性：X 再造进程是由客户拉动的；X 再造进程推动着企业不断去跨越各组织之间的界线。

传统上，是制造商将产品一步步地推向客户。制造商的生产流程以及其设施状况，决定了他们将要生产产品的数量，而企业的管理者们似乎也是在为供应商和制造商们工作，他们决定了何时生产、产品的成本和所具备的特性。然而，由制造商推动的企业营运模式存在着严重的缺陷，经常出现的库存积压就是其中之一。随着卖方市场向买方市场的转变，制造商们开始真正考虑消费者的需求。制造商们的推动逐渐被客户的拉动所取代。而电子商务时代的到来赋予了客户新的、更大的权力。无论个人还是企业都在利用这一更为积极的手段采购自己所需要的商品，同时选择个性化的特征、合理的价位以及适宜的供应商。这正是客户拉动的具体化体现——通过相关的业务客户正在实现着自己的价值取向。

那么，这是不是就意味着供应商和制造商就处于不利地位了呢？事实上，在供应链中的各方都将从中受益。客户主宰市场的现实促使供应商和制造商根除那些存在于营运流程中的低效率，并着手开始与他人进行合作，因为只有这样才能保持最起码的盈亏平衡。换句话说，企业必须响应客户的拉动，并将这一拉动进一步拓展成为一种跨越组织界线的业务流程所特有的推动，也就是不断改进业务流程来满足客户需要。随着合作关系的进一步发展，每一家企业都将发现，属于他们的专有业务越来越少了。专有业务对于企业而言不仅是唯一的，而且是竞争优势得以维系的关键所在。大多数业务由他人来完成或许更好、更节省费用，同时，企业也能因此而更专注于自己的专有业务。最终，由企业、客户以及供应商共同分享的业务流程将逐步实现标准化，以确保他们之间能够更为顺畅和高效地协同工作。

客户的拉动和流程的推动，这两股力量的结合为企业创造出了一个重要的营商策略——为客户创造价值。但是，为客户创造有吸引力的和与众不同的营商策略不是一件一劳永逸的事情，因为竞争对手与客户一样在不停地前进，而且其前进速度是相当迅猛的。作者在书中通过美国工业消耗品供销商格雷杰公司和哈佛朝圣者健康护理公司实施 X 再造进程为客户创造全新价值的案例，总结出两家企业采取的一些步骤，正是这些步骤引导他们向实践更强大、更灵活的营商策略不断前进：

步骤一：不断收集和消化有关客户的重要信息。

步骤二：尽量对客户进行细分，细分应该以他们的期望和价值取向为基础，而不要根据客户的规模、购买能力和盈利水平进行区分。从长期来看，企业实施 X 再造进程的最终目标是向单一客户所构成的市场推销其产品和服务，就像亚马逊网站所做的那样。

步骤三：为每一个客户或客户群确定具有吸引力的营商策略。

步骤四：企业的营商策略应该由简单到复杂，否则就会引起一些问题，比如客户可能无法理解企业烦琐的策略或企业根本不可能执行这些策略。

步骤五：寻找对企业有所助益的合作伙伴。通过与其他企业建立良好的合作关系，将在某种程度上增强企业营商策略的执行效果。

步骤六：关注业务流程的重新规划。通过对企业的业务流程与合作伙伴的相关流程进行规划，才能更好地实践对客户有吸引力的营商策略。

步骤七：不断通过客户的眼睛审视企业的表现。

3.实施 X 再造进行的最佳机遇——在哪里标记"X"再造

通常，企业的管理者们决定实施 X 再造进程的动机有两种：一是降低成本的需要；二是受到为客户创造更多价值的激励。成本和价值都是管理者不得不去认真思考的、影响企业营运的重要因素。因此，当企业寻求实施 X 再造进程的最佳机遇时，就应紧紧围绕这两个关键因素。

1）成本机会

　　企业首先应该认识到，成本并不是总以我们所熟悉的形式出现，而是很可能错误地将某些成本与特定的营运活动联系在一起。因此，无论是自身的还是客户的，企业最好对资产和营运成本的真实情况进行更深入和细致的分析，这样企业才会发现身边的低效率已经达到了什么程度。例如，库存的降低是实施 X 再造进程的一个最容易实现的目标，该目标应该设定为减少各方（企业、供应商等）的总体库存量，同时让客户能够感觉到响应速度的加快和服务水平的提高。降低营运成本比发现大量正在贬值的资产更具挑战性，因为不必要的营运成本不像看得见、摸得着的资产那样容易被识别。营运活动的成本测量法是一种可以被考虑用于确定成本的真实来源的好方法。其次，当以降低成本为目标的时候，企业应该把眼界放得更宽些，应该从对一个流程的再造延伸到相关流程，进而降低总营运成本。比如，企业对采购流程进行改造以降低原材料的平均处理成本，但是企业不能停止于对采购流程的改造上，而应进一步审视所有与这一流程相关的业务流程，包括原材料检验、库存和物流管理、产品回收等。

　　2）价值机会

　　首先，企业应当认识到，客户才是对于他们自己所面临的问题以及企业所提供的产品和服务最有发言权的人。客户总是比总裁们更容易发现问题所在，而且互联网的出现加速了客户对问题的体验。如果企业想要了解问题的根源所在，就必须得到客户的帮助。其次，如果相关流程已经根据客户的拉动做出了适当的调整，那么，企业就可以对客户何时将会面临何种困境进行预测。除非管理者们能够准确地预见未来将要发生的客户的困难，否则当面对越来越多不满的客户的时候，他们将束手无策。

　　作者通过对案例的研究发现，企业在寻求对自身业务流程实施 X 再造机遇的时候，应该时刻牢记以下几条准则：

　　（1）审视资金的流转。了解营运的真实成本将帮助企业洞悉改善业务流程的机遇，但是，不要停留在对自身成本的审视上，企业还应当把目光放在与自身产品和服务相关的客户固有的总成本上。同时，企业也要关注供应商根据自己的方式递送原材料所需的成本。

　　（2）开阔思路。过多的营运成本和绩效问题，通常并不仅仅产生于单一的营运活动或业务流程，企业需要对自身的、客户的以及合作伙伴的业务流程通盘考量。

（3）预见客户行为。企业应该更多地了解客户所关心的东西，并不仅仅是他们的购买历史，以便据此确立对企业和对客户同样奏效的营商策略。

（4）勾勒出故障的轮廓。与客户直接交谈，并在问题发生时坦然对待，将令企业能够清晰地洞察客户的期待以及这些期待的价值所在。

（5）瞄准上游企业的业务流程。产品、服务以及业务流程的成本很大程度上在其设计阶段就已经决定了。因此，必须认真观察客户和供应商的设计流程，以便找出实施早期协调的可能性。

在寻找实施 X 再造进程的机遇时，企业最好保持一种乐观的和现实的心态。乐观的重要性在于企业需要凭借其寻找机会，现实的心态能够帮助企业在执行未来任务的过程中脚踏实地，避免对有关技术的过分信任，并促使企业坦然面对自己能力的局限性以及即将结成的合作关系。

4. X 再造的十条戒律

虽然成功实施 X 再造进程能给企业带来成本的大幅度降低、绩效的改善等重大利益，但并不是所有实施 X 再造进程的企业都能达到目标、取得预期的收益，许多企业不知不觉就会跌入 X 再造进程中的陷阱。为了避开这些陷阱，下面列出 10 个最常见的错误。

错误 1：没有经历再造就实施 X 再造。X 再造进程需要企业将自身的业务流程与供应商及合作伙伴的相关流程更紧密地衔接在一起，但是，如果一开始企业自身的业务流程就缺乏效率的话，跨越组织界线的连接则根本不可能提升企业的绩效。这就是要首先进行再造的原因。匆忙进行 X 再造，不但不能达到预期的效果，很可能还会适得其反。

错误 2：承诺实施 X 再造进程却不参与其中。要想使人们真正参与到实施 X 再造进程中去，必须事先明确有关的职责。企业上层不仅要倡导 X 再造的理念、制定变革的计划，更重要的是参与到实施 X 再造的过程中。没有高层的支持，几乎不可能在主要变革计划上取得成功。大多情况下，决策要求企业的总裁们再次投身到琐碎的具体事务中去。在 X 再造实施过程中，每一个明智的举动都需要对客户和市场情况以及企业的真正营运模式有更为深刻的认识。

错误 3：将 X 再造进程与数字化市场混为一谈。创建一个数字化的市场理所当然是企业推行 X 再造策略的一部分。但是，实施 X 再造进程并不是简单地从事电子商务活动。要实施 X 再造进程，企业的所有业务流程必须能够适应跨越组织界线的营运活动。而且企业必须亲手去实现这些，而不能随便地外派给其他公司。

错误4：建立一个孤立的电子商务网站。从表面上看，电子商务活动与传统的营运模式似乎有着天壤之别。但是，任何孤立的、建立于营运体系之上的电子化奇迹都会很快遭遇到诸如不成熟的商业行为之类的麻烦。孤立还将进一步导致在线部门所追求的营运目标与企业的总体目标出现交叉，而这势必引发相互之间的制约。深层次的变革对于那些将电子商务活动和传统营运部门割裂开来，或干脆成立新企业作为跨入数字化时代的入场券的企业来说是根本不可能的。主营业务才是企业真正的利润源泉，而主营业务同样需要变革来维系较高的利润水平。独立运作的电子商务部门回归到公司的主营业务部门之中，才能更好地服务于公司的整体目标。

错误5：行动过于超前或滞后。企业要获得X再造的成功，就必须学会根据市场的情况和自身及合作伙伴的能力适当调整变革的速度。而且企业应当知道什么时候需要加快步伐，什么时候慢一点好。速度并不意味着不惜一切代价去占有一定的市场份额，适当的速度是能够维持X再造进程继续向前的恰如其分的节奏，例如，企业能够很快适应变革并投入X再造的进程，而客户以及合作伙伴们可能无法迅速跟上。然而，"组织所特有的惰性"叠加在一起便会大大影响X再造进程的实施速度，惰性越大，试图实施X再造进程的努力就越可能举步维艰，所以行动速度也不能太慢。

错误6：从不易接受变革的部门开始。企业假设那些准备从跨组织连接中有所收获的部门或那些已经充分认识到新技术将带来巨大收益的部门开始，但事实上，根据企业的不同性质和参与竞争的行为，这两类部门却很可能最不适于首先实施X再造进程。在选择实施X再造进程的切入点时有几个要素必须慎重考虑：业务部门对变革的态度、商业机会的大小以及企业文化。无论从哪里开始，我们要时刻牢记：一个企业在某个时点，只能应对数量有限的变革计划。

错误7：只对业务流程的前端实施X再造。如果企业的变革计划仅仅是为现有业务创建一个前端网络，那么这些企业的命运也只能与那些业已破灭的网络公司一样。变革计划有着共同的特征：客户与企业的物流系统在衔接上存在着不小的问题。然而企业在实现了电子化销售渠道与物流系统的平滑衔接之后还并不意味着大功告成，需要重新考量的问题还有很多，其中包括如何对产品进行准确的界定和分类，以及确认产品和服务的特质。这些正是企业建立独特的营商策略所必须完成的工作。所以，如果企业把变革工作仅仅限定在前端业务流程，那么，将错过与客户及合作伙伴的相关流程进行协调的好机会。

错误 8：立即对所有业务流程实施 X 再造。实施 X 再造进程要求重新对企业的业务流程作通盘的考量，但是千万不要同时进行所有的变革计划。因为企业需要维系一种可管理的营运环境，而且也必须保持对外形象的连贯性。X 再造进程的确是由新技术驱动，但绝不等于可以把这项工作留给技术部门去处理，而不考虑业务流程的每个细节。企业必须小心协调任何业务流程的改变，必须以特定的企业需求和管理能力为基础展开变革计划。在针对服务和产品实施 X 再造进程时，一定要记住，企业不仅要对自身的业务流程进行变革，而且也要与客户及合作伙伴的相关流程实现协调一致，而这项工作是不可一蹴而就的。

错误 9：把电子商务等同于电子化。企业即使对新技术认同并大量投资，如果没有准备好对工作流程进行改变，那么，这些信息技术的投资就不大会取得很明显的收益。企业的管理者们不能过分强调技术而缺乏对真正营运问题的关注，在设计营运体系时，不要过于注重电子化而不关注相关的工作流程。所以，企业应当明智地运用新技术，所谓"明智"就是说新技术的利用不仅能提高效率，而且要改善原来的流程。

错误 10：高估了人们对新事物的接受能力。企业的管理者不能期待客户像自己一样能够很快接受 X 再造的理念。由于 X 再造需要整合客户的相关流程，所以要竭力劝说他们改变原来的运作模式，但这需要的时间要比预期的漫长。企业要有比客户稍微超前的理念，但同时要容忍他们保留对旧营运模式的选择权。所以，企业一方面要努力保持传统业务渠道的畅通无阻；另一方面也要着手推进 X 再造进程的实施。在这个过程中，使客户逐渐过渡到新的营运体系中来，让他们亲身体会到流程变革后所带来的益处。对于企业的合作伙伴当然是同样的道理。当然，也不是没有办法加速客户及合作伙伴的改变过程，所以需要对首先进行变革的业务流程进行认真的筛选。同时，还要作好财务安排以确保在新流程被采用以及商业绩效开始显现之前，有足够的资金支持企业的运作。

 ## 拓展阅读

　　当前企业环境正经历一个巨变的时代，全球化无孔不入的蔓延、竞争者的突然入侵或恶性竞争，以及日益精明的客户甚至供应商的讨价还价等，都在侵蚀和分割着企业的利润。除了一些借助行政垄断势力获取暴利并可以轻松地享受生活的特殊经营领域的企业领导人外，绝大多数的企业经营人员尴尬地面临越发严峻的商业环境和萎缩的业务利润，对自己的企业作为一个组织而生存的持久性甚至必要性产生怀疑。与紧迫的商业环境不协调的是，大多数企业仍然窒息于内部组织架构的条块分割，或者专注并深陷于个别业务和存在于企业内部、企业与客户和供应商之间冗余的工作关系当中不能自拔，其结果必然是面临越来越令人沮丧的低效率，企业生存越发困难。

　　日益趋紧的环境与企业运营普遍的低效率之间的巨大反差，迫切要求现有企业进行变革。除了企业战略和体制变革外，从业务流程角度重新规划和构造企业的运营体系，是企业从根本上提高生产率的高效途径。

　　20世纪90年代，詹姆斯·钱匹及其合作伙伴迈克尔·哈默合著的《再造企业》一书，引起了企业界的重大变革，在世界的每个角落和各个行业中掀起了"再造"热潮。实践已经证明，企业的再造获得了巨大的成就。但是，正如作者自己所指出的那样，企业再造所引发的冲击局限于在公司内部围绕业务流程如何高效率地安排工作，远远不能满足技术变革和全球经济整合对企业提出的更高要求——这就是企业再造的触角不能局限于企业的股东，企业的管理者、雇员、商品和服务的供应商以及合作伙伴、客户都应当包括在内。《企业X再造》则正是着眼于拓展这一进程的迫切性，"X"在这里代表跨越组织之间的各种界限。基于可以把整个世界连接为一个无缝隙交易网的电子信息技术，突破长期以来横亘在企业、客户、供应商以及竞争对手之间的高墙，将相关企业的业务流程链接在一起，使所有合作伙伴为形成一个有效、崭新的多企业实体而共同努力，将会产生比企业各自为政大得多的生命力。

　　这里的关键是，业务流程在传统上被认为是一种在竞争中可以用以获得优势地位的专有技术而严加保护，X再造进程则彻底改变了保守业务流程秘密的规则。除了那些极度专有的部分，在X再造的世界里，企业必须将自己

的业务流程与客户、供应商甚至是竞争对手的业务流程连接在一起。这种开放的状态在旧的保护性规则下是根本不能实现的，甚至是不能理解的。在过去，业务流程是在企业独立运作的条件下定义的，现在则被描述为连接互动的整个企业群运作的红线。一个企业的业务流程相对于其他企业来说，不再是分散和孤立的，而是连绵不断、相互依存、反应迅速的一个整体的一部分。

23 《改变世界的机器》

詹姆斯·P. 沃麦克　丹尼尔·T. 琼斯　丹尼尔·鲁斯

　经典速读

自 20 世纪 90 年代以来，关于精益生产方式的研究如雨后春笋，而《改变世界的机器》一书则成为该领域的经典读物。

全书主要分为 3 大部分，在第一部分，作者主要介绍了将在世界范围内取代大量生产方式的精益生产方式的由来；在第二部分，作者从工厂经营、汽车设计、协作配套、用户关系、管理精益企业等 5 个方面系统地说明了精益生产的运作方式；在第三部分，作者解释了精益生产方式是如何正在传播到世界各地以及如何传播到其他业中的。

书中以汽车工业为例，说明世界并不是面临供大于需的危机，而是面临严重缺乏具有竞争力的精益生产方式的生产能力的危机。在各工业界普遍采用精益生产方式后，将会发生消费者的选择、工作的含义、公司的命运、世界的经济等诸多方面的重大变化。这些观点无疑为解决当时世界汽车工业所面临的问题提出了新的思路。

该书中最大的贡献还在于首次系统提出了新的思路，以及首次系统提出了精益生产方式，从而引起了工业界以及学术界对精益生产方式的普遍关注。《纽约时报》曾经指出："精益生产系统的基本要素可以运用到全球各个行业……它对人类社会所产生的影响之大足以彻底改变整个世界。"

 内容解读

1. 精益生产方式的兴起

1950 年春天，一个年轻的日本工程师丰田英二到美国底特律对福特的一个总装厂鲁奇厂进行了 3 个月的参观学习，此时，丰田公司的销售受挫，公司被迫裁减很大一部分劳动力，但这引起了长时间的罢工，直到丰田喜一郎引咎辞职，罢工才结束。在对这个当时世界上最大而且效率最高的制造厂进行了审慎的考察后，丰田英二认为，那里的生产体制还有些改进的可能。单纯地仿效鲁奇厂并在此基础上改进，是极为困难的。回国后，丰田英二和在生产制造方面富有才华的大野耐一一起很快就得出了结论：大量生产方式不适用于日本。从这个设想开始，就产生了所谓的丰田生产体制，并最终发展成为"精益生产方式"。

从劳动力方面看，丰田整个公司就是一个大的社团，雇员们都成为丰田社团的成员，享受各种权利，包括终身就业以及对丰田的设施（住房、娱乐场所等）的享用。劳动力已经和公司的机器一样成为短期的不变成本，而且从长远来看，工人们甚至是更重要的固定成本。机器陈旧了可以折旧并报废，但是丰田公司需要从人力的资源在其有效的 40 年内得到最大的产出，因而不断地提高工人的技能，使之发挥他们在知识、经验以及脑力方面的作用而产生效益，就很有意义。

在总装厂组织方面，大野认为，传统的大量生产方式下的整个制度造成了劳力、材料和时间各方面的浪费。他认为，组装线以外的任何一个专职人员都没有对汽车产生一点增值，因此他把工人分成团队，每团队有一个组长而不是领班。对每个团队指定一套组装的工序，组装线上的这一部分工作就由他们承担，并且要求他们共同努力使这些作业完成得最出色。对待生产中出现的问题，大野也制定了一套解决问题的制度，叫作"五个为什么"，教导生产工人们如何系统地追溯每个差错的基本原因。

为了解决零部件的协作供应问题，丰田公司在总成本协作方面也开始建立起一套新的精益生产方式。

首先，不论协作厂与总装厂之间的正式关系或法律关系如何，把所有的

协作厂都按其功能分别组织为不同的层次。不同层次的公司，其责任也不同。而丰田公司通过互相参股的形式把其与许多协作公司紧密联系在一起。

其次，丰田公司还和它的协作厂集团进行人员和信息方面的交流。

最后，大野还开发了一种新的方式来按日进度安排零件在协作厂之间的流动进程。

这就是有名的"准时生产"系统，在丰田公司则称为"看板生产"。

在产品开发和工程设计方面，丰田和大野早就认定产品工程内工艺和工业工程是不可分离的，因此，在他们所组织的开发团队里包容了各个有关方面的专业人员，并且由强有力的组长来领导。在职务的晋升方面也是提拔那些在团队内工作出色的成员，而不是只在产品、工艺或工业工程某个单一的领域内有才华却不关心在团队内发挥作用的人。

用户对轿车的需求是变化的，汽车技术也是变化的，丰田新的生产体制就特别适应于这种情况。一方面，丰田的生产体制能够赋予产品优良的可靠性；另一方面，丰田的生产体制灵活，能降低生产及工程设计的成本，因而能够提供多样化的产品，买主只要增加不多的费用就能买到想要的产品。最后，丰田公司还建立了一套销售网络，这个销售网络有些类似于丰田与协作厂的集团关系。网络中的销售商，有的完全归丰田汽车公司所拥有，有的只是一小部分股权属于丰田汽车，他们的命运都和丰田公司休戚与共。而这些销售商们又发展了一套被称为"主动销售"的技术，其基本思想是把销售商也纳入生产体系中，把顾客也吸收进产品的开发过程中，从而在汽车总装厂、销售商和顾客之间建立起一个长远的、甚至是终生的关系。

在20世纪60年代初期，丰田汽车公司已经全面地制定出精益生产方式的原则，在随后的许多年里，日本的其他公司也采用了这些原则中的大部分，这使得在60年代日本的公司总体上比任何大量生产方式的公司更具有竞争优势，日本的汽车出口也在稳定增加。80年代期间，精益生产方式开始向外扩散，就像20年代时大量生产方式向外扩散一样。而精益生产方式的扩散问题也将是世界经济在90年代面临的最重要的问题之一。

2. 精益生产方式的要素

为了正确地认识精益生产方式，必须仔细观察整个过程的每一环节，从产品设计和工程设计开始，然后延伸到远远超出工厂范围之外的用户。此外，重要的是要认识这种把各个环节一致起来所必需的协调机构，我们把这种机构称之为"精益企业"。本书以总装厂为代表的工厂开始，系统地说明精益生产方式同亨利·福特的思想的差异是如何之大。本书分析产品开发和工程设计，然后深入到表现制造工作量的规模所在的供应系统，同时，去观察轿车和载货车的销售系统，这是大量生产方式世界中的生产过程的终点，但却是精益生产方式过程中的起点。

1）管理工厂

1986年国际汽车计划一开始，作者就通过尽可能多地调查世界各国汽车总装厂，以将精益生产方式和大量生产方式作比较。作者在17个国家中，访问了90多个工厂（约占全世界总装能力的一半），系统地收集了信息。作者之所以选择总装厂进行分析，是因为有三个因素向他们证明，在汽车生产系统中进行分析工作，以总装厂的活动最为有效：第一，在汽车工业中，大部分工作都有组装，虽然这种组装工作量大部分发生在部件制造厂，但组装活动只占部件制造厂总工作量的一小部分，对比起来，在总装厂里，组装是唯一的活动；第二，由于几乎全部现代轿车和轻型载货汽车都采用很近似的制造技术，全世界总装厂干的差不多是同样的工作，这样使他们能够把日本的工厂同加拿大、西德甚至中国的工厂进行有意义地对比。最后，他们选择总装厂进行分析是由于日本通过在北美和欧洲建厂并努力推行的精益生产方式就是从总装厂开始的。

1986年，作者开始在通用汽车公司马萨诸塞州的弗雷明汉总装厂进行调研，这家工厂采用的是经典的大量生产方式。在工厂里，作者发现过去曾料想的一切：一个具有诸多功能障碍的经典式的大量生产方式的环境。在总装线旁的通道上挤满着非直接生产工人，比如前去换班接替工友的人们，正在前去检修机床的机床修理工、清扫工、跑库存零件的人员。实际上，在这些工人中没有一个人进行增值工作。作者看到，总装线上每一工位旁边有成对的库存件，到处乱扔的废箱和其他临时包装材料，在线尾的大片工作场地上堆满着带有各类缺陷的成品车。在穿过工厂时，作者还发现大量作为缓冲储备的成品车身已在待运到油漆车间以及大量零件库存，许多还在铁路车厢里。除此之外，工人本身也显得无精打采。

然而，当作者到丰田市高冈的丰田总装厂调研时，看到的却是另外一番景象。这是一家典型的采用精益生产方式生产的工厂。在总装线旁的通道上几乎看不到人，在通用公司见到的非直接生产工人大军不见了，可见到的每一位工人都在真正地对车子进行增值工作。而总装线进一步揭露出更多的差别。

　　调研完两个工厂以后，作者拟定了一个简单的指标表对两个工厂的生产率和精确程度作比较。结果发现，在生产标准车并完成同样的标准活动时，高冈厂的生产率和精确程度几乎是弗雷明汉厂的 2~3 倍；在制造面积方面，前者效率要比后者高 40%，而其库存储备仅为弗雷明汉厂的极小部分。制造上的革命，只有在人人都能运用的条件下才能发挥其作用，为此，作者对北美一家日本移植厂作了类似的调研，这是由通用汽车公司与丰田公司共同成立的合资企业，结果发现这家移植厂与高冈厂的质量相当，劳动生产率接近。因此，到 1986 年年底，作者已经清楚，丰田确实在制造上完成了一场革命，旧的大量生产方式的工厂不能与之竞争，新的最佳方法，即精益生产方式，完全能够成功地移植到新的环境来。

　　在完成初步调研以后，作者又开展了世界各国的调研，深入了解世界各国的生产率和质量问题，并与全世界几乎所有汽车厂商反复地评论其调研结果，最后得出结论，真正的精益工厂具有两个关键的组织特点：

　　第一，它能够把最大量的工作任务和责任转移到真正为轿车增值工作的生产线上的工人身上。

　　第二，有一个在处于适当位置的检测缺陷系统，一旦发现问题，它就能快速追查并找到其最终原因。

　　这些意味着生产线上的工人间存在正式的团队工作方法并且有简单而综合性的信息显示系统，它使得工厂里每一个人都能对问题做出快速反应，并了解工厂的全面情况。

　　大量生产方式推动了大量消费，但同时又使工厂工作变得枯燥无味。精益生产方式是否能够在恢复工人对工作的满足程度的同时又提高其生活水平？抑或它是一把比福特更加锋利的双刃剑？作者认为，虽然一个合理组织起来的精益生产系统确实能够消灭全部松弛点，从而给员工带来一定的工作压力，但它同时又向工人们提供了控制其工作环境所需的技巧和把工作完成得更加顺利的不断的挑战。此外，作者认为，一旦精益生方式原则得到全面实施，公司就有可能把汽车组装中多数剩下的重复劳动工序的自动化工作加快完成，这样，精益工厂将几乎全部由高度熟练的、能够解决问题的人所占有，他们的任务就是不断思考使得整个系统运行得更为顺利而有效。

2）汽车设计

对于所有大型汽车公司，不论是大量生产方式还是精益生产方式，在开发新产品上都面临同样的基本问题。许多职能部门，如市场营销、动力系统设计、车身设计、底盘设计、工艺工程等，必须在较长一段时间内广泛地相互合作以成功地开发出新车来。问题是该怎么办？多数汽车公司的办法是发展出一些矩阵模式，每位参与开发产品的雇员既向智能部门又向开发项目汇报工作。领导者的挑战就是把矩阵安排妥当，以同时满足职能部门和产品开发项目两者的需要。在典型的大量生产方式企业通用公司里，在GM-10这个开发项目上，这种挑战产生了不利影响。从本田和弦牌轿车开发项目的成功经验上看，精益方式的产品开发技术较好地消除了这种不利影响，并可以同时节省制造上的工时和进度。

什么是最佳汽车公司所采用的精益设计的确切技术所在？怎样才能把它们应用到现行的大量生产方式工厂里呢？为了求得答案，作者在其他学者的研究工作的基础上，对精益设计的技术作了进一步考察，得出的结论是：精益生产方式的工厂和大量生产方式的工厂所采用的设计方法有4种基本差别：领导方式、团队工作、信息交流和同步开发。综合起来，在这4个领域里精益方式的技术使工作完成得既快又好又省力。

首先，从项目的领导方式看，精益方式的生产厂总是采用由丰田开拓出来的不同形式的"主查"系统。主查就是老板，团队负责人，他的任务就是进行新产品的设计和工艺准备并使之投产。在日本的最佳工厂中主查掌握着大权，可以指挥协调所需全部的资源。而在西方大量生产方式的工厂里，产品开发团队负责人是公司内部实施项目的极为脆弱的职务，他们更像是一名协调员，他们的任务就是说服团队成员合作。

其次，从团队工作形式看，在精益的开发过程中，"主查"组织一个人数不多的团队，雇员来自公司各职能部门，他们虽然保留与各自职能部门的联系，但在整个项目完成之前，他们都明确地处于"主查"的控制之下。他们在团队中的表现由"主查"给予评定，并将影响到下一个任务的分配。相反的，在多数西方公司里，开发项目由许多人员组成，他们都是从职能部门短期借调过来的，关键的评价将来自于雇员所在的职能部门的领导人，因此，团队成员深知他们在职务上的成就取决于通过他们的职能专业而得到晋升。

再次，从信息交流方面看，日本团队的成员都要签署正式契约，保证确实按每个成员都已同意的集体决定去行事，因此他们会直接面对问题而进行讨论。因此，在日本的最佳精益项目中，参与的力量在开始时最多，全部有关专业都在场。"主查"的任务无非就是迫使整个集体面对项目中出现的所有困难达成一致。而在西方许多公司，团队成员不愿直接面对争论的问题，他们对一些设计决策作出含糊不清的承诺以试图对付过去，直至问题突然出现而不得不去解决。

最后，在产品开发中，区分精益生产方式与大量生产方式的最后一项技术就是同步开发。例如，在大量生产方式下，模具制造向来是先等待产品设计师提供冲压件的准确规模尺寸，然后向模具生产部门提出订货，最后再用昂贵的计算机控制的模具加工机床进行加工，这样从产品设计师提出一套新模具订货的第一天到使用这套模具冲压出轿车的覆盖件为止，总的开发时间大约需要两年。相反的，采用最佳的精益生产方式的厂，往往在开始车身设计时就同时开始模具制造。他们为什么能这样做？这是因为模具设计师和车身设计师当面接触，这样模具设计师者能够知道新轿车的大致尺寸和覆盖件的概略数，所以他们提前订购模具用的钢块。然后他们开始在钢块上进行粗加工，所以当覆盖件的最后设计图一经发出，立即就可以转到精加工去。这种同步开发的技术意味着日本最佳精益生产方式的厂能够仅用一年的时间就完成一整套的新车模具，刚好是传统的大量生产方式模具制造所需时间的一半。

比起大量生产方式的竞争对手来说，精益设计在市场上最明显的效果，就是他们将提高更多的产品品种而且能够更频繁地进行品种更新。这正是20世纪80年代全世界汽车工业中一直在发生的事。在1982—1990年期间，日本公司利用他们在精益生产方式上的优势，甚至在他们每四年更新现有的车型的情况下，仍能做到迅速扩大其产品范围。在此期间，他们差不多成倍增加了产品系列。

3. 协作配套

现代汽车的复杂程度几乎令人难以想象，一辆汽车一般由1万多个零件组成，每个零件都要有人设计和制造。组织这一庞杂的工作可以说是制造汽车所面临的最大挑战。20世纪80年代，有两种方式被各国大量生产厂商使用，一种是亨利·福特所倡导的把所有工作都在本公司内自己干，后来斯隆对这种方式作了一定的补充，所有工作虽然还是在本公司内部干，但同时建立单独的零件生产部门作为独立的利润中心，为整个公司生产特定种类的零件；另一种是将在公司内部协作配套的零部件向完全独立的协作厂商招标，为这些协作厂提供所需零件图纸并要求他们报价。

在采用大量生产方式的公司中，零件设计过程是依次逐步进行的。只有在根据设计要求绘出每个零件图以后，生产这些零件的厂商才真正开始介入。当协作厂，无论是公司内部的还是独立的，最终应召时，总装厂让他们看图纸并要求他们报价。在这种模式下，价格、品质、交货期的信誉和合同期成为总装厂与协作厂关系的四个关键因素。一旦总装厂确定中标者后，中标的协作厂便开始着手制作样品。这一过程可能暴露出很多问题，因为传统的大量生产方式厂商将一个复杂零部件中的很多零件分包给许多相互之间可能没有直接联系的协作厂。当每个零件开始投入批量生产以后，总装厂的采购部门担心的主要不是汽车的投产而是怎样控制协作厂的价格。

经过调研发现，成熟的大量生产方式的协作体系对任何一方都不合适。协作厂在设计后期才能介入，对改进设计不起作用，导致了制造难度大、成本高。他们承受来自用户的降低成本的压力，而用户并不了解他们的难处。其结果是看来不合理的投标获胜，随后是不断地调整价格，以至于最终的单件价格比报价切合实际而未能中标的还要高。这使得总装厂很难准确估计价格。而且，这种投标者相互离间的做法还会使得没有任何一方真正敢与别人交流他们学到的东西。这种典型的大量生产方式的协作体系充其量只能使协作厂商利润维持在很低的水平上，但零件的价格会始终很高，而质量却不能满足要求而且难以有所改进。

精益生产方式中的零部件协作则是完全不同的体系。在产品开发的最初阶段，精益生产方式的厂商便选定了所有的配套协作厂，而这些协作厂一般都是这个总装厂的长期成员。最重要的是，他们不是根据投标而是根据以往的合作关系及其一贯表现选定的。与大量生产方式的厂商相比，精益生产方式的厂商只与相当 1/3 到 1/8 数量的协作厂直接发生关系，因为精益生产方式的厂商是将整个零部件委托给他们称之为第一层协作厂的厂家生产，第一层协作厂下面一般又有一组第二层协作厂的厂家生产。这些公司又与其协作企业作为第三层次甚至第四层次协作厂一起构成金字塔形的协作体系。这种协作体系能运转就是因为存在着一个用以确定成本、价格和利润的合理框架。这一框架使得双方愿意为互利而合作，而不是互相猜疑戒备。

从精益型协作厂与总装厂关系的实际运作来看，精益协作的核心是一种不同的确定价格和共同分析成本的体系。精益总装厂确定轿车或载货汽车的目标价格，然后与协作厂一起，反过来研究如何在这个价格条件下制造出这种汽车，同时又使总装厂和协作厂都能获得合理的利润。换句话说，这是一种"市场价格减法"体系，而并不是"协作厂成本加法"体系。这是精益协作的第一个特征。

精益协作的第二个特征是能在一个车型的生命期内不断地降低价格。通过相互协商和谈判，总装厂和协作厂共同确定一条在产品生命周期内的成本下降曲线，并规定由协作厂自己实现的超出双方共同商定的降低幅度的成本效益，全部归协作厂。

精益协作的第三个重要特点在于零部件的交货方式。目前，最好的精益生产厂商几乎普遍采用的做法是将零部件直接送到总装线上，并且对运进的零件不做任何检查。

精益协作还有一个重要特征就是协作厂协会。一个总装厂的所有第一层次协作厂通过这种协会交流提高制造水平的信息。当前，许多采用大量生产协作方式的公司确实在努力向精益协作方式转变，如优化协作体系的结构以及减少协作厂数量，应用价值分析方法交流每个生产阶段成本的详细信息，多频次交货，延长合同期等等。但事实上，如果不放弃以权势压人的讨价还价的做法，代之以双方共同分析成本、确定价格和分享利润的合理框架，不把对立的关系变成合作的关系，则大量生产方式下的协作几乎不可能发展成为真正的精益协作。

4. 用户关系

经过研究发现，与用户交往的精益方法在概念问题上与大量生产方式厂商用的方法截然不同。

第一，日本的经销体系是主动的，而不是被动的。经销人员不是在经销店里坐等由广告问题和公开宣布的诸如工厂回扣等减价吸引来的用户上门，而是定期到经销店所在地区的各家去拜访。

第二，精益生产厂商将买主看成是生产过程的组成部分。精心收集的买主对新车的喜好方面的信息被系统地反馈给新产品开发团队，而且一旦与车主建立了联系，汽车生产厂商便不遗余力地维护这种关系。

第三，日本的经销体系是精益的。整个体系，只有3个星期的整车现货，而且其中大部分车已经售出。

　　精益方式销售体系的作用比大量生产方式销售体系的作用要大得多。精益方式的销售体系及其定期对日本市场上的几乎全部消费者进行的调查，是产品开发过程的第一个环节，省去了西方大量生产商所进行的费时、费钱并且往往并不准确的市场调查。这种体系还大大降低了库存成本并使工厂的生产稳定。此外，精益方式的销售体系向买主逐渐灌输对分销渠道的忠诚，使得新的竞争者很难争得市场份额。

 ## 拓展阅读

　　詹姆斯·P.沃麦克是美国麻省理工学院的教授，国际汽车计划研究室主任。

　　丹尼尔·T.琼斯是英国威尔士大学商学院精益企业研究中心的主任，国际汽车计划欧洲研究室主任。

　　丹尼尔·鲁斯是美国麻省理工学院工程学院系统工程学系副主任，国际汽车计划主要负责人。

　　自20世纪80年代以来，世界汽车工业发生了一些变化，北美和欧洲的汽车公司正在日益受到日本汽车公司咄咄逼人的挑战。为了对世界汽车工业的现状进行详细的研究，1985年，麻省理工学院在一些政府机构和汽车公司的资助下，开始了一项耗时5年、耗资500万美元的"国际汽车计划（IMVP）。在该计划研究报告的基础上，3位计划领导人撰写了《改变世界的机器》一书，在该书中，3位作者以来自汽车工业的大量的案例向读者介绍了精益生产方式所创造的奇迹。

24 《新管理方格》

罗伯特·R. 布莱克　简·S. 穆顿

经典速读

　　美国得克萨斯大学的罗伯特·R. 布莱克和简·S. 穆顿在 1964 年合著出版了《管理方格》一书，书中提出了管理方格理论。管理方格理论在美国和许多工业发达国家受到一些管理学者和企业家的重视。《管理方格》一书对美国经理阶层及管理学界有较大影响，出版后长期畅销，印数接近 100 万册，并于 1978 年修订再版，改名为《新管理方格》。作者在书中运用社会学、心理学、人类学、管理学等学科的方法对各个方格所代表的领导方式作了有趣的探讨和评价，指出把对生产的高度关心同对人的高度关心结合起来的 9.9 型领导方式效率最高。

　　布莱克和穆顿的《新管理方格》不是一本学究式理论著作，而是一本提供给经理人员进行自我检测和自我训练的应用型著作。从它的销售量就可以看出这一点。为了实际运用的方便，他们的书中用了大量俚语俗词，简明易懂。

 **内容解读**

　　管理方格理论是研究企业的领导方式及其有效性的理论，这种理论倡导用方格图表示和研究领导方式。他们认为，在企业管理的领导工作中往往出现一些极端的方式，或者以生产为中心，或者以人为中心，或者以 X 理论为依据而强调靠监督，或者以 Y 理论为依据而强调相信人。为避免趋于极端，克服以往各种领导方式理论中的"非此即彼"的绝对化观点，他们指出：在对生产关心的领导方式和对人关心的领导方式之间，可以有使二者在不同程度上互相结合的多种领导方式。为此，他们就企业中的领导方式问题提出了管理方格法，使用自己设计的一张纵轴和横轴各 9 等分的方格图，纵轴和横轴分别表示企业领导者对人和对生产的关心程度。第 1 格表示关心程度最小，第 9 格表示关心程度最大。全图总共 81 个小方格，分别表示"对生产的关心"和"对人的关心"这两个基本因素以不同比例结合的领导方式。

　　管理方格图中，1.1 定向表示贫乏的管理，对生产和人的关心程度都很小；9.1 定向表示任务管理，重点抓生产任务，不大注意人的因素；1.9 定向表示所谓俱乐部式管理，重点在于关心人，企业充满轻松友好气氛，不大关心生产任务；5.5 定向表示中间式或不上不下式管理，既不偏重于关心生产，也不偏重于关心人，完成任务不突出；9.9 定向表示理想型管理，对生产和对人都很关心，能使组织的目标和个人的需要最理想最有效地结合起来。除了那些基本的定向外，还可以找出一些组合。比如，5.1 方格表示准生产中心型管理，比较关心生产，不大关心人；1.5 方格表示准人中心型管理，比较关心人，不大关心生产；9.5 方格表示以生产为中心的准理想型管理，重点抓生产，也比较关心人；5.9 方格表示以人为中心的准理想型管理，重点在于关心人，也比较关心生产。还有，如果一个管理人员与其部属关系会有 9.1 定向和 1.9 体谅，就是家长作风；当一个管理人员以 9.1 定向方式追赶生产，而在这样做的时候激起了怨恨和反抗时，又到了 1.9 定向，这就是大弧度钟摆；还有平衡方法、统计的 5.5 方法等。

　　布莱克管理方式表明，在对生产的关心和对人的关心这两个因素之间，并没有必然的冲突。他们通过有情报根据的自由选择、积极参与、相互信任、开放的沟通、目标和目的、冲突的解决办法、个人责任、评论、工作活动等9个方面的比较，认为 9.9 定向方式最有利于企业的绩效。所以，企业领导者应该客观地分析企业内外的各种情况，把自己的领导方式改造成为 9.9 理想型管理方式，以达到最高的效率。

作者还根据自己从事组织开发的经验，总结出向 9.9 管理方式发展的如下 5 个阶段的培训：

阶段 1：组织的每个人都卷入方格学习，并用它来评价自己的管理风格。

阶段 2：进行班组建设，以健全的协作文化取代陈旧的传统、先例和过去的实践，建立优秀的目标，增强个人在职位行为中的客观性等。

阶段 3：群体间关系的开发，利用一种系统性的构架来分析群体间的协调问题，恰当地利用好群体间的对抗以从中发现组织中存在的管理问题，利用这种有控制的对抗和识别为建立一体化所必须解决的症结问题，为使各单元之间的合作关系不断改善作下一次实施计划。

阶段 4：设计理想的战略组织模型，要明确确定最低限度的和最优化的公司财务目标，在公司未来要进行的经营活动、要打入的市场范围和特征、要怎样创造一个能够具有协力效果的组织结构、决策基本政策和开发的目标等方面有明确的描述，以此作为公司的基本纲领，作为日常运作的基础。

阶段 5：贯彻开发。研究现有组织，找出目前营运方法与按理想战略模型的差距，明确企业应该在哪些方面进行改进，设计出如何改进的目标模式，在向理想模型转变的同时使企业正常运转。布莱克和穆顿认为，通过这样的努力，就可以使企业逐步改进现有管理模式中的缺点，逐步进步到 9.9 的管理定向模式上。

管理方格理论在美国和许多工业发达国家受到一些管理学者和企业家的重视。

 拓展阅读

1945 年，俄亥俄州立大学工商研究所的斯托格第尔和沙特尔两人主持研究了领导方式双因素理论。他们把领导行为归纳为"关心人员"（体谅）和"关

心工作"（结构）两个方面，每个方面又分为高与低两个区域，并由此设计出了"领导行为"四分图（即高体谅高结构、高体谅低结构，低体谅高结构、低体谅低结构四个象限）。在这一基础上，布莱克和穆顿于1964年合著了《管理方格》一书，提出了研究领导方式及其有效性的管理方格理论。

罗伯特·布莱克和简·穆顿都是得克萨斯大学的教授。布莱克生于马萨诸塞州的布鲁克林，1941年获得弗吉尼亚大学心理学硕士学位，1947年获得得克萨斯大学心理学博士学位，毕业后留在得克萨斯任教，从事心理学和行为科学研究。穆顿于1957年获得得克萨斯大学心理学博士学位，毕业不久即在该校任副教授，从事组织与管理领域的行为科学应用研究。他们认为：在对生产关心的领导方式和对人关心的领导方式之间，可以有使两者在不同程度上互相结合的多种领导方式。为此，他们就企业中的领导方式问题提出了管理方格法。

25 《人类动机理论》

亚伯拉罕·马斯洛

 经典速读

　　马斯洛是美国著名的哲学家、心理学家，人本主义心理学的主要创建者之一，心理学第三势力的领导人。1943 年，35 岁的马斯洛经过长期的积累和思考，发表了他事业中最有影响的一篇论文《人类动机理论》，并提出了著名的"自我实现"概念。这一理论的提出奠定了他一生的成就。在他看来，从弗洛伊德开始的心理学研究，总是盯着人类的病态现象不放，而忽视了人类的健康常态。所以，他立志要把心理学发展方向扳回到健康人性的研究方面。

　　马斯洛在把人的需求分为 20 种的分析研究的基础上，在《人类动机理论》中，提出了人类基本需要等级论，即需求层次理论。该书从人类生理需要讲起，从盐、糖、蛋白质等这些生理需要开始，经过"安全需要""情感和归属的需要""尊重的需要"，最终满足"自我实现的需要"。同时，他分析了这 5 种基本需要的特征。

　　马斯洛从人的需要出发探索人的激励和研究人的行为，抓住了问题的关键。马斯洛指出，人的需要是由低级向高级不断发展的，这一趋势基本上符合需要发展的规律。需要层次论在管理中的应用深远，它一方面揭示人们行为背后的动机模式，另一方面提供了激励员工的先后顺序：你只有先了解他人所处的需要层次，然后才能制定出来有针对性地激励措施。到目前为止，需要层次理论对企业管理者如何有效地调动人的积极性仍有启发作用。

 ## 内容解读

需求层次理论——工作背后的行为动机

按马斯洛的理论，个体成长发展的内在力量是动机。而动机是由多种不同性质的需要所组成，各种需要之间，有先后顺序与高低层次之分；每一层次的需要与满足，将决定个体人格发展的境界或程度。

马斯洛把需求分成生理需求、安全需求、情感和归属需求、尊重需求以及自我实现需求 5 类，依次由较低层次到较高层次排列。各层次需要的基本含义如下。

1）生理需要

生理需要是一切需要之中最占优势的需要。具体地说，这意味着对一个生活中一无所有的人来说，他最主要的动机非常可能是满足生理需要而不是其他需要。如果一个人缺少安全、爱情和尊敬，他对食物的要求非常可能比对其他任何事物更为强烈。

2）安全需要

如果生理需要已经得到相当好的满足，就会出现一系列新的需要，我们可以概略地称之为安全需要。我们以前所谈到的关于生理需要的各种特征在安全欲望上也同样存在，虽然在程度上轻一些。整个肌体也可能同样地完全被这种欲望所统治。因此，我们简直可以把整个肌体描绘成为谋求安全的机器，所有的感受器、效应器，所有的智能和其他能力主要都成为谋求安全的工具。而且，这种占统治地位的目标不但对于他当前的世界观和哲学思想，而且对于他将来的哲学思想也起着决定性的作用。

3）情感和归属的需要

如果生理需要和安全需要都已经很好地得到满足，那么，会出现爱情和感情及归属的需要。我们以前所描述的整个循环过程就要围着这个新的核心而重复出现。现在，那个人就感到从来没有这样迫切地要求得到朋友、情人、妻子或儿女。他渴望同人们建立感情的联系，也就是说，要求在他所处的群体中占有一个位置；他将以高度的激情争取实现这一目标。他迫切地要求达到这个位置，胜于世界上其他一切事物；他甚至忘记了他过去饥饿时，对爱情是不屑一顾的。

4）受到尊敬的需要

在我们的社会中，所有的人（除少数病态者外）都有一种需要或欲望，要求对自己有一种坚定的、基础稳固的和通常是高度的评价，要求保持自尊和自重，并得到别人的尊敬。所谓基础稳固的自尊，就是说这种自尊是以真实的才能和成就以及别人的尊敬为基础的。这种需要可以再分为两类：首先是那种要求力量、要求成就、要求合格、要求面对世界的信心，以及要求自由和独立的欲望。其次，还有一种欲望，我们可以称之为要求名誉或威信（其定义为别人的尊敬或尊重），表扬，注意，重视或赞赏的欲望。这种需要得到艾尔弗雷德·阿德勒及其追随者的较多重视，而弗洛伊德和精神分析学家们则比较的忽视了这种需要。但是今天看来，越来越多的人普遍认识到这种需要的极端重要意义。

5）自我实现的需要

即使以上各种需要都得到了满足，我们还可能常常（即使不是总是）感到自己必须做一些适合于自己的事，否则很快就会产生一种新的不满足或不安定的情绪。一个作曲家必须要作曲，一个美术家必须要绘画，一个诗人必须要写诗，这样才能最终感到愉快。一个人能够做什么，他就必须要做什么。这种需要我们可以称之为自我实现的需要。

人都潜藏着这5种不同层次的需要，但在不同的时期表现出来的各种需要的迫切程度是不同的。人的最迫切的需要才是激励人行动的主要原因和动力。人的需要是从外部得来的满足逐渐向内在得到的满足转化。

以上5种需要可以分为两级，其中生理上的需要、安全上的需要和感情上的需要都属于低一级的需要，这些需要通过外部条件就可以满足；而尊重的需要和自我实现的需要是高级需要，他们是通过内部因素才能满足的，而且一个人对尊重和自我实现的需要是无止境的。同一时期，一个人可能有几种需要，但每一时期总有一种需要占支配地位，对行为起决定作用。任何一种需要都不会因为更高层次需要的发展而消失。各层次的需要相互依赖和重叠，高层次的需要发展后，低层次的需要仍然存在，只是对行为影响的程度大大减小。

低层次的需要基本得到满足以后，它的激励作用就会降低，其优势地位将不再保持下去，高层次的需要会取代它成为推动行为的主要原因。有的需要一经满足，便不能成为激发人们行为的起因，于是被其他需要取而代之。

高层次的需要比低层次的需要具有更大的价值。热情是由高层次的需要激发。人的最高需要即自我实现就是以最有效和最完整的方式表现他自己的潜力，唯此才能使人得到高峰体验。

人的5种基本需要在一般人身上往往是无意识的。对于个体来说，无意识的动机比有意识的动机更重要。对于有丰富经验的人，通过适当的技巧，可以把无意识的需要转变为有意识的需要。

马斯洛还认为：在人自我实现的创造性过程中，产生出一种所谓的"高峰体验"的情感，这个时候是人处于最激荡人心的时刻，是人的存在的最高、最完美、最和谐的状态，这时的人具有一种欣喜若狂、如醉如痴、销魂的感觉。

实验证明，一个人待在漂亮的房间里面就显得比在简陋的房间里更富有生气、更活泼、更健康；一个善良、真诚、美好的人比其他人更能体会到存在于外界中的真善美。当人们在外界发现了最高价值时，就可能同时在自己的内心中产生或加强这种价值。总之，较好的人和处于较好环境的人更容易产生高峰体验。

马斯洛的需求层次理论，在一定程度上反映了人类行为和心理活动的共同规律。但是，马斯洛是离开社会条件、离开人的历史发展以及人的社会实践来考察人的需要及其结构的。其理论基础是存在主义的人本主义学说，即人的本质是超越社会历史的，抽象的"自然人"，由此得出的一些观点就难以适合其他国家的情况。

许多的研究表明，高层管理人员和基本管理人员相比，更能够满足他们的较高层次的需求，因为高层管理人员面临着有挑战性的工作，在工作中他们能够自我实现，在另一方面，基本管理人员更多地从事常规的工作，满足较高层需求就相对困难一些。而且需求的满足根据一个人在组织中所做的工作、年龄、公司规模以及员工文化背景等因素的不同而有所差异。

生产指挥系统的管理人员在安全、社交、尊重和自我实现方面比科室人员感到更大的满足，双方在尊重和自我实现需求上的差距最大。

在尊重和自我实现的需求方面，年轻员工（25岁或以下）的要求比较年长的员工（36 岁或以上）更强烈。

低层次的管理部门和小公司的管理人员比在大公司工作的管理人员更易感到需求得到满足。

事实表明，个人和组织中的事件能够而且确实能改变需求。组织中的习惯做法会强烈地影响许多高层次需求的产生并给予满足。例如，根据过去胜任工作而给予的晋升能够激发员工的尊重需求。而且，随着管理人员在组织中的发展，安全需求逐渐减弱，而社交、尊重和自我实现的需求则相应增强。

 **拓展阅读**

1908 年 4 月 1 日，亚伯拉罕·马斯洛出生在美国一个犹太移民家庭。当时的美国社会，反犹太情绪非常浓烈，马斯洛与父母的关系也比较疏远，他的父亲忙于生计而无暇顾及他，他的母亲则总冲着他大嚷大叫。如果说他对父亲是一种"淡漠"，那么，对于他的母亲就是"憎恨"，他母亲去世，马斯洛也没有参加葬礼。紧张的家庭气氛造成童年的马斯洛害羞、孤僻的性格。为了寻求安慰，他把书籍当成避难所，他最大的兴趣就是去街区的图书馆阅览书籍。很难想象这样一个没有快乐童年的人，最终却在研究健康人格上成就卓越。

在马斯洛的学习生涯中，他的学习成绩从来不是最优秀的，但知识面却非常广泛。他没有将自己局限在某一狭窄的范围内，而是吸收一切有益的东西。1927 年 9 月，他进入纽约市立大学学习，在这里除了主修法律外，他还涉猎了人文科学和社会科学的课程。当知识积累和思考达到一定程度时，自己的思想就会逐步形成。这时，威廉斯·萨姆纳的《社会风俗》一书给予他重要影响，他决定要用自己的理性和知识创造一个更完美的世界。在纽约市立大学和康乃尔大学就读时，马斯洛先是对哲学产生了兴趣，后来在行为主义心理学宗师华生的影响下，他确定了为之奋斗一生的职业——心理学。他认为心理学能够更实际地解决人类问题。随后他转学到威斯康星大学，为成为一名优秀的心理学家而努力。

马斯洛在心理学方面研究的起点是同猿猴打交道，如果研究的目的最终是为了更好地理解人，那么，与白鼠等其他动物相比，猿猴无疑与人更接近。为此，马斯洛对猿猴情有独钟，在数月观察猿猴的基础上，他探索猿猴群体中的延时反应、试错行为、社会行为、性行为及支配行为等内容并发表了论文。他认为，灵长目动物的性行为与他们的支配行为是强烈相关的，这种情况还可以推论到人类。

当时美国正处于大萧条的深渊，再加上犹太籍的背景，使刚刚取得心理学博士学位的马斯洛面临着失业的危机，生活极度窘迫。1935 年，马斯洛时来运转，他的博士论文得到了哥伦比亚大学著名教授爱德华·桑代克博士的认可。桑代克提供了一份优厚的博士后奖学金，请马斯洛协助他进行"人性和社会秩序"的研究。在 20 世纪 30 年代，桑代克已经坐上了美国心理学界的头把交椅。没有经过桑代克的同意，马斯洛就一头扎进了"人类性行为和支配行为"的研究。这一研究，恰恰是他研究猿猴行为的继续。看似羞涩的马斯洛，公然把老板的项目置之不顾，其影响可想而知。但桑代克的大师风范，正是显示在这件事情的处理上。虽然他并不喜欢马斯洛从事这项研究，却表现出一种长者风范和大家气魄。他告诉马斯洛，他的智商测验是 195 分。然后，他坦率地对马斯洛说："我劝你别再研究性行为了，但是，你有你的判断。如果我也不相信你的智商，还有谁能相信？所以，我想还是应该由你来独立思考。这样，对你，对我，对这个世界，都将是最合适的。"而且，桑代克还向马斯洛表示，如果他找不到合适的永久性职位，他愿意资助他一辈子。之后，桑代克把他的办公室和书桌都交给马斯洛。从此，马斯洛的天赋终于找到了合适喷发的火山口。

后来，马斯洛从威斯康星回到纽约，这段时间的经历对他影响深远。当时由于德国希特勒上台后的排犹和独裁，大批学者从中欧移民到美国，云集纽约。在这里，马斯洛结识了许多著名的心理学家和社会科学家。他敞开门户，向每个人学习。多个学科、不同学派的撞击，令人眼花缭乱的学术见解交锋，为马斯洛日后心理学观点的形成起到了积淀作用。

1938 年是关键的一年，马斯洛的心理学新观点在这一年产生。这主要源于两方面的推动：一方面是他对黑脚印第安人的考察；另一方面则是马斯洛第一个孩子安（Ann）的出生。这年夏天，在文化人类学家露丝·本尼迪克特的鼓励下，马斯洛前往黑脚印第安人的保留地进行实地考察，通过这次考察，他不但摆脱了种族偏见，而且深深感受到了印第安人身上所体现出来的合作、和睦、同甘共苦的精神。他发现黑脚印第安人具备的人格特征在他所在的白人社会是同样存在的，他开始思索人性中"基本的"人格结构是什么。动机理论的萌芽由此形成。而家庭中女儿安的诞生，给他提供了一个具体观察人类动机的范例。这个刚刚出生的小家伙从小就能强烈地表达她的需求。通过对安的观察，马斯洛开始怀疑行为主义的观点。行为主义认为人是环境塑造的产物，通过进行一定的教育和文化熏陶就可以培养出想象中的人物。而新生儿与生俱来的一些需求是行为主义无法解释的。在面对许多常见的问题用当时的经典理论解释不通时，马斯洛决定要探索出一种新的方法。

在美国放弃了孤立主义参加第二次世界大战后，马斯洛也决定放弃性行为研究而转向全球性问题研究，他决定要用自己的方式为社会和平做出贡献，开始集中精力进行人类动机理论和自我实现理论的研究。就是在这个时候，《人类动机理论》发表了。

但是，当马斯洛开始背离当时的心理学"主旋律"时，不被他人理解的苦恼也随之而来。他的思想不能被那些强调实验主义的同事们所认同，更缺乏能理解自己的知己。彷徨，孤寂，使他的健康状况越来越差。到1946年，年仅38岁的马斯洛，得了一种谁也说不清的怪病，体力高度衰竭。最后，不得不离职休养，到他兄弟开的马斯洛制桶公司当一个报酬丰厚的挂名经理，实际上是在加州一个风景优美、宁静闲散的小山村疗养。西海岸的宜人环境，不仅使他逐步恢复了健康，而且使他接触到了工商界的实际运作（虽然是挂名公司经理，但他也实际从事了相应的管理工作），更重要的是他在伯克利同众多学界精英的午餐会讨论中发展了自己的学术见解。

1951年，马斯洛被邀请担任布兰代斯大学心理学系的系主任。在担任系主任期间，他依然对学术研究有浓厚的兴趣，1954年他的《动机与人格》一书完成，这本书使马斯洛在全国出了名，被公认为是20世纪50年代心理学领域最重要的成就之一。在《动机与人格》之后，马斯洛把目光转向了另一个心理学概念——"高峰体验"，这也是他最著名、最有影响的研究之一。

这一时期，马斯洛的自我实现理论在管理中得到了验证，企业界已经意识到对人的激励应该从金钱转移到关心员工自身上。以后几年，马斯洛进一步扩展了自己的理论，随着《存在心理学探索》的畅销，"自我实现"（self-actualization）、"高峰体验"（peak-experience）这些词已经成为公共术语，晚年的马斯洛，进一步提出了"超个人心理学"，这一学说着重研究宗教精神和"人性的最高境界"，他成为了这一学科的奠基人，这一学说刮起的浪潮，也被人们称为继第三思潮之后的第四思潮。

26 《个性与组织》

克里斯·阿吉里斯

 经典速读

　　克里斯·阿吉里斯被誉为"当代管理理论的大师"，是组织学习理论的主要代表人物之一。1957年，克里斯·阿吉里斯出版了《个性与组织》一书。该书的问世在当时无疑是一颗重磅炸弹，将经典组织理论轰开了一个巨大的缺口。在组织理论发展中，一个十分重要的问题就是个人与组织的关系。但是，早期的组织理论专家，更多地关注了组织，却忽略了个人。在他们看来，组织是主体，而组织中的人不过是一个构成因素而已，仅仅是个配角。直到阿吉里斯的出现，才赋予个人与组织的关系以全新的内涵。就在这本令阿吉里斯一举成名的《个性与组织》的书中，阿吉里斯语出惊人地宣布：正式组织同人性发展背道而驰。由此，揭开了组织理论的新篇章。

　　《个性与组织》是组织行为学的奠基之作，其内容主要阐述了阿吉里斯提出的"个性与组织"的概念，或称为"不成熟—成熟"理论，这是阿吉里斯对管理学的发展作出的主要贡献。阿吉利斯在其著作中指出：组织行为首先是由两个要素——个体和正式组织相互融合而成的。组织中的个体都有其独立的人格，而不像传统管理理论所说的那样，只是整部机器的一个零件，只能受组织约束。也就是说，他们既有作为组织成员的一面，又有作为独立个体的一面。在阿吉里斯看来，人是一个发展着的有机体，因而健康的人格都具有成长的倾向。《个性与组织》对于我国管理学的理论研究与实践仍具有十分重要的指导意义。

 **内容解读**

1. 不成熟—成熟理论——阿吉里斯的主要贡献

"不成熟—成熟理论"理论认为：组织行为是由个人和正式组织融合而成的，组织中的个人作为一个健康的有机体，无可避免地要经历从不成熟到成熟的成长过程。

由于心理学专业出身，阿吉里斯在研究个人与组织的关系时，自然离不开从心理学、行为科学的角度来研究人。在他看来，人的个性，均会经过一个由"不成熟"到"成熟"的发展过程。人自身的成长，是要不断走向成熟。人的成熟是有轨可循的，这种轨迹表现在以下 7 个方面：

（1）从婴儿时期的被动状态，向成年后主动性逐渐增强的主动状态发展。

（2）从婴儿时期依赖他人的状态，向成年后相对独立的状态发展。

（3）从婴儿时期有限的行为方式，向成年后多种多样的行为方式发展。

（4）从婴儿时期兴趣经常变化，比较随意、肤浅短暂，向成年后兴趣相对持久和专一发展。

（5）从婴儿时期只顾及当前（也就是行为主要受当时情况的影响），向成年后有长远打算（即行为受过去和将来情况的影响更大）发展。

（6）从婴儿时期在家庭和社会中处于从属地位，向成年后与周围的人基本处于平等地位甚至支配地位发展。

（7）从婴儿时期缺乏自觉，向成年后的自觉自制发展。

一个儿童的兴趣经常发生变化，他只对眼前的事物有兴趣。他以自我为中心，不懂得他人的需求，不懂得自己的要求怎样影响他人。但是，他却甘心处于这种地位。也就是说，他自身大部分行动都受到别人的控制，大部分愿望都依赖他人实现。如果一个人能够正确地分析自己，规划自己的奋斗目标，并且为了追求这一目标而承担与别人一样或更重要的责任，那么他就成为一个有成熟个性的成年人了。

　　"不成熟—成熟理论"解释了这一发展变化。在人性发展方面，如同婴儿成长为成人一样，同样有一个从不成熟到成熟的过程。这个过程是从被动到主动，从依赖到独立，从缺乏自制到自觉的过程。一个人在这个发展过程中所处的位置，就体现了他自身自我实现的程度。

　　然而，对于一个正式组织而言，其传统的原则是众所周知的专业化分工、等级层次结构、集中统一领导等完全理性的纯逻辑化的原则。这些原则希望能消除独立个人之间的性格差别，希望个人能够循规蹈矩，严格遵从组织的规章制度行事，正式组织的这些原则所要求的是员工一直处于依赖、被动、从属的地位。

　　首先，产业革命时期奉为金科玉律的专业化原则，确实在机器化大生产的迅猛发展上建立了丰功伟绩。然而，专业化的致命之处，在于以消除个性差异为前提。身在机器前的工人，不再是活生生的"人"，而是动作一致、思想一致、被机器一律化了的"劳动者"。消灭人的个性差异，等于人为中断个性发展过程，扼杀自我实现的要求。且过细的专业化分工，会使独立的个人能力发生严重畸形，工作越简单越符合专业化要求，同时也越会损害个人能力。究根问底，答案很简单，专业化就是人的工具化。所以，专业化原则在组织文化上的逻辑就是走向拜物教。

　　其次，组织的等级层次结构，势必形成"命令—服从"关系。这种结构，会剥夺员工的自主权，限制员工的知情权。没有自主权就会造成依赖、被动和从属心理，没有知情权、缺乏信息就会缺少长远打算。所有这些，无非就是把员工阻断在非成熟状态。为了弥补员工的这种损失，只好以金钱作为补偿。而这种金钱补偿，实际上等于告诉员工，组织就是让你产生不满和厌恶的地方，你可以用金钱再去组织之外购买满意和愉快。另外，组织的管理者在这种结构中，要履行职责，就需要克制和压抑感情，不能以感情代替政策，不能以个人风格代替制度规范，把个性与工作完全割裂开来。说通俗一点，你越不像个"人"，就越符合组织的要求。阿吉里斯调侃道：如果领导人在这种情况下还能保持对组织的忠诚，那就有理由怀疑他的个性是否健康。作为部下，对领导人的尊重如果不是因为他的为人而是因为他的工作，那么这种尊重就有可能属于人格分裂。

　　再次，组织的集中统一领导，使员工的个性发展由"自治"变为"他治"。员工的奋斗目标不是自己设定的，而是组织和上级为他安排的。这种目标具有外在性和肤浅性，不能达到"自我"层次，由此会导致员工心理上的挫伤与失败，而个性的发展恰恰依赖于心理上的自得和成功。只有员工根据内在需要自己确定目标，才能实现心理成功，而这正是组织所排斥的。

最后，组织的控制幅度原则，会加大员工的"管理距离"。控制幅度越小，部门划分就越多，而工作就越被分割得支离破碎，不同部门之间员工的沟通往来，就需要层层请示到有权指挥这两个部门的共同领导为止。这也会剥夺员工的自治权，使员工更加深刻地感到无力控制自己的命运，增强依赖性。

阿吉里斯以这些组织原则为前提，自然而然地得到结论：正式组织与成熟个性之间存在矛盾。这种正式组织所要求的不成熟的成员特征与个体实际经历的成长过程的矛盾导致组织中的混乱，且这种混乱与个体发展与组织要求的不成熟度成正比。

这种混乱导致个体的短期行为与思想矛盾，例如，个体难以自我实现，因此产生挫折感；因为个体不能根据自身需要确定自己的奋斗目标以及实现道路，所以觉得自己无能、失败；个体无法确定自己的未来，因此只好作短期打算；个体自身并不愿意遭受这些挫折和打击，但是另外找一份工作也不会有什么根本的改变，因此个体会产生种种思想矛盾。职工为了更好地自我实现，就会为了提升拼命表现自己，相互仇视；组织的原则要求下属只要做好本职工作就给予奖励，下属因此变得只注重局部而忽视整体；组织为了协调局部和整体的矛盾而加强了领导的控制力度，这又进一步加强了下属的依赖性和从属性。

以上的矛盾在现实生活中常常表现为：员工频繁地离开组织；有些不择手段地往上爬；普遍产生对组织目标的漠视或抵触情绪，例如精力不集中，侵犯他人，工作拈轻怕重，集体限制产量，对明显不利于组织目标实现的事件袖手旁观，极端重视物质利益，等等。

阿吉里斯认为，如何解决个体成长和组织原则之间的矛盾是管理者长期面对的挑战，领导者的任务之一就是努力减少这种不协调。在实践中，为了在健康的组织中培养出健康的人，协调组织和个人的需要，要求管理者注意应用以下方法：工作扩大化；实行参与式的以员工为中心领导方式；加重员工的责任，激发责任心和创造性；更多依靠员工的自我指挥和自我控制；实行"以现实为中心"的领导方式等。

由此可见，阿吉里斯反对传统的人性假设，强调人的高层需要，特别是人的自我实现需要的满足对发展人的个性的重要性。西方管理学界将其理论观点称为管理的人力资源学说，强调发挥员工的自主性和能动性，将员工的潜在能力充分发挥，把组织的人力资源利用起来，并在此基础上，提出相应的管理策略和方法。

2. 研究成果小结

根据对"不成熟—成熟理论"的研究，阿吉里斯提出了以下定理。

定理一：正式组织的要求和健康个性的发展是不协调的。

传统的正式组织，与独立自主的、积极的、个性彰显的员工组合到一起，只会造成混乱，因为正式组织要求员工具有依赖性和被动性，循规蹈矩，严格遵从组织的规章制度。由此可知：组织的混乱不安程度与健康个性的发展程度、与个性同组织的不协调程度成正比。

定理二：组织与个性的不协调，将导致员工的挫折、失败、短期行为和思想矛盾。

对于追求健康、成熟，追求自我实现的员工来说：由于不能根据自身需要来确定奋斗目标以及实现目标的道路，员工会感到无能和失败；由于无法确定和控制自己的未来，员工只能作短期打算；这种冲突，还会使员工产生种种思想焦虑，作为具备健康个性的人，希望取得成就，但他们的遭遇却是经常遇到挫折、失败和不得不只顾眼前。即使感到不满，想离开现在的组织，也会遭遇到重新就业的代价。即使能够顺利地重新找到工作，情况未必有什么不同，说不定是把原来的状态重演一遍。

定理三：正式组织的原则会导致各个等级层次上下属感受到竞争和压力，互相攀比，甚至互相为敌，并且只追求局部目标，而不顾及更为广泛的整体利益。

由于下属对领导者的依赖性和从属性，由于高层职位有限，职工为了获得提升就要拼命表现自己，彼此之间就会产生竞争，甚至相互为敌。同时，根据正式组织的原则，下属被要求做好自己的本职，只要做好本职工作就会受到奖赏，因此，职工会变得只重视局部利益而忽略了整体利益。由于职工对局部利益的追求，跨部门的活动必须由领导统一协调，以维持组织的整体性。领导的进一步控制，又加重了下属的依赖性和从属性。于是，组织和管理就会陷入一个恶性循环。

阿吉里斯认为，要跳出上述恶性循环，关键在于通过新的组织设计来实现个性与组织的协调。他认为，如何解决个体成长和组织原则之间的矛盾是管理者长期面对的挑战，领导者的任务之一就是努力减少这种不协调。而要减少这种不协调，就必须减少员工的依赖性和从属性。阿吉里斯提出了以下方法：如果工作内容可以扩大并且有效实施以员工为中心的领导，情况就会得到很大的改善。在实践中，为了在健康的组织中培养出健康的个人，协调组织和个人的关系，管理者应该注意运用以下办法：工作扩大化和丰富化，扩大职工的工作范围，用从事多种工作或加大工作难度的方法扩大职工的技术领域与知识面；实行参与式的以员工为中心的领导方式；加重员工的责任，激发责任心和创造性；更多依靠员工自我指挥和自我控制；等等。然而，这还取决于员工是否对组织有兴趣，是否愿意参与到组织的活动中去。

拓展阅读

　　克里斯·阿吉里斯生于新泽西州纽瓦克。第二次世界大战期间，他曾在美国陆军任职。1947年获克拉克大学心理学学士，1949年，他在堪萨斯大学获得心理和经济学硕士学位。1951年在康奈尔大学获组织行为学博士学位。1951—1971年任耶鲁大学行政科学教授，1972年始任哈佛大学咨询心理学与组织学习教授。

　　阿吉里斯早年的研究专注于正式组织结构、领导阶层、控制与信息管理系统对组织成员而言所发生的非个人所意料的后果以及个人又如何去改变这个他未意料、非其所意图的后果。之后，他的注意力转到改变组织的方法，特别是针对组织高层行政者的行为，这些研究引导阿吉里斯逐渐专注到社会科学家作为研究者与介入者的角色上，从1970—1980年代中期，他与D. 舍恩合作发展了个人与组织学习的一个理论，在这个理论中不止是行为，包括人们的心路历程都成了分析行动的基础。

　　阿吉里斯对个性与组织的研究，引起了学术界的广泛关注。与此同时，有不少批评者指出阿吉里斯的这一研究具有局限性。方振邦的《管理思想百年脉络》（中国商业出版社，2004年）指出，这种局限性表现在以下3个方面。一是将正式组织看作是千篇一律的。事实上，由于工作性质不同，或者领导方式不同，各个组织的结构和特点是千差万别的。二是由于现代社会和环境的不断变动，实际上绝大多数组织都重视和积极促进员工个人价值观的实现和发展。三是阿吉里斯认为，正式组织鼓励个人不要承担责任而只是顺从，但是通过对一些成功的经理人调查表明，他们既没有支持顺从而不愿承担责任的下属，也没有鼓励这样的下属。事实上，绝大多数职工都适应于他们所担任的工作，并不要求实行工作扩大化或工作丰富化，有时候推行工作丰富化的最大障碍是员工不愿改变他们已经习惯的工作。对于这些局限，阿吉里斯本人也在后续研究中有所调整，并进一步提出了行动科学和组织学习理论。

27 《管理的新模式》

伦西斯·利克特

 *经典速读*

　　伦西斯·利克特是美国现代行为科学家，支持关系理论的创始人。《管理的新模式》一书是利克特早期的重要著作，该著作中所提出的新型管理原理成为实践中被广泛应用的理论。

　　《管理的新模式》一书以密歇根大学社会研究所自 1947 年以来进行的数十项研究成果为依据，总结了美国企业经营环境的变化趋势和部分成绩出众的企业管理特点，提出了一种"新型管理原理"，并且比较详细系统地阐述了"支持关系理论"和以工作集体为基本单元的新型组织机构。书中提出的"支持关系理论"显示出强大的生命力，其原因在于该理论源于企业管理实践的研究，更在于利克特始终坚信并坚持的：管理以人为中心。

　　全书共分 15 章。利克特首先从领导方式、群体结构和群体过程以及交流沟通等方面介绍了美国那些高效企业的经理们采取的管理方式。在系统地总结和综合高效经理人员的经营管理原则和实践的基础上，利克特对他所提出的新型管理系统进行了总体描述。随后，该书介绍了这一新型管理系统的各个主要方面及其实际应用和时间验证，其间又论及对人的考核测评在新系统中的作用，并对各种管理系统进行了比较，从而更清晰地衬托出新系统的特点和性质。利克特还一再强调，虽然这种新型的管理原理是以企业管理的实际经验为基础，但同样可以应用于学校、科研单位、工会、医院、政府部门和其他组织的管理中。

 ## 内容解读

支持关系理论——"以人为中心"的管理更有效

支持关系理论是利克特和他的同事对以生产为中心的领导方式和以人为中心的领导方式进行比较研究后所得出的成果。该理论认为，支持关系是双向的。领导者要考虑下属职工的处境、想法和希望，帮助职工努力实现其目标，使职工从中认识到自己的价值和重要性。领导者对职工的这种支持能激发下属职工对领导采取合作、信任的态度，支持领导者的工作。

支持关系理论的要点如下。

1）对人的领导是管理工作的核心

在所有的管理工作中，对人的管理是最重要的中心工作，其他工作都取决于它，即使在做同一工作的各个单位中，有的生产率高，有的生产率低，究其原因主要是领导人所采取的领导方式不同。以职工为中心的领导方式，强调的是工作中的人际关系，监督只是一般性的，而不是严密的。结果不但生产率高，而且集体中内聚力高，士气足，工人不安情绪少，跳槽者少。以工作为中心的领导方式，监督者注意的中心是生产，对工作的技术更感兴趣，对职工的监督过于严密琐细，经常给职工施加不必要的压力，动辄批评和处罚职工。其结果是生产效率低，集体的内聚力弱，士气低，不安情绪高，跳槽者多。

2）把企业领导方式分为专权命令式、温和命令式、协商式和参与式4种

专权命令式的领导方式权力集中在最高一层，下属毫无发言权。管理者对其下属不信任。决策和组织目标都是由管理阶层作出的，然后下达一系列命令，必要时以威胁和强迫方式执行命令。上下级之间交往极少，即使有，也是在紧张和不信任的气氛中进行。这种情况下，最容易形成与正式组织的目标相对立的非正式组织。

温和命令式的领导方式权力控制在最高一级，但授予中下层部分权力。管理者对其下属有一种类似主仆间的信任，有一种较谦和的态度。大政方针由最高阶层制定，但许多具体决策则由较低阶层按规定作出。这种情况下通常也会形成非正式组织，但并不一定都与正式组织的目标相对立。

协商式的领导方式重要问题的决定权在最高一级，中下层在次要问题上有决策权。管理者对下层有相当程度的信任，但不是完全的信任。上下级之间具有双向的信息沟通，通常也是在相当信任的气氛中进行的。员工大都有责任感。管理者主要采用奖惩进行激励，偶尔也用用让职工参与的方式来激励员工。在这种情况下，组织中的非正式组织有时会对正式组织的目标表示支持，有时也会做出轻微的对抗。

参与式的领导方式就是让员工参与管理。企业领导对下属有完全的信任感。上下处于平等地位，有问题就通过民主协商讨论解决。决策权与控制权不是集中于上下层，而是分布于整个组织当中，底层也能够参与。不仅有上下级之间的沟通，还有同事间的平行沟通，而且这种沟通是在互相信赖和友好的气氛中持久进行的。同时，也让员工参与制定经济报酬，设置目标，改进方法，评估目标的进展。在这种情况下，非正式组织与正式组织通常合二为一，组织目标与员工个人的目标也是一致的。

这4种方式中，专权命令式是传统的领导方式，温和命令式和协商式虽然有程度上的不同，但无本质上的差别，都属于权力主义的管理方式，只有参与式的管理方式才是效率高的管理方式。

综上所述，支持关系理论可以简要表述为：领导以及其他类型的组织工作必须最大限度地保证组织的每个成员都能够按照自己的背景、价值准则和期望所形成的视角，从自己的亲身经历和体验中确认组织与其成员之间的关系是支持性的，组织里的每个人都受到重视，都有自己的价值。如果在组织中形成了这种"支持关系"，员工的态度就会很积极，各项激励措施就会充分发挥作用，组织内充满协作精神，工作效率当然很高。支持关系理论实际上要求让组织成员都认识到组织担负着重要使命和目标，每个人的工作对组织来说都是不可或缺、意义重大和富有挑战性的。所谓"支持"是指员工置身于组织环境中，通过工作交往亲自感受和体验到领导者及各方面的支持和重视，从而认识到自己的价值。这样的环境就是"支持性"的，这时的领导者和同事也就是"支持性"的。

在优秀组织里，其成员并不是只作为单个员工发挥作用，而是作为高效工作集体的一员发挥作用。领导者应该在组织内建立起这样的集体，并通过"双重身份成员"把各个工作集体联结起来，形成组织的有机整体。"双重身份成员"指的是某一工作集体的领导者，同时充当高一级工作集体的成员或下属。以工作集体为管理的基本单元的组织，强调的不是"一对一"的等级层次观念，而是集体负责、集体决策和整体利益。这种工作集体不仅存在于企业的高层，同样适用于企业的中层和基层。为了保证整个组织以工作集体为基本单元一环扣一环地层层联结起来，领导者不仅要与直接被领导的集体成员接触，间或还要与由下属领导的更下层工作集体成员接触，以检查自己的下属是否有效地发挥了领导和连接作用。另外，还可以通过职能部门工作集体和委员会、工作组等非经常性工作集体在组织内形成另一个或多个平行的重叠工作集体网络系统，以保证将组织的各个部分连接成整体。

在任何组织里，领导者以支持的态度对待下属，领导者与下属间形成支持关系，都有一个重要的前提，即组织的目标与组织成员的个人需要和谐一致。否则领导者无法做到既支持下属，又为达到组织的总体目标而竭尽全力。而且组织的目标和成员的个人需要都会随着环境的变化而不断变化，所以就必须不断调整和修正，以保持两者之间的和谐。此外，对企业来说，其总体目标除了体现员工的利益，还应当反映其他利益相关者的愿望和要求，按照新型管理原理构建的重叠式工作集体组织能够比较有效地实现上述和谐一致。

 拓展阅读

1903年8月5日，利克特出生于美国怀俄明州，曾就读于美国密歇根大学，取得文学学士学位，随后就读于哥伦比亚大学，取得理学博士学位。1930—1935年，利克特任纽约大学心理学教授，之后在康涅狄格州哈特福德任人寿保险机构管理研究协会董事。在此期间，他采用面谈和书面问答的形式对10家最佳的和10家最差的保险公司进行了比较研究，其研究结果发表在《信心与机构管理》（与J.M.威利茨合著）丛书中。这项研究为他后来继续开展组织领导问题的研究打下了基础。1939 年，利克特受聘于农业经济局下属位于华盛顿的计划调查处，在该处工作时他发展了谈话、编码和取样调查等方法。

第二次世界大战期间，他在战时情报处工作，研究公众态度、公众体验和公众行为等课题。他与艾奥瓦州立大学合作研究制定了一套家庭取样调查的方法，即人们现在所知的概率抽样调查。他还与其他人一起对战争债券、外国侨民和战时轰炸的影响等开展了广泛的研究。1946 年，以利克特为首的一批研究工作者在密歇根大学建立了调查研究中心。不久，该中心与后来增加的 3 个中心一起合并为社会研究所，利克特担任该所所长，直到退休为止。在此期间，他出版了两本主要著作：《新型的管理》和《人类组织》。他的管理理论在日本极受欢迎，影响波及近代日本各地组织。1976 年，他与妻子简合著了《对付冲突的新方法》一书。这些著作阐述了他对参与管理问题的理论观点，完善了他还在保险公司工作就得出的结论。

退休后，利克特建立了一家以他的名字命名的咨询机构，称作伦西斯·利克特服务社，将他的研究成果实际应用于管理和组织领域，直到去世。

28 《管理备要》

林德尔·厄威克

经典速读

林德尔·厄威克是英国著名的管理学家和管理思想家。由于他系统地整理了以泰勒、法约尔和韦伯等人为代表的古典管理理论，在管理文献中树立起一个十分重要的里程碑，所以在管理学界颇有地位。1956年，他发表了《管理备要》一书，该书在管理学中具有特殊的地位，被誉为经理人员的"金手册"。

该书既是一本管理工具书，又是一部管理思想的发展史。该书是厄威克为国际管理协会所编的一本管理备要，其副标题是：先驱者生活和工作的历史记载。书中系统地介绍了1955年以前去世并作出过杰出贡献的管理学家的理论和观点。

厄威克指出，如果不对管理学的历史及其先驱思想家的工作有所了解，就难以明白管理学的内容、范围及其发展的可能性。所以，这本书一出版，就受到各国管理人士的欢迎。直到今天，该书仍然具有很强的现实意义，值得一读。

 **内容解读**

本书提到的先驱者，主要是西方古典管理学派的代表，不仅来自于美国、法国、德国等管理思想和理论发展的比较系统全面的国家，而且也包括英国、比利时、波兰等富有特色的国家。

詹姆斯·小瓦特（1769—1848）和马修·鲁宾孙·博尔顿（1770—1842），英国人，科学管理的先驱者。

从1795年以后，他们在合办的索霍铸工厂中，逐步实施了以下一些带有科学管理萌芽性质的管理技术和制度：作为建立一个新企业的基础的市场研究和预测；有计划地选择厂址，有恰当的水陆交通和扩建余地；符合工作流程要求的有计划的机器布置；生产规划；生产工艺程序标准；机器作业标准；产品部件标准化；精细的统计记录；先进的控制记录，包括成本会计程序等；职工培训规划；先进的劳动分工；工作研究及以之为基础的按成果付酬制度；职工福利制度；经理人员培训规划等。

博尔顿是一位卓越的交谈者，有许多朋友，在合伙企业中负责"对外事务"；小瓦特则负责"生产事务"，较为强调纪律，但很开明。

罗伯特·欧文（1771—1858），著名的英国社会改革家、工业家和管理先驱者。

他于1800—1828年间在苏格兰新拉那克地方担任一批纺织厂的经理，进行了一些史无前例的试验，特别在人事管理方面，取得了很大成就，被人称为"人事管理的先驱者"。他分两个阶段来改变工人的工作和生活，第一阶段致力于改进工厂的条件及职工的家庭情况，如建设住房和街道，在职工商店以成本价格出售必需品等。第二阶段致力于以工厂为中心的社区的社会改革和教育改革。他的著作集中在科尔编的《关于社会的一种新观点》一书中。

查尔斯·巴贝奇（1792—1821），英国的科学家和教师，管理科学的先驱者。

他设计出了一种"计数机"或"差数机"。他主张在科学分析的基础上制定出控制工业企业行为的一般原则。他还试行以下这些管理措施：工艺过程和制造成本的分析；时间研究的应用；用于调查的标准提问表；对同一领域中的各个企业进行比较研究。他著有《论机器和制造业的经济》等著作。

欧内斯特·索尔韦（1838—1922），比利时的工业家。

他是在他自己的大量工厂中实施进步管理措施的一个领袖人物。这些措施有：8 小时工作制（1907）、假日双薪制（1913）以及利润分享计划和职工医疗及社会补助。他是"生产率运动"的一个先驱者，倡导提高生产率。他用自己的巨大财富建立一些基金会，推进社会科学和工人教育。

奥伯林·史密斯（1840—1926），美国工程师，泰勒的先驱者之一。

他对管理的独创性贡献是提出了一套机械零件记忆符号的系统。他在1875—1876 年间为他的工厂绘制出了详细的工序图，其中包含分类、符号表示和工序安排的基本要素等。他的有关序数系统的论文也促成了最早的管理方面的国际联系之一。

亨利·法约尔（1841—1925），法国工程师、经理人员和管理学家。

他对管理理论的独一无二的贡献是把管理作为一种独立的职能加以分析，从而为通过职能分析研究高层管理的现代方法奠定了基础。它对明确和组织有关的"高层管理"所要求的品质、性质和正确分析起着巨大的影响。他长期担任康门塔里—福尔香包采矿冶金公司总经理。他的代表作是《工业管理与一般管理》。

亨利·鲁宾孙·汤（1844—1924），美国一家制造公司的总经理。

他对管理学的最大贡献是说服其工程师同事把传统的职业兴趣扩大到管理等方面来。他在 1886 年的《作为经济学家的工程师》一文中提出了这一号召。他在 1889 年提出了有关在他自己的工厂中推行"收益分享"制度的报告。这是对工资制度进行改革的最早尝试之一。

亨利·梅特卡夫上尉（1847—1917），美国军火工厂的管理者。

他发明和应用了车间上报卡片这一整套制度。他在 1885 年出版的《制造业的成本和公营及私营工厂的管理》一书中记载了以单位原则为依据的工厂反馈的整套制度。他认为，工厂的管理在很大程度上是一种技巧，并以某些原则在各种不同的情况下的应用为依据。把这些原则归并起来，就形成所谓管理学。

亨利·路易斯·勒·夏特里尔（1850—1936），法国科学家和科学管理运动的先驱者。

他全力运用他在科学界的巨大影响把泰勒学说引进到法国。他于 1920

年创建了"法国科学管理协会",于 1923 年召开了首届法国管理会议。法国科学管理协会于 1926 年同法约尔的"管理研究中心"合并成立"法国全国组织委员会"。该委员会以后一直成为法国主要的管理组织。他涉及的管理著作有《科学和工业》等。

詹姆斯·罗恩（1851—1906），英国的工业家。

他于 1898 年提出了一种有影响的奖金方案。该方案为每一项作业规定一个时间定额和计时工资金额。付给工人的奖金按其节约的工时定额的百分比来计算。这个方案在实行中取得了很好的效果，第一年节约的工时即达 20%，第四年已达 37%。这一方案目前在英国的格拉斯哥仍在施行。他的工作极大地推动了英国机械工厂推行奖金制。他的著作有《劳动报酬的一种奖金制》等。

詹姆斯·梅普斯·道奇（1852—1915），美国工业家。

他是第一个把泰勒的工场管理方法作为一个完整的体系引入自己工厂的人。这对科学管理运动来说是一个重大的胜利，因为他的链带公司当时在美国机械工业中占有重要地位。该公司的费城工厂以后成为泰勒向参观者显示科学管理制度实施情况的样板之一。

约瑟夫·斯莱特·刘易斯（1852—1901），英国的管理先驱者之一。

他的著作《工厂的商业组织》是英国最早对工业管理基本原理进行全面分析的书。当时，正是工业中的控制大多依赖经验行事的时候。该书颇为详尽地考察了生产和成本控制的整个领域，提供了英国的第一张损益月报表、第一张生产流程图和第一份组织图。它用图表方法来帮助进行管理，详细阐明了系统的组织理论。

汉斯·雷诺（1852—1943），英国工业家。

他的工厂中在第一次世界大战爆发以前就开创性地进行了英国科学管理的实践。他在 1913 年写的《机械车间组织》一文中描述了他的企业自 1879 年创办以来的管理经验，如：开明的人事招募政策；以职能专业化和书面公布的职能图为依据的组织结构；由职能部门拟订和管理的规章制度；以一种连锁的委员会制度作为管理人员的咨询机构等。

哈林顿·埃默森（1853—1931），美国经理人员和效率工程师。

他在 1910—1911 年的铁路运费率案的听证会中说，如果铁路实行科学管理，每天可节约经营成本 100 万美元，从而使"科学管理"这个词家喻户晓。

他曾在工厂中设计出一套把工厂程序综合起来的系统，并在节约成本方面取得很大成功。他通过咨询活动、著作和教育，宣传推广科学管理。他的著作有《效率的12条原则》等。

安德烈·米什林（1853—1931）和埃多尔德·米什林（1859—1940），米什林兄弟在法国宣传推广科学管理的工作中起了很大作用。

他们于1928—1936年间出版了一系列名为《繁荣》的小册子，使得泰罗的管理思想在法国家喻户晓。他们于19世纪末、20世纪初就在自己的企业中应用一些非常接近于科学管理原理的方法，尽管那时他们还不知道泰勒的工作。当他们于1912年读到泰勒的著作以后，就同泰勒建立了直接的联系，并积极宣传推广泰勒学说。他们在夏特里尔的帮助下，于1921年创办"泰勒－米什林委员会"。该委员会在10年间安排了860名工程和技术院校的学生学习科学管理，并在报刊上发表有关科学管理的论文，放映有关的文献和宣传影片，组织讨论会和讲座等。他们并在自己的企业中继续推行科学管理。

路易斯·登比茨·布兰代斯（1856—1941），美国的一位律师和法官。

他在东部铁路公司运费率案件的辩护中，声称铁路上的管理措施过时而效率低下，如果采用科学管理方法，所节省的将远超过从增加运费中所得到的。他还把实行科学管理的各家公司的经理和所有者请去作证，成功地显示出科学管理的各种优点，从而使广大公众注意到科学管理。正是在他召集的一次会议上，大家决定用"科学管理"这个名称来称呼泰勒的学说，从而得到广泛流传。他的著作有《科学管理和铁路》等。

查尔斯·德·弗雷门维尔（1856—1936），法国铁路上的一位工程师。

他同夏特里尔合作，一起把科学管理引入法国。他从1913年起，为夏特里尔创办的《冶金评论》杂志撰稿，并在经济界和工业界掀起一个推广科学管理的运动。这些活动被法国人认为是法国管理运动中的一个转折点。他的特殊贡献是既能忠实地阐述泰勒的学说，又能适合于法国的情况予以应用。他的著作有《泰勒方法的基本原理》等。

弗雷德里克·阿瑟·哈尔西（1856—1935），在美国工业中提出了第一个成功的刺激工资制度以改进通常的计件工资制。

他提出的工资制规定，以工人过去的通常绩效为依据，对工人一定量的工作付给保证的日工资或小时工资，而对工人增加的产量则付给奖金，约为日工资或小时工资的一半或1/3。他的这一方案在美、英等国都有很大的影响，并启发了以后的罗恩奖金制等。

弗雷德里克·温斯洛·泰勒（1856—1915），"科学管理之父"。

他的著作被译成20种以上的文字出版。这位美国工程师通过逐步改进分析和衡量基本作业过程的技术，走向一种新的管理哲学——以后被叫作"科学管理"。他的出发点是忠诚于他认为是普通工人的最终利益。他的代表作是《科学管理原理》。

卡尔·乔格·兰格·巴恩（1860—1939），泰勒最早、最能干和最亲密的合作者。

他对泰勒的工作的最早贡献是他在工程数学方面的出色能力。他帮助泰勒计算有关机器作业实验的资料。他还发明了巴恩计算尺。这种计算尺使得人们能为机械工人制定易于应用计算公式的指令卡，并能用于调节机器，取得最佳效果。他还帮助泰勒进行工时研究、疲劳研究等。他写了一些宣传推广泰勒制的著作。

爱德华·艾伯特·法林（1860—1937），美国零售管理的先驱者，20世纪基金会的创立者和国际管理学会的建立者。

他通过有效的组织和一系列重大的销售方法革新，使他的企业发展成为美国第一批现代模式的大百货公司之一。他就零售管理的原则写了一些权威性的书和论文。他声称，企业的长期目标同社会进步的长期目标是一致的，商人的真正职能不是牺牲顾客来赚钱，而是满足需要。

亨利·劳伦斯·甘特（1861—1919），美国科学管理先驱者中最早把注意力集中于工业中的人之一，现代工业民主的先驱者。

他最初的独创性贡献是提出了一种"工作任务和奖金"工资制度。这一工资制度同泰勒的工资制一样，是以经过科学衡量的下属任务为基本依据的，但更为简便易行，当工人超过定额时即可获得奖金，而当未达到定额时，不像泰勒工资制那样严厉。他还制定了用于生产控制的甘特图。

保罗·索利尔（1861—1933），比利时的工业管理心理学家。

他于1923年在布鲁塞尔的高级研究学院建立了"工作环境改造部"，以后发展成为"比利时工作环境改造学院"。该学院及其附属的实验室成为比利时工业心理学研究中心和其他国家的典型。他开设了许多新课程，从事各项研究，发明了几种进行研究的机械装置，对职业指导、作业培训等做出了贡献。他的著作有《心理技术学》等。

雨果·芒特斯伯格（1863—1916），工业心理学之父，是最早把归纳心理学用于实现工业目的的人。

他最初在德国开始其研究工作，以后转到美国继续其工作。他于 1912 年以德文、1913 年以英文出版的《心理学与工业效率》一书是一本开创性的著作。他在职业指导和培训、心理测验等方面都作出了巨大的贡献。到第一次世界大战结束时，工业心理学已成为管理科学的重要组成部分。

德克斯特·辛普森·金布尔（1865—1952），美国管理学者。

他早于 1904 年就决定为康奈尔大学机械工程系开设一门"工厂管理"课程。这是美国大学中最早开设的讲授泰勒学说的课程，直到 4 年以后才有哈佛大学工商管理学院等跟上。金布尔以这些讲课为依据而写的《工业组织原理》（1913）一书是管理文献中开创性的著作，在很长时间内是一本标准教科书，几乎在 40 年以后还发行了新版本。

卡罗尔·阿达米斯基（1866—1933），波兰高级经理人员和管理学者。

他在管理理论上有独创性贡献，独立于泰勒提出了"和谐理论"。该理论制定了有关在生产中计划和控制集体工作的规律。为了应用"和谐理论"，他制定了一种"和谐图"，把若干个复杂的作业同时用图表示出来，以便保证大量作业和谐一致的图示措施。他还积极参与了波兰和国际的科学管理运动。他的著作有《集体工作原理》等。

亚历山大·哈密顿·丘奇（1866—1936），美国管理学家，现代成本和工厂会计的先驱。

1901 年，当他还在英国时，就在美国的杂志上发表了题为《管理费用的合理分配》的一系列文章。这些文章在英国和美国都成为会议文献的依据。他提出的方法后来表明不大符合未来发展的实际需要，但在思想方面起了推动作用。他的《管理的科学和实务》一书是最早的有关科学管理的标准教科书。

约翰·李（1867—1928），英国管理学家。

他是出色的管理学参考书《工业管理词典》的编者。该词典可以称为是现代工业组织、经营和管理的百科全书，包含着英美两国当时最著名的 100 多位管理学权威人士撰写的条目。约翰·李本人写了一些条目，并以高超的技巧来协调众多权威作者写的条目，而又不强行做无意义的迎合。

沃尔特·拉瑟瑙（1867—1922），德国的工业领袖和管理学家。

他在自己控制的工业企业中是一个能干的管理者，在战争时期又是一个能干的政府官员。他在《未来的年代》（1917）和《新经济》（1918）等著作中提出了他有关工业组织的理论。他认为当时德国的许多经济和社会问题只有通过工业管理的改革才能解决。必须取消影响工业发展的障碍，才能应用各种科学方法，进而解决经济和政治问题。

桑福德·汤普森（1867—1949），美国管理学家。

他把泰勒的管理制度应用于建筑业中。他从1896年起作为一个独立的咨询师但仍在泰勒的指导下着手进行他在建筑业中的研究工作，一直延续了17年，并写出了有关的著作。

玛丽·派克·福莱特（1868—1933），美国杰出的政治哲学家、社会哲学家和企业哲学家。

她把心理学和社会科学的发现应用于工业，在管理的性质和工业群体中的人际关系方面提出了新的见解。她认为，作为民主群体基础的"协调一致"不是静态的，而是一个连续的过程，通过个人意见的相互渗透而产生新的、活生生的群体意见。"冲突"也可以用来为群体服务。解决冲突的最好方式不是压制，而是利益结合。

弗兰克·邦克·吉尔布雷恩（1868—1924），美国科学管理的先驱之一。

他的突出贡献是把"动作研究"发展为管理人员的一种主要工具和实现某些管理目标的新思想的基础。他认为，如果能为每一个工人的动作及其环境中的每一项要素找到"一种做工作的最佳方法"，那就能使泰勒通过改进整个生产单位的管理制度而提高的生产率，再有很大的提高。

罗伯特·弗兰克林·霍克西（1868—1916），美国经济学家和劳工问题专家。

他受美国联邦工业关系委员会的委托进行有关科学管理同劳工关系的特别调查，调查结果写成了《科学管理和劳工》一书，1915年出版。该书在管理学史上有着重要的意义，它是阐明科学管理同有组织的劳工之间的关系的第一次尝试。

雨果·迪默（1870—1939），美国管理学家。

1910年他出版了一本论述工厂管理的经典教科书《工厂组织和经营管理》。这是论述管理问题的一本较早并有独创性的著作。他以后编写的一些书，特别是论述工长制的书，同样处于管理思想的前列。他在美国管理运动中处于重要地位。他是最早主张把工业管理课程摆在教学大纲中心地位的人之一，以后又率先举办工长培训班。

卡尔·科特根（1871—1951），20 年代德国"合理化"运动的领导者和德国管理学会的创始人。

第一次世界大战以后他访问美国，观察到科学管理的应用情况。他回到德国后决心开展"合理化"运动即科学管理运动，并于 1921 年创建了德国管理学会，以改进德国的企业管理。

本杰明·西博姆·朗特里（1871—1954），英国管理运动的杰出先驱者。

他为有效管理的探求提供了目的性。他对工业问题的态度有两条基本原则。第一条原则是，不管一个人从事工业的动机是什么，其真正的基本目的必须是为社会服务。第二条原则是，工业是一项人的事业，人从工业中获得生活手段，人也有权期望从中获得值得生活的生活手段。朗特里献身于他自己的家族企业和英国工业中，并最终实现这种哲学。

罗伯特·格罗夫纳·瓦伦丁（1872—1916），美国最早致力于以有组织的劳工能够接受的形式来解释科学管理的人之一。

他是泰勒的真诚支持者，并在自己的咨询工作中推广泰勒制。但他认为，劳资双方在分配由于生产率提高而增加的利润时，利益不一定一致，因此工人需要有工会组织提供的集体合同谈判权利。他认为科学管理没有把工会的合作包括在内是不对的。

查尔斯·塞缪尔·迈尔斯（1873—1946），英国的工业心理学先驱者，创建和发展了英国全国工业心理学会。

他在第一次世界大战期间致力于在军队中应用心理学。他于 1918 年宣称，把心理学从实验室转到日常生活，特别是工业生活的时机已经到了。他同韦尔奇合作在 1920 年创建了英国工业心理学会，使之成为英国研究和应用更好地处理管理中人的因素的方法的中心之一。

约翰·豪厄尔·威廉斯（1873—1941），美国的一位早期科学管理思想家和弹性预算的创始人。

他提出了"管理形象化"的思想，主张在实际推行泰勒制之前，先制定各种指标和规程，以便执行。他于 1922 年首先提出了"弹性预算"的思想，并于 1934 年写出了权威性的《弹性预算》一书。以后证明，弹性预算是企业管理中最有效的控制手段之一。

厄恩斯特·斯特里尔·斯特里罗维茨（1874—1952），奥地利效率委员会的创建者。

他是经典性的德语管理书《合理化和世界经济制度》（1931）的作者。该书所涉及的当代事务非常广泛，有百科全书的称号。斯特里罗维茨于1928年创建并领导了奥地利效率委员会，同本国的以及国际的管理运动有着密切的联系。他的主要目标是引导人们从较为狭窄的一个企业或一国工业的合理化出发，经过一些连续的阶段而达到世界经济制度和政治的合理化。

乔治·德·艾伯特·巴布科克（1875—1942），美国经理人员和咨询师。

他于1908—1912年间首先把泰勒制引入美国的汽车行业。这是科学管理在美国主要行业中的首次应用。

他对泰勒制作出了几项独创性的贡献：职工咨询制度；经过改进的计算基本工资率的公式；用一块控制板来形象地显示综合计划制度。他在工作中注意把科学管理同人际关系这两个方面结合起来。

弗里德利克·路德维格·迈恩伯格（1875—1949），德国管理学家，德国工作和工时研究会的早期领导者之一。

他从1919年开始撰写管理方面的论文，传播泰勒学说，并且用适合德国工业的用语加以解释。他是首先强调"人的因素"在管理中的重要作用的德国人之一。

威廉·亨利·莱芬韦尔（1876—1934），美国经理人员和管理学者，把科学管理原理成功地应用于办公室工作的第一人。

他的著作《办公室科学管理》《办公室管理教材》等目前仍是办公室管理方面的标准著作。他于1921年发表了办公室科学管理的8项原则。他在1925年出版的《办公室管理的原理和实务》一书中全面地论述了他的管理哲学，并阐述了其在办公室工作中的应用。该书在一般管理学的文献中也占有重要地位。

利昂·普拉特·奥福德（1877—1942），美国工程师和管理学者。

他编纂的《管理手册》阐释了早期管理先驱者的工作，在当时教科书很少的情况下，对管理知识的传播起了很大作用。他从1912年起直到去世的几十年间，一直为美国机械工程师学会工作，他撰写了该会的头两个10年报告并基本上准备好了第三个10年报告。这些报告包括的时期前后长达30年，是对管理知识的一种独特贡献。

亨利·斯特吉斯·丹尼森（1877—1952），美国工业家。

在两次世界大战的时期，他在美国和国际管理运动的许多方面起着创造性的作用。他在自己的公司中推行一项"利润分享和管理分担"计划，取得了成就。1924 年他创办了一个总部设在波士顿的"制造业者研究协会"。这是一个由一些非竞争性的公司组成的团体。这些公司共同建立一个小的研究机构，作为交换各自的管理方法的中心。

霍勒斯·金·哈撒韦（1878—1944），美国经理人员，泰勒的亲密合作者，被泰勒认为是"科学管理运动中最好的、最多才多艺的人"。

他把科学管理应用于费城的泰伯机械制造公司，使之从经济状况极为困难的境地变为应用科学管理取得成效的样板，被称为是"科学管理运动的最有名的示范基地和学校"。他有关计划部门和基本工时的研究的论文被认为是经典性的。

古斯塔夫·杰勒德（1879—1949），比利时管理运动的先驱者。

在早期生涯中，他是欧洲第一个专业的管理咨询师，特别看重于组织方面和促进工程标准化。他是比利时标准的创立者。以后，他又被指定参加工业中央委员会，这是一个在比利时工业经济中制定政策的关键组织。1925 年，他同其他人一起创建了比利时科学组织全国委员会。

华莱士·克拉克（1880—1948），美国管理学家。

他致力于把美国管理方法推广到其他国家。他多年来作为一个管理咨询师在欧洲工作，为企业提供咨询。他发展了甘特的思想，使之适合于具体情况并加上了他自己的思想。他不仅主张以更少的成本和时间生产更多更好的产品，而且主张要有更好的工作条件和更好地对待工人。

拉乌尔·多特里（1880—1951），法国铁路工程师和管理学家。

他在法国铁路中创建了"管理委员会"，对技术和管理工作进行改革。他积极支持管理运动，支持法国全国组织委员会和科学管理学院。1948 年，他在法国全国组织委员会的国际管理大会中起着领导作用。

沃尔德马·赫尔米希（1880—1949），德国工程师和管理学家。

他积极参与德国工程师协会和德国标准协会的领导工作。他还积极参与德国效率工程师研究团体，德国工作和工时研究会和生产率研究团队的工作。他认为，工程师这种职业，正如医师一样，负有道德上的责任。他还为标准化的进展作出了巨大贡献。

乔治·埃尔顿·梅奥（1880—1949），管理学家和心理学家。

他于 1927—1947 年间在美国哈佛大学工业研究室工作期间领导一个小组在西方电气公司的霍桑工厂进行实验。这是有关实际情况中工人群体的态度和反应的全面研究。梅奥根据实验结果得出的新思想认为，即使在经济关系中，逻辑的、经济的因素所起的作用也远不如感情的、非逻辑的态度和情绪所起的作用为大，梅奥的学说成为人际关系学说和行为科学的依据。

查尔斯·爱德华·诺普尔（1887—1936），支持科学管理的美国管理学者，对科学管理的原理和方法作出了独创性的贡献，特别在成本会计方面。

1908 年他以泰勒制为基础，制定出了一套工厂组织和管理的方法。在 1908—1909 年，他独创性地把一些图表应用于管理，其中包括最早的交叉"盈亏分界图"。此后，他又最早从事于"利润工程"和"利润图"的研究。

库尔特·赫格纳（1882—1949），德国管理运动先驱者，支持许多管理学会的工作，并在工作研究和标准化方面有独到的贡献。

1924 年他撰写出版《标准加工时间手册》一书，该书成为工时研究原理和实务的主要教科书。1928—1945 年间，他是德国工作和工时研究会会长。他从一开始就关心德国的标准化运动，并担任德国标准化协会机床委员会主席。他还支持德国管理学会、生产率研究团体、德国效率工程师研究团体的工作。

哈里·亚瑟·霍普夫（1882—1949），美国的管理先驱者，在管理实践和管理思想方面都作出了贡献。

他以管理咨询师为职业，在早期是把科学管理应用于办公室的先驱者之一，最早地研究和应用某些办公室科学管理措施，如程序分析，文书作业和其成果标准化，生产控制和作业分析等。此后，他又在经理人员报酬问题上做了许多开创性的工作。

阿尔文·厄尔·多德（1853—1951），对美国管理协会的发展作出巨大贡献的人之一。

1933 年多德担任该会常务副会长时，该会只有 1 600 名会员，不太出名。由于多德杰出的宣传和组织工作，该会于 14 年间取得了巨大的胜利。每年参加该会会议的经理人员达 15 000 人，其出版物发行量是世界上所有各种管理组织中最多的。1947 年他获得甘特奖章。

埃德蒙·兰多尔（1853—1934），积极参加国际管理运动的比利时企业家，国际管理委员会的主要创建者之一。

他多年担任一家罗马尼亚纺织公司的经理，并在其公司中推行科学管理，取得了很好的成绩。他写了《科学组织》文集中的许多文章，清楚地表明他对泰勒的理想和方法的理解，以及他在公司中应用它们的正确途径。他对一般的管理科学作了研究并提出了许多有价值的思想。

萨姆·刘易森（1884—1951），20年代美国工业中早期的人际关系的领头人之一。

1926年他出版的《工业中新的领导方式》一书，为美国企业引入了一种新的观点。他指出：经理人员不能把在企业中维护良好人际关系这项职责委托给别人而必须亲自承担起来。刘易森是美国管理协会（原美国全国人事协会）第一任会长。

弗朗西斯科·莫罗（1887—1952），意大利和国际管理运动的先驱者。

他在第一次世界大战以后不久即鼓吹新的管理原理和方法，特别是国际信息和经验交流作为一种进步手段的价值。1923年，他创建了意大利科学管理学会并出任第一任会长（1923—1927）。他还是国际科学管理委员会（1927—1933）的创建者和会长。

伯纳德·穆斯西奥（1887—1926），英国第一个从事工业中"人的因素"的研究者。

他于1917年出版的《工业心理学报告集》，是工业中"人的因素"方面的先驱著作。他于1919年同迈尔斯一起在英国组织了关于工业管理的剑桥暑期学校，其课程主要是从心理学观点研究工业管理的某些问题。穆斯西奥把其讲稿编成《工业管理报告集》出版。这本管理教科书特别重视人的因素。

阿曼多·萨勒斯·奥利弗拉（1887—1945），巴西杰出的政治家和巴西科学管理运动的创始人。

1929年他同其他人一起创建了"工作合理化组织学会"，并于1931年把该会改组为"巴西全国科学管理学会"。该学会以后在奥利弗拉1934年当选为圣保罗州州长后成为该州政府的官方顾问，而科学管理则成为该州整个经济和社会政策所依据的纲领。

詹姆斯·亚历山大·鲍伊（1885—1949），英国教育家，做了许多工作使得工业界相信管理应由教育机构来讲授。

他是英国第一个论述管理教育重要性的作者。1931年，他出版了《工商管理教育》一书，概括了他自己的经验。1932年他发表了《美国工商学院》

的系列论文，敦促英国大学应注意其美国同行对工商业的重视。他在英国应用案例法进行管理教育，并设立了全日制的工商管理硕士课程。

艾尔弗雷德·卡拉德（1859—1948），瑞士职业指导和工业培训的先驱。

他不是从心理学方面，而是从工程学方面开展其工作的。1924年他放弃其工程职业而从事于"心理技术"的研究，以便在瑞士制定出一些能应用于工业中的职业选择、职业指导和职业培训的手段。他成为一个强有力的运动的领导者并得到了心理学界和工业界双方的合作。

詹姆斯·奥斯卡·麦金西（1889—1937），美国管理学家。

他对管理科学和管理技术产生了重大的影响，这种影响的实质在于他出色地对企业理论的智力兴趣同其实际应用结合起来。他是一位特许会计师，但他认为，会计本身并不是一种目的，只有把它看作是良好管理的一种工具，数学才具有重要性和意义。他认为应把企业看成是一个整体，并特别重视预算的作用。

罗伯托·科克伦·西蒙森（1889—1948），巴西杰出的工业家并率先在巴西实行现代管理。

1909年他创建桑托斯建筑公司，并从1916年开始实行科学管理的许多措施，比"巴西全国科学管理学会"在1931年的成立要早十几年。他实行的科学方法有：对工作进行仔细的预备性分析；就最好的方法、最短的时间和最低的价格做好事先规划；获得最好的设备和人员；建立起劳资之间的友好合作；控制成本等。

克洛维斯·里贝罗（1891—1942），奥利弗拉的得力助手，"巴西全国科学管理学会"的创建人之一和首任秘书。

在奥利弗拉的圣保罗州政府中，他担任财政厅长，在财权和会计制度、文官行政管理机构、节约政府开支及其他一些改革中取得了出色成就。国际科学管理委员会认为他同奥利弗拉一样，在应用有效管理的原则改进政府事务方面取得了出色成就。

奥利佛·谢尔登（1894—1951），英国管理学家。

1923年他写的《管理的哲学》一书是管理学的经典著作。他的独创性表现在两个方面：第一，他以英国前所未有的说服力论证了管理中的科学方法；第二，他详细阐述了管理的社会责任。他著作的特点是分析的清晰和阐释的简洁。他积极参与了朗特里报告讨论会。这种报告讨论会是现今管理讨论会的前驱。

亨利·帕斯德马吉安（1904—1954），有着国际声誉的论述一般组织问题，特别是零售管理问题的瑞士管理学家。

他在管理著作中强调科学方法的应用必须同当时当地的经济和社会环境相结合。他详细阐释了科学方法和长期政策思想的价值。他担任国际百货公司联合会的总秘书达18年。他写的《零售业中的管理研究》《百货公司》及为联合会写的7本手册，详尽地论述了科学管理原理及零售管理的各个方面。

 ## 拓展阅读

厄威克漫长的一生中出版了很多著作，《管理备要》是一本并不算厚的著作，但是在管理学中却具有特殊地位。1951年，在布鲁塞尔第9次国际管理大会上，厄威克提出这本书的设想，国际科学管理委员会为此专门委任厄威克作为这本书的国际荣誉编辑。无论是厄威克本人还是国际科学管理委员会，都十分看重这本书，它不是一本单纯的传记或者故事汇编，而是立意要对管理学的发展进行全面的鸟瞰和总结，使那些对管理学的发展作出贡献的先驱者走进经理们心灵的殿堂，传播他们的思想和学识，并为进一步探索管理学科的范围和发展的可能性提供借鉴。该书序言中坦陈："本书并不是互相竞争的各国管理史的一种汇集，而是超越国界、世界范围的管理思想演变图景。每一国家由于同其他国家交流思想而丰富了自己经验的情况，可以通过阅读本书而了解到。"书名中的"Golden Book"，形象地表达了它的性质。

《管理备要》记述对象不仅有管理学界比较知名的人物，另外还有一些不太知名的人物。厄威克的写作风格别具一格。他对每一位先驱者通过"成就""简历""个人特点""著作"四个方面展开介绍。这些先驱的成就、简历和著作，有不少已经广为流传，真正体现厄威克写作风格的，是对先驱者个人特点的介绍。它生动地刻画出一个个先驱者的人格肖像，带领读者去见识前辈先哲的独特个人魅力。诚如厄威克的搭档布雷克所言，这是"一本不同寻常的书"。

　　《管理备要》的序言说："存在着这样一种危险，许多对这一知识整体增添了有创见和有价值的思想和发现的人可能不为人所知，他们的研究也可能为后来者所重复。"所以，这本书成为人们了解这些先哲的指南。更重要的是，《管理备要》的写作方式，把管理从机械、生硬、公式化的歧途中解脱出来，还原了人的中心位置，从而彰显了这样一种理念：管理是人类的事业，是有血有肉的社会实践，是智慧和思想的闪光，而不仅仅是概念、数据和公式。正是这一缘故，这本书才能成为经理人员的"金手册"。它要告诉经理的，是作为"人"怎样才能走向成功。

29 《生产管理基础》

埃尔伍德·斯潘赛·伯法

 经典速读

　　埃尔伍德·斯潘赛·伯法是美国著名的管理学家，西方管理科学学派的代表人物之一，代表作是《现代生产管理》（1975）。《生产管理基础》是伯法根据《现代生产管理》改写的，简明易懂，曾被《哈佛商业评论》推荐为经理必读书目。

　　该书除附录外分为5篇20章，全面阐述了管理科学的思想，主张用数学控制、程序化系统方法来解决管理学科的主观性，实现管理的科学化，是一本较为实用的书。在这本书里可以看到大量的图表和数学公式，正是这些科学的计量方法，使得管理问题的研究由定性走向定量。

 内容解读

　　1.生产和业务管理——一个透视

　　有效率的生产系统，在现代的社会和生活方式中起着决定性的作用。发达经济特有的形象是规模大，组织程度高，专业化、机械化的高效率生产系统。在一定的生产系统中，成功的管理依赖于以下几点：计划；关于实际情况的信息系统；我们对需求、库存状况、进度、质量水平、产品和设备革新等方面的变化如何反应（作出决定）。

今天，有社会意识的管理人员认识到，生产职能不仅是把某些原料转变为某些有用的东西，还必须包含污染的防止和处理。

从亚当·斯密起，几乎已过了两个世纪。在这个时期内，生产管理主要是作为一个以经验为依据的应用科学而发展的。在这 200 年时间内，我们适应了市场的扩展和大企业的日益增长，这些大企业实行了劳动分工和先进的机械化，以便发挥大规模生产的经济效益。只是从 20 世纪 80 年代开始，我们才逐渐形成一些原理。有了这些原理就可能设计出能在相当程度上预见其性能的设备和控制系统。这就是衡量我们生产管理知识水平的真正尺度。在过去生产管理理论的精华表现在工商业的实际应用中，大学中的教学跟在这个实践后面。目前，理论正开始引导着最好的实践。这种状况在未来的一段时间内可能维持不变。

管理的首要任务是作出能够决定企业今后短期和长期行动路线的决策。这些决策可以针对每一个可以设想到的物质领域和组织领域；它们可以涉及财务计划、销售、人事安排，以及作业和生产方面。决策还经常相互交错地同时涉及这些职能系统。

决策理论用以指导怎样作出合理的决定，试图建立一个坚定地植根于科学和数学以及现实世界的决策逻辑结构。

对决策问题的分类有多种方法，如可按管理人员所面对的实际问题的性质来划分，或按分析决策问题的方法来划分等。如果按有关基本可供选择方案发生概率的现有情报量来划分，则决策问题有 4 大类型：①确定性的决策，根据一种可供选择的方案（性质的状态）确实知道将会发生什么时的决策；②冒险性决策，存在着一些可能的可供选择的方案，而决策者知道其中每一种方案可能发生的概率；③不确定性的决策，决策者不知道每一种方案可能发生的概率；④互相冲突的决策，决策者必须估计到一个竞争者（或对手）的行动时的决策。

生产系统中所产生问题的性质，要求两种主要类型的决策：①关系到生产系统的设计的长期决策，如产品的选择和设计；设备和生产过程的选择；加工对象的生产设计；作业设计；生产系统的地址选择；设备平面布置等。②关于生产系统的运行和控制的短期决策，如库存和生产控制；生产系统的维修和可靠性；质量控制；劳动控制；成本控制等。

2. 系统的概念

使复杂的管理问题统一和联系起来的一个基础是系统概念和方法。这些概念应用于生产系统的分析比应用于其他领域更多。但系统概念的价值显然已渗透于管理的各个领域。

系统概念的巨大价值之一是，它能帮助我们了解一种很复杂的情况，并使之具有秩序和组织形式，使之简化为一个组成框图，用来表示影响这个问题的各种要素的相互关系和相互作用。从目前的发展和应用状况来看，系统概念在帮助我们深入了解问题时是最有用的。它的第二个巨大贡献是，可用来求得问题的答案，评价其后果，设计可供选择的各种系统。

所谓系统，是指一群经常相互作用或相互依存的东西形成的一个统一的整体。这许多组成部分或物体为着某种共同目标而统一起来。一个系统的各个组成部分都对一定的输入生产出一套输出有所贡献。

系统可以分为开放系统和封闭系统两类。开放系统的特点在于，输出对输入做出反响，但输出却并不影响输入。一个开放系统不知道它自己的表现。在一个开放系统中，过去的行动并不控制未来的行动。一个开放系统并不观察自己的行为并做出反应。一辆汽车是一个开放系统，它本身并不被它已去过的地方所控制，也没有一个它将来要去的目标。一只手表也是一个开放系统，它本身并不观察自己的不准确性而调整自己。

封闭系统即反馈系统，是受它自己过去行为的影响的。一个反馈系统有一个封闭的回路结构，它使系统的过去行动的结果反过来控制未来的行动。一类反馈系统——消极反馈——寻求一个目标，当结果未能达到目标时，它就做出反响。另一类反馈系统——积极反馈——导致增长过程，在其中，行动产生的结果会导致更大的行动。

系统思想的最重要的贡献之一也许是次优化概念，即从子系统来看是最优的，但从整个系统来看却是不好的。当一个人狭隘地、只从本部门来看问题时，往往发生次优化。

3. 生产和业务管理的分析方法

生产和业务管理领域当前发展阶段的特征是它应用分析方法的程度。这些方法已经既用来建立一套概念体系，又用来解决实际问题。早期的分析方法是以图像或图解模型来反映一个生产系统中各个方面的情况。但是，自从第二次世界大战以来，更为高级复杂的技术，如数学的、统计的和模拟的模型已被广泛应用。这种分析的和系统的方法的广泛应用，乃是表明生产和业务管理正在迅速变成一门应用科学的一个最重要的标志。生产和业务管理中的各种分析方法，本质上是遵循着科学方法的基本原则，并利用各种模型，这些模型代表着所研究的系统或分支系统的某些部分。

在分析任何领域中的任何问题时，确定研究的系统也许是最重要的一步，因为它划定了分析的范围，假如把问题限定得很狭窄，那么，所得出的最后解决方案在应用上很可能就有局限，而且在一定的环境中可能成为错误的。这就是前面提到过的被称为次优化的解决方案。

分析方法中必须确定衡量效率的尺度，即建立一套标准来衡量生产行动中各种可供选择方案的效率。这些方面的衡量尺度可以包含利润、贡献、总成本、增量成本、机器停工时间、机器利用率、劳动成本、劳动力利用率、产品单位数量和流程时间等。还必须建立一个模型。在其中，E（效率）能够表现为那些限定该系统的变数的函数，其公式一般为以下形式：$E=f(x_i, y_i)$。其中 E 为效率，f 代表函数关系，x_i 代表可控变数，y_i 代表非可控变数。

在分析的基础上产生可供选择的各种方案，并通过制订模型，用 E 作为衡量效率的尺度，来对这些可供选择的方案作出评价。在衡量和决定究竟选用哪个方案时，要以数量分析同所处环境中不能用数量表示的诸因素进行全面权衡作为依据。

分析方法所用的各种模型有以下一些：成本分析、线性规划、等待线或排队模型、模拟模型、统计分析、网络计划模型、启发式模型、计算机探索求解方法、图解和图像分析等。

4. 生产设计和生产过程

生产一个部件或产品的可能的最小成本，最初是由设计者确定下来的。最灵巧的生产工程师也不能改变这种状况，他只能在设计的限度内使生产成本最小化。所以，当他们还在设计阶段的时候，显然就应该开始考虑部件或产品生产的基本模型。这种为降低制造成本而设计的有意识的努力叫作生产设计，以区别于功能设计。的确，设计师的首要职责就是创造出功能上适合要求的某种东西。但当这点达到以后，通常存在着全都能满足功能要求的几种可选择的设计方案。这些方案中哪一个会使生产成本最小呢？如果应该从功能和成本这两个方面来考虑的话，一个构想良好的设计，已经把各种可行方案的选择范围缩小了，并且已规定了其内容。

有了设计以后，就必须进行制造的过程规划，仔细地从细节上说明各个过程及其顺序。生产设计首先通过对于材料、公差、基本结构、各个部件的联结方法等的规定，达到的确可能做到的最小成本，然后，最后的过程规划通过规定能满足设计的确切要求的过程及其顺序来达到这一最小成本。这里，在小批量制造的情况下，过程规划师可能要在现有设备的限度内进行工作。可是，如果产量大或设计稳定，或产量既大设计又稳定，他就可以考虑采用专用设备或专用的平面布置。过程规划师在执行其职能时，制定生产系统的基本设计。

所以，产品设计师限制了生产系统设计师的工作范围。关于生产过程的广博知识和他们的工作能力，提供了合理考虑各种基本选择方案的基础。这些生产过程包含变化的所有类型，如物理的化学的、地点的、信息内容的变化等。生产过程还包含整个系列的执行方式，从纯手工的到全自动化的。

5.过程规划

生产设计在哪里结束而过程规划又从哪里开始呢？在决定选择材料和初次加工形式（如铸造、锻制、压铸）的产品设计阶段时，基本过程规划就必须开始。公认的生产设计的终点是以图纸的完成来表明的。图纸概括了要做些什么的确切说明。过程规划就从这点开始接受下来，并制定部件或产品制造的概括规划。在这里是从组织意义上使用过程规划这一术语的。从机能意义上说，它还包括在设计阶段上必需的过程的基本选择。

一个必须划分的重要区别是过程规划同设计平面和设备规划之间的关系。过程规划必须同物资设备的平面布置结合起来。某些过程规划发生在生产系统设计的平面布置阶段。为了适应物质上和顺序上的限制，利用可用的空间，改进方法或顺序，可对原来的过程规划作修改。过程规划同平面布置之间的区分表现在路线卡和作业卡这些文件中。这些文件概述了所要求的优先选用的工序，优先选用的工序顺序，所要求的辅助工具，估计的作业时间等。我们可以把过程规划看作是制定平面布置的输入。

过程规划把图纸或表明要制造什么的其他说明书，以及表明要制造多少的预测，订货单或合同当作它的输入。然后对图纸进行分析，以确定计划的整个范围。如果它是一个复杂的需要装配的产品，可能用相当的力量来把这产品"分解"为部件或局部装配等各个组成部分。这个总规划可以采取特别图纸的形式来显示部件之间的关系、剖面模型和装配图解。可以在这时初步决定哪些部件自制、哪些部件外购，以及决定刀具加工费用的一般水平的局部安装分组。然后，为每一部件制定一个详细的程序安排。在此，要有关于过程、机械和生产能力的技术知识。但几乎同样重要的是要有生产经济学的知识。各种可供选择方案的范围一般是广泛的。其选择受到总产量和设计的预期稳定性的强烈影响。各种基本的可供选择的方案之间损益平衡点产量的概念是有重要意义的。

6. 建厂地区规划

一个生产系统的设计取决于它的建厂地区，因为建厂地区所形成的物质因素影响工厂的平面布置。还因为建厂地区部分地决定着运行成本和资本成本。就工厂设计的纯物质因素而论，建厂地区可以决定是否需要买进动力，决定供热和通风要求的大小，决定制造部件所必需的生产能力（这取决于当地转包人可被利用的程度），决定原料仓库面积的大小（这取决于供应的可靠性），决定运出和运进货物的运输工具的类型等。从运行成本和资本成本的观点来看，装运原料和成品的方便，劳动成本、税款、土地、以及燃料——所有这些以及其他的因素，处在一个复杂的相互关系之中——都影响着一个企业的全面的竞争地位。

对于多厂情况的建厂地区的分析，由于其动态性质，特别使人感兴趣。增加一个新厂，并不是一种独立于现存工厂之外的、单独决定建厂地区的问题。每一个考虑中的建厂地区，包含一个对市场区域供应能力重新安排的问题。所以，一个从经济观点来看的解决办法是，使工厂网络的联合生产和分配成本最小化，而不只是使新增加的工厂一家的成本最小化。还有，在多厂的情况下，地区因素继续影响着每一个工厂用来满足需求的生产能力的利用程度，并在需求下降时帮助人们决定哪个工厂继续开业和哪个工厂关闭。

在建厂区位上有一种分散化的倾向。这种分散化的倾向在全国范围内以及在工业地区中都存在。一般来讲，相当数量的好的建厂地区是存在的。在建厂地区规划中，个人因素占重要成分。企业主往往由于愿意住在某一地区而选中或保持它作为建厂的地区。

7. 物资设备布置

工厂平面布置是一个生产体系设计的综合阶段。平面布置的基本目的是制定一种生产体系，使它能以最经济的方式满足生产能力和质量上的要求。在这里，关于做什么（图纸和说明书）、怎样做（路线卡和作业卡）以及做多少（预测、订货或合同）的详细说明，就是制定一个完整的生产系统的基础。这个完整的生产系统必须提供足够数量的机器、工作场地和储备，以便为各种部件和产品制定可行的生产进度表，在这个系统中运送部件和产品的运输系统，以及生产辅助设施（如工具房和修理车间）和生活服务设施（如医疗设施和饮食部）。

由于经济的动态性质，这个完整的生产机构必须保有适当的灵活性，以便适应将来在生产设计、产品数量上的变化和生产工艺上的进展。在生产场地和建筑物两方面都应使得生产的扩展能同现有的生产衔接得上。设备布置问题上必然会存在一些财政上和物质上的限制。

并不存在着一种一般原理，可以把为数众多的互相影响的因素在一种综合的最优设计中联结起来。可以说，制定一个好的工厂布置是一系列关于建厂地区规划、生产能力设计和总制造方式等问题的重大决策的结果。

8.生产和业务管理小结

时代在改变。这一点在生产和业务管理领域中表现得最为明显。关于生产这个术语本身，其现在的含义比过去更为广泛。生产涉及任何企业的业务方面。我们在事务所、商店、医院等以及工厂都能找到生产系统。在所有这些系统中，都有输入、某种形式的处理以及输出。生产和业务管理涉及这个系统中的决策过程。近来的概念变化之一是，系统中的废弃物及其可能的污染后果被看成是系统的一部分。

1）分配系统

分配型组织所碰到的主要的生产和业务管理问题有：确定需求分布的性质；预测需求；确定一次的订货量是多少；确定什么时候重新订货；确定服务水平和保险库存量的大小；设计数据处理系统。

2）大量生产——分配系统

生产和分配大量标准化产品的企业所遇到的主要问题有：预测需求和多阶段库存系统做出的反应；物资设备的长期总体计划；生产设施计划；设备和人力的总体计划和进度安排；原料的采购；当需求已定时的日常进度安排和生产水平的调整；数据处理系统的设计。

3）间断性生产系统

它所碰到的主要问题有：设计和布置一种系统，使其总的搬运费用为最小；预测需求；订出设备利用的总体计划；按照预定的交货日期来安排订货的生产进度；安排劳动力和装备，使机器装置和机器闲置时间，劳动力加班时间和闲空时间，以及在制品存货的成本总额为最小；安排设备来利用最有效率的工序；按最经济的数量采购材料以配合生产进度；制定标价政策和程序来使接受的订货单具有能使劳动力和设备的利用同追求利润的要求之间取得平衡的利润率水平。

4）大型工程项目

它的主要问题是：制定一个作业网络来达到所需求的最终结果；制定作业网络的各种进度表，使网络中的关键路线进度表能符合预约的交货日期；安排有限的设备以及（或者）劳动力的使用，使其不至于干扰关键路线的进度；按进度表采购材料即使库存费用总额为最小，又能满足关键路线进度的需要；制定标价政策和程序，使获得的合同能按照这样的利润率水平来签订，它可使储备的关键资源（工程师、科学家、技术工人、关键设备等）的使用和维持同利润的要求之间取得平衡。

 拓展阅读

在伯法的时代，企业间的竞争日益加剧，对管理也提出了更高的要求。依赖于管理者的主观分析和经验判断的定性管理，不再能满足企业管理工作的需要，而更加标准化的定量管理技术，越来越被管理学界所重视。计算机技术的飞速发展，为定量化管理创造了条件。如何通过量化的数学模型，利用计算机的信息处理能力来加强对企业的管理，减少管理者由于自身局限性而难以避免的失误，提高管理者在计划、控制、决策方面的效率，成为管理学亟待探索并亟待解决的问题。

顺应这种趋势，伯法在 1961 年出版了《现代生产管理》。这本书出版了 8 版，受到社会上的高度评价，影响了此后管理学在生产和作业领域的研究方向，并有大量教科书引用了该书的核心内容。1963 年，他又出版了《操作管理：问题与模型》。该书出版了 3 版，强调研究领域的分析技巧。1975 年，伯法出版了《生产管理基础》，全面论述了管理科学的核心思想，主张用数学控制、程序化系统方法来解决管理学科的主观性，实现管理的科学化。《哈

佛商业评论》曾把这部书推荐为经理必读书目。伯法的这些著作，都采用了科学的计量方法，使得管理问题的研究由定性化转向定量化。由此，开拓了管理学的又一个广阔的研究领域，管理科学学派（数量学派）因此成为管理学中不可忽视的一个重要分支。

30 《管理思想的演变》

丹尼尔·雷恩

经典速读

丹尼尔·雷恩是美国著名的管理学家和管理思想家。《管理思想的演变》是其代表作之一，1979 年由美国威利父子出版公司出版，是介绍管理思想演变较为详细的一本。

本书通过考察管理思想的背景、概念及其主要代表人物的影响，描述管理思想从最初非正式的时代直到当今的演变。为此，本书概要地叙述了管理思想发展的各个重要时期，并分析了这个发展过程中的各种趋势及运动。此外，本书还说明了环境力量对思想发展所产生的影响。

该书共 22 章，4 个部分，始终都按时间顺序叙述，以便证明管理的理论和实际都是发展演变的，同时也是为了表明人们和各种组织的设想是如何随着经济、社会和政治准则以及政治体制的变化而发生变化的。

内容解读

雷恩把管理思想的演变分为以下 4 个阶段。

1. 早期管理思想

关于管理的起源，雷恩认为，人们具有经济、社会和政治各个方面的需求，这些需求必须通过有组织的努力得以满足，各种组织都是作为实现人们目的的手段而产生的。组织必须加以管理，因此，管理是一种有组织地实现目标的活动，它发挥某些职能，以便有效地获取、分配和利用人的努力和物质资源，来实现某个目标。

工业化前的社会发展中，中国、古埃及、古希腊、古罗马、古印度等国在自己的生产实践中创造了丰富的管理思想。中国的《孙子兵法》及其官僚机构设置、印度的《政事论》、埃及人人知道的管理幅度：每一个监督者大约管理 10 名奴仆、希腊的色诺芬论述了劳动分工的重要性、罗马军队实行的"10 人编队制"等，这些都是当时管理思想的重要体现。马克斯·韦伯的新教伦理，阐述了新教伦理在推动资本主义发展的重要意义、自由意志伦理"在需要获取成就和对个人的时速努力应给予报酬的前提下，政治制度必须有助于实现个人自由"。马基雅维利的《君主论》、托马斯·霍布斯的《利维坦》和约翰·洛克的《政府论》均从不同的角度对自由意志伦理做出了反应。亚当·斯密的《国富论》对经济的发展作出了重要的分析，指出了劳动专业化的利弊。这三种伦理有力地推动了工业制度的繁荣发展。

18 世纪中叶，英国爆发了第一次工业革命，以蒸汽机为代表的机器大工业生产开始出现。伴随着工业革命的进行，大量的工厂开始出现。随着工厂的发展，企业家发现他一个人无法指挥和管理所有的活动，于是他开始把有些活动交给一些准管理人员去完成，此时出现了一批不占有资产领取薪水的管理人员，管理作为第四种要素参与到生产当中。早期的工厂管理出现了一些问题，获取优秀劳动力的问题、培训劳动力的问题、对劳动力的管理制度和激励的问题以及物色合适的管理人才的问题。这些问题归纳起来其核心就是关于工厂中人的问题，人作为工厂中最重要的生产要素，如何对其管理和激励，这困扰着早期的工厂发展。

办法往往是随着问题的出现而出现的。工厂管理制度的先驱们也在进行着自己的探索，给出了他们自己的解决方式。罗伯特·欧文在人的因素和机器时代之间试图建立新的社会时，除了借助于金钱之外还想求助于人心；查尔斯·巴比奇求助的是理智，并成为科学管理之祖，而他在泰勒前就把科学方法运用于管理中；安德鲁·忧尔讲授了他的经验和见解，并且为新的工厂培养了一批管理人才；迪潘向忧尔学习，在法国开办了管理课程，而且也许对亨利·法约尔产生了影响。

2. 科学管理时代

泰勒出现了，带着他的科学管理出现了。有感于工厂生产的效率低下，以及对工人磨洋工的同情，泰勒结合自己的经历，创新地提出了科学管理思想。其主要内容有：雇主与员工的真正利益是一致的；建立科学的生产标准和制度；科学地挑选工人，并对他们进行培训和教育；与工人真诚地合作，保证一切工作都按已形成的科学原则去办；专业化的管理职责等。泰勒的科学管理思想一开始推行的时候遭到了一些人的反对，但也有许多追随者。在泰勒直接的引导下，卡尔·乔治·巴斯开始在芝加哥大学和哈佛大学传授科学管理思想；哈林顿·埃默森改进了效率主张，并在东部铁路听证会上使泰勒的科学管理思想得到全国的承认；由于泰勒的帮助，莫里斯·卢埃森·库克在美国的教育和政府行政运作中成功地进行了科学管理变革尝试。在这些人之中，亨利·劳伦斯·甘特、吉尔布雷思夫妇及亨利·福特对传播并发展科学管理理论作出了更大的历史贡献。

亨利·劳伦斯·甘特对劳资之间利益一致的强调、科学地选择工人、促进完成任务的刺激性工资制、对工作发出详细的知识等作出了贡献。此外，甘特为工业教育增加了一项被称之为"工业习惯"的新内容，这些习惯就是勤劳和合作的习惯，这些习惯有助于获得其他知识。甘特还用图表表明如何通过各种活动的情况来安排工作的程序和时间，以完成这项工作，甘特图帮助管理进行计划和控制的做法是管理思想上的一次革命。吉尔布雷思夫妇极大地支持了科学管理的发展，并且把人的因素带进了科学管理。她认为，"管理心理学是指导工作的精神对指导的工作所产生的影响以及这件受指导的和没有受指导的工作对工人精神的影响。"但吉尔布雷斯的工作主要还是研究管理，而不是心理学；但是他证明了对工人的关心并且试图表明科学管理将培养工人，而不是扼杀工人。

在科学管理的发展中，行政管理理论开始出现。亨利·法约尔提出了管理的14项原则：分工、权力、纪律……团结精神等，并且提出了管理的要素：计划组织、指挥、协调和控制，这对整个管理思想的发展具有重要的意义。此外，法约尔对管理和行政管理作出了区分，认为前者是指导企业朝着自己目标前进的所有工作，而后者是管理者的工作中"仅对人事有影响"的那一部分。马克斯·韦伯提出了官僚集权理论，官僚集权的意思是通过官职或职位而不是个人或"世袭"来进行管理。韦伯主张权力有 3 种合法的（即被社会所接受的）纯粹的形式：①合理、合法的权力；②"传统的"形式；③"神授的"权力。在此基础上，韦伯提出了官僚体系理论，这正是韦伯为了保证技术效能而探索理想的组织安排的蓝图。

总之，科学管理主要关心劳动生产率的问题，用科学的工作方法和刺激性工资制度来实现现实的要求。当然，他们的答案可能没有考虑人的复杂的需求，但从当时的社会环境来看，科学管理可以被看作是适应当时环境的一剂良药，其重要的意义在于它为今后的管理思想打下了基础。

3. 社会人时代

如果说科学管理较为侧重于工人和工厂的生产效率的话，那么，在社会人时代，则是弥补了科学管理的不足，对人进行了较为全面的研究，这其中最为出名的则是霍桑实验。霍桑实验通过对工厂不同环境的改变来观察工人生产效率发生的变化，提出了人际关系理论。他认为人是"社会人"而不是"经济人"；企业中存在着非正式组织；新的领导能力在于提高工人的满意度等。玛丽·派克·福莱特由于探求结合的统一性、意志的共同性和人群的合作而获得了政治哲学家的国际声誉。她提出自己的"组织的四项基本原则"，并且"认为要对组织进行控制，因为组织和协调的目的是保证有控制地实现任务。协调为了达到统一，而统一就是控制。"切斯特·巴纳德推进了正式组织的分析，并且又加入了非正式组织的研究。在社会人时代，人们研究的重点有所变化，主要是对于人的研究，人在管理中的地位开始逐步提高。

4. 当前时代

"隐现于对昨日的已知和对明日的未知之间，现在可以说是历史的黎明之时。"现代的管理思想是过去的管理思想的发展：由亨利·法约尔整理的一般管理理论以及对管理活动的研究；由人道主义者最先提出的行为发展，以及人际关系和其他一些以人为本的方法；以阿里斯托、巴比奇等科学管理先驱及继承者为代表的解决问题的数量方法的进步；对能力处于变动之中且出现了竞争力量的开放系统中的管理功能的重视。除了对古典管理理论的继承之外，又有许多新的管理思想出现，我们进入了一个"管理丛林时代"。著名管理学家哈罗德·孔茨提出了管理思想的 6 大流派：管理过程学派、经验主义学派、人类行为学派、社会系统学派、决策理论学派和数理学派。孔茨认为各个学派都对管理学的发展作出了贡献，但是他又提醒学习管理的学生们不应该把内容和方法混为一谈。

在现代，组织行为理论得到了重大发展。如戴维斯认为，现代人际关系包括两个方面的内容：一方面与通过调查来理解、描述和确认人类行为的因果有关；另一方面则是这些知识在具体环境中的运用。在关于人性假设上，麦格雷戈提出了著名的"X理论"和"Y理论"，威廉·大内的"Z理论"等。在对人的激励问题上，有明茨伯格的"激励－保健"理论、马斯洛的需求层次理论、亚当斯的公平理论等。现代社会比以往任何社会都更加富于变化，科学技术更加发达，社会环境也日益复杂化、动态化。管理没有一成不变的，必须随时对自己作出调整，也将随着社会的发展而不断发展。

作者在最后回顾了整个管理思想演变史，以及相应的社会、经济、政治环境的演变，再次强调了管理思想和社会环境之间的密切关系。作者指出：对于管理学家来说，历史中存在着许多教训，而其中最重要的一个教训是把过去的研究作为一个序幕。

拓展阅读

雷恩生于1929年，1959年获得博士学位，毕业后执教于佛罗里达州立大学。雷恩曾经担任过美国南方管理协会主席和管理学院管理史研究部主任，现为伊利诺伊大学管理学教授，并兼任俄克拉荷马大学哈里·巴斯企业史文献收藏馆馆长。

雷恩涉猎广泛，管理学的各个方面几乎都有涉猎，而且成绩斐然。雷恩认为，管理史研究与教学在建立完整的管理科学和继承前辈管理思想方面都有不可忽视的意义。特别强调根据文化环境来研究管理思想，即不仅要知其然——了解管理思想的过去和现在，还要知其所以然——说明它为什么是如此发展过来的，"文化"包括经济、社会和政治等各个方面的内容。雷恩对管理史的研究为管理学科的系统性作出了巨大的贡献。

31 《管理决策新科学》

赫伯特·西蒙

经典速读

1960 年出版的《管理决策新科学》是西蒙的代表作，也是决策理论的经典之作，并因此使西蒙获得了诺贝尔经济学奖。决策理论发展到今天，能够成为理解人类行为的钥匙与实施管理行为的利器，西蒙功不可没。时至今日，《管理决策新科学》依然是研究战略决策领域的必读书目。

书中对决策过程进行了深入讨论，形成了系统的决策过程理论。全书除导论以外，共分 5 章，分别对组织决策过程，计算机和新技术在企业组织及管理中的应用，以及计算机和新技术对管理工作和社会的影响等作了详尽的阐述，充分地反映了西蒙在管理方面的真知灼见。

《管理决策新科学》共 3 版。第一版发表于 1960 年。5 年以后，西蒙又加进了自动化的经济效果以及其他一些资料，作为第二版出版，定名为《自动化的形成》。10 年以后，第三版出版，西蒙对各章篇幅作了扩充，内容也完全作了修改，尤其是在自动化对人类的作用和计算机在高层管理和企业组织结构中的应用等问题的论述方面，作了较大的修改。西蒙认为，第一版和第二版成书的时间已有 10 年多，作第三次修改是必要的。不过，他同时指出，书中的结论和基本观点却未作大的改变，因为，原来的预言大部分被证明是十分正确的。

西蒙在谈到他撰写本书及后来又修订增补新内容的原因和动机时说："过

去 10 年，我的研究活动使我接触到使用数字电子计算机的各种实际工作。这种计算机就是在原子能世界和展望飞速发展的宇航世界中都是令人大为惊异的。计算机应用在新决策中的技术正在使蓝领工人的、经理的和专业性的工作发生巨大的变化，就像使用机械来代替人力时所引起的变化一样。本书各章就是我对这种迅速发展的技术在企业组织和社会组织中应用的总结记录。"

内容解读

1. 决策贯穿于管理的全过程——管理就是决策

管理的核心就是决策，管理的各个层次，无论是高层，还是中层或下层，都要进行决策。决策决不仅限于从几个备选方案中选定最佳方案，而且包括了几个阶段和涉及许多方面的整个过程。决策贯穿管理的全过程，决策程序就是全部的管理过程，组织则是由作为决策者的个人所组成的系统。全部决策过程是从确定组织的目标开始，随后寻找为达到该项目标可供选择的各种方案，比较并评价这些方案，进行选择并做出决定；然后执行选定的方案，进行检查和控制，以保证实现预定的目标。

决策过程包括以下 4 个阶段：

（1）情报活动阶段，即探查环境、寻求要求决策的条件。该阶段主要是搜集企业所处环境中相关的经济、技术、社会等方面的信息并加以分析，同时搜集和分析企业内部的信息，寻求要求决策的条件，为制定决策提供依据。

（2）设计活动阶段，即创造、制定和分析可能采取的行动方案。该阶段主要是在对第一个阶段所搜集的信息进行分析的基础上制定行动方案，为企业所需解决的问题拟订出各种可行的备选方案。

（3）抉择活动阶段，即从备选方案中选出最佳方案。该阶段主要是根据当前的情况和对未来的预测，从各种备选方案中选择最具可行性的一种方案。

（4）审查活动阶段，即对已经选定的方案进行评价。这 4 个阶段在经理的时间分配上占有不同的比例，而且在各个企业和各个经理之间，各个阶段所分配的时间也各有不同，有时候差别还非常大。但不管怎样，这四个部分加在一起就构成了经理所做的主要事情。经理的职责不仅包括本人制定决策，也包括负责使他所领导的组织或组织的某个部门能有效地制定决策。他所负责的大量决策制定活动并非仅是他个人的活动，还包括他下属人员的活动。

在整个决策过程中，信息联系起着至关重要的作用，它是决策前提赖以从一个组织成员传递到另一个成员的任何过程，是一个双向的过程，包括从组织的决策中心向组织的各个部分的传递，以及从组织的各个部分向组织的决策中心的传递。信息联系有 3 个阶段，分别是发出阶段、传递阶段和接受阶段，这 3 个阶段很容易发生拥堵，所以借助于电子计算机等先进技术建立一个专门的"信息联系中心"非常重要。

2. 程序化决策和非程序化决策

日常的活动往往是重复出现的，经过一段时间的经验积累，知道如何寻找并选择符合要求的措施，就会发展成一套程序化的办法，遇到重复出现的情况，就按既定的程序、步骤行动，这是程序化决策。程序化决策可以通过制定出一套例行程序来处理，不必每次出现都作出新的决策。

还有一些问题，用正常程序是不能解决的，应修正或者产生新的程序，以此来解决，这就是非程序化决策。这类决策的过程包含全部决策的过程，从判定问题、确定目标开始，然后寻找为达到目标可供选择的各种方案，比较评价这些方案，在这些方案中进行选择，并作出决定，在执行决定中进行核查和控制，以保证实现预定的目标。非程序化决策无法用例行的程序来解决，而要用新的方法进行处理。

区分程序化决策和非程序化的依据是：在解决决策制定中的这两个方面问题时，采用的技术是不同的。但是，它们也不是完全不相关的，而是连续统一在程序化过程之中的，在程序化程度由弱到强的过程中，一个处于最强点；另一个处于最弱点。在现实工作中，往往会采用这个过程中的某一个点上的程序化决策，它实际上成为了两种极端的综合形式。

在技术方面，程序化决策的传统技术有 3 种，其中最为普通和最为盛行的技术是习惯。新雇员往往在入职前就已学得了部分习惯性技能，入职以后组织则通过正式培训和体验为新成员提供他们工作所需要的全部技能和习惯。标准操作规程则是一种刚形成的、以正式书面方式记录下来的程序，它使新成员明白地接受习惯模式，并使老成员注意其以往忽略的习惯模式。在标准操作规则之上的组织结构本身，就是一种对决策制定程序的不完全的记述说明。组织结构规定了一套关于组织的哪些成员将对哪些类型的决策负责的设想和预断。组织结构也规定出一套次要目标结构，在组织的各部门起选择标准的作用，同时组织结构也在组织内设立特别的情报责任单位，以便对组织环境的某些特殊部分进行审核，并将需要注意的事件，通知给适当的决策点。

非程序化决策的传统技术中，最常用的是判断。而判断是通过某些不确定的方式由经验、直觉和洞察力来决定的。一个极其困难的非程序化决策通常都需要决策者发挥创造性。对经理人员进行选拔和训练也是非程序化决策技术之一。它主要包括两种形式，一种是在入选人员入职前，在基本原理方面给予专业性培训；另一种是企业本身提供的、使入选人员通过亲身体验和有计划的工作轮换受到培训。有时还以大学里的高级管理训练或公司的培训计划作为后一种培训的补充。现代大组织的特点之一，就是拥有各种各样的参谋职能部门。它们大多是一些专门研究某些较为复杂的非程序化决策制定任务的单位，这种专门负责非程序化决策的部门是第三种传统技术。

现代的程序化决策技术主要包括运筹学、数学工具和计算机模拟等二战及以后发展起来的现代技术。运筹学是将"条理性分析法"运用于管理决策的制定，特别是程序化决策的。作为科学管理运动的继续和发展，它给管理决策带来了系统方法。数学工具是运筹学的基本工具，它包括许多种，但其共同之处在于：①建立既能满足所用工具的条件，同时又能反映将要分析的管理环境的重要因素的数学模型。②规定一个基准函数，对各种可能的行动方案的相对优劣作比较用的一种量度。③概算出该模型中说明其特定具体情况的数学变量。④最终通过计算求出行动方案。使基准函数达到最大值。为了使计算能有效地进行，每种工具都要与计算程序相连。计算机模拟则可以研究系统行为，从而作出程序性决策。

随着现代技术的出现，程序化决策发生了巨大变化。电子计算机使得过去属于职员工作范围的那些常规的程序化决策制定和数据处理，迅速地实现了高度自动化。运筹学更多地用于以前的判断性决策中而导致程序化决策领域的扩大。计算机将数学技术适用范围扩大到一些过去无法用自动化程度较差的计算设备解决的问题上去，计算机模拟技术也扩大了可程序化决策的适用范围。一些公司已将制定中层管理决策的数学技术，与用于各办公室的数据处理技术结合起来，实现了部分工作的自动化。

非程序化决策的制定技术也在经历一场革命，这主要指的是探索式解题技术的应用，其中包括决策者的培训和探索式计算机程序的编制。我们现在对一个人在进行判断时的思维过程有了一定的了解，并已达到将这许多过程在计算机上模拟的程度。

3. 集权与分权

集权与分权问题是组织设计中的主要问题，是决策制定过程中面临的一个难点。一个组织中集权与分权的问题不能脱离决策过程而独立存在，有关整个组织的决策必须是集权的，但是，由于一个组织内决策过程本身的性质，分权也是必要的。

西蒙指出，由于个人的认识、情报来源、能力、知识、经验等方面的限制，下级人员可能不如高层领导那样能够作出更适合于整个系统的决策。各级管理人员的决策要同他们的情报来源和职能相适应。所以有关整个组织的决策必须是集权的。另外，由于个人的认识能力是有限的，无法同时了解和分析一个复杂问题的各个方面，必须把它分解为不同因素，由不同的专门部门研究，所以此时决策又必须要分权化以保证其合理性。二战以后曾出现过分权运动，但是到了决策理论形成之时，集权倾向又有所抬头。使决策趋向于集权化的另一个重要因素是计算机和自动化的引进。

计算机和自动化引进决策过程后，有人担心会导致集权化或分权化。但是，西蒙认为不会，组织的等级结构依然是主要结构，但是更多的决策信息将穿越等级结构的界限。

组织的等级结构是指一个组织有 3 个层次不同的结构的组合形式。这 3 层结构分别是：①基层机构，主要从事于直接生产过程、获取原材料、制造并储运产品；②中层机构，从事于程序化决策，管理生产和分配系统的日常工作；③上层机构，从事于非程序化决策，设计整个系统，确定其目标，并监督其实施，数据处理和决策制定的自动化将不会改变这 3 层基本的机构。自动化通过对整个系统进行较为清晰而正规的说明，使得各层次之间的关系更为清晰明确。大型组织不仅分有层次，而且其结构几乎普遍都是等级结构，即组织分成小单元，而这些小单元又分成更小的单元，这样依次细分下去。

自动化使得基层操作人员大大减少，导致了对基层管理工作的需要的减少，但由于对自动化决策和规划系统进行设计和维护的参谋性作业的增加，使得中层管理人员并未像人们所预料的那样减少。但我们必须看到，参谋单位的增长是以直线单位的减少为代价的。随着直线组织的变小而使组织的层次减少，同时通过参谋职能的扩大而使组织扩展。这样，组织在某些方面来说比以前的结构更为复杂。跨越等级界限的各单位间的相互作用更多了。但这种复杂性是可以容许的。因为这种复杂性与该系统实际操作中所需要的高频交互作用关系较小，而只是与具有较长时间范围的规划活动关系较大。

拓展阅读

赫伯特·西蒙是美国管理学家和社会科学家，在管理学、经济学、组织行为学、心理学、政治学、社会学、计算机科学等方面都有较深厚的造诣，他的学识令世人惊叹。他多才多艺，兴趣广泛，会画画，会弹钢琴，既爱爬山、旅行，又爱学习各种外国语，能流利地说多种外语。

1975 年因为在创立和发展人工智能方面的杰出贡献，西蒙和纽厄尔同获图灵奖。1978 年西蒙荣获诺贝尔经济学奖，1986 年又因为在行为科学上的出色贡献而荣获美国全国科学奖章。1969 年，美国心理学会由于西蒙在心理学上的贡献而授予他"杰出科学贡献奖"。

西蒙被称为"决策理论的奠基人"，他在管理学方面主要研究生产者行为，特别是当代公司中组织基础和心理依据，在此基础上，西蒙形成了他所倡导的决策理论。决策理论是以社会系统理论为基础，吸收古典管理理论、行为科学和计算机科学等内容而发展起来的一门边缘学科，西蒙在决策程序上所进行的开创性的研究成果得到了管理学界的高度认同与评价，西蒙对于决策过程的理论研究是首创性的，自西蒙开始，人们才发现决策的意义并对决策进行深入的研究。西蒙也是在管理方面唯一获得诺贝尔经济学奖的人，他的理论已渗透到管理学的不同分支，成为现代管理理论的基石之一。

32 《社会组织和经济组织理论》

马克斯·韦伯

 经典速读

马克斯·韦伯是德国社会学家，被誉为"组织理论之父"。《社会组织和经济组织理论》是韦伯在管理思想方面的主要贡献，1920 年他去世时，该书还尚未完成。

《社会组织和经济组织理论》一书中提出了理想官僚组织体系理论，他认为建立一种高度结构化的、正式的、非人格化的理想的官僚组织体系是提高劳动生产率的最有效形式。19 世纪，官僚制盛行于欧洲，韦伯行政组织理论产生的历史背景，正是德国企业从小规模世袭管理到大规模专业管理转变的关键时期。他从事实出发，把人类行为规律性地服从于一套规则作为社会学分析的基础。

《社会组织和经济组织理论》中所阐述的官僚组织模式的理论（即行政组织理论），对后世产生了深远的影响。

 内容解读

1. 官僚组织结构理论——韦伯在管理思想上的最大贡献

韦伯勾画出理想的官僚组织模式，其具有下列特征：

（1）组织中的人员应有固定的和正式的职责并依法行使职权。根据合法程序制定组织。

（2）这个组织应有其明确目标，并有一套完整的法规制度，管理并规范成员的行为。用有效的方式追求组织的目标。

（3）组织的结构是一种层层控制的体系。在组织内，按照地位的高低规定成员间命令与服从的关系。人与工作的关系及成员间的关系只有对事的关系而无对人的关系。

（4）每一个职位都有一定的任职要求，要在社会上公开地考试，筛选合适的人来担任，务求人尽其才。

（5）对成员进行合理分工并明确每人的工作范围及权责，然后通过技术培训来提高工作效率。

（6）按职位和员工的贡献支付薪金，并建立奖惩与升迁制度，使成员安心工作，培养他们的事业心。

韦伯的结论是，最有效的组织是机械式的，这个组织合理又无情地向前运行。它精确、快速、明确、谨慎、统一、具有持续性和较低的成本。他把这种理想化的组织形式称为合理合法型，以区别于传统的组织类型。

韦伯认为，如果一个组织具有上述6项特征，那么这个组织就可以表现出高度的理性化，其成员的工作行为也能达到预期的效果。韦伯对理想的官僚组织模式的描绘，为行政组织指明了一条制度化的组织准则。

"官僚组织结构理论"的核心是组织活动要通过职务或职位而不是通过个人或世袭地位来管理。韦伯也认识到个人魅力对领导作用发挥的重要性。他所讲的"理想的"，不是指最合乎需要，而是指现代社会最有效和最合理的形式。

韦伯的"官僚组织结构理论"主要是针对当时德国社会的企业大多是一些家族式企业而提出来的。他们之所以能担任企业的管理人员，并不是因为他们具有担任该职务所需要的能力，而仅仅是他们与企业的所有者具有某种关系。他不是按照理性、制度和规范来进行管理，而是凭个人的知识和爱好。因此，他们的管理是感性的而不是理性的，这就造成企业的效率低下。这种管理情况不能适应德国社会现代化大生产发展的需要。正是针对这种情况，韦伯提出了官僚组织结构理论，这是一种理想的管理形式。

韦伯所说的合法性是一个较为宽泛的概念，它不具有任何的价值判断。他认为，任何一种合乎需要的统治都具有合法性基础，这是因为权力总会通过某种方式为自己的统治寻求合法性基础。这种本身的需要使得统治者与被统治者所构成的命令与服从关系得到维系，而正是这种"命令－服从"关系的存在，使得统治自然而然地具有了合法性。进一步说，合法性来源于正当性的信念，也就是说，无论是法律法规还是某个人的权威抑或价值，宗教的信仰，只要它形成于正当的程序，它就是合法的。

但是，韦伯强调，实质合理性是传统社会秩序的本质特征。在现代社会，这种合理性已经基本失去了它存在的社会氛围。在韦伯看来，以形式合理性为方向的运动，是历史过程本身的运动，它是以工业革命和科学技术为代表的现代经济和社会的发展特征。在现代社会形式中形式合理性占了主导地位，它是以形式本身作为目的，是不对任何事物的合理性。现代经济社会在本质上就是这种形式的合理性，它并非在于提供需求的满足，而是在于经济活动本身的合理化。也就是说，满足需求不仅不是经济活动的目的，相反，需求及其主体都只是满足经济活动合理化要求的必要手段和要素。从而韦伯提出，按照目的合理性的角度，价值合理性总是不理性的。正是对"合法性"与"合理性"的这种认识，韦伯对于官僚制理想模型的设计也就成为了对于形式合理性的追求。

韦伯认为，这种高度结构的、正式的、非人格化的理想行政组织体系是人们进行强制控制的合理手段，是达到目标、提高效率的最有效形式。这种组织形式在精确性、稳定性、纪律性和可靠性方面都优于其他组织形式，能适用于所有的各种管理工作及当时日益增多的各种大型组织，如教会、国家机构、军队、政党、经济企业和各种团体。

官僚制作为一种久已存在的社会制度，在以往社会中的所有发展都是一个不自觉的自然过程，只是到了20世纪，它的发展才成为一个自觉的进程。在《社会组织和经济组织理论》一书中，韦伯一方面认为，所谓的迈向资本主义的进步是经济现代化唯一的尺度，而迈向官僚体制的官员制度的进步则是国家现代化的同样的明确无误的尺度；另一方面他又指出，官僚制对于人类的未来而言就是一只"铁笼"，这就是所谓的现代性的悖论。韦伯也早就看穿了这点，因而在他批判现代文明反文化、反人道特征的时候，又竭力强调作为现代人的命运即现代文明注定是不可避免的。正因为如此，韦伯在设计官僚制的时候也就包含了这一悖论。

韦伯关于理想的行政组织的构想，与泰勒的想法很相似。他们两个都认为，管理就意味着以知识进行控制，领导者应该在能力上胜任，应该依据一定的规章制度和事实来进行管理和领导。

对于官僚组织结构，韦伯认为，官僚组织结构之所以能带来高效率，是因为从纯技术的角度看，官僚制强调知识化、专业化、制度化、正式化和权力集中化，它在组织中消除了个人的情感的影响。因此，它能使组织内人们的行为理性化具有一致性和可预测性。

韦伯的组织理论在当时是相当先进的，但是在他迫切提出他的理论的时候，当时社会的文化和形势还没有形成对组织理论的要求，因此他的理论在当时没有得到应有的重视。

当时代发展到 20 世纪四五十年代的时候，生产力又有了很大的发展，社会组织变得日益复杂，组织结构变得更加精细，社会上各种组织结构不断地扩大，人们才开始重视组织理论的作用，才发现韦伯的理论是多么有价值。

今天，各种各样的组织，不管是工厂、学校、机关、医院或是军队，都或多或少地具有官僚集权组织的某些特征，这些特征的形成，从纯技术的角度看是有利于提高组织的效率。但是，今天人们也经常批评官僚组织结构理论，人们把官僚制度、官僚主义、官僚作风作为组织效率低下的代名词。然而，现今社会行政组织的过分低效，并不是"官僚制"本身的错误，而是由于官僚行政组织内部机制障碍所致。

2. 对官僚制度的批评主要集中在以下几方面

1）假设的有效性

官僚组织结构理论的提出是建立在许多假设的基础之上的，现在人们对这些假设前提提出了批评和疑问，例如，官僚组织结构理论就隐含着这样一个假设前提，当上级和下级之间出现不协调时，上级的判断必然比下级的判断正确，显然，这个假设存在明显的缺陷。

2）它忽视了非正式组织的存在

在生活与工作中，非正式组织的存在是一种普遍的现象，这些非正式组织的行为准则是感情的而不是效率的，他们要做什么和不做什么都是以满足这个组织成员的感情需要为标准的，官僚集权组织的提出和设计忽视了正式组织之内还存在的这种非正式组织的现象。

3）过分地强调组织原则和恪守规章制度

人们对官僚组织结构理论最激烈的批评是它过分地强调执行规章制度。组织的规章制度可以规范员工的行为，使他们的活动更加有效，因此任何组织都有一定的规章制度。但是，过分地强调执行这些制度会抑制员工的创造能力、革新和冒险精神。

虽然有上面的一些批评和异议，韦伯的官僚组织机构仍不失为一个伟大的理论。作为韦伯组织理论的基础，官僚制在 19 世纪已盛行于欧洲。韦伯从事实出发，把人类行为规律性地服从于一套规则作为社会学分析的基础。他认为一套支配行为的特殊规则的存在，是组织概念的本质所在。没有它们，将无从判断组织性行为。

韦伯理论的主要创新之处源于他淡化了对有关官僚制效率的争论，而把目光投向其准确性、连续性、纪律性、严整性与可靠性。韦伯这种强调规则、强调能力、强调知识的行政组织理论为社会发展提供了一种高效率、合乎理性的管理体制。

行政组织化是人类社会不可避免的进程，韦伯的理想行政组织体系自出现以来得到了广泛的应用，它已经成为各类社会组织的主要形式。韦伯关于组织中三种合法权利的精辟分析，给我们非常大的启示。

 拓展阅读

他不是哲学家，但在大学读书时就熟悉大多数古典哲学体系；他不是神学家，但他的著作表明他广泛阅读过神学书籍；他具有一流的法律头脑，对法律的历史和原理了如指掌；他对古代史、近代史以及东方社会的历史都有相当的造诣；作为经济史学家，他几乎读遍了这个领域以及经济理论的一切著作，他就是被誉为"组织理论之父"的德国社会学家马克斯·韦伯，与泰勒、法约尔一起成为西方古典管理理论的三位先驱，公认的社会学三大"奠基人"之一（其他两者为卡尔·马克思与爱米尔·杜尔凯姆）。

韦伯是对西方古典管理理论的确立作出杰出贡献的著名社会学家和哲学家，这位西方社会理论领域的重量级思想家，他提出的"理想的"行政管理体制经过时间的验证，成为现代国家应有的管理体制的基础，同时也奠定了其在古典组织理论中不可动摇的地位。19 世纪，官僚制盛行于欧洲，韦伯行政组织理论产生的历史背景，正是德国企业从小规模世袭管理到大规模专业管理转变的关键时期。他从事实出发，把人类行为规律性地服从于一套规则作为社会学分析的基础，其著作《社会组织和经济组织理论》所阐述的官僚组织理论（也称为行政组织理论）对后世产生了最为深远的影响。韦伯明确而系统地指出，理想的组织应以合理合法的权力为基础，没有某种形式的权力，任何组织都不能达到自己的目标。为此，韦伯首推官僚组织，他提出的官僚组织理论为社会发展提供了一种高效率、合乎理性的管理体制。在社会不断发展变化的今天，了解韦伯的思想及其著作更具有追本溯源、举一反三的现实意义。无论管理学者、组织领导者或社会学、经济学、哲学的研究者，还是仅仅希望对管理学与社会科学"投去好奇一瞥"的兴之所至者，都会发现韦伯的著作是一个发掘不尽的宝藏。

33 《企业中人的方面》

道格拉斯·麦格雷戈

 经典速读

　　道格拉斯·麦格雷戈（1906—1964）是美国著名的行为科学家，人性假设理论创始人，管理理论的奠基人之一。道格拉斯·麦格雷戈是人际关系学派最具有影响力的思想家之一。他的学生评价他说："麦格雷戈有一种天赋，他能理解那些真正打动实际工作者的东西。"

　　《企业中人的方面》一书是麦格雷戈的代表作。麦格雷戈认为，有关人的性质和人的行为的假设对于决定管理人员的工作行为方式来讲是极为重要的，各种管理人员以他们对人的性质的假设为依据，可用不同的方式来组织、控制和激励人们。全书最精彩的部分就是，作者通过对传统管理中的人性假设和行为科学的假设进行系统归纳分析，提出了著名的"X理论–Y理论"，在此基础上，研究如何实施"Y理论"并总结了当时已有的一些与"Y理论"相似的创新思想在应用上的成果，并指出管理的关键是将指导思想从"X理论"转变为"Y理论"。

　　许多现代管理思想也都来源于麦格雷戈。他提出的革命性理论——"X理论""Y理论"——广泛应用于商业管理学院、劳资关系学院、心理学系以及各大企业中，迄今已达半个世纪之久。时至今日，新兴的知识导向型工作体系与低成本的商业战略仍然无法回避同样的基础假设——人到底是创造价值的机器，还是可以根据需要削减的成本？

该书自出版以来在半个多世纪的时间里，不断受到来自各方的高度赞扬。它被看成是最重要的管理著作，学者的理论标准、从业人员的行动手册。该著作甚至对彼得·德鲁克、沃伦·本尼斯等管理学大师也影响颇深。

彼得·德鲁克曾经指出：道格拉斯·麦格雷戈的专题著作《企业中人的方面》揭露了泰勒主义的缺陷，并且描述了一种革命性的管理方式，他是把行为科学的发现应用于商务世界的第一人。

管理学家、领导力大师沃伦·本尼斯也曾经指出：历史发展到一定阶段，便会产生这样一种现象：某人将自己的思想浓缩进作品中，使用极具震撼力的语言，迅猛地冲击传统思想的禁锢。《企业中人的方面》便是这样一部伟大的作品。

管理学家、企业文化领域的奠基者埃德加·沙因曾经这样评价：直到现在，大多数人仍然没有真正读懂这本书。

 **内容解读**

1. X 理论 –Y 理论——工作源动力的理论

"X 理论 –Y 理论"是《企业中人的方面》一书的核心。

麦格雷戈把传统的管理观点叫作 X 理论。X 理论的特点是以"人性恶"为基础，假设一般人都对工作具有与生俱来的厌恶工作的本性，因此只要有可能，便会全部逃避工作，所以必须对他们进行指挥、控制、监督，以及予以惩罚的威胁，才能促使他们努力向组织目标奋进；而一般人都愿意接受监督，希望逃避责任，胸无大志，安于现状。其主要内容是：

（1）大多数人是懒惰的，他们尽可能地逃避工作。

（2）大多数人都没有什么雄心壮志，也不喜欢负什么责任，而宁可让别人领导。

（3）大多数人的个人目标与组织目标都是自相矛盾的，为了达到组织目标必须靠外力严加管制。

（4）大多数人都是缺乏理智的，不能克制自己，很容易受别人影响。

（5）大多数人都是为了满足基本的生理需要和安全需要，所以他们将选择那些在经济上获利最大的事去做。

（6）人群大致分为两类，多数人符合上述假设，少数人能克制自己，这部分人应当负起管理的责任。

根据 X 理论的假设，管理人员的职责和相应的管理方式是：

（1）管理人员关心的是如何提高劳动生产率、完成任务，他的主要职能是计划、组织、经营、指引、监督。

（2）管理人员主要是应用职权，发号施令，使对方服从，让人适应工作和组织的要求，而不考虑在情感上和道义上如何给人以尊重。

（3）强调严密的组织和制定具体的规范和工作制度，如工时定额、技术规程等。

（4）应以金钱报酬来收买员工的效力和服从。

由此可见，此种管理方式是胡萝卜加大棒的方法，一方面靠金钱的收买与刺激，另一方面靠严密的控制、监督和惩罚迫使其为组织目标努力。麦格雷戈发现当时企业中对人的管理工作以及传统的组织结构、管理政策、实践和规划都是以 X 理论为依据的。

麦格雷戈认为，X 理论所用的传统的研究方法建立在错误的因果观念的基础上。通过对人的行为动机和马斯洛的需要层次的研究，他指出，在人们的生活还不够丰裕的情况下，胡萝卜加大棒的管理方法是有效的；但是当人们达到了丰裕的生活水平时，这种管理方法就无效了。因为，那时人们行动的动机主要是追求更高级的需要而不是"胡萝卜"（生理需要、安全需要）了。

麦格雷戈认为，由于上述的以及其他许多原因，需要有一个关于人员管理工作的新理论，把它建立在对人的特性和人的行为动机的更为恰当的认识基础上，于是他提出了 Y 理论。Y 理论对于人性假设是正面的，假定人性本善，假设一般人在本质上并不厌恶工作，只要循循善诱，雇员便会热诚工作，在没有严密的监管下，也会努力完成生产任务。而且在适当的条件下，一般的人不仅愿意承担责任而且会主动寻求责任感。其主要内容是：

（1）一般人并不是天性就不喜欢工作的，工作中体力和脑力的消耗就像游戏和休息一样自然。工作可能是一种满足，因而自愿去执行；也可能是一种处罚，因而只要可能就想逃避，到底怎样要看环境而定。

（2）外来的控制和惩罚并不是促使人们为实现组织的目标而努力的唯

一方法。它甚至对人是一种威胁和阻碍，并放慢了人成熟的脚步。人们愿意实行自我管理和自我控制来完成应当完成的目标。

（3）人的自我实现的要求和组织要求的行为之间是没有矛盾的。如果给人提供似懂非懂的机会，就能将个人目标和组织目标统一起来。

（4）一般人在适当条件下，不仅学会了接受职责而且还学会了谋求职责。逃避责任、缺乏抱负以及强调安全感，通常是经验的结果而不是人的本性。

（5）大多数人而不是少数人在解决组织的困难问题时都能发挥较高的想象力、聪明才智和创造性。

（6）在现代工业生活的条件下，一般人的智慧潜能只是部分得到了发挥。

根据以上假设，相应的管理措施为：

（1）管理职能的重点。在 Y 理论的假设下，管理者的重要任务是创造一个使人得以发挥才能的工作环境，发挥出职工的潜力，并使职工在为实现组织的目标贡献力量时，也能达到自己的目标。此时的管理者已不是指挥者、调节者或监督者，而是起辅助者的作用，从旁给职工以支持和帮助。

（2）激励方式。根据 Y 理论，对人的激励主要是给予来自工作本身的内在激励，让他担当具有挑战性的工作，担负更多的责任，促使其工作做出成绩，满足其自我实现的需要。

（3）在管理制度上给予工人更多的自主权，实行自我控制，让工人参与管理和决策并共享权力。

X 理论的假设是静止地看人，现在已经过时了；Y 理论则是以动态的观点来看人，但这一理论也有很大的局限性。有些行为科学家批评了 Y 理论的一些缺陷。他们指出，Y 理论对人的特性的假设有其积极的一面，它为管理人员提供了一种对于人的乐观主义的看法，而这种乐观主义的看法对争取职工的协作和热情支持是必需的。但是，麦格雷戈只看到了问题的一面，固然不能说所有的人天生就是懒惰而不愿负责任的，但在现实生活中有些人确实是这样的，而且坚决不愿改变。对于这些人，应用 Y 理论进行管理难免会失败。而且要发展和实现人的智慧潜能，就必须有合适的工作环境，但这种合适的工作环境并不是经常有的，要创造出这样一种环境来，成本也往往太高。

X 理论与 Y 理论是两种截然不同的人性观和价值观，正如许多西方管理学家所说，这个理论从根本上改变了对组织中人的看法。麦格雷戈所强调的人的潜在能力，提高了工业社会中人的作用，充分论证了"以人为中心的管理"。因而，他的思想在西方管理史上占有十分重要的地位。

2. Y 理论的应用——管理指导思想的转变

麦格雷戈将 Y 理论称为"个人目标与组织目标的结合"，认为它能使组织的成员在努力实现组织目标的同时，最好地实现自己的个人目标。所以他认为关键不在于对管理方法的选择，而在于管理的指导思想的转变，即将 X 理论变为 Y 理论。这两种理论的区别在于，是将人们当作小孩看待，还是把他们当作成熟的成年人看待。思想认识的转变就会导致管理方法的变化。

Y 理论的实施方法主要有以下几点。

1）分权与授权

分权与授权是将人们从传统组织的严密控制中解脱出来的方法。这种方法给人们一定程度上的自由来支配他们自己的活动，并承担责任。更为重要的是，该方法可以满足他们的自我实现的需要。西尔斯·罗巴克公司的管理层次很少的扁平型组织结构就是一个很有趣的例子。该公司用某种带强制性的办法来推行"目标管理"，即扩大由经理直接领导的下级管理人员的人数，直到使经理无法继续按传统的方法去指导和控制他们的业务，只好实行分权与授权的目标管理。组织的职权是授予人们运用其判断做出决策和发布指示的自由处置权。分权是在组织结构中把决策的职权进行分散的趋向。在整个组织中，职权应在多大程度上集中或分散？有可能存在一个人独揽大权的绝对集权，但这意味着无下属管理人员，因此也就是无结构的组织。但另一方面也可能存在绝对的分权，因为如果管理人员把他们的职权全部下放，他们作为管理人员的身份将不复存在，他们的职位也就此取消，这样也就不存在组织。所以麦格雷戈认为分权和集权是两种倾向。

2）职工对自己的工作成绩作出评价

按照 X 理论，通常是由上级给下级的工作成绩作出评价。这种做法实际上把职工看成是装配线上受检验的产品。而通用电气公司、安瑟化学公司等试行过的一种新的管理方法，则要求职工为自己制定指标或目标，每半年或一年对工作成绩进行一次自我评定。在这种新的管理方法中，上级仍然起着重要的领导作用——事实上它比传统的方法对领导提出了更高的要求。但对许多管理人员来说，他们宁愿担任这种新的领导角色而不愿像以前那样做"审判者"和"监督者"。最重要的是，这种新的方法鼓励个人对制定计划和评价自己对组织目标所作的贡献承担更大的责任，有助于职工充分发挥自己的才能，满足自我实现的需要。麦格雷戈强调，管理人员应注意工作丰富化和职务内容有更多变化的办法，来消除因重复操作带来的单调乏味感。它意味着职务工作范围的扩大，只是增加了一些与此类似的工作，而并没有增加责任。在工作丰富化里，则是企图在工作中建立一种更高的挑战性和成就感，一项工作可以通过多样化来使它丰富起来。①在决定某些事情如工作方法、工作顺序和工作速度，或接受还是拒收材料等方面，可给工人以更多的自由；②鼓励下属人员参与管理和鼓励工人之间相互交往；③让工人对他们的任务有个人责任感；④采取步骤以确保让工人能够看到他们的任务，对企业的产成品和福利方面是怎样作出贡献的；⑤最好在基层主管人员得到这种反馈之前，把工人的工作完成情况反馈给他们；⑥在分析和变动工作环境的物质方面，如办公室或厂房的质量、温度、照明和清洁卫生等，要让职工参加。

3）参与及咨询管理

在适当的条件下，参与及咨询管理可以鼓励人们为实现组织目标而进行创造性的劳动；在作出与他们的工作有直接关系的决策时，给他们提供某些发言权；并为满足他们的社会需要和自我实现需要提供重要机会，这是一种能取得显著成效的好方法。参与管理是指在不同程度上让员工和下级参加组织决策及各级管理工作的研究和讨论。处于平等的地位商讨组织中的重大问题，可使下级和员工感到上级主管的信任，从而体验出自己的利益与组织发展密切相关，产生强烈的责任感。同时，主管人员与下属在商讨问题时，对双方来说提供了一个取得别人重视的机会，从而给人们一种成就感。多数人会因能够参加商讨与自己有关的行为而受到鼓励。参与管理既对个人产生激励，又为组织目标的成功实现提供了保证。

4）扩大工作范围

该方法是由国际商用机器公司和底特律爱迪生公司首先提出来的。这是一种鼓励处于组织基层的人承担责任，并为满足职工的社会需要和自我实现需要提供机会的方法。实际上，在工厂实行改组，扩大工作范围，就提供了很大的机会来开展与 Y 理论一致的创新活动。

人们在实施的过程中往往达不到预期的效果，这主要是因为管理人员在 X 理论及其假设的范围内来应用。例如，用控制的方法来推行授权，就不能成为管理的有效方法。如果把参与作为一种推销商品的花招或愚弄人们使之自感重要的手段来应用，那就不过是一场游戏。只有那些对人的能力有信心并且自身也致力于组织目标，而不是致力于保持个人权力的管理人员，才能够掌握正在出现的这种理论的含义。

 **拓展阅读**

作为麻省理工学院斯隆管理学院的创始教授之一，麦格雷戈在 1957 年 4 月第五届校友聚会日上发表演讲，题目就叫作"企业中人的方面"，他有意选择在一个企业界和学术界聚首的场合，对企业管理人员发出对于人性假设重新深思的呼吁，并引发埋首书斋的同行们对于这一重要课题深入研究的兴趣。3 年后，本书第一次问世，更全面地表达了作者对于这个主题的思考。

自 X 理论与 Y 理论被提出以来，历经 50 年始终争议不断。很多人认为，麦格雷戈所提出的 X 理论与 Y 理论，是建立在两种对立、相反的人性假设和价值判断上的管理方式。具体说来，X 理论以"人性恶"为基础，假设一般人都对工作具有与生俱来的厌恶的本性，因此只要有可能，便会全部逃避工作，所以必须对他们进行指挥、控制、监督，以及予以惩罚的威胁，才能促使他们努力向组织目标奋进；而一般人都愿意接受监督，希望逃避责任，胸无大志，安于现状。Y 理论则以"人性善"为前提，认为工作对于体力与智力的消耗是再正常不过的事情，就像游戏和休息一样自然；促使人朝着组织目标而奋斗，外在的控制及惩罚的威胁并非唯一的方法。且不说在究竟采用哪一种理论上争论不休，仅人性善恶之辩就是千百年来所有道德哲学关注的焦点和源问题。因此，这注定了很多人可能并不能真正懂得 X 理论与 Y 理论在实践中意味着什么，于是，麦格雷戈很容易遭到世人的误解。

人们误以为麦格雷极其反对 X 理论，所以才会创造 Y 理论，其实不然。麦格雷戈就曾明确表示："X 理论绝不是我们抨击的稻草人，事实上，它是一种广泛影响今日美国产业管理政策的理论。而且，许多管理著作中讨论的组织原则，几乎都是在 X 理论的基础上衍生而来的。如果人们采用的是其他的人性假设，必定会形成与今日组织原则大相径庭的结果。"

不难发现，麦格雷戈并不是全部反对 X 理论，相反，麦格雷戈首先是肯定 X 理论的现实价值的，而且在一定程度上，正是 X 理论的普遍适用才成就了当时繁荣的美国产业经济。只是后来随着社会和理论的发展，X 理论本身遇到了瓶颈，确切地说，越来越多管理实践中出现的问题是 X 理论所无法克服和解决的，这才促成了"颠覆 X 理论的革命"和"催生 Y 理论的运动"。

34 《工业文明的社会问题》

埃尔顿·梅奥

经典速读

20世纪20年代左右，随着工人的日益觉醒、工会组织的日益发展，工人有组织地与雇主进行斗争，经济发展与周期性经济危机的加剧以及科学技术的应用，使得单纯应用古典管理理论和方法已不能有效地控制工人来达到提高生产率和增加利润的目的。在这种情况下，一些学者开始从生理学、心理学等角度进行提高生产率的研究，其中管理史上最著名、也是最成功的研究实验就是"霍桑实验"。1927年，美国管理学家埃尔顿·梅奥应邀参与霍桑实验和对实验结果的研究，进行了历时9年之久的两阶段实验研究。在霍桑实验的基础上，梅奥于1933年出版了《工业文明的人类问题》一书，正式创立了人际关系学说，第一次涉及了影响员工生产积极性的社会与心理方面的因素，探讨了人际关系因素在生产与管理中的作用。1945年，梅奥又出版了《工业文明的社会问题》一书，进一步阐述了他的观点。

《工业文明的社会问题》一书分为两个部分，第一部分是"科学与社会"，属于对支配管理观念的元理论探讨，第二部分是"临床式调研方法"，属于对霍桑实验以及其他类似的调查研究和分析论证。

梅奥元理论的主题，是人类社会的协调与平衡。他在《工业文明的社会问题》一书中，开宗明义就强调，工业社会的根本问题，是工业的飞速发展导致了社会的反常状态。他强调，工业革命以后，社会在物质方面和技术方面的进步和成就是十分巨大的。但正是这种进步和成就，使社会失去了原有的协调与平衡。"已近两个世纪的现代文明在人们合作能力上没有扩大和发展，而在发展物质的科学的神圣的名义下不知不觉地做了许多事情损害了团体协作和处理人事能力的提高。"他还引用一位澳大利亚医生写给他的信中的一段言论："科学的发展能够使我们认识一切，唯一的例外是，人类迄今仍不知道如何和谐地共处。"近代国家都很重视科学技术的发展，却忽视了更为本质的社会和人类问题。

随着时间的推移，《工业文明的社会问题》一书中总结出的人际关系理论的影响也逐步扩大，一些大学开始设立相应的课程，人际关系学说及其观点也逐步进入了企业实践领域。尽管时代已步入 21 世纪，但人际关系学说仍然有着深远的指导意义。在管理的发展史上，没有人能够忘记霍桑实验，也没有人能够忘记梅奥这个名字，当我们今天本着"以人为本"的视角看待管理问题的时候，重温梅奥的《工业文明的社会问题》，仍能给我们以新的启示。

 内容解读

1. 霍桑实验——人际关系学说的建立

在人际关系学派以前，各种管理理论主要强调管理的科学性和严密性，轻视人的作用，把工人看作机器的附属品。梅奥学派则注重人的因素，研究人的个体行为和群体行为，强调满足职工的社会需求，而这些结论的重要依据来自于著名的霍桑实验。

霍桑实验是一项以科学管理的逻辑为基础的实验。从 1924 年开始到 1932 年结束，在将近 8 年的时间内，前后共进行过两个回合：第一个回合是从 1924 年 11 月至 1927 年 5 月，在美国国家科学委员会赞助下进行的；第二个回合是从 1927 至 1932 年，由梅奥主持进行的。整个实验前后经过了 4 个阶段。

1）车间照明实验

照明实验的目的是为了弄明白照明的强度对生产效率所产生的影响。这项实验前后共进行了两年半的时间。然而照明实验进行得并不成功，其结果令人感到迷惑不解，因此有许多人都退出了实验。

2）继电器装配实验

1927 年，梅奥接受了邀请，并组织了一批哈佛大学的教授成立了一个新的研究小组，开始了霍桑的第二阶段的"福利实验"——继电器装配实验。"福利实验"的目的是为了能够找到更有效地控制影响职工积极性的因素。实验结果得出"改变监督与控制的方法能改善人际关系、改进工人的工作态度、促进产量的提高"的结论。

3）大规模的访谈计划

既然实验表明，管理方式与职工的士气和劳动生产率有密切的关系，那么就应该了解职工对现有的管理方式有什么意见，为改进管理方式提供依据。于是梅奥等人制定了一个征询职工意见的访谈计划，在 1928 年 9 月到 1930 年 5 月不到两年的时间内，研究人员与工厂中的两万名左右的职工进行了访谈。

在访谈计划的执行过程中，研究人员对工人在交谈中的怨言进行分析，发现引起他们不满的事实与他们所埋怨的事实并不是一回事，工人在表述自己的不满与隐藏在心理深层的不满情绪并不一致。比如，有位工人表现出对计件工资率过低不满意，但深入地了解以后发现，这位工人是在为支付妻子的医药费而担心。

根据这些分析，研究人员认识到，由于工人关心个人问题而会影响到工作的效率。所以管理人员应该了解工人的这些问题，为此，需要对管理人员，特别是要对基层的管理人员进行训练，使他们成为能够倾听并理解工人的访谈者，能够重视人的因素，在与工人相处时更为热情、更为关心他们，这样能够促进人际关系的改善和职工士气的提高。

4）继电器绕线组的工作室实验

继电器绕线组的工作室实验是一项关于工人群体的实验，也称作"群体实验"，其目的是要证实在以上的实验中研究人员似乎感觉到在工人当中一种非正式组织的存在，而且这种非正式的组织对工人的态度有着极其重要的影响。

研究认为，自然形成的非正式组织（群体）的职能是：对内在于控制其成员的行为，对外则为了保护其成员，使之不受来自管理阶层的干预。这种非正式的组织一般都存在着自然形成的领袖人物。至于它形成的原因，并不完全取决于经济的发展，主要是与更大的社会组织相联系。

霍桑实验的结果由梅奥于 1933 年在《工业文明中的人的问题》一书中正式发表，这标志着人际关系学说的建立。在霍桑实验的总结中，梅奥特别指出以下几点。

第一，与工人谈话有助于他们解除不必要的心理负担和调整自己对于个人问题的态度及情绪，从而使他们清楚、明白地提出自己的问题。

第二，访谈有助于工人们与周围的人相处得更容易、更和谐。

第三，访谈还会提高工人与经理人员更好地合作的愿望和能力，这就有助于形成工人对工作群体和对工厂的双重归属感。

第四，与职工交谈是培养训练管理人员的重要方法，这有助于上情下达。管理人员首先必须善于帮助和启发他人表达自己的思想和情感，而不只是高谈阔论、教训别人、以自己为中心。这种经验是当前学校教育无法提供的。管理者倾听别人的意见比展露自己的知识要重要得多，这是成熟、判断力和智慧的标志。

第五，与职工交谈是获取信息的重要源泉，对于经理来说具有巨大的客观价值。经理人员有三重任务：将科学和技术应用于物质资料的生产；使生产经营活动系统化；组织协作。有些经理人员认为，与职工交谈所听到的是一些人的琐事和主观意见，没有什么价值，这说明他们心目中的管理指的是上述前两方面的内容，根本没有认识到自己忽视了第三方面的任务，他们对信息视而不见，听而不闻。毫无疑问，这种疏忽和由此造成的盲目行动，必然会影响到组织的效率。

梅奥提出了人际关系的重要性，这是一个经理人员是否成熟的一个重要标志，也是一个组织是否有效的一个重要标志。经理人员应该将他的下属看为一个社会群体中的社会人，而不应该看成一个个人。

通过霍桑实验，人们终于发现人群中的一些内部规律，为解决当时资本主义的社会问题提供了一条较好的思路。

2. "社会人"而不是"经济人"

人际关系学说的独特之处是对人的本性的基本论点，简单地说，他们认为职工是"社会人"。这种假设认为，人不但有经济方面和物质方面的需求需要得到满足，更重要的是人有社会方面和心理方面的需求需要得到满足。正是基于对人的本性的这种认识，人际关系学说认为，要调动职工的积极性，就应该使职工的社会和心理方面的需求得到满足。

人际关系学说的这种认识正好与泰勒的"科学管理理论"对人的本性的基本认识相反。因此，基于"社会人"假设建立起来的人际关系学说正好是从与科学管理理论相反的角度研究如何提高企业的生产效率的问题。所以说，人际关系学说的提出，完全改变了管理理论发展的进程。

对于社会人来说，重要的是人与人之间的合作，而不是人们在无组织的人群中互相竞争。所有的个人主要是为保护自己在集团中的地位而不是为自我的利益而行动。从霍桑实验的结果可以发现，人的思想和行动更多的是由感情而不是由逻辑来引导的。

"社会人"假设有如下 3 个特点：

（1）在劳动中同其他人进行交往，紧密地结合在一起。经营管理者忽视人际关系的调整，必然造成生产中的重大问题。

（2）一个工人进入工厂以后与同班组其他人的关系如何，在很大程度上决定这个工人的工作表现，并直接地影响其才能的正常发挥。

（3）经营管理人员一旦抛弃认为工人群众是群氓的错误假设，重视企业内部的人际关系的不断调整，就能获得惊人的效果。

3. 正式组织与非正式组织共存

企业中除了存在着为了实现企业目标而明确规定各成员相互关系和职责范围的正式组织之外，还存在着非正式组织。这种非正式组织的作用在于维护其成员的共同利益，使之免受其内部个别成员的疏忽或外部人员的干涉所造成的损失。为此，非正式组织中有自己的核心人物和领袖，有大家共同遵循的观念、价值标准、行为准则和道德规范等。

非正式群体就是企业成员在共同工作的过程中，由于抱有共同的社会感情而形成的非正式团体。譬如在一家企业里，在同一车间的同事之间，或者在兴趣相同的人们之间，或者因职务关系接触较多的人们之间，有各种各样的来往，从而会形成各种各样的群体，这是很自然的事。这些人的往来，不是按照正常的隶属关系进行的，这是非正式群体的重要特征。任何一个机构里，在正式的法定关系掩盖下都存在着大量非正式群体构成的更为复杂的社会关系体系。非正式组织对于生产效率，工作满意度都具有强大的影响。无论正式的还是非正式的组织系统，对于一个团体的活动都是不可或缺的。

非正式组织是与正式组织相对而言的。非正式组织与正式组织有重大差别。在正式组织中，以效率逻辑为其行为规范，而在非正式组织中，则以感情逻辑为其行为规范。如果管理人员只是根据效率逻辑来管理，而忽略工人的感情逻辑，必然会引起冲突，影响企业生产率的提高和目标的实现。因此，管理当局必须重视非正式组织的作用，注意在正式组织效率逻辑与非正式组织的感情逻辑之间保持平衡，以便管理人员与工人之间能够充分协作。

梅奥根据霍桑实验的材料指出，非正式组织的存在尽管带来种种弊端，但也可以为雇员和组织带来许多好处。其中最重要的事实是，这些混杂在正式组织中的非正式组织构成一个有效能的总体组织系统。在瞬息万变的情况下，官方正式的计划与对策缺乏灵活性，因而不可能随机制宜地解决纷至沓来的具体问题。恰恰是这些可以灵活应变的非正式组织能够满足这些需要。

非正式组织的另一种效用是减轻管理工作的负担。非正式组织的配合导致管理者放手委托并实行分权。一般来说，非正式团体对管理人员的支持，很可能导致更融洽的协调配合和更高的生产效率，从而有助于工作任务的圆满完成。梅奥认为，非正式组织还具有一种为管理人员拾遗补阙、取长补短的作用。如果管理者不擅长制定计划，就会有人以非正式的方式在计划工作中帮助他，从而即使在这方面有弱点的管理人员也能制定出翔实的计划。

对于管理者来说，对待非正式组织的正确态度包括以下几点：一是要正视和重视非正式组织的存在。管理当局不能忽视和否认正式组织中存在的非正式组织，因为非正式组织的存在是一种客观现象，又是一种普遍现象。因此，管理当局对于正式组织中存在的各种非正式组织，只能重视和正视它的存在，而不能忽视和否认它的存在。二是应对非正式组织及其成员的行为加以正确的引导，使之有利于正式组织目标的实现。如果管理人员懂得了工作中的社会力量，他在设计自己的正式组织及在进行计划、领导和控制的过程中就能做得更为巧妙些。

另外，如果管理人员在其总的工作中考虑了社会因素，那么，他就能修正其组织设计。或者他也许还会采用能考虑其群体中的社会行为的任务小组或其他的一些形式；也可能当他在考虑变革已分配好的职责时，他会注意去熟悉新的社会关系中的各种阻力和推动力。

 拓展阅读

埃尔顿·梅奥于 1880 年出生在澳大利亚的阿德莱德。20 岁时他在澳大

利亚阿德莱德大学取得逻辑学和哲学硕士学位，应聘至昆士兰大学讲授逻辑学、伦理学和哲学；后赴苏格兰爱丁堡研究精神病理学，对精神上的不正常现象进行分析，从而成为澳大利亚心理疗法的创始人。1922年，在洛克菲勒基金会的资助下，埃尔顿·梅奥移居美国，在宾夕法尼亚大学沃顿管理学院任教。其间，埃尔顿·梅奥曾从心理学角度解释产业工人的行为，认为影响因素是多重的，没有一个单独的要素能够起决定性作用，这成为他后来将组织归纳为社会系统的理论基础。1923年，埃尔顿·梅奥在费城附近一家纺织厂就车间工作条件对工人的流动率、生产率的影响进行实验研究。1926年，他进入哈佛大学工商管理学院专事工业研究，以后一直在哈佛大学工作直到退休。

尽管埃尔顿·梅奥从事过不同的职业，但使他闻名于世的还是他对霍桑实验所作的贡献。1927年冬，梅奥应邀参加了开始于1924年但中途遇到困难的霍桑实验，从1927到1936年断断续续进行了为时9年的两阶段实验研究。霍桑实验揭示出工业生产中的个体具有社会属性，生产率不仅同物质实体条件有关，而且同工人的心理、态度、动机，同群体中的人际关系以及领导者与被领导集体的关系密切相关。霍桑实验以及埃尔顿·梅奥对霍桑实验结果的分析对西方管理理论的发展产生了重大而久远的影响。

随着时间的推移，霍桑实验的影响进一步扩大。一些大学也开始设立相应的课程，人际关系学说及其观点逐步地进入了企业。1949年该学科被定名为行为科学以后，福特基金会成立了科学部，次年建立行为科学高级研究中心，并在1953年拨款委托哈佛大学、斯坦福大学等高等学府从事行为科学的研究。然后，洛克菲勒基金会、卡内基基金会也相继拨款支持行为科学的研究。1956年，美国出版了第一期《行为科学》杂志。

自此以后，许多的管理学家、社会学家和心理学家从行为的特点、行为和环境、行为的过程以及行为的原因等多种的角度开展对人的行为的研究，形成了一系列的理论，使行为科学成为现代西方管理理论的一个重要流派。理论的研究和发展反过来促进了企业管理人员重视人的因素，强调人力资源的开发，注意改善企业的人际关系，注意使组织的需要和成员的需要协调一致，等等。

35 《如何选择领导模式》

罗伯特·坦南鲍姆 沃伦·施密特

经典速读

　　罗伯特·坦南鲍姆（1915—2003）毕业于芝加哥大学，长期在加利福尼亚大学工商管理学院任教授，主讲人力资源开发。他的研究领域主要在领导理论、敏感性训练、组织发展研究等方面。沃伦·施密特是加州大学洛杉矶分校的高级讲师。从 1955 至 1977 年，施密特与坦南鲍姆在加州大学共事。他们两人对领导方式的分类和选择的问题进行共同研究，于 1958 年合作发表了《如何选择领导模式》一文，文中提出了"领导方式的连续统一体理论"（也称为"领导模式连续分布场"）。很快，这一成果就被管理学界所接受，成为研究企业及其他各种组织领导问题的经典之作。在管理学著作中，提到领导模式，就必定会提到他们二位。

　　"领导方式的连续统一体理论"摆脱了传统研究领导作风和领导方式的"两极化"倾向，用渐变的构思反映出领导模式的多样性，比较切合生活的真实图景，同时又没有简单地宣布何为正确何为错误，所以这·理论一经推出即受到普遍重视，成为研究领导问题的经典理论。

　　1973 年，该书重新发表，作者回顾 15 年来的种种发展和变化，对先前理论作进一步修改，突出领导者与被领导者与环境之间各种力量和因素的相互作用，使自己的理论更具动态性和活力，反映了管理实践的新发展。

内容解读

1. 领导模式连续分布场理论——从独裁到民主的统一体

"领导模式连续分布场理论"把"民主"和"独裁"作为领导行为的两个极端，然后把领导者运用职权的自由度同部下享有自主权的自由度看作是一个逐渐增强或减弱的谱带，这一谱带可分为七种行为模式。

这七种领导行为模式依次如下：

1）领导作出决策后向下属宣布——独裁型

这种领导模式的全部决策权归上司，绝不允许部下直接参与决策。经营活动中，从发现问题到提出方案再到拍板定案，完全由领导人一人决定。领导人可以考虑部下的需求和情绪，但不许部下介入。决策实施中有可能采取强制措施。

2）经理向下属兜售自己的决策——推销型

这种领导模式的决策权依然在上司，部下同样不能参与。但同独裁型的差别在于决策的执行靠说服而不是靠强制。常见的领导者兜售决策的方式，是向部下尽可能说明执行该决策能够给部下带来什么样的好处。这种模式接近于国内说的"开明专制"。

3）经理向下属报告自己的决策，欢迎提出问题——报告型

这种领导模式同样是上级决策，但在表面上似乎要征求部下意见。一般来说，这种领导会召集会议或者座谈，号召员工提出问题，但领导人往往掌握问题的解释权，已经胸有定见，通过解释来说服员工接受决策。

4）经理作出初步决策，允许下属提出修改意见——咨询型

这种领导模式允许部下有限度地参与决策，但领导人占据决策的主导地位。领导人掌握识别问题和提出方案的权力，当领导人征求部下意见时，他实际上已经有了初步决策预案。他会欢迎部下提出不同意见和建议，并在方案中尽可能吸收部下的思想成果，程度不同地采纳部下建议，由领导人最终拍板。

5）经理提出问题，听取下属意见，然后作出决策——参与型

这种领导模式的决策权由领导人和部下分享，识别和提出问题的责任在

领导人，然后同员工一道商议解决办法，提出方案。同咨询型的差别在于，部下这时可以提出不同方案，而不仅仅是提供修改方案的不同意见。领导人在自己同部下会诊问题的过程中一道提出的多个方案中进行选择。最后定案的选择权仍然归领导人。

6）经理确定界限和要求，由下属群体作出决策——授权型

这种领导模式的决策权实质上已经转移到部下手中，领导人确定相关的问题边界和方法边界，指出决策的原则、先决条件和可接受限度。在决策术语中，就是由领导人确定决策目标和约束条件，具体方案交由部下自主决定。

7）经理授权下属在一定范围内自己识别问题和进行决策——自主型

这种领导模式的决策权彻底下移，领导人只提供决策的保障条件，对部下不加其他限制，而且要作出承诺，不管部下作何种选择他都要保证实施。从界定问题到寻求方案，再到拍板，全部交给部下。这种模式在企业和政府中都很少见，但是科研机构和志愿者组织往往采取这种模式。领导人也可参与决策，但这种参与是同其他员工一样，以普通组织成员身份介入，而且要避免职权对决策的影响。

坦南鲍姆和施密特认为，这七种模式没有优劣之分，不同的模式适应不同的管理情景，并不能说趋向独裁型就不好，也不能说趋向民主型就永远适用。

明确了领导模式之后，领导者需要从实际出发，考虑多方因素，选择最适宜的领导方式。影响领导人进行选择的，主要有三个因素，即领导者自身因素、部下因素、环境因素。实际上，在这里坦南鲍姆和施密特已经充分考虑了领导方式的权变性与综合性。

在领导者自身因素方面，领导方式的选择取决于以下四个变量。

1）领导者的价值观

每个领导者都有自己的价值观，而且这种价值观具有相对稳定性，从而决定了他们在选择中的分量侧重和优先程度。对于把员工自身发展放在首位的领导人来说，很有可能偏向于员工的自主和独立，选择中往往会向"民主"一方倾斜；而对于把经营业绩放在首位的领导人来说，很有可能偏向于组织效率和公司利润，选择中往往会向"专制"一方倾斜。

2）领导者对部下的信任程度

领导者选择何种领导方式，还要看他对部下的信任程度高低。不同的领

导者，对部下的信任差别极大。领导者也不会对所有的人都报以高度信任。这种信任来自于他对下属的能力评价，同时也是来自于共事期间的经验积累。根据通常情况来看，经理们总是更相信自己。有一种很有意思的现象，多数经理往往对自己的能力评价偏高而对部下的能力评价偏低。信任程度不同，也就决定了经理们下放权力的程度不同。

3）领导者的性格和行为偏好

由于行为习惯的不同，同时也由于性格因素的差异，有的领导者可能倾向于强势与专断，而有的领导者可能倾向于平易与分权。

4）领导者的安全感需要

在不确定的环境中，领导人的安全感会影响到权力配置。下放权力，减少领导人对决策的控制，势必导致可预见性和稳定性下降，组织运行清晰程度减弱，模糊程度增加。领导者有没有能力应对随时可能出现的各种非预见性问题，无疑是对他的信心与能力的考验。如果领导者不太能容忍前景的模糊性，那他可能更倾向于选择保持自己的决策权和控制权的方式。

影响领导方式的因素，除了现任领导者以外，还有前任领导者的遗留影响，这构成了领导人作出选择的前提之一。"铁打的营盘流水的兵"，任何组织都有领导人的更替问题。

领导模式选择的意义在于确定领导者与下级之间应以何种方式来制定并贯彻决策，所以，选择领导方式，下属因素具有很大的影响。一般来说，下属对领导方式会有所"期待"，即对领导人"应当"如何做有一种思想上的预设。如果领导人实际采用的方式同下属心目中的预设不合，他们就会失望甚至抵触。如果领导者能达到他们心目中的期望值，就会对下属形成一种激励，从而使下属更有效地工作。

领导者允许下属有较大的自主权和自由度是有条件的。这些条件包括以下方面：

（1）下属有独立性方面的主体需求。有的下属愿意接受上级指挥，有的下属对受制于人强烈反感。

（2）下属乐意承担责任。有的下属渴望以承担责任来证明自己的能力，有的下属总想逃避责任，还会把责任下移看作是领导人推卸责任。

（3）下属希望保持较大的行动自由范围。有的下属喜欢上级只进行原则性的安排，有的下属则希望上级能发出明确具体的指示。

（4）下属对工作任务本身有兴趣。只有对工作感兴趣，授权才有好的效果；如果把工作看作苦役，授权无疑等于灾难。

（5）下属理解并完全接受组织目标。如果不理解组织目标，授权会产生行为偏移；虽然理解但不接受或抵制组织目标，授权就会助长下属行为中的离心力。

（6）下属具备解决问题的足够经验和技术知识，否则就会"有心无力"。

（7）下属习惯于参与式行为。如果下属在独断专行的领导人手下长期工作，让其参与决策很可能会使其手足无措，举止失当；如果下属过去有长期的自主选择习惯，置于大权独揽的领导人之下很可能会使其郁闷失望，牢骚满腹。

这些条件中，最重要的是下属对组织目标的认同程度。如果这些条件都不具备，或者程度极低，上司也许就不得不更多地运用职权指挥下属，甚至产生"无奈的独裁"。一般来说，这些条件都具备或都不具备的极端情况是很少见的，多数时候是处在两个极端之间的某一点上，在下属独立性由低到高的不同状态下，领导者要充分考虑下属的群体特性，采用与其相适应的领导方式，或报告型（也称指示型），或咨询型（也称支持型），或参与型，或授权型（也称成就导向型）。

值得注意的是，领导者与员工之间的互信程度，对领导方式的选择和实施具有重要的积极影响。如果互信程度高，那么，领导者集权就不会招致"独裁"的指责，放权也不会被员工看作领导人推卸责任。反之，互信程度低，领导者单独决策会招致部下非议，让员工自主决策则会使部下感到领导人无能。

环境因素主要涉及组织内部，包括以下方面。

1）组织的类型和性质

不同的组织会有不同的行为模式，有不同的价值准则和传统，军队式组织和志愿者组织就差异极大，生产车间和研究团队明显需要不同方式的领导。有些组织需要其领导者果断有力，而有些组织可能更需要其领导者平易近人。同样是企业，有的具有重视绩效的传统，有的更看重人际关系。这些都会影响领导方式的选择。

2）群体状况

组织成员作为一个群体，在领导者向下交付一项任务之前，必须要考虑这个群体的结构是否合理，成员的兴趣和背景是否类似，群体成员对他们所组成的这个群体的能力是否有足够的信心，群体的内聚力和群体之间互相接受和容纳的程度等等。这些因素有助于员工有效协调完成任务，可以使群体工作变得更容易并更有效率。尤其是群体长期磨合形成的不成文规则，更是直接影响选择的重要因素。

3）工作任务

工作任务或问题本身的性质，也会影响到领导方式的选择。如果问题本身极为复杂，需要较深厚的专业知识才能解决，领导者就会倾向于选择一种参与性更强的方式，以集思广益。但是还有一种情况，由于问题本身过于复杂，领导者把问题向下级交代清楚就会花费许多精力，而且就算交代清楚，下属也不一定能够解决，这时候领导者可能更倾向于由自己经过深思熟虑进行决策。

4）时间压力

领导者最常见的问题是缺乏足够的时间。在紧迫性压倒了重要性的决策中，由于时间不允许，情况太紧急，不允许授权和参与的过程，这时往往需要的是领导者的当机立断。

随着 20 世纪 60 年代的民权运动，各种组织出现了扁平化趋势，公众要求介入或影响组织决策的呼声越来越高。针对这一变化，坦南鲍姆和施密特在 20 世纪 70 年代对影响领导方式选择的组织因素进行了必要的补充和调整。

20 世纪 50 年代，他们主要考虑组织内部因素和静态因素，这时他们开始强调外部环境因素和动态因素。他们提出，在分析要素不变的情况下，有必要加入组织外部的各种力量，以及组织与社会环境的相互影响和动态变化，进而把过去的上司与下属关系放在更为平等的"经理人员"与"非经理人员"的关系下考虑，两者都可以发挥主导作用，以此来确定双方各自应享有多大的自由度。他们甚至预言：有可能出现这样的新型组织，即一个群体可以在没有经理人员的条件下正常运转，由群体承担管理责任。

在领导方式的选择上，短期和长期的考虑思路是有差别的。在短期内，领导人很难对影响选择的条件作出根本性改变，所以选择带有很大的被动性。而从长期看，领导人可以通过各种手段改变相应因素，所以选择带有很大的主动性。这对领导人定位自己在领导模式连续分布场中的位置有着重要影响。一般来说，短期定位，主要考虑影响选择的限制性因素；而长期定位，则主要考虑实现组织目标和愿景所需要改变的因素。

从整体上看，领导模式的连续分布场理论，是对传统研究领导模式的两极对立思维的革命性突破，这一突破抛弃了不讲限制条件的所谓优劣分析。这一理论的内核，是建立在上下级关系的和谐配合基础上。

坦南鲍姆和施密特坚信，不管有什么样的经理，不管有什么样的员工，不管有什么样的环境，在特定的条件和时空范围内，总会存在最有效、最适合的领导方式。真正的难题是，领导人如何作出选择？选择的依据是什么？这种选择，必须建立在对各种影响因素整合协调的基础上。他们的理论，对后续研究形成了重大影响。

2. 领导者的4个应不应当——最易发生偏差的关键问题

经理与下属之间的关系有多种可供选择的模式。在"连续分布场"的左端，重点放在领导者身上，当行为点逐渐向右转移时，天平就越来越偏向下属。在此过程中，一些关键问题必须明确，否则就会出现混乱。最常见而且也是最容易发生偏差的关键问题有以下四个：

（1）领导者授权后应不应当通过授权他人来规避自己理当承担的责任。领导者向下授权，就意味着他必须承受由此而产生的各种风险。凡是授权给部下的领导人，都必须保留自己的责任。如果领导者授权的目的是为了使责任下移，这就不属于正常授权，而属于推卸责任。当然，接受授权的部下由此而产生了自己的执行责任，但这不意味着领导人可以免责。

（2）领导者授权后还应不应当参与决策。这种情况不能一概而论，有时候领导者需要彻底放手，尽可能避免自己对部下决策的影响；有时候领导者则需要适度介入决策，以普通人的身份和姿态参与进去。究竟采取哪种态度，要以是否有利于作出恰当决策选择而转移。但不论哪种情况，领导的职权在授权后就不能继续用于决策，否则等于没有授权。

（3）应不应当让部下明确了解领导将采用何种领导模式。这一问题也是非常清楚的，出色的领导者必须让部下完全明白他将采用什么样的领导方式。领导人可以有隐秘，但在领导方式上必须做到公开、坦率、透明。否则，势必造成管理中的混乱。

最常见的弊端是，领导人自己明明已经有了主张，但却希望以讨论或协商的形式让部下接受自己的主张，其目的不过是要把"领导人的想法"灌输给部下，使他们感觉到好像是"员工自己的想法"。领导人如果在所采取的方式上含含糊糊，部下很有可能把领导没有下放的权力误以为已经下放。不论发生哪种误解，都会造成领导和部下的关系损伤，有可能会引发不满及受骗感。甚至连领导者自己也会被自己蒙蔽，把"推销"当"授权"，把"说服"当"听取"，最终把"独裁"解释为"民主"。

（4）应不应当用授权下属作出决策的次数来判断领导者是否"民主"。不应当。授权数量与民主程度无关，而授权的重要性和影响面同民主程度有关。具体事务处理的权力不论下放多少，都同民主不搭界。授予部下自主决定购买办公用品的权力，同授予部下采用何种管理数据库的权力，具有本质上的差别。所谓"大权独揽，小权分散"，只是把领导人从事务活动中解脱出来的一种方式，与民主风马牛不相及。

 ## 拓展阅读

20 世纪 60 年代前后，治理学的整个理论体系处于丛林状态，既相互补充又相互冲突。领导模式作为治理学理论的一个分支，也在不断地发展壮大。在坦南鲍姆和施密特之前，已经有大量的学者对领导活动进行了无数的研究。其中影响比较广泛的观点，主要有如下几种。

1）领导者是工作的"催化剂"而不是工作的承担者

组织中的具体工作总是由下级去完成的，作为从事具体工作的员工，他们对工作的目的最清楚，尤其是对工作中出现的问题最熟悉。长期的经验积累，使他们在采取实际行动时最有办法。同基层员工相比，领导人往往在信息的把握程度和技术的熟练程度上都略逊一筹。所以，基层工作中的具体问题没有必要再请示领导人，让领导人熟悉情况之后再作决策。否则，就会造成时间上的浪费并导致解决问题的低效。这么说，并不是不要领导，而是强调领导的本质是对部下的想法和感觉做出恰当的反应，促进部下对工作的理解，提高部下的士气。

2）领导者是广泛听取意见的决策者

领导者的主要职责是决策，然而，领导者不是完人，由于经验、身份、专业知识、行为习惯等多种限制，一个人作出决定会有很大风险，往往会产生偏差。降低风险的必要措施就是征求意见，尤其是要多听持不同立场者的意见。用一句老话来说，就是兼听则明，偏信则暗。这对制定全面且明智的决策是很有必要的。但是必须明确的是，领导者要保留最后的拍板权，这是领导人的职责所在，要以此来证实并维护领导者的权威。

3）领导者必须取得部下信任

决策权属于领导人，而执行要靠部下。领导者在贯彻自己作出的决策时应该采用说服而非命令的方式，以排除执行障碍。因为只有下级理解并且信服的时候，才能够高效高质地执行决策。持这种观点的人，往往倾向于决策权的集中而主张执行权的下放，并强调权威的可接受性。他们把领导活动在很大程度上看作一种"推销"式的艺术。

4）领导者的责任就是进行决策，把决策权下放给别人是领导者的失职

现实中这种领导人相当常见，尤其是责任心比较强烈的，或者是从创业开始就事必躬亲的，往往会在潜意识里把决策权的下放当作失职或推卸责任。那些把企业融入自己的生活甚至生命的领导人更是如此。

5）领导者应以完成任务为重

从工作任务出发，人们会发现有许多事情对完成任务无益，大量的会议讨论和协商，多数不起实质性作用。领导人假如泡在这些劳而无功的事务中，则会一事无成。所以，不仅仅是决策，而且包括执行，都需要领导人发号施令，一锤定音。凡是在无谓的事务中患得患失不敢决断的领导人，都收不到好的效果。

凡此种种，每个观点都言之成理，并且都有相应的理论支持与事实验证。但是，这些观点彼此之间又互相矛盾，新手会无所适从，老手则各取所需。主张民主者对独裁的领导风格大加斥责，而主张集权者又对掣肘制衡极为不满。在现实中，人们只好把"民主"或"独裁"归结为领导者的个人偏好，或者看作是性格和行为习惯所致。一旦要进行纵深思考，领导者往往会陷入困境。

从理论上来说，领导知道应该采取民主化的举措，从而更多地得到下属的支持和配合，但是领导人总会把他们放在居高临下的位置上，他们在内心深处会认为自己要比下面的员工站得更高，看得更远。所以，他们的行为会产生某种分裂迹象。一方面，他们下意识中要行使指挥权，把自己的观点传送给部下；另一方面，他们又要按照组织的运行规则和行为科学的理论指导

有意识地引导部下参与决策。这就很可能会陷入既不像"民主"又不像"独裁"的尴尬境地。领导人可能觉得他是真心实意向部下求教或征求意见，部下可能觉得领导人明明大权在握还偏要做出这种姿态几近虚伪。这一矛盾处理不好，会严重影响领导效果。

对此，坦南鲍姆与施密特认为，应当分析研究一系列领导模式，而不应只是限于独裁与民主两种绝对化的领导模式，研究选择领导模式时需要考虑哪些影响因素，同时还要考虑长远目标与当前需要如何平衡。他们的《如何选择领导模式》一书的副标题，就是"领导人在同部下打交道时应当是民主的还是专制的，或者在两者之间的什么地方"。

36 《再论管理理论的丛林》

哈罗德·孔茨

 ## 经典速读

哈罗德·孔茨是美国著名的管理学家，西方管理思想发展史上管理过程学派的主要代表人物之一。1961 年，孔茨对现代管理理论中的各种学派加以分类，发表《管理理论的丛林》论文，概括出 6 个有代表性的管理理论学派。1980 年孔茨又撰文《再论管理理论的丛林》，把流行的管理理论学派划分为 11 大学派，并分析了学派林立的原因。由此，孔茨又被称为"穿梭在管理丛林中的游侠"。

《再论管理理论的丛林》是孔茨最经典的著作之一，文中详细地将管理理论中的各种学派进行分类，指出各学派的主要分歧，并提出了清理这片丛林的意见。该书是了解管理过程学派的必读之作。

 ## 内容解读

孔茨认为，丛林的成因主要有以下几点：

（1）语义上的混乱。在管理学中，存在着严重的语义混乱现象。如"管理"一词，多数人都同意是指通过别人或同别人一道去完成工作。但这里说的"别

人"是指正式组织中的人，还是所有群体活动中的人，就有不同的解释了。在管理中是对人加以统治，还是进行引导或施以教育，各人也有不同的看法。

（2）对管理和管理学的定义和所包含的范围，没有取得一致意见。这样，就降低了管理理论的科学价值，不能对实际管理人员起指导作用。因此，有必要更明确地确定管理和管理学的定义和范围。

（3）把前人对管理经验的概括和总结看成是"先验的假设"而予以摒弃。

（4）曲解并抛弃前人提出的一些管理原则。当代的某些管理学者往往把前人提出的一些管理原则加以曲解，认为只不过是老生常谈而予以抛弃，然后提出一些貌似不同的"新"原则。其实，这些"新"原则正是前人早已发现的基本原则，只不过是用不同的话语表述出来而已。

（5）管理学者不能或不愿互相了解。

在《再论管理理论的丛林》一书中，孔茨把管理的 11 个学派的观点作了全面总结。

1）管理过程学派

管理过程学派，又叫管理职能学派、经营管理学派。该学派主要致力于研究和说明"管理人员做些什么和如何做好这些工作"，侧重说明管理工作实务。古典管理理论的创始人之一法约尔就是这个学派的开山鼻祖。这一理论是在法约尔的一般管理理论的基础上发展而来的。（这个学派后来经美国的管理学家哈罗德·孔茨等人发扬光大，成为现代管理理论学丛林中的一个主流学派。）

管理过程学派把管理看作是在组织中通过别人或同别人一起完成工作的过程，应该分析这一过程，从理论上加以概括，确定一些基础性的原理，并由此形成一种管理理论。有了管理理论，就可以通过研究，通过对原理的实验，通过传授管理过程中包含的基本原则，改进管理的实践。这个学派把它的管理理论建立在以下 7 条基本信念的基础上：①管理是一个过程，可以通过分析管理人员的职能从理性上很好地加以剖析；②可以从管理经验中总结出一些基本道理或规律，这些就是管理原理。它们对认识和改进管理工作能起一种说明和启示的作用；③可以围绕这些基本原理开展有益的研究，以确定其实际效用，增大其在实际中的作用和适用范围；④这些原理只要还没有被证明为不正确或被修正，就可以为形成一种有用的管理理论提供若干要素；⑤就像医学和工程学那样，管理是一种可以依靠原理的启发而加以改进的技能；

⑥即使在实际应用中由于背离了管理原理而造成损失，但管理学中的原理，如同生物学和物理学中的原理一样，仍然是可靠的；⑦尽管管理人员的环境和任务受到文化、物理、生物等方面的影响，但管理理论并不需要把所有的知识都包括进来才能起一种科学基础或理论基础的作用。

管理过程学派确定的管理职能和管理原则，为训练管理人员提供了基础。该学派把管理的任务和非管理的任务（如财务、生产以及市场交易）加以明显地区分，能使经理集中于经理人员的基本工作上。管理过程学派认为，管理存在着一些普通运用的原则，这些原则是可以运用科学方法发现的。管理的原则如同灯塔一样，能使人们在管理活动中辨明方向。

相对于其他学派而言，管理过程学派是最为系统的学派。该学派首先从确定管理人员的管理职能入手，并将此作为他们理论的核心结构。孔茨认为，管理学这样分类具有内容广泛、能划分足够多的篇章、有利于进行逻辑性分析等优点。该学派对后世影响很大，许多管理学原理教科书都是按照管理的职能写的。

2）人际关系学派

这一学派是从20世纪60年代的人类行为学派演变来的。这个学派认为，既然管理是通过别人或同别人一起去完成工作，那么，对管理学的研究就必须围绕人际关系这个核心来进行。这个学派把有关的社会科学原有的或新近提出的理论、方法和技术用来研究人与人之间和人群内部的各种现象，从个人的品性动态一直到文化关系，无所不涉及。这个学派注重管理中"人"的因素，认为在人们为实现其目标而结成团体一起工作时，他们应该互相了解。

这个学派的学者非常注重心理学和社会心理学，尤其是作为社会心理学对象的个人和激励个人的事物。这一学派的成员，有的把处理人际关系看成只是管理者职务的一部分，只是一种工具，管理者借助这些工具可以理解人们的需要，并通过满足人们的需要和进行激励来使人们作出更大的贡献。另一些成员则把个人和团体的心理学行为看成是管理学的全部内容。

3）群体行为学派

这一学派是从人类行为学派中分化出来的，因此同人际关系学派关系密切，甚至易于混同。但它关心的主要是群体中人的行为，而不是人际关系。它以社会学、人类学和社会心理学为基础，而不以个人心理学为基础。它着重研究各种群体行为方式。从小群体的文化和行为方式，到大群体的行为特点，都在它的研究之列。它也常被叫作"组织行为学"。"组织"一词在这里可以表示公司、政府机构、医院或其他任何一种事业中一组群体关系的体系和类型。有时则按切斯特·巴纳德的用法，用来表示人们间的协作关系。而所谓正式组织则指一种有着自觉的精心筹划的共同目的的组织。克里斯·阿吉里斯甚至用"组织"一词来概括"集体事业中所有参加者的所有行为"。

不难想象，实际管理人员是不会同意让"组织"包含如此广泛的群体行为类型的。可是，管理人员碰到的许多问题又的确是由群体行为类型、态度、愿望、偏见所引起的。有些问题来自企业内部的全体，更多的问题来自公司、部门、机构之外人们的文化环境。这个学派的最大问题也许是它的成员总想把"组织行为"和"管理活动"人为地等同起来。群体行为是管理的一个重要方面，但并不等同于管理。

4）经验学派（或案例学派）

这个学派通过分析经验（常常就是案例）来研究管理。其依据是，管理学者和实际管理工作者通过研究各色各样的成功和失败的管理案例，就能理解管理问题，自然地学会有效地进行管理。

这个学派有时也想得出一般性的结论，但往往只不过是把它当成一种向实际管理工作者和管理学者传授经验的手段。典型的情况是，他们把管理学或管理"策略"看成是对案例进行分析研究的手段，或者采用类似欧内斯特·戴尔的"比较法"。

5）社会协作系统学派

它与行为学派关系密切而且常常互相混同。有些人，如马奇和西蒙，把社会系统（即一种文化的相互关系系统）只限于正式组织，把"组织"这个词同企业等同起来，而不是指管理学中最常用的那项职权活动概念。另外一些人则不区分正式组织和非正式组织，而把所有人类关系的各种系统都包括进来。这个学派的创始人是切斯特·巴纳德。这个学派对管理学作出过许多值得注意的贡献。把有组织的企业看成是一个受文化环境的压力和冲突支配的社会有机体，这对管理的理论和实际工作人员都是有帮助的。而在另外一些方面，如对组织职权的制度基础的认识，对非正式组织的影响的认识，以及对怀特·巴基称之为"组织黏合剂"的一些社会因素的认识，则帮助更大。巴纳德还有其他一些颇有教益的见解，如他的关于激励的经济性的思想，把社会学认识引入管理实践之中，等等。

6）社会技术系统学派

这一学派的创始人是特里司特及其在英国塔维斯托克研究所中的同事。他们通过对英国煤矿中生产问题的研究，发现只分析企业中的社会方面是不够的，还必须注意其技术方面。他们发现，企业中的技术系统（如机器设备和采掘方法）对社会系统有很大的影响。个人态度和群体行为都受到人们在其中工作的技术系统的重大影响。因此，他们认为，必须把企业中的社会系统同技术系统结合起来考虑，而管理者的一项主要任务就是要确保这两个系统相互协调。

7）系统学派

近年来，许多管理学家都强调管理学研究与分析中的系统方法。他们认为，系统方法是形成、表述和理解管理思想最有效的手段。所谓系统，实质上就是由相互联系或相互依存的一组事物或其组合所形成的复杂统一体。这些事物可以像汽车发动机上的零件那样是实物的，也可以像人体各组成部分那样是生物的，还可以像完整综合起来的管理概念、原则、理论和方法那样是理论上的。尽管我们给理论规定出界限，以便更清楚地观察和分析它们，但是所有的系统（也许只有宇宙除外）都同它们的环境在相互起作用，因而都受到其环境的影响。

8）决策理论学派

这一学派的人数正在增加，而且都是些学者。他们的基本观点是，由于决策是管理的主要任务，因而应集中研究决策问题。他们认为，管理是以决策为特征的，所以管理理论应围绕决策这个核心来建立。

9）数学学派或"管理科学"学派

尽管各种管理理论学派都在一定程度上应用数学方法，但只有数学学派把管理看成是一个数学模型和程序的系统。一些知名的运筹学家或运筹分析家就属于这个学派。这个学派的人士有时颇为自负地给自己取上一个"管理科学家"的美名。这类人的一个永恒的信念是，只要管理，或组织，或计划，或决策是一个逻辑过程，就能用数学符号和运算关系来予以表示。这个学派的主要方法就是模型。借助于模型可以把问题用它的基本关系和选定目标表示出来。由于数学方法大量应用于最优化问题，可以说，它同决策理论有着很密切的关系。当然，编制数学模型绝不限于决策问题。

10）权变理论学派

这个学派强调，管理者的实际工作取决于所处的环境条件。权变管理同情境管理的意思差不多，常常通用。但有的学者还是认为应该加以区别。情境管理只是说管理者实际上做些什么取决于既定情境，而权变管理则意味着环境变化同管理对策之间存在着一种积极的相互关系。按权变的观点，管理者可以针对一条装配线的具体情况来确定一种适应于它的高度规范化的组织形式，并考虑两者之间的相互作用。

11）经理角色学派

这是最新的一个学派，同时受到管理学者和实际管理者的重视，其推广得力于亨利·明茨伯格。这个学派主要通过观察经理的实际活动来明确经理角色的内容。对经理（从总经理到领班）实际工作进行研究的人早就有，但把这种研究发展成为一个众所周知的学派的却是明茨伯格。

明茨伯格系统地研究了不同组织中总经理的活动，得出结论说，总经理们并不按人们通常认为的那种职能分工行事，即只从事计划、组织、协调和控制工作，而是还进行许多别的工作。

明茨伯格根据他自己和别人对经理实际活动的研究，认为经理扮演着10种角色：①人际关系方面的角色有3种：挂名首脑角色（作为一个组织的代表执行礼仪和社会方面的职责）、领导者角色、联系人角色（特别是同外界联系）；②信息方面的角色有3种：信息接受者角色（接受有关企业经营管理的信息）、信息传播者角色（向下级传达信息）、发言人角色（向组织外部传递信息）；③决策方面的角色有4种：领导者角色、故障排除者角色、资源分配者角色、谈判者角色（与各种人和组织打交道）。

明茨伯格把经理职能的习惯划分成为"老一套"。管理过程学派把经理职能划分为5个方面：计划、组织、用人、领导、控制。经理角色学派认为，资源分配就是计划，而领导者角色当然也属于整个计划工作的一部分。至于人际关系方面，主要是领导职务方面的一些问题。此外，信息方面的角色可以分别归纳到多种职能中。

 **拓展阅读**

哈罗德·孔茨 1908 年生于美国俄亥俄州的芬雷，1935 年获得耶鲁大学博士学位，1962 年任加利福尼亚大学洛杉矶分校管理学院管理学教授，1963 年任美国管理科学院院长，1965 年起任行政管理研究所所长，1965 年至 1971 年兼任行政管理研究公司总裁。他在 1957—1972 年还兼任捷尼斯科公司董事会主席，在 1950—1978 年期间兼任法尔公司、德斯特控制公司的顾问。他一生获得多种荣誉，如 1962 年获"米德·约翰逊奖"，1971 年获美国"空军航空大学奖"，1974 年获"泰勒奖"，1975 年获"福特·芬雷奖"等。孔茨还是国际管理科学院成员、美国管理协会成员、美国交通运输学会会员、管理科学研究所成员、世界未来学会会员等。

1961 年 12 月，孔茨在美国《管理学杂志》上发表了《管理理论的丛林》一文。文中指出，在西方，只是到了 20 世纪，特别是 20 世纪 40 年代，才对管理进行系统的研究。最早的一批著作都是由一些富有实际经验的管理人员写出来的，如泰勒、法约尔等人。但是，到了 20 世纪 60 年代初期，管理方面的学术著作如雨后春笋般地出现，带来了众说纷纭、莫衷一是的混乱局面。泰勒对车间一级管理所进行的有条理的分析和法约尔从一般管理观点出发对管理经验进行的深刻总结等，到了 60 年代初期已萌发得过于滋蔓，成了各种管理理论和管理学派相互盘根错节的一片丛林。

由于数学家、政治学家、工商管理学家等当时在管理这个老问题上有新的发现，这种情况更导致管理理论的丛林蔓生滋长，使得人们难以通过。为了搞清楚当时管理理论中的某些问题，以便人们抄近路穿过丛林，使研究工作有更大的成果，应对管理理论中的各种学派进行分类，指出各学派的主要分歧，提出清理这片丛林的意见。在 20 世纪 60 年代初期，管理理论已经形成了 6 个主要学派：管理过程学派、经验学派、人类行为学派、社会系统学派、决策理论学派和数学学派。

19 年以后，他发表了《再论管理理论的丛林》。文中指出，自从《管理理论的丛林》发表后，引起了广泛的讨论，许多人提出了管理理论是否仍处于"丛林"状态的问题。经过重新考察发现，管理理论的丛林不但存在，而且已经显得更加茂密而难以通过了。管理理论学派已不是 6 个，而是发展到 11 个了。

37 《创新与创业精神》

彼得·德鲁克

 经典速读

《创新与创业精神》被誉为德鲁克继《管理的实践》一书推出后，最重要的著作之一。全书强调当前的经济由"管理经济"转变为"创新的经济"，企业唯有重视创新与企业家精神，才能再创企业生机，即创新＋企业家精神＝再创生机。

这是一本具有实用价值的书，而并非只提供入门的知识。相反，它通过对政策与决策、机遇与风险、机构与策略、人员配备、工资和奖金的叙述，讨论了什么是创新与创业精神以及何时和为什么进行创新与创业等问题。

该书分三部分：①创新实践；②创业精神的实践；③创业型策略。每一部分都是创新与创业精神的一个方面，而不是一个阶段。本书的第一部分创新实践，将创新视作一种有目的的活动和一门学科。它首先告诉我们，企业家在哪里及如何寻求创新机遇。接着，它又讨论了将创意发展成一家能独立生存的企业或服务机构应注意的事项。第二部分创业精神的实践，重点谈论了能够从事创新的机构。它从现有企业、公共服务机构和新企业等 3 个领域来探讨企业管理。这一部分还对以下问题作了解答：①什么样的政策和实践才能让一家机构（不论是企业还是公共服务机构）获取成功？②为了提倡创业精神，机构应该如何组织和配备人员？③对于创业精神，会有哪些障碍、陷阱以及常见的错误？这一部分的最后，还讨论了私人企业家的角色和决策。

第三部分创业型策略，谈论了如何成功地把一项创新引入市场。毕竟，一项创新成功与否不在于是否新颖、巧妙或具有科学内涵，而在于它是否能赢得市场。这三个部分与本书的绪论及结论前后呼应。绪论叙述了创新与创业精神同经济体系相关联；而结论则表明了创新及创业精神与社会相关联。

该书将创新与创业视为一种实践、一门学科。它没有涉及企业家的心理和个性特征，而是谈论他们的行为和作用。它通过实例，阐明某个观点、某项规则或某个警示，但并不着重报道事业成功人士的经历。因此，本书无论是写作意图还是写作技巧，都与现今出版的许多相关书籍和文章有所不同。但是，它在强调创新和创业精神的重要性方面，与那些出版物有着类似之处。

 内容解读

1. 创新的实践

在《创新与创业精神》一书中，德鲁克首次从管理角度来论述创新与企业家精神问题。他认为，创新与企业家精神是可以管理的，而且需要作为一项管理任务进行有目的、系统化地管理。同时，创新与发扬企业家精神应该成为管理者的工作与责任。

在《创新与创业精神》中，德鲁克强调把创新变为企业的盈利机会，认为，"管理者必须把社会的需要转变为企业的盈利机会，那也是创新的一种定义。"

德鲁克明确指出，创新是企业管理的一种工具，是企业家型管理者的工作手段。系统化的创新在于有目的、有组织地寻求变革，以及在于对这类变革可能提供给经济和社会创新的机遇进行系统化的分析。系统化的创新有7个来源，包括出乎意料的事件、无法协调的矛盾、流程中的难点、产业和市场的变迁、人口变化、观念的变化和新知识。其中，前4种创新来源于企业内部，存在于行业自身；后3种创新来源于外部，存在于经济和社会环境中：

（1）出乎意料的事件。这是一种最为简单、最容易获取的创新机会，包括经营管理过程的成功、失败都可能成为创新机会。

（2）无法协调的矛盾。譬如管理、工作程序上出现的逻辑或者节奏上的不一致、经济状况的矛盾，如某一产业市场需求持续稳定增长但是利润持续下降，所有这些都可以刺激企业家进行创新。

（3）流程中的难点。指各种围绕流程运转过程中存在的难点所引发的创新活动，如 1909 年，AT&T 公司分析人口持续增长的趋势预测和美国电话线路繁忙的情况，这样通信线路上的繁忙问题引发了该公司开发自动转接台。

（4）产业和市场变迁。随着科技发展、顾客需求的变化，从市场到产业都在迅速变化，这样就容易引发许多创新的机会，同时，传统产业的领导者出于集中的需要很少积极反击新进入者，这样的情况导致的创新机会尤其多。

（5）人口变化。人口统计的变化最容易引发外部创新机会，许多公司的创新都是依据人口变化的特点进行的。一些服务行业，如旅游和休闲就是直接对准人口变化来设计的。

（6）观念变化。捕捉人们的消费观念变化进行产品开发和设计、市场细分、改进产品等等，是创新的一个重要机会。

（7）新知识。德鲁克认为，新知识包括科学的、技术的或者社会的等——以这些为基础所进行的创新是各种创新中影响最大的。这种创新的成功例子数不胜数，尤其是当今知识更新速度加快的情况下更是引人注目。

以知识为基础的创新具备以下特征：

（1）漫长的前置时间。从新知识的出现到它成为应用技术之间的时间跨度相当漫长，而从新技术转变成市场上的产品或服务同样需要很长一段时间。德鲁克指出，从知识的出现到转变为可应用的科技，随后开始被市场所接受的时间间隔在 25~35 年之间。

（2）多种知识相互结合。创新需要多种不同知识的聚合，而且不局限于科技性和技术性知识。在所有必需的知识具备之前，从事以知识为基础的创新时机尚未成熟，如果过早地进行创新，势必会失败。在大多数情况下，只有当各个要素都已被了解、获得，而且在某处已被先行运行时，创新才会发生。

2. 企业家精神的实践

德鲁克认为，企业家精神既不是科学也不是一门艺术，它是一种实践。"实践"在这里可以理解为管理的一种形式，即企业家精神要有效成为创新主体，需要有效的管理。由于企业家在当今经济中的主导地位，为了获得支持经济的持续发展、为了获得企业发展的生机和活力，必须有效对企业家进行管理。

德鲁克首次将创新与企业家精神当作企业需要加以管理、系统化的实务与训练，当作管理者的工作与责任。

德鲁克把创新当作企业家的主要特征之一。第二次世界大战后的50年是世界经济迅猛发展的50年。在这50年间，各国的大企业支配着国家的经济，但是在这些大企业背后是成千上万的企业家在操纵着企业，因此，德鲁克把二战以来的世界经济称为"企业家经济，"他认为，当前还有许多人尚没有意识到这种全新的经济形态，也没有完全认识到这种经济背后企业家的影响力。但是，正是这些企业家以及企业家们所表现出来的企业家精神是一种"超经济"力量，它不但影响着经济而且引导着经济的发展。那么，他们凭什么影响和引导着世界经济呢？答案只有一个就是管理和创新——德鲁克是把二者当作一个事物的两面，结合在一起来看待的。

首先，世界经济已经进入创新经济时代，这给企业家提供了前所未有的施展才干空间。目前经济已经由"管理的经济"转变为"创新的经济"，企业只有重视创新与企业家精神，才能再创企业生机。

其次，企业家的资源转换能力引领了创新的潮流。企业家之所以成为引导创新经济，是因为他们通过创新实现了资源的新价值。

最后，有效管理创新是企业家实现机遇变革的主要手段。

企业家、企业和企业创新是三位一体的，即企业家通过创新使企业成长和发展，企业在企业家的创新管理过程中得以兴盛和繁荣。企业家要确保企业长盛不衰就必须有效管理创新，创新管理是企业家的重要职责之一。"创新是企业家的具体工具，也就是他们借以利用变化作为开创一种新的实业和一项新的服务机会的手段……企业家们需要有意识地去寻找创新的源泉，去寻找表明存在进行成功创新机会的情况变化或其征兆。他们还需要懂得进行成功的创新的原则并加以运用"。

根据德鲁克观点，作为一种实践，企业家的创新不是少数人的天才和杰作而是有组织的创新管理，通过这种有组织的创新管理给企业家的创新活动提供了源源不断的动力。

首先，企业家必须有机会享受创新的成果。德鲁克认为，管理创新不一定需要技术专家，也不一定需要经济学家。事实上，第一流的技术专家往往很少能管好创新工作，他们往往过于沉陷在专业之中，很难看出专业以外的发展。经济学家从他工作的本质来讲，只是在创新大量普及之后才会注意到创新的影响作用。只有企业家才是创新的最主要力量，但是，要发挥企业家在创新过程中的核心作用，必须让从事创新工作的企业家报酬适应于创新过程的经济现实，这是企业家创新动力的首要因素。

其次，创新型组织是创新的载体，是企业家创新的保障。企业家分享机构的创新回报固然可以成为他们创新的动力来源之一，为此，需要创新型组织的支持，这是有效管理企业家创新和企业获得创新成效的保证。

最后，通过有组织的创新管理克服变革的阻力。创新是一种态度和实践，在传统的经营管理型组织中，高层管理者是最后的裁判，拥有最终否决权。而在创新型组织中，管理层的首要职责却在于，把不切实际、不成熟的想法，转变成为具体的创新实践。在创新型组织中，高层管理者是创新的主要推动者，他们可以发挥自己的职能认真对待、倾听各种不同观点并进行深入考虑，从中发现有价值的新东西并对其可行性进行评价。同时，还要鼓励组织中的各种意见，有效激发员工的新思想，使各种意见都可以成为整个组织所关心的焦点。高层管理者对新思想加以思考和加工，使之成为组织的力量和企业遵循的规范。这些都是克服组织变革障碍和组织创新的内容，也是保证给创新者提供支持的有效手段。

并非所有创办企业的企业主都是企业家，企业家与企业主在企业家精神方面分离开来，只有那些在把变化变成机遇从而实现了资源新价值的人才称得上是具有企业家精神的人。这个思想成为德鲁克管理企业家精神的主要基点。

倡导企业家精神仅仅是创新管理的一部分内容，要实现系统的创新管理还要执行切实可行的创新策略，这也是德鲁克创新管理理论的一个重要内容。

在创新策略方面，德鲁克主要的关注点有以下几点。

1）强调对企业创新的事业前提进行把握

一般企业的首要目标，是使已存在的或正在建立中的事物最优化，而创新的基本策略则要求创造"新的和不同的"事物，其关注的焦点是目前的产品线和服务、市场和销售渠道、技术和生产程序能否继续下去。

2）强调把创新活动当作新事业

创新策略的目标必须是创建一项新事业，而不是在已有产品线中增加一种新产品；是创造出一种新的获取成就的能力，而不是改进现有能力；是创造出有关价值的新概念，而不是使现有价值得到少许改进。虽然对现有工作的改进，例如，增加一种新产品、扩大市场份额等，成功率约为50%，而创新型工作大部分不可能取得成功，90%的"卓越想法"最终都将变得毫无意义，但是，一项成功的创新所带来的成果将远远超出仅仅改进现有工作所能实现的成果。因此，"基于聪明的设想出现的创新数量极大，哪怕成功的百分比比较小，仍然成为开辟新行业、提供新职业、给经济增添新的活动面的相当巨大的源泉。"

3）强调系统的抛弃

认为创新策略的基础，是有计划和有系统地淘汰陈旧的、正在死亡的事物。只有系统地抛弃过去，才能解放新工作上所需的各种资源，特别是最稀缺的资源——能干的人员。德鲁克指出，不少大企业在创新上的最大障碍，可能就是不愿抛弃过去。新事物，特别是尚未诞生的新事物，即未来的创新，同正在经营的业务的巨大规模、收入相比，总是显得无足轻重。因此，现有企业如果要创造未来的话，有系统地抛弃过去就更为重要了。

4）强调创新

"即使日本人现在也不得不超越模仿、进口和采用他人技术的阶段，学会由自己来进行真正的技术创新"。

3. 创新过程的组织和管理

有组织的创新是企业家精神的重要体现，这个思想印证了德鲁克从前的观点："组织的目的是使平凡的人做出不平凡的事，"因此，创新型组织是德鲁克创新理论的重要组成部分，也是有效管理创新的重要手段。事实上，创新型组织问题一直是公司管理层的一大挑战。

1）创新战略的使命管理

没有创新的战略就没有系统的创新活动，那就不是企业家的活动了。正如其他的企业活动需要从企业使命开始一样，德鲁克主张，创新的战略也是从企业使命开始，即首先需要回答，"我们的企业是什么以及它应该是什么？"强调对创新战略进行使命管理。当然，创新战略对未来的假设与继续经营中的企业所做的假设不同。后者的假设是，目前的产品线和服务、市场和销售渠道、技术和生产程序将会继续下去，所以它们战略的首要目标是使已存在的或正在建立中的事物最优化。相反，创新性战略之占主导地位的假设是，所有现存的事物都处在陈旧的过程中，其假设必然是，所有现存的产品线和服务、市场和销售渠道、技术和生产程序，迟早——而且常常是很快——将下降而不是上升。因此，继续经营中的企业战略的基本要求是"更好些和更多些"，而创新性战略的基本要求是"新的和不同的"。创新战略的基础是有计划和有系统地淘汰旧的、正在死亡的、陈旧的事物。创新性组织不为保卫过去而花费时间和资源。只有有系统地抛弃过去才能解放出用于新工作上所需的各种资源，特别是最稀缺的资源——能干的人员。

根据创新战略的这些假设和战略基点，创新型组织使命管理的任务是以结果为导向进行使命和愿景管理。德鲁克认为，创新工作的成功率平均只有1/10，因而必须树立高目标。一项成功的创新工作必须弥补失败的工作，并产生出自己的成果。使命为创新者的艰苦过程注入了激情和耐心，而愿景则能使激情得以延续。许多企业的创新管理失败正是因为只有激情而无耐心。明确使命和愿景是我们行动上的需要，也是精神上的需要。使命给予了我们一盏引路明灯，一个能使你权衡长、短期压力的长期目标。愿景则把使命转变为真正富有意义的预期结果，并指导我们如何分配时间、精力和资源。因此，愿景目标是我们一个实实在在的创造未来工具，而不是一个抽象的概念。愿景可以是长期的或中期的目标，多种愿景可以共存，它们在不同的阶段满足人们不同的追求。

2）创新过程的人力资源开发和管理

组织不能依赖于少数天才的灵感和智慧，而要依靠绝大多数的员工以及他们身上所具有的企业家精神。创新型组织对人力资源管理的要求是，运用人力资源开发和管理的杠杆，在招聘、培训和激励等方面，有效调动员工的创新积极性达到有组织创新目的。尤其是员工激励，它与使命引导起着相辅相成的作用。创新组织可以运用组织杠杆，在选人、安排、计划和考评方面有意识地突出创新任务和要求。尤其是创新型组织中的高层管理是创新的主要"动力"。它运用组织中的各种意见来激发自己的看法，并使各种意见为整个组织所关心。创新性组织中的高层管理对新思想加以思考和加工，使之成为组织的力量和企业遵循的规范。同时还要按照创新型组织的目标培植创新的文化氛围，让员工从思想到行动都形成创新的规范，包括对创新失败的宽容和鼓舞，这是因为"一项创新工作并不是按直线发展的。在很长时间内，有时在多年内，只是付出劳力而没有成果。"即使最初获得成果时，往往也很微小。事实上，最初的成果很少就是顾客最终将购买的成果；最初的市场很少就是主要的市场；最初的应用很少就是最终转化为真正重要的应用。此外，创新战略要求创新者有很高程度的自我控制。他们必须在没有常规的预算和会计手段的情况下来经营，把工作进展和投资的当前成果反馈回来。创新中经常存在的误区是，没有任何成果，却不断地投入人员和资金。

3）创新过程的动态绩效管理

创新意味着重新理解传统的工作性质，这就需要新的能够体现创新目标的绩效考核标准来与之配套。理解创新工作必须面对创新的动态过程，即创新不是注定的，在任何一个随意的模式中都存在着很多的因素，以致没有一个人能够确定这些因素。但是，他们也不像一般人那样认为创新是完全偶然的，是无法预测和无法预言的。为了进行有效的创新管理，创新的绩效考评应该围绕影响企业创新的动力进行。这是因为许多企业缺乏创新的欲望和冲动，结果是创新动力不足。德鲁克认为，企业创新动力不足的根本原因是没有对创新进行有效管理，鉴于此，他提出管理创新的3个要素理论，按照这一理论，可以通过使命引导创新、目标效果驱动以及严格评估办法进行有效的创新管理。其中，使命引导——主要考核员工对组织使命认同的程度、组织的状况和改变的条件、使命对于创新活动的吸引力。没有愿景的领导者不能界定他们所希望达到的、最终可以评估的目标是什么。目标驱动——也可以说是结果导向的，从某种程度说，明确结果要比了解目标要容易一些。经理是讲究实际的；他们最终关心的是结果，他们关心如何取得结果，而不只是为什么取得结果。这里潜在的危险是：短期目标会与大方向混淆起来。鉴于此，目标驱动主要考核企业目标清晰的程度、与组织使命匹配的程度，员工自我约束的程度。如果没有目标，结果就变得毫无意义。结果评估——我们必须不断地评估如何能最佳使用我们有限的资源。评估由两部分组成：测量和诠释。其中，第二点也是评估的难点。诠释需要我们的理解、参与和身体力行。此外，创新战略还要求企业有自己独特的衡量方法、预算和预算控制手段，即：有一套独立的衡量系统，其主要指标也就是决定创新战略的三项因素：恰当的机会、失败风险、所需要的努力和费用。在创新战略实施过程中就应该不断考问："在这一阶段，我们最大限度能投入多少优秀人员和关键资源来进行生产性工作？"而这个限度不应以传统的投资回报率等预算控制方法来决定。

 ## 拓展阅读

创业精神既不是科学，也不是艺术，而是一种实践。《创新与创业精神》是德鲁克多年实践经验的结晶。

德鲁克对创新与创业精神的研究始于 20 世纪 50 年代中期。之后，他在纽约大学商学院的研究生院领导一个研究小组两年。这个研究小组每周有一个晚上举行一次时间较长的研讨会，探讨创新与创业精神。小组成员中，有些是刚刚创立了一家新企业的企业家（大多数经营非常成功）；还有一些是现有机构（大部分规模较大）的中层管理人士。这些机构各不相同，其中包括两所大医院、IBM 公司、通用电气公司、一两家主要银行、一家证券经纪行、几家杂志和书籍出版公司、几家制药公司、一家世界性慈善组织、纽约天主教大主教管辖机构以及长老教会等等。

在这两年中，小组成员将研讨会上提出的观念和想法，带回到自己的工作和机构中周而复始地进行测试。德鲁克在随后 20 多年的顾问生涯里，继续对这些观念和想法加以测试、确认、修改和完善。同样，这些工作也涉及许多不同的机构。其中包括现有企业，例如制药公司和电脑公司等高科技企业、美国和欧洲的世界性大银行、个人开办的新企业、建筑材料批发公司以及日本的跨国公司等。另外，许多"非营利性"机构也被包括在内，其中有几家主要的工会组织、一些重要的社会组织（例如，美国女童子军组织，美国援外合作署）、多家医院、大学、研究实验室以及各种不同的宗教组织。

由于本书是德鲁克在多年的观察、研究和实践的基础上撰写出来的，因此，他能够举出大量的实例来阐明哪些是正确的政策和实践，而哪些则是错误的。虽然几十年来，他在自己所著其他有关管理的书籍中，一直在谈论创新与创业精神，但是本书是他设法以一种系统化的形式将它们完整地展现在读者面前的第一本著作。

38 《渴求成就》

戴维·麦克利兰

经典速读

戴维·麦克利兰是美国当代研究动机的权威心理学家，出生于 1916 年，毕业于韦斯利安大学。麦克利兰先后获得过哈佛大学硕士学位，以及耶鲁大学博士学位。毕业后曾任哈佛大学心理学教授，兼任麦克伯公司董事长。麦克利兰对管理学的重要贡献集中在人的激励理论方面，《渴求成就》是其代表作之一。

在《渴求成就》一书中，麦克利兰在大量且长期的实验基础上，对 A 型人，也就是具有强烈成就感动机的人进行了描述，并详细介绍了这一类型人的主要特征。麦克利兰介绍了成就需要与激励理论，找出了是什么样的原因，使得有些人的成就需要感如此强烈。最后，该书简单论述了如何培养人的成就感，以及成就感给个人、企业和国家带来的好处。

内容解读

1. "A 型动机"及其性格特征

世界上的人，一般可从心理上划分为两类：一小部分人愿意寻求机遇和挑战，愿意努力工作以取得令自己满意的成就；一大部分人则对此抱无所谓态度。

许多年来，心理学家们一直试图解释这样一个有趣的问题：成就感是不是一种偶然想法？这是一种纯粹的动机（例如，为了积聚财富、权力、名声），还是复合的动机（为了实现自我的需要）？最重要的是，成就感是否能够通过某些方式培养起来？

在若干年以前，心理学家们对 450 名宾夕法尼亚州伊利镇一家工厂的失业工人，进行了仔细的调查和研究。结果表明，大部分失了业的工人先在家休息一段时间，然后到就业总署去登记，看看他们原先的工作或类似的工作是不是在招聘人员。但也有少数人作出了与众不同的选择：从失业的当天起，他们就四处活动，积极地寻找工作。他们仔细阅读报纸上的招聘广告，到各处的工会、教会、各种兄弟会寻求帮助；他们还参加训练班学习新的职业技能，以拓宽求职门路；他们甚至离开家乡到外地寻找工作。相反的情况是，有的人即使外地有活干，也不愿意离开伊利镇。

上述两类行为方式大不相同的人，所处的环境大体是一致的：失业不久，急需工作，缺乏生活保障。但实际情况是，只有少数人积极主动地去闯去争取，多数人却宁可忍受失业的熬煎，也不愿意下大力气为自己寻找出路。经过多年的观察与研究，心理学家断定，这少数人身上表现出来的特定的人类动机，比其他人强烈得多，他们把这种动机称为"A 型动机"，它代表了人性中一些很重要的性格特征。

心理学实验证实，如果有权自主确定工作目标，具有 A 型动机的人总是挑选难度适中的任务。例如，在套圈游戏中允许每个人自己选择站立位置，多数人都是随意选择，有时站得近些，有时站得远些。但 A 型动机强烈的人总是认真、仔细地计算自己的位置和距离。他们不会站得太近，因为这样太容易套上，比较可笑；但是也不会站得太远，以至于不能套上。这些人选择的目标是难度适中的，成功机会大致上是 1 : 3，也就是说要具有挑战性，必须要跳一下才能够完成任务。

显然，A 型动机的人重视的是个人成就而不是成功或报偿本身。这导致了另一个性格特征：希望立即得到具体的信息反馈，了解工作的结果。

富有 A 型动机的人有三种性格特点：①喜欢自己设定具有挑战性的目标；②喜欢通过自己的努力解决问题，不依赖偶然的机遇或者坐享成功；③要求立即得到反馈，弄清工作结果。

2. 成就需要与激励理论

A 型动机强烈的人之所以这样行事，是因为他们一有时间，就会考虑如何把事情做得更好更令人满意。经常考虑把事情做得更好的人，显然有较强的成就感，所以他们积极地寻找职业，主动地设定挑战性目标。他们不喜欢碰运气，而是喜欢从自己的努力中体验到成功的喜悦，以及乐于从事改进效用和可以很快看到结果的工作。

这些人为什么会经常想到把事情做得更好些呢？事实证明，这种想法并非与生俱来，而是后天培养的结果。比如，父母亲在家里为孩子设立中等难度的成绩目标，热情鼓励并帮助孩子达到这样的目标，这样，就让他从小就树立一种勇于接受挑战、奋力实现自己目标的观点。

在一次心理实验中，要求参加者选择自己的工作同伴，结果那些成就需求指数高的人，宁愿选择专业技术水平高的人而不选择关系密切的朋友，那些社会交往需求强烈的人则宁愿选择朋友，而不选择熟悉预定工作任务的专家。由此可见，后一种人并非"缺乏动机动力"，只是他们的动力不是来自于成就感，而是来自于社会交往需要。还有一种与成就感不同的需要，即权力需要。有时这两种需要难以区分，因为成就需要和权力需要都会促使人们有"杰出"的表现。但是两者还是有区别的。权力需要强烈的人对政治感兴趣，希望指挥和控制他人，希望控制向上和向下的信息渠道以便施加影响，掌握权力。这种人不像成就需求强烈的人那样关心改进自己的日常工作，力争做出成绩。进一步分析还证明，取得巨大成就的人未必成就需要指数都非常高，因为有些人的工作性质要求他们具有其他个性特点而不是成就感。

辨别一个人的需要和动机属于何种类型，并不是一件简单的事情。因为，根据常识作出的判断往往不准确，当事人自己的表白也未必可信。比如，一位将军说他最强烈的愿望是取得战争胜利，一位经理说他只对公司利润感兴趣……可是，经过仔细核查后你会发现，上述表白未必反映了实际情况，这些人真正关心的也许是完全不同的另外一些事情，这就是所谓的"内隐"需要，也称为"内隐"动机。

成就需要可以造就富有创业精神的人物，无论工会领袖还是企业经理，共和党人还是民主党人，也不管是天主教徒还是佛教徒，资本主义者还是共产主义者，都是如此。成就需要强烈的人往往能够作出巨大成就。对一家公司来讲，如果员工中这种人多，那么，这家公司就会经营得好，发展得快。对一个国家来讲，如果企业发展得快，整个国民经济也就发展起来。正因为如此，人们发现一个国家流行出版物（如儿童课本）、流行歌曲等涉及成就感的内容越多，那个国家经济增长就越快。二者之间的相关性表明，如果一个国家时时想着如何把事情办得更好些，实际上这个国家就会取得更大的经济成就。

3. 培养成就感

认识到强烈的成就需要对个人和国家的重要性还不够，关键是找到某种办法，以此来培养人们和国家的成就感。从 1960 年开始，在麦克利兰的领导下，一批心理学家在哈佛大学以企业经理为主要研究对象进行了大量的实验，创造了一种所谓"全压"训练班的办法来提高参加者的成就需要。

起初，这些心理学家对于实验能否取得成功没有丝毫的信心，因为当时的美国心理学界普遍认为，人的基本动机是儿童时代形成的，以后很难改变，而且很多心理咨询和心理治疗对于转变人的性格的效果并不显著。但另一方面，他们又受到榜样的鼓舞进行实验。

麦克利兰针对企业经理们设定了如下 4 项主要目标：①通过培训，让参加者学会用成就感强烈的人惯用的方式去思考、交谈和行动；②鼓励参加者为今后两年设定比较高但经过仔细推敲的目标；③运用各种方法让参加者更好地认识自己，如向集体解释自己的行为，共同分析自己的心理、动机，从而打破自己固有的习惯和态度，重新认识自己所要达到的目标；④通过交流，了解别人的希望，彼此分享成功和失败，通过彻底改变周围环境和用共同经历打动感情的实验，让参加者增进集体意识和集体主义精神。

这种训练班已经在美国大型公司、墨西哥企业和印度企业的经理人员中举行过多次。统计数字表明，受过训练的人在两年后取得的成就，明显地高于条件类似但未受过训练的人，因为前者的主动性和创业精神普遍有所提高。

 **拓展阅读**

从 20 世纪 40 年代开始，麦克利兰就致力于研究人的需要、动机和如何

激发人的潜力。当时，马斯洛总结出的需求层次理论风靡一时，被普遍认为对管理工作有很强的实用性。但是，1955年麦克利兰对马斯洛需求层次理论的普遍性提出了质疑，对该理论的核心概念"自我实现"有无充足根据也表示怀疑。麦克利兰认为，人类的许多需求都不是生理性的，而是社会性的，因此，很难从单个人的角度归纳出共同的、与生俱来的心理需求。随着时代的不同，文化背景也不相同，人的需求就会存在差别。所谓"自我完成"和"自我实现"的标准也不相同。麦克利兰认为，马斯洛的理论过分强调个人的自我意识、内省和内在价值，忽视来自社会的影响，有失偏颇。

麦克利兰和其他心理学家经过20多年的研究得出结论：人的社会性需求不是先天的，而是后天的，来自于环境、经历和培训教育；特别是特定行为得到补偿后，会强化该种行为模式，形成需求倾向。麦克利兰等人使用主题知觉实验等心理学方法进行定量及定性分析，总结出人的3大类社会性需求：对成就的需求、对社会交往的需求和对权力的需求。

39 《经理工作的性质》

亨利·明茨伯格

经典速读

在国际管理界，加拿大管理学家亨利·明茨伯格的角色是叛逆者。他是最具原创性的管理大师，对管理领域常提出打破传统及偶像迷信的独到见解，是经理角色学派的主要代表人物。

《经理工作的性质》是明茨伯格的主要代表作，是经理角色学派的经典著作。它全面地阐述了经理工作的特点、经理所担任的角色、经理工作中的变化及经理职务的类型、提高经理工作效率的要点、经理工作的未来等，并评价了其他管理学派有关经理职务的各种观点。明茨伯格等人之所以被叫作经理角色学派，是由于他们以对经理所担任的角色为中心来分析经理的职务和工作，以求提高管理效率。他们所讲的"经理"，是指一个正式组织或组织单位的主要负责人，拥有正式的权力和职位。至于"角色"，则如明茨伯格在本书中所解释的："角色这一概念是行为科学从舞台术语中借用到管理学里来的。角色就是属于一定职责或地位的一套有条理的行为。""演员、经理和其他人的角色都是事先规定好的，虽然各人可能以不同的方式来解释这些角色。"

《经理工作的性质》除导言以外，分为以下几章，分别是：当代关于经理职务的各种观点；经理工作的某些显著特点；经理所担任的角色；经理工作中的变化；科学与经理的职务；经理工作的未来。

明茨伯格关于经理工作对组织作用的分析非常有助于职业经理人认清自己的价值，同时，他帮助职业经理人依据自己的工作特点，准确定位自己的类型。感受明茨伯格的非凡思想，理解管理者的实际工作，从任何角度都可以说，《经理工作的性质》是每一位经理人的必读经典。

 ## 内容解读

1. 经理工作的某些显著特点

不论是哪种类型的经理，其工作都有以下 6 个特点。

1）工作量大，步调紧张

经理由于全面负责一个组织或组织中的一个单位（如车间）的工作，并要同外界联系，所以总有大量的工作要做。因而必须毫不松懈，保持紧张的步调，很少有休息的时间。高级经理尤其是这样。经理之所以会工作量大而步调紧张，是由于经理职务本身的广泛性以及工作没有一个明确的结束标志。工程师的设计或律师的案件都有个终结，而经理必须永远前进，永远不能肯定何时已获得成功或何时可能失败，必须永远以紧张的步调工作。

2）活动短暂、多样而琐碎

调查发现，某个车间主任每天平均得应付 20 件事。他的活动的特点是中断性、多样性、不连续性。这与一般工人的工作不同。他们的工作重复而不常中断，并从属于传送带稳定而无变化的节奏，经理往往不愿采取措施改变工作中的这种短暂、多样而琐碎的情况。这是由于，他的工作量太多，而他又意识到自己对组织的价值，因而对自己的时间的机会成本（由于做某件事而不做另一件事所造成的损失）特别敏感。于是就用这种短暂、多样而琐碎的方式来工作。这样，必然造成经理工作中的肤浅性。这是必须努力加以克服的。

3）把现实的活动放在优先的地位

经理趋向于把注意力和精力放在现场的、具体的、非常规的活动。他对现实的、涉及具体问题和当前大家关心的问题作出积极的反应，而对例行报表及定期报告则不那么关心。他们强烈地希望获得最新信息。因此，他们经

常通过闲谈、传闻、推测等来收集非正式的、及时的信息。从总经理们对时间的安排也可以看出这点。有项调查表明，在总经理的 14 次口头联系中，只有一次是事先计划的，其余 13 次都是有关现实问题的非常规活动。

4）爱用口头交谈方式

经理使用的工作联系方式主要有 5 种：邮件（书面通信），电话，未经安排的会晤（非正式的面谈）和经过安排的会晤（正式的面谈），以及视察（直观的）。这几种联系方式有很大的差别。书面通信要使用一套正式的语言，并要过很长时间才能得到答复。口头交谈（包括电话交谈）则除了话语中所包含的信息以外，还能通过音调的变化和反应的快慢来传递信息。当面交谈则还可借助于表情传递信息。调查材料表明，经理们都爱用口头交谈方式。他们用在口头交谈上的时间占很大比重。车间主任与人面谈的时间约占57%，一家制造公司的中层经理花在口头交谈上的时间约占89%。作者对总经理的调查表明，其口头交谈的时间占了8%，按活动次数计算则为67%。

5）重视同外部和下属的信息联系

经理同三个方面维持信息联系。这三个方面是：上级（总经理的上级是董事会）；外界（指经理所管理单位以外的人们）；下属。经理实际上处于其下属和其他人之间，用各种方式把他们联系起来。调查材料表明，经理与下属进行联系所花费的时间占相当大的比重，通常占他们全部口头联系时间的 1/3~1/2，而他们与上级联系的时间一般只占 1/10。他们与外界联系的时间通常比同下属联系所占的时间还要多，约占全部联系时间的 1/3~1/2。

6）权力和责任相结合

经理的责任很重大，经常有紧急事务要处理，似乎很难控制环境和他自己的时间。但他也有很大的权力。他可以采取一些措施，在解决问题的过程中想出一些新的主意，把问题变成机会，为企业的发展服务。

2. 经理所担任的角色

经理一般都担任 10 种角色，即：挂名首脑；领导者；联络者；信息接受者；信息传播者；发言人；企业家；故障排除者；资源分配者；谈判者。这 10 种角色可归纳为三类，即：人际关系方面的角色；信息联系方面的角色；决策方面的角色。

1）挂名首脑角色

这是经理所担任的最基本和最简单的角色。经理由于其正式权威，是一个组织的象征，必须履行许多这类性质的职责。

2）领导者角色

经理作为一个组织的正式首长，要负责对下属进行激励和引导，包括对下属的雇用、训练、评价、报酬、提升、表扬、批评、干预以及开除。组织的调子通常是由经理来确定的，而企业的是否成功则决定于经理是向企业注入他的力量和远见，还是由于他的无能或疏忽而使组织处于停滞状态。领导者角色的重要目的是把组织成员的个人需要同组织目标结合起来，以便促进有效的作业。

3）联络者角色

联络者角色涉及的是经理同他所领导的组织以外的无数个人和团体维持关系的重要网络。联络者角色代表着经理职务中一个关键部分的开始。经理通过联络者角色同外界联系。然后，通过发言人、信息传播者和谈判者这些角色进一步发展这种联系，并获得这种联系所提供的好处和信息。

4）信息接受者角色

经理得到的信息大致有以下 5 类：①内部业务的信息。通过标准的业务报告、下属的特别报告、对组织的视察等获得。②外部事件的信息。如顾客、人事联系、竞争者、同行、供货者、市场变化、政治变动、工艺技术的发展等，他通过下属、同业组织、报刊等获得。③分析报告。他从各种不同的来源（下属、同业组织或外界人员）得到各种不同事件的分析报告。④各种意见和倾向。经理通过许多途径来更好地了解他的环境和获得各种新思想。他参加各种会议，注意阅读顾客的来信，浏览同业组织的报告，并从各种联系中或下属那里获取各种意见和建议。⑤压力。各种压力也是信息的来源，如下属的申请和外界人士的要求，董事的意见和社会机构的质问等。

5）信息传播者角色

这指的是经理把外部信息传播给他的组织，把内部信息从一位下属传播给另一位下属。信息可分为两种：①有关事实的信息。这类信息可以用某种公认的衡量标准来判断是否正确。经理由于代表着正式的权威，收到许多有关事实的信息，并把其中的很大部分转达给有关的下属。②有关价值标准的信息。这类信息涉及一个人的选择和有关应该是什么的主观信念。

6）发言人角色

经理的信息传播者角色所面向的是组织内部，而其发言人角色则面向外部，把本组织的信息向组织周围的环境传播。经理作为正式的权威，被外界要求代表其组织来讲话；他作为组织的神经中枢，也拥有信息来这样做。

经理的发言人角色要求他把信息传递给两个集团，第一个是对组织有着重要影响的那一批人。对总经理来说是董事会，对中层经理来说是他的上级。第二个集团是组织之外的公众。对总经理来说包括：供货者、同业组织、其他组织的总经理、政府机构、顾客以及新闻界。

7）企业家角色

经理的企业家角色指的是经理在其职权范围内充当本组织许多变革的发起者和设计者。企业家这个术语是从经济学家那里借用来的，但对企业家的职能赋以更为广阔的含义。企业家角色的活动开始于视察工作，寻找各种机会和问题。当发现了一个问题或机会以后，如果经理认为有必要采取行动来改进他的组织的目前状况，就开始了决策的设计阶段。改进性方案指的是改进某一特别的组织情况的一系列活动（利用一项机会，解决一个问题）。经理可以在下列3个层次中选择一个来参与一项改进性方案的设计阶段和选择阶段。这3个层次是：①授权。对于某些不重要的事项，经理授权下属去设计和选择改进性方案。②批准。对另一些事项，经理授权某个下属设计其改进性方案，而在设计完成后的行动路线请求批准书上保留批准与否的权力。这往往适用于包含更多的风险或会成为重要先例的事项。③监督。经理对某些改进性方案在其设计阶段就加以监管。

8）故障排除者角色

经理的企业家角色把注意力集中于导致组织变革的自愿行动，而经理的故障排除者角色则处理非自愿的情况以及其中含有不能控制的因素的变革。这两种角色代表着决策连续统一体中的两个极端，但在其间存在着一个不太明确的领域，而且同个人的判断和看法也有关系。

故障有三种类型：①下属之间的冲突，这是由于争夺资源的分配、个性之间的冲突或专业的重叠。②组织之间的冲突。③资源的损失或有损失的危险。在故障的排除中，时机是更为重要的。故障很少在例行的信息流程（如报告）中被发觉，而通常采取紧急情报的形式由发现故障的人上报给经理。经理则一般把排除故障置于较其他绝大多数活动都优先的地位。

9）资源分配者角色

经理的资源分配者角色有以下3个组成部分：①安排自己的时间。经理的时间本身就是组织中最宝贵的资源之一。更重要的是，经理的时间安排决定着他的组织的利益，并把组织的优先顺序付诸实施。经理通过他的时间安排来宣布某些问题对组织来讲是重要的，因为他在这上面花了较多的时间；而另一些问题则是不重要的，因为他在那上面只花了很少的时间或根本没有花时间，因而也不会分配给它什么资源。②安排工作。经理的职责是为其组织建立工作制度——做些什么事，谁去做，通过什么机构去做，等等。这类决策涉及基本的资源分配，一般是同改进性方案相联系而作出的。这些实质上就是安排他的下属的工作。这是一种重要的资源分配形式。③对重要决定的实施进行事先批准。这样他就可以对资源的分配维持连续的控制。要由经理来批准的事项有：由下属拟定的改进性方案，对较为次要的故障的排除措施，现有程序和政策的例外情况，由下属谈判的合同，业务预算的要求等。经理保留批准所有重要决定的权力，就保证他能够把这些决定互相联系起来，使它们互相补充而防止冲突，并在资源有限的情况下选用最好的方案。假如他把这些权力分散了，就可能导致不连贯的决策和不一致的战略。

10）谈判者角色

组织不时地要同其他组织或个人进行重大的、非程式化的谈判。这种谈判通常是由经理带队进行的。这就是经理的谈判者角色。经理之所以参加这些重大的谈判是由于他是挂名首脑，他的参加能增加谈判的可信性；作为发言人，他对外代表着组织的信息和价值标准；而最重要的是，作为资源分配者，他有权支配组织的资源。谈判就是当场的资源交易，要求参加谈判的各种人有足够的权力来支配各种资源并迅速作出决定。

经理的上述10种角色是一个互相联结的整体，不能割裂开来。经理的10项角色表明，经理有以下6项基本的目标：①保证他的组织实现其基本目标——有效率地生产出某些产品或服务。②设计和维持组织的业务稳定性。经理必须在有偏差时予以纠正，有新资源时予以分配，以保证业务的顺利进行。③负责他的组织的战略决策系统，并使他的组织以一种可控制的方式适应于变动的环境。在稳定性和变动性之间维持平衡，是经理的最困难的工作之一。④保证组织为那些对组织有影响的人服务。对组织有影响的人对经理施加压力，以便组织为他们的目的服务。经理必须作为组织的各种价值标准的焦点来行事。⑤在他的组织同环境之间建立起关键的信息联系。由于经理具有正式权威，只有他才能在某些特殊的信息来源同他的组织之间建立起重要的联系，作为这种信息的神经中枢。⑥负责他的组织的等级制度的运行。这项工作虽然通常是例行的和程序化的，但经理仍必须履行一些职责。这些活动特别同他的挂名首脑角色有关，但在某种程度上也同发言人角色有关。

3.经理工作中的变化

在各种类型的经理的职务中，既有共同性，又有差异性和变化，但共同性大于差异性。

影响经理职务的因素主要包括以下几个方面。

环境的因素。可能影响经理职务的环境因素很多，如周围环境的文化、产业部门的结构、竞争、科学技术的发展、工艺类型、组织的年龄和规模的大小等。

职务的因素。①等级高低对经理职务的影响。等级较低的经理更关注于具体作业方面的问题，短期而琐碎的特点更为明显，挂名首脑角色较为不重要（这反映了较低等级经理的不正规性），而故障排除者和谈判者的角色则更为重要。等级较高的经理在正式的信息联系（备忘录，事先安排的会议）上花费的时间较多，外部联系的范围较广，职务缺乏定规和结构，没有专业化，决策的时间幅度长，处理的问题较复杂并互相交错，而且在工作时间和业余时间进行工作的时间更长。②按职能划分的角色的专业化。调查材料表明，生产、销售、参谋等部门的经理在不同的角色上所花费的时间是不同的。

个人的因素。担任经理职务的人的价值观、个性和风格对他所做的工作有影响。

情境的因素。包括许多与时间有关的因素。

可以用经理职务的8种类型来概括经理职务的绝大多数变化。这8种类型是：

（1）联系人。他们的两种主要角色是联络者角色和挂名首脑角色。许多销售经理属于这种类型。服务行业的一些经理也属于这种类型。

（2）政治经理。他们也把很大一部分时间用于同外界打交道，但其目的却不同于"联系人"的招揽生意，而是对许多对他的组织有政治影响的不同的政治势力进行调和工作。这种政治经理的关键性角色是发言人角色和谈判者角色。绝大多数政府机构和公共机构（包括大学和医院等）的高层经理都属于这种类型。

（3）企业家。这种类型的经理把很大一部分时间用于寻找机会和在他的组织中实行变革。他的关键角色是企业家角色，同时在谈判者角色上也花费相当多的时间，以便实行他所倡议的变革。

（4）内当家。有些经理主要关心的是维持内部业务的平衡进行。他们把时间大都用在建立机构、培训人员、监督下属正常地进行作业。他们主要通过资源分配者角色来进行工作，同时也承担一些领导者角色的工作。典型的高层和中层的生产经理和业务经理就属于这种类型。

（5）实时经理。这种经理同内当家类似，主要关心的是维持内部的业务，但其时间尺度和处理问题则有所不同。这种经理可以叫作"实时经理"或"解决问题的能手"。他主要从事组织的当前业务，致力于保证组织的日常工作继续不断。因此，他特别重视故障排除者角色。

（6）协调经理。这类经理也是面向组织内部的，但他关心的主要是创造出一个团结一致的整体并有效地进行作业。当一个组织必须在各种技术专家之间进行困难的协调时，其经理就属于这种类型。如从事复杂的规划项目的研究和发展团体的首脑等。协调经理最重视的是领导者角色。

（7）专家经理。在某些情况下，一个经理除了担任通常的经理职务以外，还必须担任一个专家的职务。这种经理往往是一个专家参谋集团的首脑，在大组织中作为专业化信息的一个中心。他在专业问题上对其他经理提供建议和咨询。他的关键角色是信息接受者和发言人角色。

（8）新经理。这是新担任经理职务者。新经理，在开始时缺乏联系和信息，集中精力于信息接受者和联络者的角色，试图建立起经理工作的性质联系网络和信息基地。

4. 经理工作的未来

这里主要讲一下提高经理工作效率的 10 个要点。

1）与下属共享信息

信息是下属有效地进行工作所必需的。下属由于地位和条件的限制，难以获得足够的信息，必须依靠经理来获得某些信息，如顾客的新想法、供应商的动向和环境中的变化等。他们尤其期望从经理那里得到两种特殊的信息：①他们依靠经理确定组织的准则；②他们依靠经理来了解组织的目标和计划，以便据此拟订出自己的目标和计划。所以，经理必须采取适当的途径把自己掌握的信息传达给下属，其通过的途径主要有两种：①口头传达，如定期的传达报告会、碰头会等；②把他所掌握的信息形成书面文件，以便传递给需要的人

（包括在海外子公司或分支公司中工作的下属）。经理在与下属共享信息方面，必须在失密的风险与下属掌握信息而使效率提高之间权衡利弊，以定取舍。

2）自觉地克服工作中的表面性

他可以把工作分成3类来处理：有一些一般性的工作，他可以授权给别人去做；另一些工作，他需要过问，但不必花费太多的时间，可由下属拟订方案，自己作最后的审批；对那些最重要、最复杂、最敏感的问题，他必须亲自处理，这些往往是属于机构改组、组织扩展、大矛盾事件等问题。

3）在共享信息的基础上，由两三个人分担经理的职务

克服经理工作负担过重的一个办法是由两三个人来分担经理职务，成"两位一体""三位一体""管理小组""总经理办公室"等领导体制。其中"两位一体"的形式尤为普遍。

4）尽可能地利用各种职责为组织目标服务

经理需要履行各种职责，花费大量的时间。其实每一个职责都给他提供了一个为组织目标服务的机会，只要能够充分利用这些机会，就能取得成功。

5）摆脱非必要的工作，腾出时间规划未来

经理有责任来保证他的组织既能有效地生产今天所需的商品和服务，又要适应未来，得到发展，这就要有时间规划未来。

6）以适应于当时具体情况的角色为重点

尽管经理承担的角色有很多种，但是在不同的场合，他们承担的角色是不同的，经理必须以当时当地的角色为重点。

7）既要掌握具体情节，又要有全局观点

他必须把具体情节汇合起来形成自己的整体概念。为了做到这点，他除了掌握必要的信息以形成自己的模型以外，还要参考别人提出的各种模型。

8）充分认识自己在组织中的影响

下属对经理的任何言行都是极为敏感的。所以，经理要充分认识到自己对组织的影响，凡事谨慎从事。这点不但适用于小型组织，也适用于大型组织。

9）处理好各种对组织施加影响的力量的关系

对组织施加影响的力量有：职工、股东、政府、工会、公众、学者、顾客、供货者等。经理必须对这些力量的利益和要求加以平衡，妥善处理。

10）利用管理科学家的知识和才能

经理所要处理的问题日益众多和复杂，所以必须在编制工作日程、作出战略决策等方面利用管理科学家的知识和才能。

拓展阅读

当大多数管理研究者关注企业应该如何运转时，加拿大著名管理学家亨利·明茨伯格则把目光放在管理者实际上是如何工作的这一领域上，他的思想非常独特，人们按常规思路往往不太容易接受。《经理工作的性质》是他的第一本著作，曾经遭到15家出版社的拒绝，但是，这本书现在已成为管理领域公认的经典之作。

明茨伯格的思想十分独特，他被英国《金融时报》评论为"管理领域伟大的离经叛道者"，被评论家称为"戳破管理自负泡沫的人""反传统斗士"。他的研究触及并探查了管理的"软肋"，他的管理思想主要体现在组织管理和战略管理方面，在管理领域几十年的耕耘中，他的研究广泛，涉及一般管理和组织的课题，其主要贡献是对于经理工作的分析，他强调经理工作对组织的巨大作用，指出经理在工作中担任的10种角色。明茨伯格第一次从实证角度分析经理的活动，并在此基础上划分经理的类型，《经理工作的性质》一书中的管理者角色理论是大多数管理教科书的基本内容。明茨伯格的研究表明，真正的经理在迅速对危机作出反应方面花的时间最多。他的理论和思想的提出都与各类企业的实践相关，正是因为注重实践，而不是经过理论修整后的"案例"，明茨伯格才竭力反对美国式工商管理硕士（MBA）教育，并开创IMPM（实践管理国际硕士）计划，帮助实际管理者互相学习。IMPM的思想和方法后来也被一般的MBA采纳了。

40 《再论如何激励员工》

弗雷德里克·赫茨伯格

 经典速读

弗雷德里克·赫茨伯格是美国的行为科学家、心理学家、管理教育专家，研究激励理论的知名学者。1968年，赫茨伯格在《哈佛商业评论》杂志上发表的《再论如何激励员工》是他最为著名、影响力最大的著作。这篇著名的论文一直被评为《哈佛商业评论》上最受欢迎的文章。该文重印后共售出100万份，使其成为该刊有史以来最受欢迎的作品。

在激励因素理论取得成功以后，《再论如何激励员工》再次回顾了双因素理论出现的背景和该理论的内容，分析比较了在这个问题上各种理论学派的观点及他本人理论所处的地位，由此引出了职务丰富化的论题，介绍了职务丰富化的原则和实际应用。双因素理论促使企业管理人员注意工作内容因素的重要性，特别是它们同工作丰富化和工作满足的关系，因此有着积极的意义。赫茨伯格告诉我们，满足各种需要所引起的激励深度和效果是不一样的，他的理论指导了诸多管理人的管理实践，随着时代的进步与生产技术的发展，赫茨伯格的理论愈发显示出应用性价值。

 **内容解读**

1. 激励与保健因素理论——双因素理论

1）"踢一脚"的激励方式

如果要一个人去干某件事，最简单的激励方式是什么呢？很多人会说："给他屁股上踢一脚。"这便是所谓"踢一脚"的激励方式，它大致包括 3 类。

第一类是体罚，这在过去是经常采用的。显然这是很粗俗的，而且它彻底改变了企业在职工心目中的良好形象。此外，由于体罚只作用于人的自主神经系统，所以它只会带来消极的反应——职工会反过来与管理人员发生暴力冲突。

第二类是靠实施心理压力来对职工进行激励，这种消极的心理压力方式对职工的影响似乎是无形的，而且是可以延迟的；其心理影响直接作用于大脑，所以身体上的强烈反应减少了；既然一个人所能感受到的心理痛苦几乎是无限的，所以可供实施心理压力的范围也更广泛了；如果职工胆敢抱怨受到了心理压力，他一定会被说成是妄想狂，因为没有看得见的证据表明他确实受到了伤害。

上述两类都属于反面的"踢一脚"方式，得到了什么结果呢？比如我踢了你（身体上或是心理上），谁被激励了呢？是我，你是被踢得动了，而不得不去干活。所以，反面的"踢一脚"的方式不会导致真正的激励，只能导致机械的运动。

第三类可以称为正面的"踢一脚"方式，即对职工采用"拉"而不是"推"的方式。比如管理者对员工说："为了公司，你做这件事。作为回报，我会给你奖金，更高的地位……"大多数管理者认为这就是激励。一个企业如果想采用这种激励方式，必须有大量的"诱惑物"不断地在职工眼前晃动，就像要一条小狗跳起来，你必须不断地在它眼前晃动饼干一样。这种方式之所以得到普遍应用，是因为这是一种传统，是美国的方法。企业并没有"踢"你，而是你自己在"踢"自己。

在管理人员看来，正面"踢一脚"的激励方式比反面"踢一脚"的方式有效得多。因为，反面"踢一脚"的方式是强迫你就范，而正面"踢一脚"

的方式是诱惑你就范。但是，诱惑比强迫要坏得多，因为后者不过是一种不幸，而前者表明你已经成为发生在你自己身上的灾难的同谋。

2）关于激励的神话

必须认识到，如果一个人需要借助外在的力量才动一下的话，那么他还会需要第二次、第三次外力。只有当一个人自身产生了动力，才谈得上是真正受到了激励。因为他不再需要外部的刺激了，他自己就需要那样做。只有依据这一思想，才可能出现下面这些后来出现的、同样属于正面"踢一脚"的激励方式，但实际上它们也并没有真正达到激励的目的。

①减少工作时间。有人认为，激励人们努力工作的一个极好的方法是使他们脱离工作。所以在过去的五六十年间，人们一直在减少花在工作上的时间，甚至到了要求一周只工作半天的地步。与此相似的是开展工余娱乐计划。这一方法的核心思想是认为玩在一起的人，才能工作在一起。这样一来，这些人工作的时间不是短了，而是更长了。②增加工资。这会产生激励吗？会的。而且它使人们去努力追求下一次的工资增长。③提供福利待遇。在这方面，美国的企业已经花费了相当于工资的25%的钱，而人们还在为激励问题而抱怨。事实上，人们现在拿的钱多了，各种福利待遇多了，而工作时间却少了。那些附加的福利不再是奖励，而是职工有权必得的了。所以，除非拿出越来越多的钱用于提供附加福利，否则工人们就会觉得工厂在把时钟向后拨。当企业家们认识到工人的经济欲望和懒惰欲望是无穷无尽的时候，他们才开始求助于行为科学家。在批评企业家们不知道如何对待人的问题上，这些行为科学家更多地基于人性的习惯而不是科学研究的结果。④人际关系训练。领导者在处理人际关系时竭力表现出来的和蔼可亲并非是发自内心的。这导致了人际关系激励方式——敏感性训练——的应用。⑤敏感性训练。敏感性训练中最典型的问题是：你真正理解自己吗？你真正相信别人吗？你真心与他人合作吗？而有人还是把这一方法的失败归结为未能真正实施正确的敏感性训练课程。企业的人事经理们认识到：通过提供舒适的条件，运用经济手段，或是建立良好的人际关系来进行激励，只能得到暂时的效果。其问题不在于经理所做的努力本身，而在于职工没能理解他们所做的努力。这一认识开始了新的领域——沟通。⑥交流沟通。许多研究沟通的专家被请出参加这种管理计划以帮助职工理解管理人员为他们所做的事情。但是依然没有产生激励的效果。⑦双向沟通。与过去相比，管理人员和职工更多地坐在一起交流，

倾听彼此的意见。但是并没有多大程度地改进激励的效果。于是，持"自我实现论"的心理学家与人际关系学家共同提出了一种新的激励方式。⑧工作参与。工作参与使工人在一定程度上感到他能对自己的工作做主。其目的是给工人提供一种成就感，而这不是真正的成就，因此，这一思想还是没能产生激励。⑨与雇员谈心。这一方式仍然没有真正解决"如何激励员工"的问题。

既然反面"踢一脚"的方式只能导致短期效果，正面"踢一脚"的方式也无法达到真正的激励，只是徒增费用而已。因此，唯一的出路就是另辟蹊径。

3）保健因素与激励因素

通过在匹兹堡地区11个工商业机构对200多位工程师、会计师调查征询，赫茨伯格发现，受访人员举出的不满的项目，大都同他们的工作环境有关，而感到满意的因素，则一般都与工作本身有关。据此，他提出了双因素理论。

传统理论认为，满意的对立面是不满意，而据双因素理论，满意的对立面是没有满意，不满意的对立面是没有不满意。因此，影响职工工作积极性的因素可分为两类：保健因素和激励因素，这两种因素是彼此独立的并且以不同的方式影响人们的工作行为。

所谓保健因素，就是那些造成职工不满的因素，它们的改善能够解除职工的不满，但不能使职工感到满意并激发起职工的积极性。它们主要有企业的政策、行政管理、工资发放、劳动保护、工作监督以及各种人事关系处理等。由于它们只带有预防性，只起维持工作现状的作用，也被称为"维持因素"。

所谓激励因素，就是那些使职工感到满意的因素，唯有它们的改善才能让职工感到满意，给职工以较高的激励，调动积极性，提高劳动生产效率。它们主要有工作表现机会、工作本身的乐趣、工作上的成就感、对未来发展的期望、职务上的责任感等等。

双因素理论与马斯洛的需要层次理论是相吻合的，马斯洛理论中低层次的需要，相当于保健因素，而高层次的需要相似于激励因素。

双因素理论是针对满足的目标而言的。保健因素是满足人的对外部条件的要求；激励因素是满足人们对工作本身的要求。前者为间接满足，可以使人受到外在激励；后者为直接满足，可以使人受到内在激励。因此，双因素理论认为，要调动人的积极性，就要在"满足"二字上下工夫。

赫茨伯格双因素理论的核心在于，"只有激励因素才能够给人们带来满意感，而保健因素只能消除人们的不满，但不会带来满意感"这一论断，因此如何认定与分析激励因素和保健因素并"因材施政"才是关键。比如，就销售从员的工资薪金设计来说，按照双因素理论，应该划分为基础工资与销售提成两部分，基础工资应属于保健因素，销售提成则属激励因素，对销售人员而言，通常做法是低工资高提成，这样才能促使销售人员尽可能多地做业务。所以，将赫茨伯格双因素理论运用于管理，首先，在于对存在的各因素进行质的分析与划分，明确或创造出保健与激励因素两部分；其次，再进行量的分析与划分，既保障保健因素的基本满足程度，又尽量地加大激励因素的成分，从而最终由此最大程度激发员工工作的积极主动性。

双因素理论尽管不足，但其"保健因素不能得到满足，往往会使员工产生不满情绪、消极怠工，甚至引起罢工等对抗行为；但保健因素的改善，却难以使员工变得非常满意，从而真正地激发员工的积极性"以及"激励因素才能够给人们带来满意感，但激励因素即使管理层不给予其满意满足，往往也不会因此使员工感到不满意"，这两个论断却是很有积极意义的。同时，我们在现实中往往也会看到类似现象，比如，当我们每年过年前给员工发福利时，往往也不见员工因此在工作上会有什么积极的反应，但若我们某年取消了这一福利政策又往往会造成人们的不满甚至因此消极怠工。再比如，当管理层将公司办得像家一样，照顾得面面俱到、互相间关系其乐融融、环境优美、福利良好，固然会增强员工对企业的忠诚度，但若管理层将公司办得就像公司一样，也就不见得员工就因此而感到不足不满了。所以说，双因素理论的这两个论断在一定程度上还是有一定道理的。

2. 职业丰富化理论

双因素理论不是通过使工作合理化来提高效率，而是认为只有丰富工作内容才能有效地利用人力资源。这种方式实际上是用调整激励因素的方法激励员工。

管理人员在实施职务丰富化时应遵循如下步骤：

（1）被选择进行丰富化的工作，应具备这样的特点：①在管理工程方面的投资不会导致成本的大幅度变化；②职工对该项工作的态度很糟；③花在保健因素方面的成本越来越高；④激励将导致职工不同的工作表现。

（2）应当深信这些工作是能够被改变的。多年的传统使得经理们认为工作内容是神圣不可侵犯的，似乎唯一的办法是采用以前那些激励人的老法子。

（3）尽量多地列出可能使职务丰富化的新主意，而先不要考虑其可行性。

（4）审查这些新主意，剔除包含保健因素的建议，保留真正的激励建议。

（5）剔除那些笼统的概念，比如"给他们更多的责任"这类话，因为在实际执行中很少真的能这样做。应当彻底摒弃只要形式不重视实质内容的做法。

（6）剔除一切水平方向扩大职务范围的建议。

（7）对那些职务范围将进行丰富化的职工，应当避免他们直接参与这一计划的制定。因为这会由于人际关系方面的保健因素而影响职务丰富化的过程。创造动机的是工作内容，至于是否参与工作设计并不会产生动机。职务丰富化这一过程会在短期内结束，然而正是职工从此做什么工作将决定他们的动机，所以参与只会导致短期效果。

（8）在开始实施职务丰富化计划时，进行一次可控实验。至少选两个相似的组，在一段时间内对实验组系统地提供一些激励因素，而对照组则不变。在实验过程中，两个组的保健因素相对稳定。有必要在事前和事后进行工作表现和工作态度的调查，以检验职务丰富化的效果。为了把职工对工作的看法和他对周围所有保健因素的感受区别开来，有关工作态度的调查应只限于激励因素的影响。

（9）对实验组在头几个星期内可能出现的工作质量下降应有所准备，因为对新工作的适应会导致暂时的低效率。

（10）要预见到一线管理人员可能会对变革产生忧虑和对立的情绪。忧虑是因为他们害怕变革会给他们单位带来更糟的工作表现。而对立则是由于职工的自主性强了，失去监督责任的管理人员可能会觉得无事可做。但是，如果实验是成功的，那么，管理人员就会发现许多过去被忽视了的或是未曾想到的新的监督和管理责任。

所以，以职工为中心的管理方式不是通过对管理人员的教育而是通过改变他们所做的工作来实现的。

职务丰富化不是一次性的计划，而是一个持续不断的管理功能。不是所有的工作都能丰富化，也不是所有的工作都需要丰富化。但是今天花在保健因素上的一小部分时间和金钱，当初如果能够用于进行职务丰富化，那么在人际关系的满意程度上和经济上取得的收益可能会大得多。

拓展阅读

赫茨伯格是双因素理论的创始人，曾获得纽约市立学院的学士学位和匹兹堡大学的博士学位，以后在美国和其他 30 多个国家从事管理教育和管理咨询工作，是犹他大学的特级管理教授，曾任美国凯斯大学心理系主任。

赫茨伯格在管理学界的巨大声望，是因为他提出了著名的"激励与保健因素理论"，即"双因素理论"。双因素理论是他最主要的成就，在工作丰富化方面，他也进行了开创性的研究。赫茨伯格的激励——保健因素理论主要反映在《工作的激励因素》和《工作于人性》两部著作中。

20 世纪 50 年代末期，赫茨伯格同莫斯纳和斯奈德曼合作进行了一项大规模的实验研究，目的是验证人类在工作中是否有两类性质不同的需求，即作为动物要求避开和免除痛苦和作为人要求在精神上不断发展和成长。实验研究的对象是美国匹兹堡地区各行各业的 200 名工程师和会计师，研究人员与他们逐个进行面谈，调查了他们对待工作的态度。在谈话过程中，要求每个人回忆起工作中的一件或几件当时特别令人感到满意的事；还要求每个人解释当时为什么感到满意，说明这种满意度是否影响到他的工作表现、与其他人的关系及个人幸福。然后，再要求每个人回忆起工作中令人感到特别不快的事。所有这些事情都必须是具体的，有时间、地点和情节，并且与工作直接相关。

1959 年出版了《工作的激励因素》一书总结了实验研究的成果。1966 年，赫茨伯格在《工作与人性》一书中再次扼要而全面地介绍了该项研究的情况。1968 年，赫茨伯格又在《哈佛商业评论》1~2 月号上发表《再论如何激励职工》一文，再次回顾了激励—保健因素理论，并由此引出了职务丰富化的论题，介绍了职务丰富化的原则和实际应用。

41 《组织效能评价标准》

斯坦利·E. 西肖尔

经典速读

　　斯坦利·E. 西肖尔是美国当代的经济学家和社会心理学家，担任过多年的人事主管与管理顾问职位，被称为现代管理学的大师之一。他的学术研究跨越了许多领域，在企业管理方面，他从社会心理学方面的许多不同角度对正式组织进行了研究。1965 年，西肖尔在《密歇根商业评论》上发表了他最著名的管理成果——《组织效能评价标准》，在企业管理领域引起了极大重视，同时也奠定了西肖尔现代管理学的大师级地位。

　　在《组织效能评价标准》中，西肖尔探讨了组织的目标类型及其特点，并对衡量各种组织目标的标准进行了详细的分析和论述，提出了许多颇有新意的见解。西肖尔通过此文作出的主要贡献是，将衡量企业组织效能的各种评价标准及其相互关系组合一个金字塔形的层次结构，从而使原先处于完全混乱状态的集合体有了逻辑性的秩序。这篇论文先后被多次重印和引用，并成为企业管理组织行为理论的重要组成部分。此文提出的许多原则已经被以后的实践所证明；但也有一些论断后来显得过时了，因为管理理论和实践的发展使得人们把组织放到社会和其他各种环境因素中去考虑，用开放系统的模式取代了封闭系统的假设，这是西肖尔当时没有意识到的。

　　虽然，西肖尔没有把企业作为一个开放的系统进行考虑，他的指标层次体系具有很大的局限性，而且随着战略理论的不断发展，依照企业组织战略方向建立评价体系的可能性变得非常具有实践意义，但是，他提出的对组织效能进行综合评价的层次系统，以及评价过程中要有行为学指标等思想，对我们在管理和评价组织时具有很大的启发。

内容解读

1. 衡量标准及其应用

西肖尔认为要评价各种衡量标准的相依性和相关性，首先应该把不同的标准及其用途加以区分。根据各种标准的性质、特点和所涉及的时间范围，具体区分如下：

（1）目标与手段。有些衡量标准代表的是经营活动的结果或目标（例如高额利润），它们可根据自身的实现程度予以评价，从这个意义上来说，它们很接近组织的正式目的。而另外一些标准之所以具有价值，主要是因为它们是达到该组织主要目的必不可少的手段或条件（例如经理人员的责任心）。

（2）时间范围。一些标准考察的是过去（例如去年的利润）；另一些标准则涉及现在的状况（如资本净值），当然还有一些标准是预期未来的（如计划中的规模增长率）。无论这些标准涉及何种时间范围，在对过去或将来的情况，以及对发展变化趋势作出推论时都可能要用到。

（3）长期与短期。有些标准归属于一个比较短的时期，而另一些则归属于一个较长的时期。它们可能适用于衡量比较稳定的经营活动，也可能适用于衡量比较不稳定的经营活动。如果标准所属的时间与通常的或变量的潜在变化率不相符，那么，这个标准的可用程度就很有限。例如，企业当前的营业和财务统计资料对于企业控制生产或进行会计核算这样一类的目的来说是很适合的，但是如果用他们对企业的经营状况进行评价就没有多大价值。

（4）硬指标与软指标。有些衡量标准是根据实物和事件的特点、数量或发生的频率来计量的，可以称之为硬指标，例如销售额、次品率等。也有些指标则是根据对行为的定性观察或进行的民意测验的结果来衡量的，可以称之为软指标，如员工是否满意、工作积极性的高低、协作关系的好坏等。

（5）价值判断。有些变量呈线性变化趋势（越来越好），而另一些变量则呈曲线变化趋势（期望某种最优解）。由此，判断这些变量指标孰优孰劣时，就应该与其各自变化的规律和特性相适应。在不能使所有目标同时达到最优的情况下，如何在各个评价指标或变量之间进行权衡、取舍，在相当大的程度上取决于上述曲线的走向和形状。

2．指标层次体系

全面评价一个企业的经营活动，需要考虑以下3个方面的问题。

第一，组织的长期总体目标是否实现以及实现程度。

第二，由若干项短期指标衡量的短期经营业绩，这些指标通常代表经营的成果，可以由其自身的数值加以判断，将它们综合为一组指标后，往往决定着组织的最终经营情况。

第三，许多从属性低层次子指标群所反映的当前经营效益状况，这预示着实现最终目标或结果的可能性和迄今所取得的进展。

西肖尔提出，衡量组织经营活动的标准可以组成一个呈金字塔形的层次体系。

位于塔顶的是最终标准。它们反映了有限地运用环境资源和机会以达到其长期和正式目标的程度。一般说来，最终标准除非由历史学家们去作结论，否则是无法衡量的。但是最终标准的概念却是评价那些直接衡量组织经营业绩的较次要标准的基础。

位于金字塔中部的是一些中间标准。这些标准是较短期的经营效益影响要素或参数，其内容不超出最终标准的范围，它们可以称作结果性标准。这些标准的度量值本身正是企业要追求的成果，在它们相互之间可以进行比较、权衡和取舍。将它们以某种方式加权组合起来，其综合就决定了最终标准的取值。对经营型组织来说，在这一层次上的典型指标或变量是：销售额、生产效率、增长率、利润率等，可能还包括通常行为学方面的软指标，比如职工满意度、用户满意度。而对于非经营型的组织来说，这些中间标准可能主要是行为学方面的。

位于塔底的是一些对组织当前的活动进行评价的标准，这些标准是经过理论分析或根据实践经验确定下来的，他们大体上反映了顺利和充分实现上述的各项中间标准所必需的前提条件。在这些标准当中，有一部分是将一个组织描述成一个系统的变量，有一部分则代表与中间标准相关的分目标、子目标或实现中间目标所必需的手段。属于这一层次上的标准数目很多，它们形成了一个复杂的关系网络。在这个关系网中包括因果关系、相互作用关系和相互修正关系，其中也还有一些标准是根本无法评价的，它们的作用只是减少这个关系网中的不可控变化。对经营型的组织来说，在这一层次上的硬指标可能包括：次品数量、短期利润、生产进度、设备停工时间、加班时间等。这一层次的软指标可能包括：员工士气、企业信誉、内部沟通的有效性、缺勤率、员工流动率、群体内耗力、顾客忠诚等等。

行为学标准的主要作用在于能改善硬指标对将来可能发生的变化所作出的预测。也就是说行为学标准能够预示即将来临的机会和即将发生的问题，而且为管理者制定决策提供更为均衡、更为广泛的信息基础。

3. 可供选择的理论方法

西肖尔最后在评价经营业绩的时候，要用到描述评价标准体系的系统模式。他认为有 3 种理论方法可以用来建立这种系统模式。

第一种理论方法主张，一个组织要想实现其长期目标，必须连续不断地满足 9 项基本要求或解决 9 种基本问题，其中包括：充分的资源输入、充分的规范的整体化程度、缓解组织内紧张和压力的充分手段、组织内各个部分之间充分的协商等等。

第二种理论方法以组织的领导人或经理人员的个人价值观念为出发点。

第三种理论方法目前正在研究之中，它主要是利用一批保险公司的销售部门近一两年来的实际数据资料来进行实验，有可能确定大约 10 项判断保险公司经营状况的中间标准。这些标准相互独立，对公司最终经营业绩影响程度各不相同，而且每一项标准都可借助于一批子标准或分标准进行度量或统计综合。

 拓展阅读

西肖尔是美国当代的经济学家和社会心理学家，曾在艾奥瓦州获得经济学学士学位，在明尼苏达州获得人类学硕士学位，并担任过 11 年的人事主管经理和管理顾问，后来又在密歇根大学获得社会心理学博士学位。

　　西肖尔先后发表过 4 部著作和 100 多篇文章。他的著作及贡献跨越了许多不同的领域。在企业管理方面，他从社会心理学的许多不同角度对正式组织进行了研究。

　　组织的目标是多种多样并相互矛盾的，他们的重要性也是不同的。西肖尔举了一个例子对其加以说明：一个经理希望自己的公司获得高额利润，同时又能使规模进一步扩大；他希望通过改进产品来确保将来的利润；他还希望公司能避免财务上的风险，要付给投资者大笔红利；并且使雇员们感到满意，维持良好声誉，受到公众尊敬，等等。但是他不可能同时使所有这些目标值都达到最大，因为有些目标是互相冲突的，例如增加红利可能意味着新产品开发资金的减少，所以他必须权衡众多目标的价值，这些目标实现的可能性，以及它们之间存在的负相关性。也就是说，要对一个最佳行动方案进行评估，必须先对各种衡量标准的相互关系进行评估，然后，对各种衡量标准应以何种方式综合起来进行评估。因为只有将这些标准以某种方式综合起来才能形成对企业经营状况的全面评价。显然，这就需要一种描述企业经营状况的理论模式，从而对经理人员作出评价。《组织效能评价标准》一文就是围绕这一方向展开的。

42 《超越确定性——组织变革的观念》

查尔斯·汉迪

经典速读

　　查尔斯·汉迪，1932 年出生于爱尔兰，是欧洲最伟大的管理思想大师。英国《金融时报》称他是欧洲屈指可数的"管理哲学家"，并把他评为仅次于彼得·德鲁克的管理大师。如果说彼得·德鲁克是"现代管理学之父"，那么查尔斯·汉迪就是当之无愧的"管理哲学之父"。

　　《超越确定性——组织变革的观念》并不是一部规范严谨的学术专著，而是作者的小文章集合体。这些短文反映了作者对我们正在走入其中的世界的关注，每一篇短文都代表着一个愿望或一个实验、一种对答案的探索。这些短文是作者其他作品的原材料。而且，这些原材料比制成品有更高的可读性，思想更加发散更加鲜活。对于忙碌的人们来说，它们是一小块一小块的，更容易消化。

　　全书共有 35 篇文章，算作正文。"引言"乃是作者对于不确定世界的整体描绘及其影响的探讨，说明了作者编辑出版本书的目的所在。35 篇文章，可划成三大块，第 1 篇是总体性的介绍，谈论不确定时代的特征。其后 3 篇是关于公司的大块大章，最后 31 篇是发表在《企业家》杂志——英国企业家协会会刊——上的小短文。

　　"超越不确定性"，是谁造成了不确定性？是信息革命。尽管作者在全书中几乎没有用到"信息革命""知识经济"一类的字眼，但书中提出的自

20世纪80年代以来人们所面对的种种不确定性，显然是由信息革命造成的。作者以其敏锐的眼光和诙谐的文笔给人们展示了信息革命对世界经济、生活、文化观念各个方面造成的巨大影响和由此引起的社会经济生活的变动趋势，并提出了人们应该如何顺应这一时代潮流的策略。

 内容解读

1. 超越确定性：人生苦旅

作者引用大哲学家赫拉克利特的话说："没有人能够两次踏进同一条河流——它永远处在变动之中，生命也是一样。""2500年来，我们从来没有认真对待他的话，而现在不确定性的时代来了。"作者在开篇之作中讲述了自己是怎样认识到在人世间不再有确定性的东西，对目标和意义的追寻是如何提升到我们的议事日程上来的。作者批判了这样的错误观点：生活中的一切重大问题都已经解决了，问题只是在于我们还没有学到这些答案，这些答案在老师的脑子里或者在他的教科书里，但肯定不在我的脑子里。汉迪认为：这个世界是一个未解的谜，等着天才出现去解密。这个世界的绝大部分是真空，在等待着被填充。只有明白这一点，才能自由地实验自己的想法，设计自己的舞台，创造自己的未来。而如果我们固守旧的思维方式，只是徒然地等待着某个富有魅力的领袖来告诉我们该向何处走、如何走的话，那等于坐以待毙。

2. 企业的外部边界和内部结构以及观念变革的方向

"即将来临的工作文化""平衡公司权力"和"公司存在的意义是什么"三篇文章提出了企业的外部边界和内部结构以及观念的变革方向。

追求大型化一直是传统企业的目标，这样可以得到管理和成本上的规模优势。但在信息时代，市场需求正在向小批量、多样化和快速多变发展，大型企业面对这种挑战显得反应迟钝，以至于造成其人力、物力、财力的大量闲置与浪费。而变革的前景只能是：在保持规模优势的同时，尽量缩小企业规模，寻求与小公司建立网络协作群，以降低资产、人员闲置造成的浪费，同时增强企业的灵敏性。

传统企业的内部结构是科层化的。在科层化的结构中，实际上只有最高层管理机构拥有对外部环境的变动进行企业调整的权力，而中下层主要是执行上层的命令，对外是封闭的，即使接触到外部信息的变化，也只有向上的报告权，而没有独立的决策权。在信息时代，由于市场变化快，科层制的信息反馈与决策机制造成信息失真和决策滞后，整个企业对市场变化反应迟钝。变革的方向则是联邦制，主要是在保证企业的统一性不至失控的前提下，尽量扩大下层部门的自由处置权，从而加强企业对市场的反应速度，调动下层员工的主动性。

传统的公司在法律上是为出资人的利益负责的，股东拥有企业的产权。但是证券市场上的演变已经使得股东蜕变为一种资本经营人，而不再是为企业经营负责的企业家，股东已经和债权人没有多大区别了。同时，在知识经济时代，企业中的雇员——人力资本所有者，却成为企业最主要的资本。而且与企业的经营高度相关。此外，企业所服务的消费者、企业所在的社区等等原来被认为是企业外部人的，也日益演变成了企业的利益相关者。因此，企业应该由谁来负责？企业应该向谁负责？就变成了一个问题。作者对这个问题没有给出答案，而且目前整个社会也一时还没有一个确定的答案，但这是一个深刻的、具有紧迫性的问题。

随后的 31 篇小短文进一步提出了信息时代对个人生活态度、工作伦理、教育、组织理念、管理理念、政府政策等各个方面造成的影响和变革的方向。这些零散的文章是作者的感悟，反映了作者改变我们的命运的尝试，因此无法一一描述。

拓展阅读

我们今日生活的世界，可谓纷纷扰扰、"乱成一团"，一切都充满了变数。此种情形，彼得·德鲁克称之为"不连贯的年代"，查尔斯·汉迪称之为"非理性的年代"，汤姆·彼得斯则称之为"被颠倒了的世界"。不论名称如何，其实质只有一个：我们的生活不再有确定性。我们曾经以为我们可以拥有一切，用钱选择我们想要的任何东西，由技术负责供给。但这从来都是痴心妄想。

因为理性的选择都会有不期而至的后果。我们看到，人们为了好工作、高薪水而进入企业，而企业中的人变成了企业的工具，根据企业的需要被使用或者被挑弄。我们看到，许多人找不到工作以至于流离失所，而有工作的人不得不把过多的时间留给企业而感到不堪重负。明天我们不知道自己将身处何方，也不知道自己会不会被饿死，而当我们挥霍钱财时却忘记了幸福为何物。面对如此众多的不确定性，我们不能怨天尤人，期望回到安稳的历史中去，而只能适应环境，积极开创为自己负责的生活。这就是查尔斯·汉迪在其《超越确定性——组织变革的观念》中为我们开出的药方。

43 《组织发展与官制体系的命运》

沃伦·本尼斯

经典速读

沃伦·本尼斯，领导艺术的指导者，组织发展理论创始人。

《组织发展与官制体系的命运》是本尼斯 1964 年 9 月 5 日应邀在美国心理学会工业企业心理学分部发表的讲话。其中部分内容曾发表于 1965 年 7~8 月号《行为分析》杂志上。全文刊载于 1966 年春季号《工业管理评论》。该书是组织理论的经典著作。

全书从三个方面详细论证了旧组织的必然消亡和新组织结构的浮现。第一，官制体系实现内部协调的机制及其弊端，当代心理学家和组织行为学家解决协调问题的药方；第二，外部适应方面的问题和最新的理论进展；第三，未来组织的结构和条件。

内容解读

1. 内部协调问题

组织的内部协调问题可以追溯到 160 多年前发端的历史悖论：现代民主个人主义和现代工业文明是一对孪生兄弟，其中，一个强烈要求宪法保护个人权利并极其看重个人情感和个人成长；另一个却要求组织活动的理性化和机械化。

简而言之，技术的进步和企业的发展蚕食着刚刚赢得的个人自由，要让它服从于铁面无私的组织纪律。随着理性和技术的高扬，人的热情和解放要求却被压抑了；随着组织效率的改进，人的工作却变得无意义和非人性化了。这一现象也正是马克思和其他 19 世纪的激进主义者研究的主题。矛盾的实质是个人的需要、动机、目标和成长更重要，还是组织的目标和利益更重要。

在这种背景下，出现了官制体系并且成为将人的需要同组织目标联系起来的唯一工具。实现这种联系的社会影响结构是以法规和理性（而不是个人权威）为基础的，被统治者同意服从是因为上司握有正式职位的权力和具备相应的专长和能力。官制体系举起理性和逻辑的旗帜，批判和否定了产业革命初期靠个人专制、裙带关系、暴力威胁、主观武断和感情用事进行管理的做法。韦伯认为，人类的希望在于理性化，重要的是制度、法规和正式职务，而不是个性；是逻辑和预见性，而不是非理性的感情和不可预计的后果；是公事公办，而不是个人关系；是技术专长，而不是心血来潮、一时聪明。

韦伯所主张的官制体系组织有如下特点：

（1）在职能专业化的基础上进行劳动分工。

（2）严格规定的等级层次结构。

（3）明确划分责权的规章制度。

（4）人际关系的非个性化。

（5）系统化的工作程序。

（6）以业务能力为选拔和提升的唯一依据。

尽管官制体系有效地解决了组织的内部协调和外部适应问题，但这种模式的弊端却相当明显，对它的批评和批判从未间断过。本尼斯总结出官制体系的 10 项缺陷：

（1）妨碍个人的成长和个性的成熟。

（2）鼓励盲目服从和随大流。

（3）忽视非正式组织的存在，不考虑突发事件。

（4）陈旧过时的权力和控制系统。

（5）缺乏充分的裁决程序。

（6）无法有效地解决上下级之间特别是各职能部门之间的矛盾冲突。

（7）内部交流沟通（和创新思想）受到压制、阻隔和畸变。

（8）由于互不信任和害怕报复而不能充分利用人力资源。

（9）无法吸纳新的科学技术成果或人才。

（10）扭曲个性结构，使职工变成阴郁、灰暗、屈从于规章制度的所谓"组织人"。

其实，韦伯本人后来也开始批评他帮助建立的这一组织工具。他感到，官制体系虽然不可避免，但它确实可能扼杀企业家精神和资本主义精神。

对待个人需要与组织目标之间的矛盾亦即内部协调问题，有 3 种不同的态度。

第一种是尽力缩小或否认问题本身，断言这里不存在任何根本性的矛盾。

第二种是承认存在矛盾和利益冲突，但明确站在某一方的立场上要求对方彻底服从，这实际上仍然是逃避矛盾，因为它否认互相适应和协调的必要性，企图排除或消灭矛盾。

采取第二种态度去解决问题实际上是主张两种极端：或者把组织看作绝对非个性化的系统，或者把组织看作许多不同独立个性的集合。

本尼斯对上述两种态度和观点都持否定意见，因为第一种态度对组织内部的基本矛盾视而不见，第二种态度则企图走极端，用矛盾的一方完全制服另一方。

不能回避矛盾，只能正视矛盾，分析矛盾，解决矛盾，这就是第三种态度。

最近数十年里，许多研究组织问题的学者都认识到这一两难问题，并从理论和实践两方面提出各种解决办法，大幅度地修改甚至重塑了官制体系机制的基本特性。本尼斯总结出 10 种不同的理论观点，它们在各方面都千差万别，但是有一个共同的基础，即明确承认个人需要与组织目标间存在着矛盾冲突。

本尼斯总结的 10 种理论如下：

（1）巴纳德和西蒙的"诱导－贡献交换理论"。

（2）利维森的"心理契约"理论。

（3）梅奥的"管理者精英"理论。

（4）利克特的"工作集体"理论。

（5）阿吉里斯的"人际（关系）能力"理论。

（6）布莱克和穆顿的"管理方格"理论。

（7）谢泼德、伯恩斯和斯托克等人的"有机结构"理论。

（8）德鲁克和麦格雷戈的"目标管理"理论。

（9）莱维特的"任务管理"理论。

（10）汤普森和图登的"决策管理"理论。

上述10种理论都企图修正官制体系原则，以解决组织内部协调问题，即化解组织目标与个人需要的冲突。其中有一些，如巴纳德、西蒙主张的模型，其实相当保守，基本上可算是新韦伯主义。与此相反，阿吉里斯和谢泼德等人却要求从根本上修改官制体系的价值准则和结构。其余的理论或模式则较为缓和，只是建议根据环境的需要作出灵活的安排。但是无论如何，所有这些理论主张都向官制机构提出了挑战。

本尼斯进一步分析道：这些修正理论都表现了对于某些人道和民主价值观念的倾向性态度，或赞成，或反对。总的来说，它们在判断组织效能的时候，不满足于单纯从经济指标去看问题，力图将人的因素、人的标准补充进去，如职工满意感，个人成长等。就这一点而言，它们无疑是属于规范模型之列。

再者，所有这些理论都着眼于组织的内部系统及其人性方面，不考虑外部关系和环境问题，所以是"内向"型的。具有讽刺意味的是，虽然从表面上看批判官制体系必然牵涉伦理道德态度及其社会构造根源，但真正给官制体系以致命一击的力量却是来自一个完全预想不到的方面——环境，因为官制体系没有能力适应环境的迅速变化。

2. 外部适应问题

迄今为止，官制体系在适应外部环境方面似乎并无问题，因为它是将人类活动纳入常规轨道的理想工具。即使是竞争性很强的环境，只要稳定和无差异，组织的任务相当规范化，金字塔式的官制结构和高层"精英"人物集权体制便能够适应环境条件使组织有效地运转。可是，现在3个方面的变化正在深刻地影响着组织环境的结构和面貌。它们是：①科学的飞速进步；②智能技术的发展；③研究并发活动的增长。

这些新进展从许多角度重塑了环境。

首先，环境变革的步伐正在加速。由于环境的复杂程度急剧增加，一向稳如泰山的大型组织也开始让人捉摸不定了，它们不再能随心所欲地取得成功，被迫开始系统化地研究环境所能提供的机会，否则就无法实现组织的目标。

其次，各类企业经营的"边界条件"变了。经理人员现在必须同8个相关的环境要素建立复杂而积极的联系，其间的关系模式亦与以前大不相同。这8个方面是：政府；分销商和顾客；股东；竞争对手；原材料和能源供应商；人力和人才市场；工会组织；企业内的各种群体。

最后，各种环境力量间的因果关系变得越来越不稳定。上述8种要素是互相作用、互相影响和互相依存的；社会的经济方面和其他方面如法律、公共关系等也千丝万缕地联系在一起；研究与开发的重要性日益提高，因为科学技术领域的进步大大加速；企业之间的合作正在增强，因为它们面临的命运基本上相同。

所有这些动态因素都使得以往的官制体系组织陷入严重的问题之中。官制体系是在竞争和确定性条件下发展起来的，那时候的环境是稳定和可预见的。现在的环境结构却经常处于变动状态，各种力量间的因果机制变化无常，一切都难以预见。环境的变化给官制体系带来的问题是不可逾越的，这预示着它的末日来临了。

综上所述，本尼斯认为对官制体系理论的挑战源于两个方面。第一是官制体系无法解决个人目标与组织目标的矛盾冲突，找不到协调的办法。迄今已有许多人试着提出了缓解这一问题的方案，他们的思路都是用人的成长或人的满足这样一类伦理道德标准去充实组织，纠正那种只注重生产效率的偏向。第二是更严重的挑战来自环境，科学技术革命引起的环境变革要求组织具有很强的适应能力，其结果必然是官制体系的逐渐崩溃。

3. 对未来组织的展望

正是在这样的前提之下，本尼斯在1996年对今后25~50年的组织生活作了如下的展望。

1）环境

由于科技进步的加速，环境将变得越来越不稳定和差别化；各种环境要素交织在一起，互相影响和依存；企业之间的合作范围扩大，巨头对抗和政府控制的格局导致大企业的优势地位和不完全竞争。

2）总体的人口特点

德鲁克把当代社会称作"教育社会"，这正是时代最重要的特征。50年内，美国人口中的2/3都会接受高等教育，成人教育特别是高等院校的在职管理人员培训教育会蓬勃发展。曾经教育被当作不创造价值的额外投资，专业人员的工资被列为"管理费用",可是今天企业的成功却在很大程度上取决于智力的开发。另外一个实质变化是人员流动的规律和频率将大为增长。因为人们需要更有动力的环境,而且迁徙也比先前容易多了,这对于我们理解未来组织的性质同样是重要的。

3)与工作相关的价值观念

由于教育和职务专业化,人们会变得更加理性,更重视智力、技能方面的投入。由于社会的产业化,人们会更加注意"他人",在暂时的同事和邻居中寻找伙伴而不是依赖长久的亲友关系。由于未来的工作岗位要求独立承担更多的责任和教育程度提高导致对自主权的需要,人们在工作中将希望更全面地参与和授权。

4)企业的任务和目标

企业的任务将变得更加复杂、更技术性和更难以事先计划。单个领导人将无法处理全部问题,必须依靠各方面专家共同努力;这时对他们而言重要的不是行使权力,而是认识和解决问题的能力。企业的目标将变得更加多元化和复杂化。只讲"增加利润"或"提高生产率"显然过于简单化。达到企业的目标将有赖于适应性、创造性和革新精神。由于专业化分工和专业人员的增多,在制定企业目标的时候还会出现更多的矛盾和分歧。

5)组织结构

未来的组织在结构上将具有以下数种特征:①临时性:组织将变成适应性极强的、迅速变化的临时性系统;②围绕着有待解决的各种课题设置机构;③解决工作问题要依靠由各方面专业人员组成的集体;④组织内部的工作协调有赖于处在各工作集体间交叉重叠部分的人员,他们身兼数职,同时属于两个以上的群体;⑤工作集体的构成是有机的,而不是机械的,谁能解决工作问题谁就发挥领导作用,无论他预定的正式角色是什么。具备上述特点的组织结构或许可以称之为"有机适应型"结构,它必将逐步取代官制体系的理论和实践。

当然,专业人员把自己的业务工作和专门技术放在过分突出的地位也会带来一些问题。一般来说,他们对于专业技术的热爱可能影响他们对于组织的忠诚。例如,在关于奥本海默的听证会上,美国联邦调查局的帕什说过:"人们普遍认为,他(奥本海默)只对科学绝对忠诚;大家都强烈地感到,如果在他看来苏联政府能够为科学事业的进步提供更优越的条件,他定会选择那个政府去表示他的效忠。"此外，另一可能出现的问题也值得注意，即工作集体的凝聚力会逐渐削弱，人们对于工作集体的责任感也会降低。

有些人预言，未来的人们将把休闲活动而非工作当作生活的主体和情感及创造性的寄托，技术发展会放慢，社会性流动将趋于稳定。本尼斯不赞成这种观点。他坚持认为技术的发展将创造出一个"按电钮的社会"，但工作不会减少，而会增多；人类的主要活动和任务仍将是解决各种问题；组织适应于环境的过程本身就会给人以强大的感染力；因此，未来社会的主要特征之一是大量涌现从事服务工作的有机适应型结构的组织。

6）自由结构

有机适应型组织提倡思想的自由。当人们由于充分认识自然而得以理性地驾驭自然时，没有必要时时提醒他们自省和自我控制。因此，限制和压制不再是未来组织的特征，科学和理性的成就将把人们的奇思妙想变成合理和正常的个性表达。本尼斯最后写道，在今天的世界上，官制体系已经成了多余的东西，不再是有用的工具了。因此，我们呼唤有机适应型系统成为一种自由结构——允许人们自由表达自己的想象力和自由发掘工作带来的新乐趣。

 拓展阅读

沃伦·本尼斯是麻省理工学院博士，美国当代杰出的组织理论、领导理论大师。他曾是 4 任美国总统的顾问团成员，并担任过多家《财富》500 强企业的顾问。1993 年及 1996 年两度被《华尔街日报》誉为"管理学十大发言人"，被《福布斯》杂志称为"领导学大师们的院长"，《金融时报》最近则赞誉他是"使领导学成为一门学科，为领导学建立学术规则的大师"。

在第二次世界大战期间曾任美军军官，并因作战英勇而获得勋章。战争结束后，他先后在安蒂奥克学院和麻省理工学院学习经济学、心理学和商业，后来曾在几所美国大学执教，并从事过几年大学行政管理工作，现在供职于南加利福尼亚大学。

沃伦·本尼斯以其关于领导艺术的著作而闻名，但他的写作题材并非仅限于此，还涉及群体及改革管理与行政系统等问题。很多方面来看，沃伦·本尼斯是现代管理思想家的一个代表。

作为当代领导学的显赫专家，4 位美国总统的顾问，他的著作变得非常流行，广受欢迎。本尼斯最负盛名的著作是《领导者：掌管的五大战略》。他是一位多产作家，40 年间，他一共撰写和编辑了近 30 本专著、1 500 多篇文章，发表研究论文上百篇。其中，两部著作《领导者》和《如何成为领导者》已被译成 20 多种文字出版。本尼斯凭借他论述管理问题的优秀书籍已两度获得麦肯锡奖。他的新书《极克和怪杰》同样也得到了管理学界与企业界的高度评价。该书被"管理学之父"彼得·德鲁克誉为本尼斯著作中"最具影响力，也最引人入胜的一本"。

44 《转危为安》

爱德华兹·戴明

经典速读

戴明博士是世界著名的质量管理专家，他因对世界质量管理发展做出的卓越贡献而享誉全球。1982 年戴明出版了《转危为安》，该书是他最成熟的管理著作，讲述了他给日本制造业带来变化的思想和实践。

《转危为安》一书提出了一个新的管理理论架构，提出 14 项管理要点及 7 种恶疾的疗法，并以丰富的实例，从顾客、员工、管理层及政府的角度探讨如何克服质量大敌。戴明强调，"14 要点"并不只限于西方工业发展及企业经营，而且可以广泛应用于教育、政府工作、服务业、医院及交通服务等各个领域。

在这本巨著中，戴明博士以大量的例证，告诉美国人到底该做什么、必须采取什么措施，才能"转危为安"，走出戴明所谓的"危机"之中。其中，美国制造业及服务业的诸多个案及分析，更是弥足珍贵、美不胜收。

福特汽车公司前总裁彼得森曾经指出：身为戴明的信徒，敝人深感荣幸。本公司在全力实践他的动作原则，特别是在持续改善及全员参与这两方面。

《财富》也曾经指出：如果质量管理精英们要从自己这一阶层推荐一位大师出来，那此人肯定非戴明莫属。

内容解读

戴明的"14 要点"——质量无需惊人之举

戴明学说简洁易明,其主要观点"14 要点(Deming's 14 Points)"成为 20 世纪全面质量管理(TQM)的重要理论基础。以下就是其主要内容。

1)创造产品与服务改善的恒久目的

最高管理层必须从短期目标的迷途中归返,转回到长远建设的正确方向。也就是把改进产品和服务作为恒久的目的,坚持经营,这需要在所有领域加以改革和创新。

2)采纳新的哲学

必须绝对不容忍粗劣的原料、不良的操作、有瑕疵的产品和松散的服务。

3)停止依靠大批量的检验来达到质量标准

检验其实是等于准备有次品,检验出来已经是太迟,且成本高而效益低。正确的做法,是改良生产过程。

4)废除价低者得的做法

价格本身并无意义,只是相对于质量才有意义。因此,只有管理当局重新界定原则,采购工作才会改变。公司一定要与供应商建立长远的关系,并减少供应商的数目。采购部门必须采用统计工具来判断供应商及其产品的质量。

5)不断地及永不间断地改进生产及服务系统

在每一活动中,必须降低浪费和提高质量,无论是采购、运输、工程、方法、维修、销售、分销、会计、人事、顾客服务及生产制造。

6)建立现代的岗位培训方法

培训必须是计划的,且必须是建立于可接受的工作标准之上。必须使用统计方法来衡量培训工作是否奏效。

7)建立现代的督导方法

督导人员必须要让高层管理知道需要改善的地方。当知道之后,管理当局必须采取行动。

8)驱走恐惧心理

所有同事必须有胆量去发问，提出问题，或表达意见。

9）打破部门之间的围墙

每一部门都不应只顾独善其身，而需要发挥团队精神。跨部门的质量圈活动有助于改善设计、服务、质量及成本。

10）取消对员工下达计量化的目标

激发员工提高生产率的指标、口号、图像、海报都必须废除。很多配合的改变往往是在一般员工控制范围之外，因此这些宣传品只会导致反感。虽然无须为员工定下可计量的目标，但公司本身却要有这么一个目标：永不间歇地改进。

11）取消工作标准及数量化的定额

定额把焦点放在数量，而非质量。计件工作制更不好，因为它鼓励制造次品。

12）消除妨碍基层员工工作畅顺的因素

任何导致员工失去工作尊严的因素必须消除，包括不明何为好的工作表现。

13）建立严谨的教育及培训计划

由于质量和生产的改善会导致部分工作岗位数目的改变，因此所有员工都要不断接受训练及再培训。一切训练都应包括基本统计技巧的运用。

14）创造一个每天都推动以上 13 项的高层管理结构

戴明的"14 要点"是在他从事质量管理的生涯中逐渐形成并不断充实完善的。从这 14 要点出发，戴明给美国的企业归纳出"7 大绝症"：一是缺乏长远目标；二是重视短期利润；三是实施绩效考核；四是管理层流动频繁；五是依赖数字经营公司；六是过高的医疗成本；七是过高的法律成本。管理的革新和转型，就是按照 14 要点来医治这 7 大绝症。

纵观"14 要点"，概括起来就是形成明确的理念和方向，然后建立系统，以驱动相应改善管理的行为，并用配套的文化来保证系统更好运作。可以看出，戴明在管理方面的核心理念就是"不断改善"和"享受工作乐趣"。有人把戴明的质量管理思想概括为一句话，就是"通过工作的艺术，达到自主的喜悦"。在他的理论中，处处体现着以人为本的宗旨。但我们也要看到，戴明的理论建立在人的自觉驱动基础上，如果没有员工对质量的内在追求，一切都会落空。所以，推广戴明的理论，需要有相应的前提。

 **拓展阅读**

1980 年的美国经济处于艰难的境地，美国产品在国际市场饱受冷遇，国内市场也因日本产品的打击而萎靡不振，"日本制造"成为优质低价的代名词。就在工商界四处寻找良策之际，NBC 电视台播放了 90 分钟的专题片——《日本能，为什么我们不能？》。美国质量管理专家爱德华兹·戴明在节目中以显著的地位出现，该节目也介绍了戴明在日本所扮演的角色。此后，成百上千的各类美国机构，包括军事部门和政府等，纷纷向戴明讨教，许多大公司的管理者成为戴明的门徒。近 20 所大学（包括波士顿大学和哈佛大学）相继授予他名誉博士学位，他的母校耶鲁大学在 1993 年授予他维尔布尔·卢休斯十字奖章。

戴明之所以能帮助日本人还有深刻的缘由。戴明在日本讲授管理之前，就对日本文化（尤其是对日本的戏剧）深感兴趣。正是基于对日本文化的了解，他才能够有针对性地传授日本人真正需要的东西，既让日本人能够理解，又与日本文化的长处相结合。比如，戴明向日本企业推荐的"质量管理小组"就是特别适合日本文化传统的方法。也许，管理宗师德鲁克就是受戴明在日本的实践的启发才提炼出一个重要的原则——管理必须和一个国家的文化相结合。

戴明在管理理论界占有独特的地位。他对工业历史的影响使其他人只能望其项背；他对于管理的影响就如同美国开国元勋华盛顿之于公众良心一样，是指引的先知，也是有力的推动者。他给美国带来的尊重人性的管理革命和体制创新为今天美国不断的技术突破、持续的经济增长和迅速崛起的新经济奠定了基础。他的"7 大绝症、各种障碍与 14 要点"质量管理方法改变了日本企业的历史命运，也改变了美国企业的质量管理。其观念不但成为日本质量管理制度的基本精神，也影响了其他质量管理大师的思想。以戴明命名的"戴明品质奖"至今仍是日本品质管理的最高荣誉。作为质量管理的先驱，戴明将质量管理开创为一种企业哲学，甚至对某些人来说是生命的哲学。戴明的管理思想适用于各级主管，它采用系统化的观点，所处理的是主管与各级同事之间的各种互动，它几乎涵盖了各阶层的所有管理层面。

45 《竞争优势》

迈克尔·波特

经典速读

《竞争优势》全名为《竞争优势——营造并保持最佳表现》，是迈克尔·波特著名的三部曲之一，被誉为竞争战略领域的又一圣经。从 1985 年开始，《竞争优势》已重印 35 次。

《竞争优势》是在《竞争战略》之后出版的。《竞争战略》确定了分析产业和对手理论框架，阐述了获取竞争优势的三个基本战略：成本领先战略、差异化战略、专一化战略。《竞争优势》则是阐述企业在实践中将这些普遍理论付诸实施的问题，研究一个企业如何才能创造和保持竞争优势。企业如何才能获取持久的成本优势？如何使自己与对手相比标新立异？如何选择细分市场，以便通过企业集聚战略创造竞争优势？在追求竞争优势的过程中不确定性有何影响？企业如何保持其竞争地位？全书共分 4 部分，第一部分阐述了竞争优势的类型和企业如何能够获取竞争优势；第二部分讨论了产业内的竞争范围及其对竞争优势的影响；第三部分论述了相关的竞争范围，或者说公司战略如何对业务单元的竞争优势做出贡献；第四部分拓展了竞争战略全面的含义，包括处理不确定性和改善或保护竞争地位的方法。

内容解读

1. 价值链与竞争优势

波特在《竞争优势》一书中，提出了他称之为价值链的理论框架。这个理论框架认为，企业的经营活动可以分解为基本活动和辅助活动，基本活动直接存在于产品流向消费者的整个过程当中，主要有进货后勤（包括接收货物，贮存货物等）、生产作业（或改造）、发货后勤（包括订单处理，实物分配等）、营销、服务（包括安装、维修等）。辅助活动的存在可以支持基本活动，辅助活动包括采购、开发、人力资源管理以及企业基础设施的供应（包括财务、会计和全面管理等）。

除了企业基础设施之外，所有的辅助活动与每一种基本活动有着直接联系，并支持着整个价值链。企业的基础设施与基本活动没有直接的联系，它是应用于整个价值链的，而不是价值链的某一部分。在波特看来，价值链提供了一个审视企业的所有行为及其相互关系的系统的方法，但是必须以波特的观点从总体上考虑整个价值链。例如：如果营销与生产作业配合得不好，那么营销工作做得再好也不能成为一项战略优势。

因此，价值链被波特视为判定竞争优势的基本工具。

2. 成本优势和标新立异——竞争优势的两种类型

成本优势是企业可能拥有的两种竞争优势之一。成本分析的起点是确定企业的价值链，并把营业成本和资产分配到各种价值活动中去。

企业的成本地位源于其价值活动的成本行为。成本行为取决于影响成本的一些结构性因素，也称之为成本驱动因素。10种主要成本驱动因素是：规模经济、学习、生产能力利用模式、联系、相互关系、整合、时机选择、自主政策、地理位置和机构因素。价值活动的成本行为可能取决于多个成本驱动因素。成本驱动因素之间的相互作用采取两种形式：各因素之间互相加强或互相对抗。企业必须在驱动因素加强时协调其他的战略以求获取最低成本，而互相对抗的成本因素的存在意味着最优化的必要。

企业还要认识到各个细分市场之间成本行为存在差异，否则企业就可能以不正确或平均成本的定价将自己暴露于竞争对手面前。细分市场的价值链一般说来与整个业务单元的价值链平行，但是可能在某些影响成本的方面有所不同。

企业除了在某一时点上进行成本分析之外，还必须考虑价值活动的绝对成本和相对成本会怎样独立于其战略并随时间而变化，即成本动态。成本动态分析使企业能预测价值活动的成本驱动因素可能会怎样变化。成本动态是随着企业的成长或产业条件变化、成本驱动因素之间的相互作用而产生的，其主要来源有：产业实际增长、不同规模敏感性、不同学习速度、不同技术变革、成本相对上涨、老化、市场调整。尽早识别成本动态可以将企业引导向那些对于未来的相对成本地位影响最大但目前可能尚未得到重视的价值活动，从而产生显著的成本优势。

如果企业进行所有价值活动的累计成本低于竞争者的成本，它就具有成本优势。企业可以用价值链来分析、确定竞争对手的成本。企业获取成本优势有两种主要的方法：①控制成本驱动因素。企业可以在总成本中占有重大比例的价值活动的成本驱动因素方面获得优势。②重构价值链。企业可以采用有所不同、效率更高的方式来设计、生产、分销或销售产品。专一化战略也能为取得成本优势提供一个途径，其基础是利用集聚来控制成本驱动因素或重构价值链，或者两者兼而有之。

成本优势只有在企业能够维持它时才能产生高于平均水平的效益。成本优势的持久性因不同的成本驱动因素、不同的产业而有所不同。然而，有些成本驱动因素比其他更具有持久性：规模、相互关系、联系、学习的专有、创造独家专有的产品或工艺技术的政策选择。在追求成本优势的时候，存在着以下几个成本领先陷阱：排他性地集聚于生产活动的成本、忽视采购、忽视间接或小的活动、对成本驱动因素的错误认识、无法利用联系、成本削减中的相互矛盾、损害经营歧异性。

以下用战略性成本分析概括成本优势分析的步骤：①识别适当的价值链，以分摊成本和资产。②判定每种价值活动的成本驱动因素以及它们的相互作用。③识别竞争对手的价值链，确定竞争对手的相对成本和成本差异的来源。④通过控制成本驱动因素或重构价值链或下游价值链来制定降低相对成本地位的战略。⑤确保为降低成本所做的努力不会损害标新立异，或者有意识地选择这种做法。⑥检验成本削减战略的持久性。

3. 标新立异

经营歧异性是另一种竞争优势。经营歧异性来自企业的价值链，任何一种价值活动都是独特性的一个潜在来源。价值链中任何一种活动如何能够为企业的经营歧异性作出潜在的贡献。

企业在某种价值活动中的独特性取决于一系列基本的驱动因素。独特性的主要驱动因素可以按其显著程度排列如下：政策选择、联系、价值链之间的联系、供应商联系、销售渠道联系、时间性、位置、相互关系、学习和模仿过分、一体化、规模和制度因素。

经营歧异性的成本反映了作为独特性基础的价值活动的成本驱动因素。独特性驱动因素可以影响成本驱动因素；而成本驱动因素可以影响形成独特性的成本。规模、相互关系、学习和时间性在影响经营歧异性的成本方面是特别重要的成本驱动因素。

如果对买方没有价值，就不会有经营歧异性。理解什么对买方有价值要从买方价值链分析开始。企业以自己的价值链影响买方的价值链，从而达到减少买方成本和提高买方收益的目的。对买方价值链的每一个影响都代表了形成经营歧异性的一个可能的机会。

歧异战略的目的是在创造的买方价值与企业价值链中独特性的成本之间创造最大的差额。以下是几条歧异之路：①增加独特性来源。在价值链中增加经营歧异性的来源；使产品的实际使用与使用意向一致；用价值信号加强使用标准的歧异性；将产品与信息紧密联系在一起通常能增强经营歧异性。②变歧异成本为优势。发掘经营歧异性所有廉价的来源；控制成本驱动因素将经营歧异性的成本最小化；企业如果具有持久的经营歧异性成本优势，就应重视经营歧异性的形式；在不影响买方价值的活动中减少成本。③改变规则以创造独特性。使决策者转向使企业独特性更有价值；揭示未被认识的购买标准；优先对买方和销售渠道环境的改变做出反应。④以全新方式重构独特价值链。

标歧立异的持久性取决于两个方面：一是经营歧异性的买方连续可见价值；二是竞争对手不模仿。当企业独特性来源具有壁垒、企业在经营歧异性方面具有成本优势、标歧立异具有多重来源、企业在形成经营歧异性过程中创造转换成本时，歧异战略就可以维持长久。在采取歧异战略时也存在以下几个易犯的错误：无价值独特性、过分歧异、溢价太高、忽视信号价值需要、不了解经营歧异性成本、只重视产品而忽视整个价值链、不能正确认识买方细分市场。

最后，总结为确定歧异性基础和制定标歧立异战略的几个必要分析步骤：①确定谁是真正的买方。②确定买方价值链及企业对其影响。③确定买方购买标准的顺序。④评价企业价值链中现存和潜在的独特性来源。⑤识别经营歧异性的现有和潜在资源的成本。⑥选择相对经营歧异性的成本，为买方创造最有用的独具特色的价值活动结构。⑦检验已选择的标歧立异战略的持久性。⑧在不影响已选好的经营歧异性形式的活动中降低成本。

4. 技术和竞争优势

技术变革是竞争的主要驱动力之一，在产业结构变化以及新兴产业创造方面发挥着重大的作用。价值链是理解技术在竞争优势中所起作用的基本工具。技术包含于企业的每一个价值活动中，而技术变革实际上对任何活动都产生影响，从而影响竞争。

技术可以通过改变或影响其他成本或歧异性驱动因素来影响竞争优势。技术变革和竞争优势之间的联系，提供了检验技术变革的方向是否正确的标准。下列情况下企业的技术变革会获得持久的竞争优势：①技术变革本身降低了成本或提高了歧异性，且企业的技术领导地位可以持久。②技术变革以有利于企业的方式改变成本或独特性驱动因素。③除技术自身固有的优势，开拓技术变革还可转变为率先行动者优势。④技术变革改善整体产业结构。

技术变革是进入壁垒的决定因素，它几乎可以在任何一种价值活动中提高或降低规模经济；技术变革能改变产业与买方、供方之间的砍价关系；技术变革创造新的产品或用途以替代他物；技术变革可以改变竞争对手之间竞争的性质和基础；技术变革改变了（扩大或缩小）产业边界；技术变革可以改善，也可以损害产业结构。

技术变革有能力影响产业结构和竞争优势，所以企业的技术战略成为整体竞争战略的基本组成部分。技术战略涉及 3 大问题：开发何种技术？是否在那些技术中寻求技术领导地位？颁发技术许可证的作用？

技术战略的核心是企业获取何种类型的竞争优势。根据企业基本战略的不同，技术战略的特征将会有很大的不同。企业应集中力量于那些在成本或歧异性方面具有最大持久性影响的技术。

技术领导或追随者是企业要作出的第二个选择。选择成为技术领导者或追随者，可以成为获取低成本或歧异性的一种方法。在重要技术中是选择做技术领导者还是追随者，取决于 3 个因素：技术领先的持久性、率先行动者优势以及率先行动者劣势。技术领先的可持续性取决于 4 个因素：技术变革的来源、技术开发活动中可持续成本或歧异性优势的出现或消失、相关工艺技能以及技术传播的速度。当存在率先行动者优势时，领导者可以把技术差距转换为其他持续存在的竞争优势。率先行动者优势的类型有：声誉、抢先占领有利地位、转换成本、销售渠道的选择、专有学习曲线、设施投入品及其他稀有资源的来源优势、确定标准、制度壁垒、早期利润。率先行动者面临优势的同时也面临着劣势：开拓成本、需求不确定、买方需求变化、专一投资于早期技术或要素成本、技术突变、低成本模仿。技术战略中的第三大问题是颁发技术许可证。如果技术是竞争优势的来源，颁发技术许可证就有风险，企业应当只颁发给非竞争对手或好竞争对手。在此要注意最常见的两个陷阱：不必要地制造竞争对手和为了很少的许可证费用放弃企业的竞争优势。

最后，提供制定技术战略的若干分析步骤：①辨识价值链中所有的不同技术及分支技术。②辨识其他产业或科技发展中的潜在相关技术。③确定关键技术变革的可能路径。④确定哪些技术和潜在技术变革对竞争优势和产业结构影响最大。⑤评价企业在重要技术和改进成本上的相对能力。⑥选择包含所有技术战略。⑦从公司一致加强业务单元的技术战略。

5. 竞争对手选择

很多企业都把竞争对手视作威胁，但在许多产业中合适的竞争对手能加强企业的竞争地位。"好"的竞争对手的存在，可以增加企业的竞争优势、改善当前产业结构、有助于市场开发以及遏制进入。竞争对手带来的战略好处如以下几点。

1）增加竞争优势

竞争对手可以吸收需求波动，使企业可以充分利用生产能力；竞争对手作为比较标准可以提高企业歧异化的能力；竞争对手会乐于为企业认为不具吸引力的细分市场提供服务；高成本的竞争对手能为低成本的企业提供成本保护伞，此时要有进入壁垒存在，以防止"坏"的竞争对手进入；拥有竞争对手可以改善与劳工及政府管理者的砍价地位；可存活竞争对手的存在可以降低反垄断风险；竞争对手还可以成为降低成本、改进产品和跟上技术变革潮流的重要刺激因素。

2）改善产业结构

竞争对手的存在可以增加整个产业的需求，并增加企业销售额；买方需要第二或第三货源以减轻供货中断的风险和限制供方的砍价实力；好的竞争对手可以加强产业结构中的理想部分，促进改善产业吸引力的结构变化。

3）协助市场开发

竞争对手能分担新产品或新技术的市场开发成本；新市场中，竞争对手可以提供可选货源，降低买方的风险；采用与企业相同技术标准的竞争对手可以帮助技术合法化或标准化；合适的竞争对手可改善产业形象。

4）遏制进入

竞争对手可增加对新进入者报复的可能性及报复强度；竞争对手还可以显示成功进入的困难性；竞争对手可以占领进入产业合理途径的位置，封锁合理进入途径；竞争对手可以饱和销售渠道，使新进入者更难以接近分销渠道。

分析了"好"的竞争对手可以带来的竞争优势，接下来就要来看如何分辨哪个是"好"竞争对手。好的竞争对手有一些特征：可信和可存活、明显且自知的弱点、了解规则、假定实际、明晰成本、改善产业结构的战略、内在节制的战略观念、适度的退出壁垒、可协调的目标（包括在产业中战略利益适度、有可比的投资收益目标、接受目前的利润率、希望产生现金、短期规划、厌恶风险）。判别对手是否为好竞争对手需要对其全面分析，它的目标、假定、战略和能力都要考虑。

怎样的市场份额和竞争对手结构是最优的呢？如何分配市场份额以使产业结构最稳定，主要取决于产业的结构和竞争对手的好坏。决定市场份额理想模式的最重要的产业结构变量是：歧异化程度、产业存在的转换成本以及市场是否进行细分。

在选择竞争对手时，有以下几个易犯的错误：无法分辨好坏竞争对手、把竞争对手赶向绝境、拥有市场份额过大、进攻好的领导者、进入坏竞争对手太多的产业。总的来说，竞争对手是福也是祸，就在于企业是否用进取性的目光来看竞争。

6. 业务单元之间的关联

随着战略规划理论和实践的发展，企业已认识到存在两种类型的战略：业务单元战略和公司战略。当企业能识别和挖掘既相互区别又相互联系的业务之间的关联时，企业的竞争优势也就随之加强了。

业务单元间可能有的关联有 3 大类型：有形关联、无形关联和竞争对手关联。

1）有形关联

由于共同的客户、渠道、技术和其他因素的存在而使相关业务单元之间的价值链活动有可能共享，有形关联即由此产生。如果共享所降低的成本或增加的产品歧异性足以超过共享的成本，有形关联将导致竞争优势。如果一项价值活动涉及营运成本或资产的很显著部分，而共享能降低完成这一活动的成本，则共享会导致显著的成本优势。当价值活动的成本受规模经济学习或生产能力利用模式等因素的驱动时，共享具有降低成本的潜力。

为了帮助确定一个企业中出现的有形关联，就要对实际中发生的所有共享形式以及它们创造竞争优势的各种方式进行分类。

2）无形关联

无形关联涉及不同价值链之间管理专有技能的转化。无形关联源于业务单元间的各种基本相似性：相同的基本战略、相同的买方类型、价值链的相似结构、类似重要的价值活动。在鉴别对竞争优势重要的无形关联时，要明确 3 个问题：业务单元中的价值活动有多大相似程度？有关的价值活动对竞争有多大重要性？拟转让的专有技术对相关活动的竞争优势有多大意义？

3）竞争对手的关联

竞争对手关联源于竞争对手实际或潜在地与企业在多个产业内竞争。多点竞争对手在一个产业针对企业的行动会对另一些产业产生影响。

在制定针对无关业务中的多点竞争对手的战略时要考虑下列因素：预测所有联合竞争产业中可能的报复；谨防多点竞争对手在关键产业中占据较小的地位；寻求开发针对多点竞争对手的全面公司地位；建立具有防御性目的的封锁地位。

在相关产业中，企业面临多点竞争对手在任何业务单元中的竞争优势或劣势取决于有关关联在价值活动中的作用。相关产业中多点竞争的最基本的战略意图是指对竞争对手的分析必须包括竞争对手业务单元的所有组合。

有形关联、无形关联和竞争对手关联能用于预测可能的潜在竞争对手：创造或扩展重要关联的合理渠道的企业和必要的扩展以配合竞争对手关联的企业。

7. 互补产品和竞争优势

大多数产业都在一定程度上受到互补产品的影响。互补产品体现了存在于不同产业间的一类关联，涉及企业竞争景框的广度问题和在特定产业中企业如何展开竞争的问题。这里主要考察具有重要互补产品产业中的三种重要战略实践：

（1）控制互补产品：提供互补产品的完整系列而不是任由他人提供部分互补产品。根据企业战略以及产业的结构，企业可以从控制互补产品的几种方式中选择一种，以获得来自于协调企业产品和互补产品价值链的竞争优势：改善买方业绩表现以使产品歧异化；改善对价值的感知；最优定价；降低市场营销成本；共享其他活动；提高移动壁垒。

控制互补产品也存在一些潜在的问题：首先，互补产品业的结构吸引力可能较低，其利润率可能远远低于其基础产业；其次，互补产品业可能会涉及一些与基础产业完全不同的管理要求。而这些方面又是企业的薄弱环节。

随着产业的演变，控制互补产品的价值也可能发生变化。在互补产业发展初期，由于质量不稳定或缺乏信用的企业最需要控制互补产品以改善其质量和形象。随着互补产品业的成熟，控制互补产品的定价优势消失，对控制互补产品的需要减少。

（2）捆绑式经营：以单一价格，将一组不同类型但是互补的产品捆在一起出售。将产品捆在一起，提供其中各部分产品可以共享价值链活动，就可获得潜在的竞争优势：捆绑式经营的经济性；增强歧异性，包括在更广阔的基础上实现歧异化、高效的接口、最佳系统效能、一次性购买和增加拉开价差的机会；提高进入壁垒；缓和竞争。

实行捆绑式经营的企业，遭受采取目标较为集聚的非捆绑式经营企业攻击的潜在脆弱性，决定了捆绑式经营的风险：买方需求的多样化；买方自组捆绑式产品的能力；以更优惠条件提供捆绑式产品组件的专业能力；通过联合实行捆绑式经营。

产业结构的调整会改变捆绑式经营的优势或风险，在大多数产业中伴随产业演变的是非捆绑式经营的趋势。主要原因如下：买方自我组装捆绑式产品的能力提高；产品技术标准化出现；对捆绑式产品中各种组件的需求减少／变化；产业规模抵消了捆绑式经营的规模经济；买方对价格敏感性的增加，迫使企业通过非捆绑式经营降低成本；吸引专营竞争对手。但是技术变革可能导致产品功能或接口上的动机以实行捆绑式经营。

在考虑实行捆绑式经营的战略时，需要权衡：优势大于风险时采取捆绑式经营；避免无意识的捆绑式经营；随时做好情况改变时非捆绑式经营的准备；捆绑式经营厂商可能体现产业重构的机会。

（3）交叉补贴：有意识地出售一种产品以促进其互补产品的销售。采用交叉补贴的动机很明确，希望通过以折扣价格出售基本产品来推动销售大量的盈利产品，从而提高总利润。实用交叉补贴的条件有：基本产品的销售对价格足够敏感；盈利产品的销售对价格极不敏感；基本产品与盈利产品联系紧密；进入盈利产业的壁垒。

如果基本产品和盈利产品间的联系不够强，交叉补贴就会有风险：买方白占便宜；他物替代盈利产品；买方纵向整合；专营化的（集聚战略的）竞争对手。

随着产业演变，交叉补贴变得不适宜了，主要原因有：基本产品和盈利产品间联系减弱；进入盈利产品业的壁垒降低；替换盈利产品的可能性增加。

采用交叉补贴的战略含义有：为进入盈利产品业设置障碍；加强基本产品和盈利产品间的联系；随着产业的发展调整交叉补贴策略；鼓励进入基本产品业以推动盈利产品业的销售；避免无意识的交叉补贴。

8. 进攻性和防御性竞争优势的含义

防御战略是把可能的攻击引向威胁较小的方面，或者是减轻攻击的强度。本质上，防御战略不是要增加企业的竞争优势，而是要使其优势保持得更久。最成功的竞争战略既有进攻性成分也有防御性成分。

制定合适的防御战略要结合进攻的整个过程来考虑，不同阶段对应不同的恰当的防御模式。对产业的新插入者以及寻求重新定位的已立足竞争对手而言，其过程涉及4个阶段：准备期、进入期、持续期和后进入期。在不同的阶段，挑战者对其战略的投入程度不同，而随着过程的进行，退出和收缩壁垒也有增高的倾向。防御战略的一个重要原则是在退出壁垒上升之前采取防御行动。

防御战略旨在影响挑战者对进入或重定位过程预期回报的计算，从而使挑战者得出结论：此行为不会产生诱人的效果，或者使其倾向于另一成就性较小的战略。构成任何防御战略基础的3类防御策略如下。

（1）提高结构壁垒主要包括以下策略：填补产品或位置缺口、封锁销售途径、增加买方的转移成本、提高进行尝试的成本、防御性地增加规模经济、防御性地增加所需资本、排除其他可选技术、投资保护专有技术诀窍、建立与供方的牢固关系、提高竞争对手的投入成本、防御性地建立关联、鼓励提高壁垒的政府政策、联合以提高壁垒或与挑战者合作。

（2）增加可预期的报复主要方法有：显示其对防御的投入、显示早期壁垒、确立封锁地位、竞争承诺、提高退出或丧失份额需付的代价、积聚报复的资源、鼓励好竞争对手、树立榜样、建立防御联盟。

（3）降低进攻的诱惑力主要有降低利润目标和控制竞争对手假设两种途径。

以上的防御策略特点各异，企业要根据它所面临的潜在挑战者决定选择哪种策略。可以用以下的重要测试来评估防御策略：对买方的价值、成本不对称、效果的持久性、信息的清晰性、可信性、影响竞争对手目标、其他结构效果和同业比照而行。

结合提高企业竞争优势的进攻性战略，明确的防御性战略可以提高企业所有竞争优势的持久性。防御战略的类型有扼制和还击两种，其原则都是改变挑战者对某一行动吸引力的评价。扼制的主要步骤如下：彻底了解现存壁垒；预见可能的挑战者；预测可能的进攻路线；选择防御策略封锁可能的进攻路线；塑造企业顽强防御者的形象；确立现实的利润期望值。如果扼制失败，企业必须决定进攻开始后如何反击挑战者。以下是用于指导还击的一些重要原则：尽可能早地以某种方式作出还击；为尽早发现实际行动而投资；针对进攻原因作还击；除努力制止挑战者外使其转向；认真对待每一挑战者；把还击看作是获取地位的方法。

企业在处于防御地位时会出现很多常见错误，最大的常见错误是只狭隘地关心短期利润率，从而与防御需要投资这一现实相冲突。防御战略中第二常见的错误是自满，企业不考虑自己为竞争对手提供的环境或挑战出现的可能性，从而未能做出简单且花费不多的防御行动。

进攻战略中的基本原则是：无论挑战者具有怎样的资源或是实力，绝不要采用模仿战略从正面进攻。处于领导者地位所固有的内在优势往往会战胜这类挑战，而且领导者会以一切可能的手段进行有力的报复，将耗尽挑战者的资源。要成功地进攻领导者，挑战者必须符合以下 3 个基本条件：可持久的竞争优势、其他活动相近、领导者报复的障碍。满足这 3 个条件的困难性主要由领先者的战略及其进攻性而定。

成功进攻领导者必须找到一种特别的战略来削弱领导者的天然优势，认清或创造领先者报复的壁垒物。主要有3类可能的进攻路线：

（1）重构造。挑战者革新它执行价值链中活动的方式或革新整个价值链的结构。包括产品变革、外勤和服务变化、市场营销的变化、经营变化和下游重构造。

（2）重定界。挑战者重新界定其相对领导者的竞争景框。主要有目标集聚、整合或退出整合、地域重界定和横向战略。

（3）纯投入。挑战者通过更优势的资源和更强烈的投资愿望来获得市场地位，从中发展竞争优势。纯投入包括投资以买回市场份额、渐增的容量，或是品牌知名度。

这3条路线中的每一条都改变产业的竞争规则，以抵消领导者的优势，且使挑战者自己获得成本或歧异化优势。这3条途径并不互相排斥，可以成功地前后相连使用，利用多余一种的进攻路线通常能提高进攻领导者的成功机会。

挑战者可能需要结成联盟，从而获取进攻领导者所必需的资源、技术、市场途径和其他实力。尽管联盟并不能保证进攻成功，但可将其作为实现重构造、重定界或纯投入的手段。两类重要的联盟形式如下：

（1）收购企业或者收购另一个（或几个）企业，或者为人所收购。

（2）联合企业通过颁发许可证、合资及供货协议等方式结合另一家企业的力量。

前面的讨论提供了标志领导者易受攻击的许多信号，主要分两类：产业信号和基于领导者特性的信号。源自产业外部的结构变化是领导者脆弱性的标志，这些重要产业信号包括：突发的技术变化、买方变化、变化的销售渠道、变化的投入成本或质量、绅士游戏。产业领导者的下列特征标志着可能的脆弱性：夹在中间、不满的买方、现行产业技术的先驱者、很高的利润率、受管制的历史、母公司业务的差劲执行者。

进攻领导者的最后一个检验标准是衡量一下对整体产业结构的影响。如果挑战者对领导者的进攻破坏了产业结构，这么做就是不明智的。挑战者必须找到不同于领导者的新竞争方式以取得成功。

 **拓展阅读**

　　迈克尔·波特出生于 1947 年，1969 年获普林斯顿大学航空机械工程学士，1971 年获哈佛商学院工商管理硕士，1973 年获哈佛商学院企业经济学博士学位，1975 年开始在哈佛商学院讲授"经营政策"课程。1990 年完成具有广泛影响的"三部曲"——《竞争战略》《竞争优势》和《国家竞争优势》，先后花了 15 年时间，其中 1985 年出版的《竞争优势》也已 35 次重印。

　　波特的"三部曲"奠定了其在世界战略研究领域的大师地位。根据 2002 年哈佛商学院的网站资料，波特共出版著作 16 部，发表论文 100 多篇。但国内理论及实业界对于波特的了解，主要还是从其《竞争战略》与《竞争优势》开始的。第三部曲《国家竞争优势》一书，尽管国内的战略学者们通过原版文献以及波特自己的论文早有所闻，但真正出版也已经是 2002 年的事了。

　　对于波特的"三部曲"，尽管国内购买者人数并不少，但能真正静心通读全书的人实际并不多。最主要的原因是目前人们的工作与生活节奏较快，更为喜欢快餐式的阅读材料，波特三部曲实在太过厚重与繁琐。另外，由于波特三部曲沿袭了产业经济学的分析思路，有点太重经济理性而轻管理人性，不太容易阅读。还有一个重要原因就是我国许多管理实践者客观上正处于创业起步阶段，尚未真正遭遇企业发展的战略瓶颈制约，所以缺乏认真精读的心境与压力。

46 《竞争战略》

迈克尔·波特

经典速读

　　迈克尔·波特被誉为"竞争战略之父"，是现代最伟大的商业思想家之一。32 岁即获哈佛商学院终身教授之职，是当今世界上竞争战略和竞争力方面公认的第一权威。波特获得的崇高地位缘于他所提出的"五种竞争力量"和"三种竞争战略"，他的三部经典著作《竞争战略》《竞争优势》和《国家竞争优势》被称为竞争三部曲。其中，《竞争战略》1980 年出版，该书已经再版 53 次，并被译为 17 种文字。

　　全书除绪论外，共由 3 部分组成，论述了一般分析技巧、基本产业环境下的分析和战略决策。该书以一组用以对产业和竞争者进行分析的综合性方法和技巧的介绍开篇，进而逐个剖析了零散型产业、新兴产业、成熟产业、衰退产业和全球性产业中的竞争战略。书的最后部分介绍了企业面对重大战略决策时所需的分析技巧：纵向整合、业务能力扩展、放弃通信进入新业务领域等。有助于经理们对竞争者的突然行动、自身产业的新闯入者以及产业结构的转化作出预测并做好准备。

　　《竞争战略》是一本论述当今世界上最热门的商业概念即竞争战略的伟大著作。它演绎了公司管理层最关心的主要问题，诸如：一个行业内什么因素驱动竞争？竞争者将如何采取行动？行业将如何发展？制定战略计划者将如何对竞争者的行为做出反应？等等。波特以一种循序渐进的方式给出了行业和竞争对手分析的技术和工具，并讨论了公司制定包括纵向整合、业务扩展、多元化和进入新产业等重要的战略决策的分析技术。

 ## 内容解读

1. "五力模型"

决定企业获利能力的首要因素是"产业吸引力"。企业在拟定竞争战略时，必须要深入了解决定产业吸引力的竞争法则。竞争法则可以用 5 种竞争力来具体分析，这五种竞争力包括：进入威胁、替代威胁、买方砍价能力、供方砍价能力以及现有竞争对手的竞争。

这 5 种竞争力反映出一个产业的竞争大大超出了现有参与者的范围。顾客、供应商、替代品、潜在的进入者均为该产业的"竞争对手"，并且依具体情况会或多或少地显露出其重要性。这五种作用力共同决定产业竞争的强度以及产业利润率，最强的一种或几种作用力占据着统治地位并且从战略形成的观点来看起着关键性的作用。

1）进入威胁

一个行业的进入者通常带来大量的资源和额外的生产能力，并且要求获得市场份额。除了完全竞争的市场以外，行业的新进入者可能使整个市场发生动摇，尤其是当有步骤、有目的地进入某一行业时，情况更是如此。

新进入者威胁的严峻性取决于一家新的企业进入该行业的可能性、进入壁垒以及预期的报复。其中第一点主要取决于该行业的前景如何，行业增长率高表明未来的营利性强，而眼前的高利润也颇具诱惑力。对于进入威胁，客户需要研究进入壁垒的难易的条件因素，如钢铁业、造船业、汽车工业，规模经济是进入壁垒的重要条件，此外还有产品的差异条件，如化妆品及保健品业产品的差异条件是进入壁垒的主要条件之一。

2）现有竞争对手间竞争的激烈程度

大部分行业中的企业，相互之间的利益都是紧密联系在一起的，作为企业整体战略一部分的各企业竞争战略，其目标都在于使得自己的企业获得相对于竞争对手的优势，所以，在实施中就必然会产生冲突与对抗现象，这些

冲突与对抗就构成了现有企业之间的竞争。现有企业之间的竞争常常表现在价格、广告、产品介绍、售后服务等方面，其竞争强度与许多因素有关。

一般来说，出现下述情况将意味着行业中现有企业之间竞争的加剧：行业进入障碍较低，势均力敌竞争对手较多，竞争参与者范围广泛；市场趋于成熟，产品需求增长缓慢；竞争者企图采用降价等手段促销；竞争者提供几乎相同的产品或服务，用户转换成本很低；一个战略行动如果取得成功，其收入相当可观；行业外部实力强大的公司在接收了行业中实力薄弱的企业后，发起进攻性行动，结果使得刚被接收的企业成为市场的主要竞争者；退出障碍较高，即退出竞争要比继续参与竞争代价更高。在这里，退出障碍主要受经济、战略、感情以及社会政治关系等方面考虑的影响，具体包括：资产的专用性、退出的固定费用、战略上的相互牵制、情绪上的难以接受、政府和社会的各种限制等。

行业中的每一个企业或多或少都必须应付以上各种力量构成的威胁，而且客户必然面对行业中的每一个竞争者的举动。除非认为正面交锋有必要而且有益处，例如要求得到很大的市场份额，否则客户可以通过设置进入壁垒，包括差异化和转换成本来保护自己。

3）替代产品压力

替代品是指那些与客户产品具有相同功能的或类似功能的产品。如糖精从功能上可以替代糖，飞机远距离运输可能被火车替代等，那么生产替代品的企业本身就给客户甚至行业带来威胁，替代竞争的压力越大，对客户的威胁越大。决定替代品压力大小的因素主要有：①替代品的盈利能力。②替代品生产企业的经营策略。③购买者的转换成本。

4）买方砍价能力

产业的主要买方集团每一成员能力的强弱取决于众多市场情况的特性，同时取决于这种购买对于买方整个业务的相对重要性。若出现以下情况，某一买方集团就是强有力的：相对于卖方的销售量而言，购买是大批量和集中进行的；买方从产业中购买的产品占其成本或购买数额的相当大一部分；从产业中购买标准的或非歧义性产品；买方盈利低；买方采取后项整合的现实威胁；产品对买方产品的质量及服务无重大影响；购买者掌握充分的信息。由于上述因素随着时间或公司战略决策的变化而变化，买方实力自然也会出现涨落。

5）供方砍价能力

供方压力可迫使一个产业因无法使价格跟上成本的增长而失去利润。供方实力的强弱与买方实力相互消长。具备了下属特点的供方将更加有利：供方产业由几个公司支配，且其集中化的程度比买方产业高；该产业并非供方集团的主要客户；供方产品是买方业务的主要投入品；供方集团变现出前项整合的现实威胁。

波特的竞争力模型的意义在于，5种竞争力量的抗争中蕴涵着3类成功的战略思想，那就是大家熟知的：总成本领先战略、差异化战略、专一化战略。

2.3种卓有成效的竞争战略

在与5种竞争力量的抗争中，蕴涵着3类成功型战略思想，这3种思路是：①总成本领先战略；②差异化战略；③专一化战略。

波特认为，这些战略类型的目标是使企业的经营在产业中高人一筹：在一些产业中，这意味着企业取得较高的利益；而在另一些产业中，一种战略的成功可能只是企业在绝对意义上能获取些微收益的必要条件。有时企业追逐的基本目标可能不止一个，但波特认为这种情况实现的可能性是减小的。因为有效地贯彻任何一种战略，通常都要全力以赴，并且要有一个支持这一战略的组织安排。如果企业的基本目标不止一个，则这些方面的资源将被分散。

1）总成本领先战略

成本领先要求坚决地建立起高效规模的生产设施，在经验的基础上全力以赴降低成本，抓紧成本与管理费用的控制，以及最大限度地减少研究、开发、服务、推销、广告等方面的成本费用。为了达到这些目标，就要在管理方面对成本给予高度的重视。尽管质量、服务以及其他方面也不容忽视，但贯穿于整个战略之中的是使成本低于竞争对手。该公司成本较低，意味着当别的公司在竞争过程中已失去利润时，这个公司依然可以获得利润。

赢得总成本最低的有利地位通常要求该公司具备较高的相对市场份额或其他优势，诸如与原材料供应方面的良好联系等，或许也可能要求产品的设计要便于制造生产，易于保持一个较宽的相关产品线以分散固定成本，以及为建立起批量而对所有主要顾客群进行服务。

总成本领先地位非常吸引人。一旦公司赢得了这样的地位，所获得的较高的边际利润又可以重新对新设备、现代设施进行投资以维护成本上的领先地位，而这种再投资往往是保持成本状态的先决条件。

2）差别化战略

差别化战略是将产品或公司提供的服务差别化，树立起一些全产业范围中具有独特性的东西。实现差别化战略可以有许多方式：设计品牌形象、技术上的独特、性能特点、顾客服务、商业网络及其他方面的独特性。最理想的情况是，公司在几个方面都有其差别化特点。例如，履带拖拉机公司不仅以商业网络和优良的零配件供应服务著称，而且以其优质耐用的产品质量享有盛誉。

如果差别化战略成功地实施了，它就成为在一个产业中赢得高水平收益的积极战略，因为它建立起防御阵地对付5种竞争力量，虽然其防御的形式与成本领先有所不同。波特认为，推行差别化战略有时会与争取占有更大的市场份额的活动相矛盾。推行差别化战略往往要求公司对于这一战略的排他性有思想准备。这一战略与提高市场份额两者不可兼顾。在建立公司的差别化战略的活动中总是伴随着很高的成本代价，有时即便全产业范围的顾客都了解公司的独特优点，也并不是所有顾问都将愿意或有能力支付公司要求的高价格。

3）专一化战略

专一化战略是主攻某个特殊的顾客群、某产品线的一个细分区段或某一地区市场。正如差别化战略一样，专一化战略可以具有许多形式。虽然低成本与差别化战略都是要在全产业范围内实现其目标，专一化战略的整体却是围绕着很好地为某一特殊目标服务这一中心建立的，它所开发推行的每一项职能化方针都要考虑这一中心思想。这一战略依靠的前提思想是：公司业务的专一化能够以高的效率、更好的效果为某一狭窄的战略对象服务，从而超过在较广阔范围内竞争的对手们。波特认为，这样做的结果，是公司或者通过满足特殊对象的需要而实现了差别化，或者在为这一对象服务时实现了低成本，或者二者兼得。这样的公司可以使其盈利的潜力超过产业的普遍水平。这些优势保护公司抵御各种竞争力量的威胁。

但专一化战略常常意味着限制了可以获取的整个市场份额。专一化战略必然地包含着利润率与销售额之间互以对方为代价的关系。

波特在《竞争战略》中还对3种通用战略实施的要求进行了详细的分析，并一一列举。波特认为，这3种战略是每一个公司必须明确的，因为徘徊其间的公司处于极其糟糕的战略地位。这样的公司缺少市场占有率、缺少资本投资，从而削弱了"打低成本牌"的资本。全产业范围的差别化的必要条件是放弃对低成本的努力。而采用专一化战略，在更加有限的范围内建立起差别或低成本优势，更会有同样的问题。徘徊其间的公司几乎注定是低利润的，所以它必须作出一种根本性战略决策，向3种通用战略靠拢。一旦公司处于徘徊状况，摆脱这种令人不快的状态往往要花费时间并经过一段持续的努力；而相继采用三个战略，波特认为注定会失败，因为它们要求的条件是不一致的。

波特的竞争战略研究开创了企业经营战略的崭新领域，对全球企业发展和管理理论研究的进步，都作出了重要的贡献。

拓展阅读

如果说有人能把管理理论变为令人尊敬的学院派原则，这个人就是迈克尔·波特。如果说彼得·德鲁克是管理学思想的智慧型天才，那么，迈克尔·波特可能就是最具影响力的思想家。在2002年5月埃森哲公司对当代最顶尖的50位管理学者的排名中，迈克尔·波特位居第一。这位当今全球第一战略权威，被誉为"竞争战略之父"，是现代最伟大的商业思想家之一。

作为最受推崇的商学大师之一，波特提出的"五种竞争力量""三种竞争战略"在全球被广为接受和实践，其竞争战略思想是哈佛商学院的必修科目之一。他曾在1983年被任命为美国总统里根的产业竞争委员会主席，开创了企业竞争战略理论并引发了美国乃至世界的竞争力讨论。迈克尔·波特的书可以在很多商学院学生、大学教授、公司的首席执行官甚至国家领导人的书架上找到；他的"竞争和战略"理论已经或者正在被全球大部分的国家和企业深入研究；他的学术成果被美国国内的经济会议以及众多世界性的经济学术论坛列为正式的、重要的讨论议题。

《竞争战略》是波特教授最具代表性的著作，可谓把战略管理的理论推向了高峰。该著作中的许多思想被视为战略管理理论的经典，本书中明确提出了三种通用战略，奠定了波特教授在商界泰斗的地位。美国《福布斯》杂志将其列为全美 500 家最大企业的经理、咨询顾问及证券分析师所必读的"圣经"。生存与发展是企业永恒的主题,战略正变得越来越重要。波特教授提出的五种竞争力量、三种竞争战略、价值创造活动、完整钻石体系等,被许多知名企业的领导者奉为经典,成为企业高层在制定战略时的指路灯,在全球范围产生了深远的影响。无论从理论研究还是实践应用的角度,波特都无愧于"最伟大的商业思想家"这一称誉。

47 《战略管理》

伊戈尔·安索夫

 经典速读

伊戈尔·安索夫是战略管理的鼻祖、战略管理的一代宗师。安索夫的战略管理思想也有一个长期的形成过程。在1965年出版《公司战略》之后，1972年安索夫在《战略管理思想》一书中，正式提出"战略管理"的概念。1976年，他又出版了《从战略规划到战略管理》一书，这三本书是公认的战略管理的开山之作。但是，真正标志现代战略管理理论体系形成的是他在1979年出版的《战略管理》一书。

如果说《公司战略》一书主要是对公司战略的概念、操作方法应用等的系统阐述，那么，《战略管理》则是在14年后，在经济发展环境高度动荡的条件下，对企业战略管理的系统研究。因此，两本书是先后呼应的。这点可以从安索夫在《战略管理》卷首语中对本书的目的定位看出："我们主要关注的是动荡环境中的组织行为复杂性。"在《战略管理》一书中，安索夫系统地提出了战略管理的8大要素模式：外部环境、战略预算、战略动力、管理能力、权力、权力结构、战略领导、战略行为。该书明确指出，战略管理的本质是把"公司战略"当作对象和功能来进行系统的管理。

 内容解读

1. 战略管理的概念

根据安索夫的观点，战略管理是"企业高层管理者为保证企业的持续生存和发展，通过对企业外部环境与内部条件的分析，对企业全部经营活动所进行的根本性和长远性的规划与指导"。他认为，战略管理与以往经营管理的不同之处在于：战略管理是面向未来，动态地、连续地完成从决策到实现的过程。美国安索夫协会会长彼得·安东尼奥博士指出："通过战略管理概念，安索夫教授开创性地把对不连续变革、动荡和不确定性的管理转变为工具并成功地、合适地向世界各国的企业组织进行输送。"

根据安索夫的界定，战略管理是指将企业日常营运决策与长期计划决策相结合而形成的一系列管理业务。美国学者斯坦纳在研究管理学发展史时曾经指出，战略管理是确定企业使命，根据企业外部环境和内部条件认定企业组织目标，保证目标的正确落实并使企业使命最终得以实现的一个动态过程。这个观点与安索夫对战略管理概念的理解是一致的，即战略管理是以企业战略为对象和目标所进行的特定领域和功能的管理。如同企业的人力资源管理、服务管理、顾客关系管理和财务管理一样。之所以要区分这样的概念是因为，战略管理理论发展日益深化、多样化和复杂化，不少人被战略管理的诸多概念和范畴搞得晕头转向，以至于无法理解诸如"资源管理""能力管理""服务管理""关系管理""过程和结果管理"等概念。譬如，他们可以接受"服务企业的管理"而不能接受"服务管理"，认为服务只是一种过程，能管理吗？殊不知，战略管理在一定意义上讲就是对企业战略制定、实施和控制过程的一种管理。

2. 动荡环境与权变方法

为了帮助经理人对竞争环境进行分析，安索夫运用历史的方法系统回顾和评价了竞争变化的历史，在此基础上提出了动荡环境分析模型，提出战略管理的权变方法。

无论是规模生产时期、规模营销时期抑或是后工业时期，市场竞争始终伴随着企业的各项工作，差别不在于是否需要竞争战略、战略管理，而在于

实施什么竞争战略以及如何进行战略管理。安索夫从 1976—1980 年先后发表了多篇关于环境动荡和不连续变革方面的论文和论著。根据安索夫的观点，从 20 世纪 70 年代末期起，美国的市场竞争已经进入后工业时期，竞争环境的总体特点是"动荡"。安索夫设计了著名的环境动荡模型，为管理动荡环境设计战略管理工具。许多后来的学者把安索夫教授的这一贡献称为关于战略管理的权变方法。理解安索夫的战略权变方法，首先需要理解安索夫对环境动荡的 5 个等级分类，这 5 个等级分类分别表示 5 种不同程度的环境动荡。第一等级的动荡是可重复，包括稳定的和可预测的；第二等级是扩张，包括缓慢的和渐变的；第三等级是变动，主要指变动加快但仍然是渐变；第四等级是不连续，指部分是不连续的，但是其他部分仍然是可预测的；第五等级是突变，指不连续和不可预测。

针对不同等级的环境动荡问题，安索夫从战略层面、组织层面、生产层面和市场营销等不同层面分析了环境动荡对组织的影响，以及组织在不同等级动荡中的战略需求。譬如，在第一等级的动荡环境中，由于环境是稳定和可以预测的，所以组织的回应能力表现在维持原有的驱动力量、保持稳定性以及不需要变革。但是，当环境动荡的等级升级到扩张、变动、不连续乃至突变，那么，情形就发生变化。尤其是在动荡环境处于突变情况下，组织的回应能力就不是保持稳定的问题，而是营造柔性的应变能力以及寻找组织变革的问题了。在此基础上，安索夫继续阐述了不同等级环境动荡条件下的战略选择问题，为管理环境动荡提供了可资应用的工具。

安索夫动荡环境下的战略选择也是针对他对动态环境的 5 种不同程度分类来提出的，由于环境动荡程度的区别所选择的战略过程也不同。值得一提的是，安索夫战略管理理论并没有停留在合适的战略程序上，而是建立一种柔性的应对机制。正如安索夫研究者胡塞尔（1999）所指出，安索夫战略管理理论的主要关注点是具有强烈发展冲动的经理人、组织气候和能力组合。安索夫的这一关注点成为他动荡环境管理的权变方法的核心理念，贯穿于整个战略程序之中。

安索夫的这一贡献受到关注是情理之中的事情，这是当时战略管理环境的大背景所决定的。特别是 1973 年，在经营管理界发生了一个重大的事情，石油输出国组织（OPEC）为了确保供应价格而限制产品出口。这一冲击迫使经营管理界人士认识到，成功的经营战略不仅仅是准确的市场预测问题，也不是熟练掌握线性规划技术进行投入产出分析和计划问题，他们逐步认识到企业竞争的全球化即将到来。在战略管理方面，无相关多角化逐步变为组织的障碍，而不是分散了组织的风险。在这种情况下，战略预测和计划其实只是战略管理的众多方法和手段之一，而不能作为战略管理的本身。

3.战略管理的动态过程特点

战略管理过程是一个动态的逻辑过程，从大的方面看主要包括：战略分析、战略计划、战略实施和战略控制。

根据安索夫的观点，战略分析是在分析企业内外部环境的基础上，认清企业发展的基础和条件，确定企业的比较优势、劣势以及面临的机会与威胁，因此，是战略管理的基础；战略计划包括设计企业理念，确定企业发展的战略方向、阶段、目标、重点、措施、结构等总体战略，围绕总体战略分别是企业竞争、科技、营销、生产、人才、质量、信息、价格、核心能力、投融资、文化等职能战略。随着企业规模的发展壮大，这些职能战略还要有效贯彻到不同的事业部门之中，形成事业战略。在总体战略和职能战略基础上综合形成企业发展战略方案，可见，企业战略规划是企业战略管理的核心，是战略管理的主体工作；战略实施主要包括对企业进行战略结构调整、企业资源战略配置、对企业进行年度计划管理、企业目标管理、企业绩效管理等等，企业战略实施是将企业战略规划的宏伟蓝图变成现实的过程；战略控制主要是随着企业战略环境的变化，对企业战略计划的实施进度与成效、方法以及资源配置等等进行调整与修正，战略控制是战略实施的保证。

 拓展阅读

安索夫在战略管理中的特殊地位最主要表现在对战略管理的开创性研究。他的开创性研究终于使他成为这门学科的一代宗师。作为战略管理的一代宗师，他首次提出公司战略概念、战略管理概念、战略规划的系统理论、企业竞争优势概念，以及把战略管理与混乱环境联系起来的权变理论。因此，管理学界把安索夫尊称为战略管理的鼻祖。伦敦商学院客座教授加里·哈默尔是这样评论安索夫的：安索夫无愧于"公司战略鼻祖"的称号。尽管用今天的眼光来看，安索夫的方法过于强调结构的完美和确定性，但他毕竟是在历史上第一次运用适当的语言、程序，分析现代工业企业并明确地界定公司战略中的深层次问题，包括公司如何成长，如何寻求合作，如何借用外力等等。著名管理学评论家海勒尔把安索夫誉为战略规划之父。

安索夫的伟大不仅在于他提出了一套广为学术界、企业管理实务界所接受的战略管理理论和方法、程序、范式，而且在于他能成功地把战略的理论、方法与实践的范式等，引进学术的殿堂里。同时，他还把它们带入企业的董事局、经理室等。在那里，安索夫的这些理论、程序和范式深深地烙进了不少具有影响力的企业家脑子里。

因此，深入了解安索夫对于战略管理理论、战略管理实践、营造企业竞争优势和提升企业竞争力等等，都是具有重大理论意义和实践价值的。尤其是今天，由于战略管理理论与实践的迅猛发展，各种战略管理分支学科、学派、理论、概念、程序、范式等等层出不穷，以致管理实务者、管理理论研究者以及有志于战略管理理论的初学者无不感到无所适从。在这样的背景下，通过了解安索夫，理解战略管理一些概念的发源、本义和实质等等，是深入理解和准确把握战略管理理论的有效方法之一。

48 《企业行动纲领》

迈克尔·哈默

 经典速读

　　迈克尔·哈默是企业再造和业务流程理念的创始人，世界最著名的管理学家之一。《商业周刊》把他列为20世纪90年代4位杰出的管理思想家之一；1996年，《时代》杂志又将他列入"美国25位最具影响力的人"的首选名单。2001年发表的《企业行动纲领》一书是哈默继引领革命风潮的畅销书《再造企业》后的最新力作。《企业行动纲领》一书内容丰富全面，作者在书中针砭企业时弊，分析入理，为企业未来的管理提出了大胆的构想。哈默提出的企业行动纲领内涵深刻，理念前卫，既具指导性，又具可操作性。在这部催人奋进的专著中，作者以流畅的文笔对当前成功企业所涉及的诸多管理问题从9个方面进行了系统地剖析，统筹兼顾，为我们描绘了一幅改进业务流程和公司再造的辉煌图景。这对那些至今仍陶醉在以往功成名遂的企业家来说，不啻是一剂清醒药。

　　该书获得了各界的高度评价。《华尔街日报》评价说："哈默用简练而鲜明的笔触、精彩的事例阐述了企业管理理念。最重要的是他大声疾呼，坐而论道不如身体力行。值此经济饱受世界不稳定因素影响之际，他的呼吁更显得意义深远"。霍尼韦尔国际有限公司董事长兼首席执行官拉里·伯西迪也曾经说过"迈克尔·哈默又一次率先打造了一整套既具有实用性和针对性，又易于人们理解、具有前瞻性的、教育人们敢为人先的观点。鉴于世界经营活动的竞争继续加剧，CEO 将会更好地倾听迈克尔·哈默的这些建议"。

内容解读

1. 行动纲领 1：以客户为企业的经营导向——成为易于做生意的企业

易于做生意意味着从客户的角度来看待交易环节上的所有问题。也就是说，要简化一切浪费客户金钱的手续，消除一些消耗客户精力的多余环节。把握易于做生意的关键就是把产品价格看作客户支付的全部费用的一部分：客户还要同销售代表打交道，核准订单、接受货物、查验和登记存货，接受和核准发票等。客户需要为所有这些事情支付费用，在有些情况下，与厂商打交道的活动开支占据了客户实际支付费用很大的一个比例。

哈默总结了成为易于做生意的公司的 6 个高招：

（1）对客户保持始终如一的态度。一贯延续的经营模式和公司各部门之间相互封闭的现状造成了许多公司不能对客户保持始终如一的态度。与这样的公司打交道，不仅要支付额外的费用，还要耗费很多时间。组织一支综合团队是最有效的解决方法，这支团队为客户解决从产品到服务的所有问题。

（2）依据客户特征进行细分，以不同的方式对待不用的客户。以不同的方式对待不同的客户不仅适用于新工作，同样也应该扩大到企业的其他经营环节。许多消费品制造商开始认识到，不同的客户需要以不同的方式对待。例如，小型客户强调供货越快越好，这将有助于他们减少库存。

（3）事先预测客户的需求，提前做好准备。

（4）不让客户感到与你交往有些生疏感，使客户的体验无懈可击。

（5）发挥客户自我服务的威力，让客户自己动手。

（6）采取以客户为核心的考评措施，以客户真正关心的事情为考评的重点。

2. 行动纲领 2：为客户提供他们真正想要的东西——提供更多的附加值（MVA）

（1）把自己看作解决方案的提供者，而不是产品或服务的提供者。以产品为中心的传统经营观念往往会把你和你的产品摆在第一位，却把你的顾客摆在第二位，自以为你的客户实际需要的正好是你制造和销售的。其实，你的客户真正关心的是他们自己，在他们看来，你存在的唯一理由是你具有改善他们生活和他们企业的能力。在客户经济时代，你不仅仅为客户提供产品和服务，你必须帮助他们解决问题，以使他们向你要产品或服务，即为他们提供更多的市场附加值（MVA）。

（2）区分你出售的和你的客户购入的。所有的消费者，无论是个人还是企业，都有需要解决的问题，无论你提供多么好的产品或多么优质的服务，毫无例外地只能解决一部分问题。在产品商品化和消费者权力扩张的世界里，成功的关键在于把你关注的重点从自己和你的产品转向你的客户和他们要寻求的解决方法。

（3）放宽视野，正确对待你的客户潜在的问题，不要仅限于你自身和你所提供的产品方面的问题。

（4）看看你的客户用你提供给他们的东西做了些什么，替他们做这件事，或帮助他们做这件事。

3. 行动纲领 3：业务流程至上——使追求优异绩效的愿望变为现实

20 世纪 80 年代，哈默发动了一场"企业再造"运动，主要目的是推动企业对经营模式进行根本性的变革，从最基层的地方出发，思考企业经营的全部问题。哈默认为，最能够准确表达"企业再造"理念的词汇是"过程"，对企业来说，就是在经营中实施"业务流程"。

简单地讲，"业务流程"就是企业实现客户效用的手段。客户希望从企业得到的正是效用、价值。"业务流程"是一个技术术语，它具有准确的定义：有组织活动，相互联系，为客户创造能够带来价值的效用。第一，业务流程是一组活动，而不是一个单独的活动。第二，整个业务流程中的各项活动各有特点，不允许随意安排，它们之间相互关联，结构严密。任何处于业务流程之外、与整个业务流程没有关系的活动不包括在内，流程之内的活动也不能不按规定随意执行。第三，业务流程中所有的活动必须在一起进行，向着同一个目标。完成不同阶段工作的人必须围绕着一个目标把所有的活动联系起来，而不是只关注自己的任务。第四，业务流程本身不是最终目的，它的目的是把所有的活动整合起来，形成一个有机整体。

协作和组织是业务流程中的两个关键。首先，应做到"精心组织"，对业务流程进行具体而周密的安排，从而确定绩效的提高并非即兴之作或偶然的巧合。业务流程需要设计一个总体框架，在这个框架下确定需要完成的各项工作，然后将这些工作进行细分，确定具体的执行者、实施时间、操作地点。其次，是"协同作战"，指要创造一种环境，使置身其中的实施业务流程管理的人员能够围绕同一个目标连在一起。如果参与工作的人缺乏共同目标感，每个人的工作将不可避免地与别人的工作重叠，所以每个人只盯着与自己所在部门的目标相关的事情。创建实施业务流程的企业，需要做好以下几个方面的工作：

（1）坚持实施首尾相接的业务流程，为客户创造一切价值。

（2）确保每个员工了解业务流程，清楚自己在其中肩负的责任。

（3）任命业务流程负责人，由他负责考核、协调和改进业务流程。业务流程负责人的工作包括设计流程、考核业务流程执行情况、通过教育使参与业务流程的人员理解实施业务流程的意义、为他们提供完成任务所需要的资源等等。业务流程负责人必须是组织内最高层经理之一。

（4）围绕业务流程将硬件设施、奖励制度、组织结构进行整合，创建对业务流程持欢迎态度的企业。

（5）发展团队文化，培养共担责任的精神。

（6）建立业务流程委员会，防止用业务流程所具有的流动性取代职能部门的结构性。

（7）从业务流程的角度对所做的工作进行管理，使公司更加出色。

（8）使业务流程成为企业存在的一种方式。

4.行动纲领4：乱中求治——使创新工作系统化

（1）弄清出类拔萃的产品和英雄式人物到底能起什么作用。有关美国的神话认为，各种产品都是由一个个工作在实验室的业内精英开发的，是这些天才人物突发灵感，并将其灵感转化为具有实用性的革新成果。天赋和灵感是必要条件，但不是充分条件。如今，要创造并生产一种新产品需要许许多多具备各种技能的人通力合作。销售和开发新产品根本性的工作必须建立在规范和结构化的基础上，必须由非正式的工作方式向有条不紊的工作方式转变。这些出自本能的活动必须要变成充分展开的、系统化的业务流程。

（2）用业务流程的力量调节员工的创造力。对许多人来说，业务流程的吸引力和影响力原则上来自其功能交叉性，也来自于其协调统一性。通过将力量集中于一环扣一环的工作顺序，各个过程就会把所有部门的职能壁垒摧毁，从而省去非连续性过程所不可避免的支出成本。通过将关注重点放在客户和共同的结果上，业务流程所思考的问题就是使组织中的每个人都能各司其职，避免出现各种不协调的投机性目标，避免出现不匹配的考核体系。

（3）通过详细的业务流程设计使改革得以重复进行。没有一个普遍适应的具体流程，但可以通过描述在某方面做得比较出色的公司的业务流程，向人们展示如何将规范应用于看上去没有特定结构但却充满"创新"的领域。

（4）不要让员工认为业务流程会与其创造力发生冲突。

（5）坚决推行规范化和通力协作的流程。将规范和结构引入到混乱的环境中后，员工们更少依赖运气，更少依赖英雄式的人物和非凡的精英。另外，规范还可以使企业得到妥善的管理。有了规范，开展业务就不再是一种掷骰子游戏，它会是一种可考核的、可实施管理的、可控制的和可得到改进的工作。但是，得到这些益处是要以组织文化的巨大变化为代价的。

5. 行动纲领5：重视工作绩效的测定——使测定工作成为管理的一个组成部分，而不是数据统计的一项任务

（1）将测定工作与数据统计分开，使之成为每位经理工作的一部分。在经营理论领域，测定是一种很重要的管理工具。工作绩效的测定结果应该能为管理者提供一些很有价值的有关公司运营状况的最新信息，管理者可以利用这些信息在改善公司运营方面作出有效的决策。然而在现实世界里，公司的测定系统只是在传递一大堆几乎毫无意义的数据，不仅特别冗长枯燥，而且有些数据根本没有什么用。

（2）抛弃从过去继承下来的测定数据。测定系统第一个先天不足之处就是过于倾向财务工作。"使用财务测定结果来管理公司犹如看着后视镜驾驶汽车"。对于如何在未来取得更好的绩效，经理们却可能心中无数。传统测定系统的第二个问题是对非财务性质工作进行细分，但这种细分毫无逻辑可言，所测定的各个项目与公司所有预期的结果之间并没有某种清晰确定的联系。

（3）开发出能将全部目标与可控制的特定事物相关联的业务模型。需要一种新的方法来进行测定，其中之一就是与客户的需求相协调。这种方法基于这样一种认识：测定工作事实上应是管理的基本组成部分，而不是统计工作的一部分。最重要的不是测定，而是改进工作。测定既不是工作的终结，

也不是为测定而测定，而应该是加强企业绩效整个系统的一部分。因此，当代测定系统在环境缺乏理性和目标不明的情况下就不应提供任何数据；必须建立在认真地对企业进行全面分析的基础上，测定应将企业的目标与经理们及一线员工所控制的任务联系在一起。

换言之，当代测定系统是建立在两个基点上：一是正式的、结构化的以及量化的业务模式。该模式能使经理们调动公司的所有资源，从而保证公司实现其最主要的一些目标。二是仔细认真地利用测定数据改善企业绩效的具体步骤。这是一种结构化、集中化的计划安排，目的是为了利用测定信息来弄清绩效不高的原因，然后做一些相关事宜。

（4）设计具有目标性、及时性、易于计算和理解的测量值。

（5）将不断进行的绩效改善工作整合为规范的、基于测量的过程，通过这一过程使改善绩效成为一种无法回避的工作。

（6）让事实和测定结果胜过直觉和雄辩。

对于工作的测定和改进，有两点需要补充说明。第一，与测定业务模型指标所需要的计量值设计有关。优秀的测定工作必须做到准确，应能对实际具备的条件进行描述。测定工作一定要客观，能使人易于理解，还应易于沟通和接受。第二，如果在极不和谐的环境中使用世界上最精确的测定系统，那么这样的系统也会失灵。为了促使绩效改善，更多的是创建业务模型和使用测定数据，而不是侧重求助于技术。创建业务模型和使用测定数据代表了经理们在怎样看待自己，看待业务方面态度上的基本转变。它需要有一种对业务的客观看法，也需要一种认识：测定工作并不是在事后进行统计，而是经营业务的一种基本整合要求。它一定要得到文化方面的支持：重视客观现实要胜过头脑想象；脚踏实地改善工作要胜过一事无成寻找借口；诚实而不要推卸责任等等。

6. 行动纲领 6：无结构化管理——从结构模糊化的威力中受益

（1）抛弃那种独立设置部门并由经理自主经营的理念。

（2）重新将经理定义为代表市场、产品或业务流程的负责人，而不是将其定义为对这些任务实施完全控制的人。制定管理团队和公司的规则，不要有任何例外。教会经理首先应考虑公司的需求。提供的奖励要重团队，轻个人。

（3）用具有激励作用的领导层取代正式结构的领导层。从传统来看，主管人员为了应对公司的规模和复杂问题，普遍采用将公司设置成一个个独立部门的方法，然后再安排不同的经理管理各个部门。虽然这样的安排确实能做到分工明确、各司其职，但也会使分工趋于过分狭窄。分而治之的方法对组织来说已经变成了分而被治。

事业部制（Strategic business unit，简称 SBU）的思路已经在经营管理领域变成了一种标准。事业部制的弊端是：如果每个事业部都自主经营管理，那么，公司作为一个整体，其目标、理性和贡献又会体现在哪里？最近 10 年来，环绕在事业部周围的壁垒虽然对其起着保护和界定的作用，但也已经裂缝百出。第一条明显裂缝源自"共享服务"理念的出现。共享服务中心（Shared Services Center，简称 SSC）是一个集中管理各部门中性质相同工作的团队，为整个企业开展交易活动，避免重复。现在，事业部对向其提供交易服务的共享服务中心不能起到管理或控制作用，相反，却是共享服务中心的客户。人们对事业部制的第二个不满发生在为了应对客户不断升级的要求简化业务的过程中。如果一个事业部结构使内部管理活动更加简练的话，那么，往往也就会使客户的业务活动变得复杂起来。事业部的第三条裂缝涉及业务流程的标准。

共享服务中心、统一面向客户以及业务流程标准所反映出来的问题表明：任何两个"相互独立的"经营单位都不可避免地会出现职能重叠、相互争抢客户、争产品线、争后台活动或前台办公的情况。然而，针对事业部结构问题的解决方案并不是通过更多的结构来发现，而是通过无结构化去寻求。这种新的无结构化组织要求不同类型的经理掌握一套新的技能。在没有严格的等级制度和绝对权威的条件下，经理们只能通过施加影响、与他人合作，而不是通过发出命令就可以完成各项任务。

这种新型组织表面上是有结构的，而本质上却是无结构的。它具有非同寻常的灵活性，对形成的需求也异常敏感，它只需要很少的管理费用就可有效地使组织运作起来。但它的优势也是其弱势。对主管人员来说，其管理范畴没有明确的表述，其所控制的管理线路也不清晰，这可能滋生一种环境：缺乏明确的职责分工，管理安排内容容易被各种理解上的歧义所掩盖。所以必须具备共享测定数据和目标这一先决条件才能使所需要的协作模式避免危险。

7. 行动纲领 7：将重点放在最终客户——把分销链变成利益共同体

　　为了最终客户的利益而分销，而不是向最终客户推销。

　　（1）使最终客户以最小的代价得到最大的价值，这是头等重要的工作。

　　（2）将分销渠道变成团结协作、实现共同目标的利益共同体。

　　（3）使用互联网实现信息共享，使交易效率更高。

　　（4）确保利益共同体中每个参与方都尽力而为。

　　（5）简化工作，特别是将产品的重复性购买和再次销售活动去掉。

　　（6）准备好以非常规方式重新确定传统的角色。

　　在客户经济条件下，每家公司必须要知道和了解自己的客户，必须与客户形成强有力的联系，但是公司被分销渠道将其与真正的客户隔开了。分销渠道形成了一道模糊不清的屏障，只有极少量的信息才能透过。产品的生产商对自己的产品了如指掌，却对客户几乎一无所知；另一头的中间商对客户的一切了然于胸，而对产品知之甚少。当信息不能通过该渠道时，各方都会深受其害。

　　在20世纪最后几年，许多公司受到"非居间化"的诱惑而误入歧途。"非居间化"原意是指："从银行提款直接进行证券投资"。"非居间化"的核心是不要中间环节，也不要在公司与客户之间斡旋的中间人。从理论上讲，公司通过"非居间化"，成本可能会降下来，服务可以得到改善，库存可以减少。但事实上，对多数产品来说，分销商并不只是增加了成本，而且还能增加商品的价值。中间商帮助消费者选择并学会使用产品，提供各种支持和维修服务等等。

　　所以，在创建使最终客户价值最大化、同时使成本最小化的分销系统过程中，为了各自的利益，生产商及其中间商必须要协作，相互取长补短。我们必须由表及里来思考分销渠道——就是从最终客户的角度开始——而不是从内到外考虑。我们不应再是向客户推销，而应把销售看作是为了客户的利益。

　　"分销渠道或分销链"这一术语会让人想起线条图案，生产商和最终消费者在长线的两端，互不相见。也许在客户经济时代更好的表述应该是"分销利益共同体"（distribution community）。分销渠道的动力来自于客户之所需，受制于新技术的发展水平，它正在演进为一种利益共同体，即共同携手合作，满足最终客户需求的公司群体。当然，新的问题也将浮出水面，比如，怎样在利益共同体内分配最终客户的付款？过去的成本加成增量定价法将不再适用，我们在用创新性想法解决新问题方面充其量还处于半成熟状态。

8. 行动纲领 8：推倒公司的外"墙"——竭尽全力与其他公司全面合作

公司之间业务流程的再造与整体化：

（1）通过公司之间业务流程的再造，根除额外的管理费用、成本及存货的剩余源头。

（2）使自己公司的业务流程与客户、供应商的相应流程之间的联系流畅化、整体化。

（3）重新定位公司之间的工作，以便于每项工作都能由最擅长的公司来完成。

（4）通过数据信息在公司之间的公开共享来进行业务协调。探求与共同客户及共同供应商合作的机会。

（5）勇敢地面对公司之间的合作和信息共享所带来的文化大挑战。

在 20 世纪 90 年代，我们明白了要拆除公司的内"墙"，现在我们了解到公司的外"墙"同样需要拆除。为了合并、简化和重新设计彼此之间的业务流程，公司的新任务就是要消除自己的界线。整个公司是更大的公司间的业务流程的组成部分，正如公司内的不同部门是更大的业务流程的组成要素一样。公司之间的业务流程中存在着大量的、不必要的管理费用，而消除它的关键就是要以细致全面、连续不断的观点来看待这些业务流程。任何公司都不是孤岛，公司不可能因挫败自己的供应商和客户而取得胜利。只有对大家都是最有利的事，才会最终会给各方都带来最大的利益。

一旦认可了公司之间存在着业务流程，我们就能开始对其进行再造而改善其绩效了。有 3 种方法：①使不同公司内的部分业务流程的联结更为流畅，这样就会减少时间延误，取消冗余行为，降低成本并减少错误。②超越公司的界线来进行工作转移（即通常所说的外包）。③信息共享，即两家公司使用同样的信息数据。

公司之间业务流程整合的范例多数都来自于供应链的管理领域。接下来席卷公司的巨浪可能就是产品联合开发：当产品还处于研制开发的过程中时，供应商，甚至是客户就会以网络为基础共享有关信息。紧随其后的另一股巨浪将会把公司之间的业务流程合并拓展到以前从未接触过的领域。"共同供应商"（co-supplier）的"共同"（co）既可代表"互补"（complementary），也能表示"合作"（collaborative），就是向同一客户提供产品或服务的不同供应商；与之类似的"共同客户"（co-customer）指的是从同一名供应商那里购买原料的不同公司。互联网促使公司寻找自己的合作伙伴，并使它们能够像一家购买范围扩大的大型公司一样地与供应商打交道。因为共同客户能够利用电子市场联合起来应对供应商：利用"价格发现"（price discovery）找出能够提供更低价格的供应商，再寻得"需求群体"（demand aggregation），并利用"动态定价（dynamic pricing）把该供应商的价格压得更低。而共同供应商之间通过合作可以彼此协调，以更好地满足他们同时服务的客户的需求。推倒公司的外"墙"，实施公司之间业务流程的整合的基础是公司态度及文化的转变。必须改变旧有的观点，把自己的供应商看作是在与自己进行一场利益此消彼长的比赛对手，一方的获利是以另一方的损失为基础。现在，公司与供应商共处于一个业务流程中，自己的目标不是把成本和经营风险转嫁给对方，而是要齐心合力将其从业务流程中削减出去。

9. 行动纲领9：企业拓展——虚拟整合，而非垂直整合

强化极具进取性的整合构想：

（1）不要把自己看作是自我供给的公司，而是应该视自己为密切合作以为客户创造价值的、拓展了的公司企业的一部分。

（2）以执行的业务流程，而不是以创造的产品或服务来定义自己的公司。

（3）确认并强化自己从中胜出的关键业务流程。

（4）把自己不擅长的其他所有事务都转让给更有能力做这些事的公司。

（5）学会与其他公司密切合作，而不要只是单干。

（6）随时准备以必要的方式重新考虑自己公司的特色与策略。

亨利·福特对于经营哲学的许多论断中孕育着当代的理念，但是他对经营思想长久影响中最典型的或许就是"垂直整合"（vertical integration）。1917年，福特开始在底特律附近创建大型综合企业 River Rouge。来自远东的满载铁矿石、煤和粗橡胶的运输机和列车驶入 River Rouge，出厂的则是准备上路的新福特汽车。因为福特认为，企业控制的价值链的环节越多，它保留的利润也越多。为什么要购买拿走自己利润的零部件制造商的零部件呢？为什么不自己制造零部件从而保留那份利润呢？

随着20世纪的逐渐消逝，纯垂直整合的理想变得难以实现了。第一，因为政府的反托拉斯主义者因担心对一条价值链的完全控制会导致市场影响力的过度集中而出面干预。另外，稀缺资本的现状也与完全垂直整合的追求

有所冲突。投资团体已经不再看重企业通过垂直整合来竭尽全力地获取价值链中的全部利益了。因而，现在垂直整合正被与其性质相反的对应物"虚拟整合"所替代。经过虚拟整合后形成的企业不再独自承揽创造一种产品或是提供一种服务所涉及的全部工作，而是集中精力从事其中的某一些，即那些它做得比其他任何企业都好的工作。在行动纲领8的讨论中，企业间的墙已经受到了冲击，如今通过虚拟整合，使整个墙崩塌了。虚拟整合代表了关于企业如何运作的众多主题的最高集合点，第一个就是行动纲领2讨论过的扩大能够为公司增加价值的客户概念。你为客户做得越多，你为他们承担的工作就越多，而你找到区分彼此界线的难度也就越大。第二，是企业之间的合作与业务流程整合。Internet使得公司能够改变联结自己与客户、供应商以及其他相关各方的业务流程。第三，外包和核心竞争力的结合使得虚拟整合有了突飞猛进的发展。不断壮大的能够为企业增加价值的客户、企业之间的合作、核心竞争力驱动的外部资源利用，把这三个要素合而为一，其结果就是整合：多家公司共同合作以创造通常由一家公司达成的成果。就每家公司内部来讲，进行整合的各方都知道自己是在与多家公司合作。然而从客户的观点来看，事事配合得如此之流畅，以至于多家公司似乎只是一家。随着虚拟整合的日益发展，公司将需要培养一种新能力：与供应商、客户、共同供应商及共同客户开展流畅的协作。行业标准将会在规定公司之间如何相互作用方面发挥更大的作用。

 ## 拓展阅读

迈克尔·哈默出生于1948年，先后在麻省理工学院获得学士、硕士和博士学位。曾经担任IBM软件工程师，麻省理工学院计算机专业教授，以及Index Consulting集团的PRISM研究负责人。

1990年，哈默在《哈佛商业评论》上发表了一篇名为《再造：不是自动化，而是重新开始》的文章，率先提出企业再造的思想。1993年，他与人合著的《再造企业：经营革命宣言》一书出版，迅速成为国际畅销书，连续6个月被《纽约时报》列为非小说类的头号畅销书，并在出版的当年被译成14种不同语言的版本向世界各国传播。该书明确提出了再造理论概念，一场蔚为壮观的企业流程再造革命由此达到了高潮，企业再造工程由当时的北美与西欧开始向全世界迅速蔓延，在全球刮起一股企业再造旋风。以后，他们又陆续出版了《再造革命》（1995 年）、《管理再造》（1995 年）、《超越再造》（1996 年）等著作，丰富和发展了企业再造理论以及他最新的一本书《企业行动纲领》（2001）。

2008 年 9 月 3 日，迈克尔·哈默去世，享年 60 岁。

49 《国家竞争优势》

迈克尔·波特

 经典速读

《国家竞争优势》一书堪称20世纪90年代以来，战略管理领域又一宏伟的理论著作。它的问世，为产业及国家层面的竞争优势理论研究和实践指导提供了有效的分析工具。

经过了11次印刷并被翻译成12种语言版本之后，《国家竞争优势》完全改变了我们原来对财富在现代全球经济中是如何形成和保持的观念；同时，它对于国际竞争力创始性的研究影响了世界各国的国家政策，也改变了各城市、各企业，甚至像中美洲这样的地区的思想和行为。

《出版商周刊》给予《国家竞争优势》一书极高的评价：这一本意义深远、卓越非凡之巨著的问世，使企业管理者、经济学家、政策制定者以及普通读者能够各取所需。《当代商业》也曾经指出：《国家竞争优势》注定成为该领域的经典之作。

本书基于对美、英、德、意等10个主要贸易国家的研究，提出并解释了"为什么基于特定国家的企业在特定的产业领域获得了国际性的成功，而其他产业或国家却无此幸运"这一核心问题。波特教授从以下3个方面展开分析，来试图回答这一问题：第一，为什么有些国家能在国际竞争中取胜，而另外的国家却失败了；第二，为什么某些国家可以成为它在一个产业领域的国际竞争中取得持续胜利的大本营；第三，我们应该怎样帮助不同的企业和政府选择更好的竞争策略，以及更合理地配置和使用自然资源。全书的架构体系围绕这些议题展开，共分为 4 篇 13 章。第一章具有导言性质，将本书引入主体。然后，作者分别从理论篇、产业篇、国家篇与应用篇逐层展开：第一篇根据对 10 个国家、上百种产业的历史研究，归纳出"钻石模型"体系，以分析国家如何在特定领域建立竞争优势；第二篇则以这个理论框架解释国家如何在一些产业中发挥它的竞争优势；第三篇是应用这个理论框架，对比产业成功与失败的形态，分析产业形态的变迁，进而建立一个能够解释国家整体经济优势的完整框架；第四篇将这个理论框架应用到企业战略与国家政策上。最后一章讨论了所研究的国家在未来的经济发展中将会面临的重要议题。

 内容解读

1. "钻石模型"分析方法——从比较优势到竞争优势的飞跃

《国家竞争优势》将以"钻石模型"为重要分析工具的国家竞争优势理论与比较优势理论做了区分和对比。比较优势理论实际上也是一种竞争理论，不过它强调的是一国处于相对优势的行业和产品参与国际竞争，而不是一国的所有行业和产品都参与国际竞争，形成整体竞争优势。

"钻石模型"认为竞争力和国家繁荣不是一个零和游戏。作为一种理解国家或地区（包括省、市级别区域的）全球竞争地位的全新方法，国家竞争优势理论的中心思想是一国兴衰的根本在于国际竞争中是否赢得优势，它强调不仅一国的所有行业和产品参与国际竞争，更为重要的是要形成国家整体的竞争优势及其条件的促成和创建。而国家竞争优势的取得，关键在于以下相互作用、动态连接着的四个基本要素和两个辅助要素的共同作用（如图 1 所示）

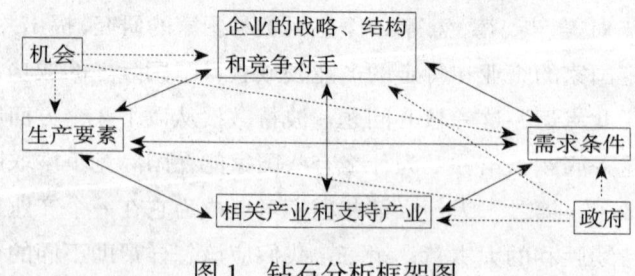

图 1　钻石分析框架图

四个基本要素分别是：

（1）生产要素：一个国家在特定产业竞争中有关生产方面的表现，如劳动力素质或基础设施的良莠不齐。生产要素包括人力资源、自然资源、知识资源、资本资源和基础设施。生产要素可以有初级和高级之分，也可以分为有利的生产要素和不利的生产要素，怎样创造出高级的有利的生产要素，直接关系着特定国家竞争优势的获取。

（2）需求条件：本国市场对该项产业所提供产品或服务的需求如何。需求条件确切指本国内的市场需求条件，包括国内市场的性质、国内市场的大小与成长速度、从国内市场需求转换为国际市场需求的能力。国内市场需求条件是产业发展的动力，将刺激企业的改进和创新。

（3）相关产业和支撑性产业：这些产业的相关产业和上游产业是否具有国际竞争力。形成国家竞争优势的第三个关键要素是，当这个国家和其他国际竞争对手比较时，能够提供更健全的相关和支撑性产业，特定产业的潜在优势是因为与它的相关产业具有竞争优势，因为相关产业的变现与能力，通过"提升效应"自然带动本产业的创新和国际化。

（4）企业的战略、结构和竞争对手：企业在一个国家的基础、组织和管理形态，以及国内市场竞争对手的表现。除此之外，在国家环境与企业竞争力的关系上，还有"机会"和"政府"两个辅助要素。作为竞争的条件之一的机会，一般与产业所处国家环境无关，也并非企业内部的能力，政府也不能影响它。引发机会的事件很重要，因为它会打破原本的状态，提供新的竞争空间。引发机会的事件也会影响到钻石模型中的各个关键要素本身的变化，对不同国家而言，"机会"所创造的影响有好有坏。政府与其他要素之间的关系既非正面，也非反面。政府与4个要素之间相互影响，政府政策不仅将直接影响其他关键要素对国家竞争优势的作用，同时也受到环境中其他要素的影响。

钻石模型是一个互动的体系，它内部的每个因素都会强化或改变其他因素的变化。全书的核心思想，即如何评价和提升产业乃至国家竞争力的方法和工具便是"钻石模型"，同时它也贯穿始终，在实证分析中证明了它的独特价值和魅力所在。

2.服务业与国家竞争优势

服务业近年来取得了飞速的发展，经济地位也日益提高。服务业发展的重要结果是，大多数国家的内部出现了一个大规模且快速成长中的服务业部门，新式的服务业不断诞生，更大更专精的服务企业形成气候。服务业的地位不仅在国家经济中显著改变，也为它步入国家竞争铺平道路。

服务业的国际竞争主要分成以下3种形态，这三种形态往往被混合使用：①顾客以旅行方式在他国购买劳务。②服务企业派遣母国总部人员和设备到其他国家提供服务。③服务型企业通过国外分支机构，雇用当地人或者侨胞，为该国提供服务。受到各国服务需求相近、顾客变得更加流动与信息灵通、规模经济和区域市场兴起、服务人员流动性高、与远方顾客互动能力增强、各国的服务成本、质量和服务种类仍然存在着明显差异等因素的驱动，服务业的国际竞争范围和重要性正在持续增加。

制造业与服务业关系密切，它们之间互动性极强。服务业与制造业在顾客/供应商关系、服务依附于产品和产品的销售依附于服务这三类依存关系上，强度和持久力方面并不相同。但是，制造业国家的竞争优势和各项关键要素同样适用于服务业。

在服务业的竞争中，生产要素的角色必须依各服务业的国际竞争形式而定，但是高素质的人力资源对于任何国家的服务业都非常关键；对服务业的国家竞争优势而言，需求条件可能是当今最具影响力的一个决定性因素；与制造业一样，当服务业的相关产业具有国际竞争优势时，服务业本身往往得到强化与提升；国内同业竞争强度如何，直接关系到国内服务业的竞争力培育。

服务业与制造业一样，也具有地理集中性，并且可以获得地理集中性带来的竞争优势，服务业是整个产业集群中不可缺少的一环。竞争性的服务业有助于孕育或提升供应商和顾客所属的产业，而竞争性的制造业也会刺激相关的服务业在国际上的成功。

3. 国家经济发展的4个阶段

波特认为，国家经济发展可分为4个阶段，即生产要素导向阶段、投资导向阶段、创新导向阶段和富裕导向阶段。其中，前3个阶段是国家竞争优势发展的主要力量，通常会带来经济上的繁荣，第4个阶段则是经济上的转折点，有可能因此而走下坡。

1）生产要素导向阶段

在经济发展的最初阶段，几乎所有的成功产业都是依赖基本生产要素。这些基本生产要素可能是天然资源，可能是适合作物生长的自然环境，也可能是不匮乏且又廉价的一般劳工。这个阶段中的钻石体系，只有生产要素具有优势。在这种条件下，只有具备相关资源的企业才有资格进军国际市场。

2）投资导向阶段

在这一阶段中，国家竞争优势的确立以国家和企业的投资意愿和投资能力为基础，并且越来越多的产业开始拥有不同程度的国际竞争力。企业有能力对引进的技术实行消化、吸收和升级，是一国达到投资导向阶段的关键所在，也是区别要素导向阶段与投资导向阶段的标志。

3）创新导向阶段

在这一阶段，企业在应用并改进技术的基础上，开始具备独立的技术开发能力。技术创新成为提高国家竞争力的主要因素。处于创新导向阶段的产业，在生产技术、营销能力等方面居领先地位。有利的需求条件、供给基础及本国相关产业的发展，使企业有能力进行不断的技术创新。在重要的产业群中开始出现世界水平的辅助行业，相关产业的竞争力也不断提高。

4）富裕导向阶段

在这一阶段，国家竞争优势的基础是已有的财富。企业进行实业投资的动机逐渐减弱，金融投资的比重开始上升。部分企业试图通过影响和操纵国家政策来维持原有的地位。大量的企业兼并和收购现象是进入富裕导向阶段的重要迹象，反映了各行业希望减少内部竞争以增强稳定性的愿望。

4. 政府政策对竞争优势的影响

政府政策会影响到国家竞争优势，并且，它的影响有正面的，也有负面的。虽然政府在创造和保持国家竞争优势上扮演重要角色，但它的效果是有限的。一个产业如果缺少基本的、具有竞争优势的环境，政策再好也不能起到应有的作用。政府并不能控制国家的竞争优势，它只能通过微妙的政策来影响政策优势。

发展能够提高生产率的人力资源与资本是政府制定产业政策的主要目标。政府要达成这个目标，在制定相关政策时，应注意以下前提：

（1）从事产业竞争的是企业，而非政府。

（2）产业的国家竞争优势是比较的而不是绝对的。

（3）竞争优势来自长久的活力。

（4）国家需要产业发展能带动经济繁荣。

（5）展现国家竞争优势的产业通常具有地理集中性。

（6）一家新公司成立之后，一般三四年即可步入正轨；而一个产业要形成国家竞争优势，则需要 10 年或更长的时间。

（7）一国的优势在于其他国家的差异性，而非一致性。

（8）形成国家竞争优势的产业与各种产业分类方式，并无关联性。

（9）对企业和员工而言，持续竞争优势的过程并不轻松。

利用国家钻石模型分析框架来定位政府角色，可以从以下 4 个方面来考察。

1）政府政策对生产要素的效应

政府最传统同时也是最重要的角色就是创造和提升生产要素，包括具备熟练技术能力的人力资源、基础科学、经济信息和基础设施等。一个国家要从生产要素中获得优势，现在拥有什么资源并不重要，重要的是有没有一套能持续提升生产要素的机制，而政府通常被视为生产要素的发动机。政府在创造生产要素中，在大力发展教育和培训、促进研究与发展、大力进行基础设施建设、广开资本渠道、进行信息整合以及适当运用货币市场政策来促进生产要素的创造与提升等方面，都起着不可替代的重要作用。

2）政府政策对需求条件的效应

传统上，政府以公共部门开支、控制产品种类，或以成本与信用等方面的政策影响国内市场需求，这些都属于总体经济政策的努力。政府提升国内需求的最直接的手段是采购民间的产业和劳务，而对于国际采购，其产生的效果则是利弊各半；政府还可以通过规范产品和标准影响需求条件，并且，当政府以领先客户的挑剔姿态出现时，将对各产业的发展产生极大的正面推动效应；政府还可以通过政策刺激优先性需求来失去某个产业的发展；政府通过设定技术标准，也会影响创新速度和提高产业水平；最后，政府对外援助也是它影响本国需求条件的可行途径。

3）政府对相关与支撑性产业的效应

政府政策在扩张相关产业的国际市场，以及发展整体竞争优势上，也扮演着重要的角色。政府在企业可以加以运用的各种宣传自身的媒介，包括电视、广播、杂志、报纸、邮购和电子购物系统等，有着强大的影响力；政府政策还有助于形成与强化产业集群，为了促进竞争优势，政府最好在提升产业集群、客户、供应商和相关产业等政策上齐头并进；另外，政府也可以通过区域发展规划来达到相关产业发展的目的。

4）政府对企业战略、企业结构、同业竞争的效应政府政策会影响到企业如何成立、组织、管理、企业的发展目标和竞争方式。政府通过引进外商、汇率和进口管制等规范机制，可以在企业全球化过程中扮演重要的角色；国家竞争优势要能扩散开来，无论企业或个人都必须要有目标借以鼓舞士气，并保持对产业的忠诚度。政府可以通过财税等相关政策影响国内的劳动市场、通过"社会地位的晋升"等手段达到影响个人发展目标的目的。同时，政策可以通过对投资者目标、公司组织形态、资深经理人的专业等反面的影响来对企业发展目标施加作用。

实际上，上述四个方面中，政府在产业发展中最重要的角色是保证国内市场动态良性的竞争状态。禁止企业合并或购并、制定竞争规范、适当运用保护政策，促进新进企业进入等都是政府通过政策营造良好的国内竞争环境的途径。

另外，政府的角色不是一成不变的，它应该随着国家经济的不同发展阶段有相应的变化。政府在国家竞争优势上，影响最直接也最大的是在生产要素驱动与投资驱动阶段，而当国家希望从早期的投资驱动进入创新驱动阶段时，企业必须成为发展动力的主角。在此阶段，政府必须快速淡出，基本任务是创造企业持续创新和保持动力的环境。除非政府的产业政策随时配合国家发展步调，否则将会阻碍产业竞争力的提升。

 ## 拓展阅读

《国家竞争优势》蕴涵了 20 位研究人员近 4 年时间的研究成果，研究对象包括至少 10 个国家和上百个产业，涉及理论跨越多个学术领域。无论从内容与组织上，或是从理论运用上，还是从引例与剖析上，都可当作学者著书立说之典范。

在本书出版之前，波特的理论已经指导了新西兰和其他地方国家竞争力的重新评估。他的观点和亲身参与研究形成了一些国家和地区的战略，如荷兰、葡萄牙、哥斯达黎加和印度等国家以及中国的台湾，美国的马萨诸塞州、加利福尼亚州和西班牙的巴斯克等地区。上百种集群战略已经在全球遍地开花了。在激烈的全球竞争时代，这本开拓性的关于国家新财富的书已经成为衡量未来所有工作必需的标准。

50 《营销管理》

菲利普·科特勒 凯文·凯勒

经典速读

一个学科的确立总有伟大思想者和他极负盛名的著作出现，如同亚当·斯密的《国富论》于经济学，彼得·德鲁克的《管理：任务、责任和实践》于管理学。对于营销学来说，菲利普·科特勒的《营销管理》便是无可争议的标志。在科特勒众多的著作中，这本《营销管理》无疑凝聚了他最多的心血，也是最为全世界所接受和赞扬的经典教材，被誉为"营销圣经"。

《营销管理》已再版 12 次，是世界范围内使用最广泛的营销学教科书，该书成为现代营销学的奠基之作，它被选为全球最佳的 50 本商业书籍之一。在大多数学校的 MBA 项目中，这本著作是市场营销学的核心教材，它改变了主要以推销、广告和市场研究为主的营销概念，扩充了营销的内涵，将营销上升为科学。在科特勒之前，市场营销是 4P 营销组合（product：产品；pricing：价格；place：地点；promotion：推销）的同义词，随着市场营销概念的不断拓宽，重新定义 4P 成为当务之急，本书的中心思想就是企业必须积极地创造并滋养市场。"优秀的企业满足需求；杰出的企业创造市场"，这是他的名言。全书共分 5 篇，其中第一篇致力于提供一个关于营销管理的基本图景，使读者对于营销管理有一个基础性的认识，其他 4 篇分别讲述营销机会的分析、营销战略以及涉及营销管理的主题内容。

 **内容解读**

1. 对营销管理的基础性认识

1）营销在组织行为中的关键作用

企业当今面临着几个主要的挑战。技术与通信进步使全世界各国走到一起进入全球经济。同时，许多国家仍然贫困，富国与穷国的差距在增加。公司必须对市场趋势做出响应，并对环境保护负有责任。如果它们想在全球市场上取得成功的话，它们必须以顾客为中心。

营销是个人和集体通过创造提供出售，并同别人自由交换产品和价值，以获得其所欲之物的一种社会和管理过程。营销者是某个寻找一个或更多的能进行价值交换的预期顾客的人。营销者并不创造需要，需要已事前存在于市场。营销者的工作是对一个实体产品，出售它所包含的利益或服务，而非产品本身。营销者应探索如何从其他人身上引出他的行为反应。由此可见，营销者不能局限于出售消费品，他还应广泛地"出售"创意和社会计划。

营销管理是计划和贯彻营销观念，对商品、服务与创意的实践和促销，以便与目标群体，即满意的顾客和组织目标，实行有创造性的交换活动。营销管理的本质是需求管理，它的任务是影响需求的水平、时间和内容。

组织在开展其营销工作时，会受到5种不同哲学的影响：生产观念、产品观念、推销/销售观念、营销观念和社会营销观念。营销观念的关键是认为组织的主要目标是确定目标市场的需要与欲望，并比竞争对手更有效和有力地传送满意。它首先要很好地确定市场，着眼于顾客需求，开展一体化地影响顾客的活动，通过顾客满意获取利润。

最近，由于世界人文统计和环境发生了重大变化，有人对营销观念是否适用提出了质疑。社会营销观念认为组织的任务是确定目标市场的需要、欲望和利益，并且在维护与增强消费者与社会利益上比竞争者更有效和更有利。这个观念要求营销者平衡三者的关系：公司利润、消费者需要的满足和公共利益。

由于营销管理对组织目标或利润的贡献是非常大的，它在业务界、非盈利部门和全球范围都获得了迅速发展。

2）通过质量、服务和价值建立顾客满意

顾客是价值最大化的实现者。他们塑造出一个价值期望值并实践它。购买者将从能提供他们认识的最高顾客让渡价值的公司购买产品，顾客让渡价值是总顾客价值与总顾客成本之差。这意味着销售者必须在总顾客价值和总顾客成本之间估算并考虑它们与竞争者的差别，以明确自己的提供物如何上市销售。如果销售者在让渡价值上没有优势，则应该在努力增加总顾客价值的同时，减少总顾客成本。前者要求强化或扩大该提供的产品服务、人员或形象利益；后者要求减少购买者成本。销售人员可以降低价格，简化订购和送货程序，或者提供担保减少顾客风险。

购买者满意是产品认知业绩与购买者经验的函数。一个高度的满意会导致高度的顾客忠诚。许多公司今天的目标是 TCS——总顾客满意。对以顾客为中心的公司来说，顾客满意既是目标又是营销工具。然而，一个公司主要目标不应该是最大化的顾客满意。为提高顾客满意而花费更多的钱可能会转移增加在其他业务伙伴上的资金，包括公司员工、经销商、供应商和有关利益方。

一个强有力的公司应在 4 个核心业务管理过程中开发优秀的技术能力，这 4 个过程是：新产品实现过程、存货管理过程、订单—付款过程和顾客服务过程。为了有效管理这些核心过程需要创建一个营销网络。在这个网络中，公司紧密地与所有生产和分销活动中的合作者结成伙伴，包括从提供原料的供应商到零售分销商。公司之间不再竞争——营销网络在竞争。

丧失有盈利能力的顾客会极大地影响利润。有人估算吸收一个顾客的成本是维持一个愉快的现成顾客的 5 倍。因此，营销的一个主要工作是保持顾客，保持顾客的关键是关系营销。为了使顾客愉悦，营销者应该增加财务或社会利益，以产生或创建在他们自己和顾客之间的结构性的关系纽带。但营销者也应该避免保留非营利的顾客。

质量是一个产品或服务的特色和品质的总和，这些品质特色将影响产品满足各种明显的或隐含的需要的能力。今天的公司，如果它想保持偿付能力和盈利的话，别无选择，只有执行全面质量管理计划。全面质量管理是价值创造和顾客满意的关键。

营销经理在以质量为中心的公司有两个责任：第一，他们必须参与制定旨在帮助公司通过全面质量管理而获胜的战略和政策；第二，他们必须在生产质量之外传递营销质量。每项营销活动——营销调研、推销员培训、广告、顾客服务等等——都必须执行高标准。在所有这些活动中，营销者必须紧密地与公司其他部门共同工作。

3）通过市场导向的战略计划赢得市场

市场导向的战略计划是在组织目标、技能、资源和它的各种变化与市场机会之间建立与保持一种可行的适应性管理过程。战略计划的目标就是塑造和不断调整公司业务与产品，以期望获得目标利润和发展。

高绩效的公司不断地满足甚至超过它们的利益方的期望，有效地管理和联结工作过程、内部资源与外部资源，发展并使企业走向成功的公司组织文化。

公司最高管理层应对建立战略计划过程这项工作负责。公司战略是建立一种框架，根据这个框架，各部门与业务单位编制战略计划。一个公司战略需要如下四项活动：

（1）确定公司使命。好的使命说明书集中在有限的目标上，强调公司的主要政策，并明确公司要参与的主要竞争范围。

（2）建立战略业务单位。一个战略业务单位在计划上能独立，有特定的竞争者和管理，能成为一个利润中心。

（3）为每个战略业务单位在市场吸引力和业务优势上安排资源。

（4）计划新业务和扩大现有业务。公司可以通过研究密集型成长（市场渗透、市场开发和产品开发）、一体化成长（后向、前向和水平一体化）和多样化发展（同心、水平、跨行业多样化）来确定机会。

每个独立的业务战略计划包括下列活动：确定业务任务，分析业务单位外部机会威胁，分析业务单位内部的优势与劣势，制定目标，形成战略（它可能包括参加战略联盟）；制定坚持性计划，执行计划，并收集反馈信息和进行执行控制。

营销计划工作过程分四步进行：分析营销机会；设计营销战略；计划营销方案，它要求选择营销组合；组织、执行和控制营销努力。

每个业务单位中的产品层次都必须编制营销计划以实现它的目标。营销计划是营销过程中最重要的产出之一，营销计划的内容包括：执行概要和要领；当前营销状况分析；产品所面临的机会与问题分析；计划中的财务与营销目标；为实现计划目标所要求的营销战略；为实现计划目标的行动方案的描述；预计的损益表；用于监督计划过程的控制方法。

2.分析营销机会

1）收集信息和测量市场需求

有3种发展使营销信息比过去任何时候更显得重要：全球营销的兴起，在购买者欲望上的新焦点，非价格竞争。

为了履行分析、计划、执行和控制的责任，营销经理需要一个营销信息系统（MIS）。该系统的作用是评估经理们的信息需要，开发这一需要的信息和及时的分配信息。

公司可以由自己来作营销调研，也可以聘用其他公司来作调研。营销调研的程序包括：确定问题和研究目标；制定调研计划；收集信息；分析信息和向管理层提交结论。在调研工作中，公司必须决定是自己收集资料还是使用现存资料。公司必须决定使用哪一种调研方法（观察法、焦点小组访谈法、调查法、实验法）和哪一种调研工具（调查表或仪器设备）。另外，公司还必须决定抽样计划和接触方式。

一个公司开展营销调研的主要原因之一是为了发现市场。一旦调研工作结束后，公司必须仔细地评估它的机会并决定进入哪一个市场。一旦进入市场，公司就必须进行销售预测，而销售预测的基础是需求预测。

为了估算当前需求，公司首先要确定总市场潜量、地区市场潜量、行业销售和市场份额。为了估算未来需求，公司可以采用买者意图调查，征求销售队伍的意见，收集专家意见，或进行现场测试。数学模型、先进的统计技术和计算机数据收集是需求和销售预测所不可缺少的工具。

2）扫描营销环境

为了应付迅速变化的全球形势，营销者必须监视6个主要的环境力量：人文、经济、自然、技术、政治—法律、社会—文化。

在人文环境中，营销者必须认识到世界性的人口增长，变化着的年龄组合、民族特性和教育水平，非传统家庭的发展，大量的人口迁移，微观营销的发展与大众营销衰退。

在经济领域，营销者把目光集中于收入分流和储蓄的水平、债务和信贷的应用。

在自然环境领域，营销者需要了解原材料短缺、日益增加的能源成本和污染程度、政府对环境保护态度的变化。

在技术领域，它们应该考虑技术变化的步伐、创新的机会、变化着的研究与开发预算以及由技术变化带来的不断增加的政府规定。

在政治、法律领域，营销者必须遵守法律对业务活动的规定和各种特定利益集团和平共处。

在社会、文化领域，营销者必须了解人们对待自己、他人、织织、社会、自然和宇宙的观点。企业必须制造符合社会核心和价值的产品，增加在社会上对不同亚文化产品的需要。

3）分析消费者市场和购买行为

在制定营销计划之前，营销者需要研究消费者市场和消费者行为。在分析消费者市场时，公司需要研究：谁构成该市场（购买者）；该市场购买什么（购买对象）；该市场为何购买（购买目的）；谁参与购买（购买组织）；该市场怎样购买（购买行为）；该市场何时购买（购买时间）和该市场何处购买（购买地点）。

购买者行为受到四种因素的影响：文化因素（文化、亚文化和社会阶层）；社会因素（相关团体、家庭、角色和地位）；个人因素（年龄、生命周期阶段、职业、经济环境、生活方式、个性和自我观念）；心理因素（动机、认知、学习、信念和态度）。所有这些因素都为如何更有效地赢得顾客和为顾客服务提供了线索。

典型的购买过程由下述步骤构成：问题认识，信息收集，可供选择方案评价，购买决策和购后行为等。营销人员的工作就是要了解消费者在每一阶段的行为和对购买的影响。影响购买决策的还有：其他人的态度、未预测情况因素、认知的风险以及消费者购后的满意程度和公司方面的售后行为等，满意的顾客会继续购买；不满意的顾客会停止购买并且到朋友处讲坏话。所以，公司必须在购买过程的全部方面都能保证顾客满意。

4）分析企业市场与企业购买行为

组织购买是各类正规组织为了确定购买产品和劳务的需要，在可供选择的品牌与供应商之间进行识别、评价和挑选的决策过程。企业市场是由一切购买物品和劳务并将它们用于其他生产和服务以供销售、出租或供应给他人的组织所组成。

与消费者市场相比，企业市场一般包容着人数较少和购买量较大的买主，供需双方关系密切，购买者地理位置集中。企业市场的需求来源于消费者市场的需求和业务周期的影响。然而，许多企业商品和劳务的总需求相当缺乏弹性。企业市场的营销者除了要了解专业采购员和他们的影响者的作用外，还要了解直接采购、互购和租赁等形式。

采购中心是购买组织的决策单位。它由发起者、使用者、影响者、决策者、批准者、购买者和控制者组成。为了促成销售，营销者必须了解环境、组织、人际和个人因素。环境因素包括产品的需求水平、经济前景、利率、技术变化率、政治与规章制度的发展、竞争发展和社会责任心。在组织方面，营销者必须了解他们客户的目标、政策、程序、组织结构和制度以及多部门公司采购部门升格和集中采购，小型项目的权力下放，签订长期合同和日益增加对采购代理商刺激的趋势。在人际关系方面，采购中心包括参与者的不同的利益、职权、地位、神态和说服力。个人购买过程受到年龄、收入、教育、工作职位、个性、对风险的态度和文化的影响。

机构市场由学校、医院、疗养院、监狱和其他机构构成，它们必须提供商品和服务给它们管辖范围内的人。现在，机构购买者更关注利润或使成本最小化。政府组织采购在选择其供应商时，要求填写许多表格，倾向于公开招标和购买本国产品。供应商必须准备适应这些特定的需要和手续，以寻找机构和政府市场。

5）参与竞争

要准备一个有效的营销战略，公司必须研究它的竞争者以及其实际和潜在的顾客。公司需要辨认它的竞争者的战略、目标、优势、劣势和反应模式。它们还需要了解怎样设计一个有效的竞争情报系统，哪些竞争者应予以攻击以及哪些要避免。

一个公司最接近的竞争者包括那些寻求满足相同的顾客和需要以及制造类似供应品给它们的人。公司还应该注意潜在的竞争者，它们可能提供新的或者相同的产品来满足相同的需要。

公司应努力通过以行业和市场为基础的分析方法来辨认其竞争者。

竞争情报需要连续不断地搜集、解释和传送给相关的人。经理在需要竞争信息时，他们应能及时地得到这类关于竞争者的信息并能接触到营销情报部门。有了好的竞争情报，经理们才能更方便地制定他们的竞争战略。

经理需要通过顾客价值分析来揭示本公司相对于竞争者的优势和劣势。

这种分析的目的就是测定顾客想要的利益和他们对相互竞争的供应商所提供的货物的相对价值的认知。

市场领导者在相关的产品市场中拥有最大的市场份额。为了保持优势和公司的地位，该领导者必须扩大市场总需求，保护现有的市场份额，努力增加其市场份额。

市场挑战者向市场领导者和其他竞争者进攻，以争取更多的市场份额。挑战者可选择5种竞争战略：正面、侧翼、包围、迂回和游击战以及它们的组合进攻。作为特定的进攻战略，挑战者还可用价格折扣、廉价品、名牌商品、产品扩散、产品和渠道创新、改进服务、降低制造成本或密集广告战略。

市场追随者是居次要地位的公司，它希望维持其市场份额和平稳行驶。市场追随者的角色有：仿造者、紧跟者、模仿者、改变者。

市场补缺者是选择一个没有大公司服务的小细分市场的公司。补缺的关键是专业化。补缺者应选择一个或者几个下列专业化的领域：最终适用、垂直层面、顾客规模、特定顾客、地理区域、产品或产品线、产品特色、工作过程、质量、价格水平、服务或渠道。多种补缺一般比单一补缺更有优势。

竞争导向在今天的全球市场上是相当重要的，但是，公司不应该将重点过分集中于竞争者身上。公司应在顾客和竞争者监视中获得一种好的平衡。

6）辨认市场细分和选择目标市场

当公司把目标对准其市场时，它们通常会更有效。目标营销包括3个活动：市场细分、市场目标化和市场定位。

市场的目标化有4个层次：细分、补缺、本地化和个别营销。市场细分是在一个市场上广泛辨别各种群体。补缺是更细化那些被确定的群体。在本地化层次，营销者为贸易区域、邻近地区，甚至个别商店，定制它们的营销活动。最后，在个别营销层次，公司开展个别的和大众化的定制活动。将来会出现更多的自我营销，这是个别营销的一种形式，在这种活动中，个别的消费者在确定购买哪种产品和品牌上显得更为主动。

消费者市场细分有两个基础：消费者特征和消费者反应。对消费者市场细分的主要细分变量有地理细分、人文细分、心理细分和行为细分。这些变量可以单独使用，也可以组合起来使用。企业市场除了应用这些变量之外，还有经营变量、购买方法和环境因素。为了使细分有实用价值，市场细分必须考虑可衡量性、足量性、可接近性、差别性和行动可能性。

一旦公司确定了市场细分机会，它们就必须评价各种细分市场和决定为多少细分市场服务。在评价细分市场时，它必须研究细分市场的吸引力是否与公司的目标和资源相一致。在选择一些市场作为目标后，公司要决定集中力量在单一细分市场、几个细分市场、产品专门化、市场专门化，或完全覆盖市场。如果它决定为整个市场服务，它必须在无差别与差别性营销两者中作出决策。

营销者必须在选择目标市场上考虑社会责任问题。营销者还必须监视细分市场的内部关系，寻找出规模经济和超级细分营销的潜力。营销者应该为各个细分市场制定市场进入计划。最后，市场细分经理应准备一个内部合作方案，以提高公司的整体业绩。

3. 发展营销战略

1）在产品生命周期中定位市场供应品

在一个竞争的行业中，取得竞争优势的关键是产品差异化。一个市场提供物可以在五个方面实行差别化：产品（特色、性能质量、一致性质量、耐用性、可靠性、可维修性、风格、设计）；服务（订货方便、交货、安装、客户培训、客户咨询、维修、多种服务）；人员；渠道；形象（标志、媒体、气氛、事件）。差别化值得建立的标准是它的重要性、独特性、优越性、专利性、可承担性和营利性。

许多营销者主张只促销一种产品利益，从而在他们定位的产品上制定一种独特的销售建议书。因为人们记住的往往只是"第一位"。但双重利益和三重利益定位也能成功，其条件是营销者在进入时确保没有定位过低、定位过高、定位混乱或定位可疑。

由于经济条件的变化和竞争在实际中的多样性，公司在产品生命周期中应不断调整它们的营销战略。技术、产品形式和品牌也存在着区别明显的生命周期。生命周期常见的发展阶段是导入、成长、成熟和衰退。今天的主导产品都处于成熟阶段。

虽然许多产品展示出形状清晰的产品生命周期，它还有许多其他形态，包括成长—衰退—成熟形态、循环—再循环形态和扇形。风格、流行和时尚的生命周期是无规律的；在这些领域中成功的关键是生产有持久力的产品。

在产品生命周期的每一阶段要求不同的营销战略。导入阶段的标志是，由于产品刚进入分销，成长缓慢且获益最小。在此阶段，公司必须在快速撇脂、缓慢撇脂、快速渗透或缓慢渗透等4种战略上作出决策。如果导入成功，产品就进入以快速销售成长和利润增长为标志的成长阶段。在此阶段，公司试图改进产品，进入新的细分市场和分销渠道，并且略微降低它的价格。接着是销售成长缓慢和利润稳定的成熟阶段。公司为恢复销售成长而寻求创新战略，包括市场、产品和营销组合的改进。然后，产品进入衰退阶段，在这一阶段，几乎无法阻止销售和利润的恶化。公司的任务是辨认真正的疲软产品，然后分别为其制定继续、集中或榨取等其中的一项战略。最后，在给公司的利润、雇员和顾客造成最小苦难的方式下，逐步淘汰疲软产品。

像产品一样，市场演进也有4个阶段：出现、成长、成熟和衰退。当一种产品创造出来适合市场未满足需要时，新市场便出现了。竞争者用类似的产品进入该市场，导致了市场成长。接着，增长速度放慢，市场就进入了成熟期。然后市场进入了日益增长的分裂阶段，直到某家公司引入一项强大的新属性为止，这时市场被结合成少数几块大的部分。由于其他公司不断仿制这些新属性，因此这个阶段不会持续很久。

公司必须努力预测市场所需要的新属性。利润源于早期采用新的和有价值利益属性的人们。成功的营销来自于对市场演进潜量创造性的想象和具体化。

2）开发新的市场产品

一家公司一旦细分了市场，选择了它的目标顾客群体，识别出顾客的需要，确定了所希望的市场位置，它就准备开发和推出合适的新产品。营销与其他部门应积极参与新产品开发的每一步骤。

成功的新产品开发需要公司建立一个有效的组织，以管理新产品的开发过程。公司可以挑选使用产品经理、新产品经理、新产品委员会、新产品部或新产品开发组等形式。

新产品开发过程包括8个阶段：创意产生、创意筛选、概念发展和测试、营销战略发展、商业分析、产品开发、市场试销以及商品化。每一阶段的目的是确定该创意是否应该进一步发展或放弃。公司总是要求尽可能避免发生差的创意被继续发展和好的创意被抛弃的状况。

消费者的采用过程是顾客对新产品的认识、试用、采用或拒绝。今天，许多营销者的目标是新产品的大用户和早期采用者，对这两类群体的认识可以通过特定的媒体获得和求助于意见带头人。消费者的采用过程除营销者以外还受到许多因素的影响，其中包括消费者和组织对新产品的试用意愿、个人的影响以及新产品或创新的特点。

3）设计全球市场提供物

大多数公司不再只集中于国内市场。虽然国际舞台上有许多挑战（边界转移、政府不稳、外汇问题、贪污腐败和技术被剽窃），在全球行业销售的公司别无选择，只有开展国际化经营。公司不能简单地待在国内并出口剩余的市场产品。

在决定进入国外市场后，公司需要对它自己的国际营销目标与政策作出决策。首先，公司必须确定它进入少数几个国家还是许多。其次，它必须决策进入哪种类型的国家。一般来说，心心相印比地理相近更重要。总之，可供选择的国家应按 3 种标准排序：市场吸引力、竞争优势和风险。

一旦公司决定进入某一国家时，它必须确定最佳进入方式。广泛选择的方式有间接出口、直接出口、许可证贸易、合资企业和直接投资。每一个成功战略还包括投资承诺、风险、控制和潜力。公司一般开始于间接出口，随着国际领域经验的增加，逐步走向以后的各个阶段。在决策营销方案时，公司必须根据当地的条件决定，调整多少营销组合（产品、促销、价格、地点）。营销组合的标准化和适应化是两个极端，这其中有许多方法可采用。在产品层面，公司可采用的战略有直接延伸、产品适应或产品创新。在促销层面，公司可选择传播适应或双重适应。在价格层面，公司可能遭遇价格降升或灰色市场，制定一个标准价格是非常困难的。在分销层面，公司需要采用整体渠道的观念，把产品送到最终用户手中。在创立营销组合的各因素中，公司必须对每个国家的文化、社会、政治、技术、环境和法律限制有所了解。

根据公司国际介入的程度，它们管理国际营销活动有 3 种方式：通过出口部、国际事业部和全球组织。

4. 制定营销决策

1）管理产品线和品牌

产品是营销组合中第一个和最重要的要素。产品战略要求对产品线组合、产品线、品牌、包装和标签作出协调一致的决策。

在计划营销提供物和产品时，营销者需要考虑产品的 5 个层次。最基本的层次是核心利益，即顾客所真正购买的基本利益和服务。在第二个层次，营销者必须将核心利益转化为基础产品。在第三个层次，营销者准备一个期望产品，即购买者购买产品时通常希望和默认的一组属性和条件。在第四个层次，营销者准备一个附加产品，即包括增加的服务和利益，它能把公司的提供物与竞争者的提供物区别开来。在第五即最后一个层次，营销者准备了潜在产品，即该产品最终可能会实现的全部附加部分和新转换部分。

大部分公司都经营一种以上的产品，这就可以把产品组合描绘成具有一定宽度、长度、深度和相容度。产品组合的四度理论是公司制定产品战略的工具，以决策哪些产品线需要发展、维持、收获和撤销。为了分析产品线和决策有多少资源应投资到该产品线，产品线经理需要观察它们的销售额、利润和市场轮廓。

一家公司改变它的营销组合中的产品成分可通过延长产品线长度的方法进行（向下扩展、向上扩展或双向扩展），或产品线填补，产品线现代化，某些产品线特色化，削减和排除最少盈利的产品。

品牌是产品战略的一个主要课题。品牌建设是昂贵和花费时间的，它可以兴旺和毁掉一种产品。最有价值的品牌必然有它的资产权益，它是公司的重要资产。在品牌战略的考虑中，公司必须决策是否需要制定品牌。是产品制造商品牌还是分销商或私人品牌，用哪一种品牌名以及是否要进行产品线扩展、品牌延伸、多品牌、新品牌或合作品牌。最好的品牌名称启发人想起该产品的利益；提示产品的质量；易读、易认和易记；它与众不同；在其他国家或其他语言中没有负面含义。

许多实体产品在进入市场时需要包装和标签。一个设计良好的包装能为顾客创造便利价值和为产品创造促销价值。

2）设计与管理服务

服务是一方能够向另一方提供的基本上是无形的功效或利益而不导致任何所有权产生的行为。它的产生可能与某些有形产品相联系，也可能毫无关系。

服务是无形的、不可分离的、可变的和易消失的。上述每一特点都提出了问题并要求采取相应的战略。营销者必须寻求各种方法，使无形的服务成为有形的服务；增加服务提供者的生产效率；增加服务供应品的质量且使之标准化；在市场需求的高峰期或非高峰期协调服务的供应。

服务行业在接受和应用营销观念和方法方面通常落后于制造业公司，但现在这种情况正发生变化。服务营销战略不仅需要外部营销，也需要内部营销,以便激励员工,用交互作用营销来强调对"高技术"和"高接触"的重要性。

服务组织在营销中面临3个任务:①它必须在提供物、交付或形象上提供差别化。②它必须管理服务质量,以满足或超过顾客的期望值。对最注重顾客导向的公司必须要有战略观点,高层管理层有负责质量管理的传统,高标准、服务绩效监督的制度,满足顾客投诉的制度,使员工和顾客都满意的内部环境。③它必须管理它的工作生产率,包括提高员工的工作技巧,通过放弃某些质量来提高服务数量,使服务产业化,增加新的解决方案,设计更为有效的服务,鼓励顾客用自己的劳动代替公司的劳动,或利用技术节省时间和金钱。即使是以产品为基础的公司也必须向顾客提供并管理服务组合。为了对产品提供最有力的支持,一家制造商必须识别顾客最重视的各项服务和相对重要性。服务组合包括售前服务(促进和价值增加服务)和售后服务(客户服务部门、维修服务)。

3)设计定价战略和方案

在现代市场营销过程中,尽管非价格因素的作用在增长、但价格仍是营销组合中的一个重要因素;其他3P只表现为成本。

在制定价格政策中,公司要经历6个步骤。第一,它要选择它的定价目标,这涉及用产品提供物来完成的任务(生存,最大的当期利润,最大的市场份额,产品—质量领先)。第二,公司要确定需求线,它表示在每一可能的价格上公司的可能销量。无弹性的需求越多,公司能够制定的价格就越高。第三,公司要估计在不同的产量水平上以及随着生产经验积累的不同水平,不同的营销提供物的成本是如何变化的。第四,它考察竞争者的成本、价格和提供物。第五,公司要在下面这些定价方法中选择一种方法:成本加成定价法,目标收益定价法,认知价值定价法,价值定价法,通行价格定价法以及密封投标定价法。第六,公司要选定它的最终价格,采用心理定价的方法,考虑其他营销因素对价格的影响,公司定位政策和价格受其他各方的影响。

公司通常不要制定一种单一的价格,而要建立一种价格结构。公司在制定他们的定价战略后,往往又面临着修改价格的局面。价格下降可能是由于过剩的生产能力,市场份额在下降,通过低成本争取市场支配地位的愿望,或经济衰退。提价的原因可能是成本膨胀或供不应求。提价方法有多种,包括压缩产品分量而非涨价,适用便宜的材料或配方,减少或改变产品特点。

 **拓展阅读**

作为一代营销宗师，没有几个人能像科特勒这样对商业经营和市场营销产生过如此深远的影响。当年，科特勒用一句话启动了营销界的革命："对市场营销最简短的解释是，发现还没有被满足的需求并满足它。"在科特勒之前，市场营销关注的是如何把产品推销出去，立足点是企业而不是顾客，甚至以"清理库存"为乐事。有人把这种所谓的营销概括为 4P。随着社会的发展，以促销为核心的市场营销观念也在不断拓宽，单纯关注 4P 已经不合时宜。为了使 4P 能够适应时代的需要，推销者开始把目光由企业内部扩展到市场，1956 年，温德尔·史密斯提出了市场细分概念，从此把推销扩展为经营活动中的战略设计和策略选择问题。后来，从市场细分出发，STP 理论逐渐形成。所谓 STP 即市场细分（segmentation）、目标市场（targeting）、市场定位（position）。STP 的提出，使营销由单一的推销扩展为销售战略的设计，所以也称为战略营销。科特勒对完善 STP 理论作出了重要贡献。但是，科特勒自己仍然对 STP 理论不满意。因为 STP 尽管已经不是推销而是看重战略，但在实施中往往偏重实际营销效果而忽略长远思考，好像一个"拼盘似的大杂烩"，容易导向只看实际的交易行为并注重短期行为的倾向。因之，科特勒提出了以顾客需求为导向的 4C 理论（customer value：客户价值；customer cost：客户成本；customer convenience：客户便利；customer communication：客户沟通）。至此，由科特勒奠定的现代营销理论基本成熟定型。

科特勒晚年的事业重点是在中国，他每年来华六七次，为平安保险、TCL、创维、云南白药集团、中国联通等公司做咨询。显然，相对于经济平稳发展的欧美国家，中国充满机会。1999 年年底，有着近 30 年历史的科特勒咨询集团（KMG）在中国设立了分部，为中国企业提供企业战略，营销战略和业绩提升咨询服务。

之所以对中国如此钟情，科特勒说："在经济很平稳的欧洲和美国已经不能去干从石头里挤牛奶的活儿了，而中国是一个正在迅速发展的经济力量。"